문화 · 사상 · 역사 · 기독교

관점으로 본
한 국 인

문화 · 사상 · 역사 · 기독교

관점으로 본 한국인

임규석 지음

한국인에 대한 종합 설명서

인생샘책

추천사

　본 저서의 다양한 관점으로 본 한국인에 대한 서술이 참 방대하고 풍부한 지식들이 경이롭다고 느껴집니다. 이랬구나, 한국인은 이런 역사의 과정 속에 뿌리를 내렸고 지금의 대한민국이라는 나무가 되었구나. 한민족이 세계적인 문화 강국이 이런 이유 때문이었구나. 우리나라가 세계 선진국이 되는데 기독교의 영향력이 컸구나. 등등, 정치, 경제, 사회, 문화, 그리고 종교까지 광범위하게 조명하여 새롭게 역사를 인식하게 만든 이 책은 자라나는 세대들이 통사적으로 보면 좋겠다는 생각을 해봅니다.
　평소 저자의 자료 정리와 기록 습관을 알고, 저자의 역사 인식인 역사는 과거 사실 그대로 있으면 죽은 역사라고 하며 역사가 현재에 살아남기 위해서는 기록과 사건과 사상에 의미를 부여하여 삶에 적용함으로 현재와 관계하고 미래를 준비하여야 한다는 말을 공감하면서, 초등학생들이 읽기에는 조금 어렵겠지만 초등학교 교사들이 교양 필독서로 읽고 한국인의 정체성과 자랑거리를 찾는다면 초등학교 역사 교육에 큰 보탬이 될 것입니다.

(권명수, 초등학교 수석교사)

저자는 역사 교사로써 학교 현장에 있을 때, 역사가로서 시대적 사명을 찾으려 애쓰고, 교사로서 학생 눈높이의 교육을 고민하면서, 학생들과 토론하고 답사하며 추체험을 실천하려고 애썼던 모습이 기억납니다. 사마천이 역사는 인간을 다루는 학문이라는 말처럼 한국의 역사를 한국 사람들의 이야기로 표현하였고, E.H.Carr가 역사는 과거와 현재와의 끊임없는 대화라는 말처럼 현재의 한국 문화와 한국 사람들을 과거 역사적 산물로 다루었으며, 콜링우드가 모든 역사는 현대사라는 말처럼 현재 대한민국의 정체성을 잘 제시하고 있습니다. 이 책은 동양 역사학의 기본인 자치통감의 가르침을 반영하여 역사 속에서의 교훈과 가치를 중시했던 저자의 역사 철학이 잘 반영된 결실이고, 우리나라 역사를 다양한 관점에서 체계적으로 정리한 작품으로써 한국사 학습에 좋은 자료로 활용하기에 손색이 없는 책이라 여겨집니다.

본 저서는 한국인의 민족의식과 문화 강국으로서의 자존감을 다시 정립해주고, 특히 자라나는 학생들에게 자신이 한국인이라는 자부심과 정체성을 심어주는 근거를 알려주고, 미래 한국인이 나아가야 할 방향을 제시해 줄 것입니다.

(송기정, 중학교 역사교사)

저자는 요즘 전 세계적으로 K-문화 열풍이 몰아치고 있는 이 때에 두 번째 역작인 '문화·사상·역사·기독교 관점으로 본 한국인'을 집필하였습니다. 40여 년간 역사교사로서 교단에서 뿐만 아니라 전국 곳곳에 있는 문화유적지를 직접 답사하며 쌓아온 해박한 지식과 경험, 그리고 오랜 기간 남달리 관심을 갖고 연구해온 우리 한국인과 한국 문화에 대한 총체적인 연구 성과와 더불어 독실한 종교인이자 종교사상가로서 그의 모든 역량을 집대성하였습니다. 이 책은 오늘날 세계를 선도하고 이끄는 K-문화의 원류와 특성이 무엇이고 그것을 이끄는 한국인들은 누구이며, 그들의 창조적인 원동력은 과연 어디에서 왔는가를 문화 사상 역사 기독교적인 다양한 관점에서 흥미 있고 심도 있게 분석해 놓은 책입니다.

이 책은 앞으로 우리가 우리의 정체성을 잃지 않고 우리 문화를 발전시켜 나가기 위해서 지금부터 해야 할 과제가 무엇인지를 진지하게 성찰할 수 있게 해줄 계기를 마련해 주는 책으로 우리 문화에 대한 자부심과 긍지를 갖고 있는 독자라면 누구나 일독해 봄직한 귀중한 책이 되리라 믿습니다.

(김천석, 중학교 국어교사)

이 책은 꾸밈이나 과장, 거짓말이 없고, 소박하고 진솔하고, 쉽게 읽히고, 어렵지 않고, 솔직한 자기 성찰로 자기 세대와 다른 세대를 이해하도록 돕고 있습니다. 갈기갈기 찢겨 통합이 절실한 국가와 국민, 여러 사회 계층에서 현 시대를 살아가는 우리 시대 '한국인들은 누구인가?'라는 질문에 우리의 바탕과 뿌리가 하나임을 상기시켜 다시 상대방을 품을 힘을 주고, 우리의 역사적 뿌리로 돌아가 다시 시작할 수 있는 힘을 보여줍니다. 저자의 역사적 사실에 기반한 객관화된 시각은 역사를 미시적 관점보다 통시적으로 대상을 바라봄으로 나와 우리가 서 있는 바를 정확히 인식하게 합니다.

그리고 저자의 성경을 이해하는 지식과 사랑에 바탕을 둔 냉철한 현실의 성찰이 돋보입니다. 특히, 제4장은 진화론 중심의 역사 이해에 대항하여 성경에 바탕을 둔 창조론으로써 인류의 역사를 재구성한 탁월함을 볼 수 있습니다. 급변하는 미래 사회를 대비해 한국인이 어떤 역사적 과정을 거쳐 현재에 이르렀는가를 살펴봄으로써, 한 공간과 시간 속에 있지만 소통이 어려운 베이비붐세대, X세대, MZ세대의 세대통합에 기여할 수 있는 책입니다.

(오국진, 고등학교 역사교사)

    지금까지 많은 역사 문화 서적이 출간되었지만 『관점으로 본 한국인』은 역사, 사상, 문화, 기독교의 관점에서 바라본 역사 문화 서적으로 드물고 이색적인 저서입니다. 오늘날 우리는 글로벌 시대 지구촌 사회에서 다양한 생활 방식으로 살고 있는 상황에 이 저서는 우리 역사 문화를 나와는 다른 관점으로 다양하게 보고 생각할 수 있는 시의적절한 도전이라고 생각합니다. 대한민국의 역사 문화를 고대부터 현재까지 전 분야에 걸쳐 소개하다 보니 다소 미진한 점이 없지 않지만, 그래도 우리나라 역사 문화를 사랑하는 마음이 곳곳에서 느껴집니다.

    특히 기독교의 관점으로 본 역사 문화는 한국통사에서는 다루기를 기피하는 분야이지만 과감하게 서술하고, 특히 기독교 도입으로 인한 대한민국 발전의 긍정적인 면을 소개한 점이 돋보입니다. 그리고 원조를 받던 나라에서 원조를 하는 유일한 나라 대한민국을 기독교 입장에서 선교사를 파송하는 축복받는 나라로 표현한 것은 여러 종교를 초월하여 베푸는 나라가 되어 지원받는 나라가 대한민국처럼 발전할 수 있다는 꿈과 희망을 제시하였습니다. 오랜 기간 동안 꾸준히 준비하신 저자의 노고를 치하하며, 우리나라 사람들뿐 아니라 세계인들이 한국을 아는 도서로 적극 추천합니다.

(김이동, 광주향토사가, 광주학연구소 부소장)

나와 대학에서 역사교육을 함께 공부했고, 한 해에 몇 차례씩 만남을 이어가고 있는 필자는 정년퇴직 후 의료봉사 선교활동으로 캄보디아에서 일 년 동안 생활하면서, 외국인이 보는 한국인을 접하고 한국인의 정체성을 정리해 보고픈 욕구에 귀국 후 이 책을 썼습니다. 기독교적 세계관을 바탕에 두고 한국의 역사, 문화, 사상, 종교 등을 분석하면서 한국인의 정체성을 밝히는 친구의 글을 읽으면서, 나는 그가 가지고 있는 지식의 넓이와 깊이에 놀라고, 독실한 기독교 신앙인이면서도 한국인을 형성해 온 여러 가지 기독교 밖에 있는 사상과 문화에 대해서 따뜻하고 포용적인 시선을 주고 있음을 느꼈습니다. 한국인에 대한 백과사전이라 해도 무방할 책을 집필한 친구의 열정과 지적 욕구에 경의를 표합니다.

(길준용, 서산지역문화해설사)

본서는 한국 역사를 통해, 그 역사에 담긴 문화와 그 문화의 배경이 되는 사상, 사상의 전제가 되는 종교의 문제를 종합적으로 연구하여 한국인의 정체성이 무엇인지를 폭넓고 다양하게 서술하였습니다. 표현이 장황하지 않고 심플하고 명쾌하여 가독성(可讀性)이 높게 서술되었습니다. 또한 한국인에 대하여 매우 긍정적으로 평가하면서도 단점과 약점에 대한 지적과 그 해결책에 대해서도 조언을 아끼지 않았습니다.

저자는 기독교인으로서 한국인의 사상적 전제가 되는 종교들을 언급하면서 특별히 기독교가 한국에 끼친 영향을 구체적으로 서술하였습니다. 한국 기독교 안에 기생하는 이단·사이비에 대한 지적을 통하여 기독교에 대한 오해를 바로잡고자 하였습니다. 한국인에 대한 연구가 상당히 많지만, 기독교의 영향과 역할에 대한 부분은 매우 빈약한 실정인데 저자는 이 부분에 대하여 객관적 입장에서 서술하며 많은 분량을 할애하였습니다. 그러므로 기독교인은 물론이고 타 종교인이나 비종교인도 충분히 납득할 수 있을 것이라 여겨 기독교인은 물론이고 기독교인이 아닌 분들에게도 부디 본서를 권합니다.

(윤광원 목사, 저술가, 신학자)

한국을 향한 세계의 관심이 뜨거운 지금, 우리는 정작 스스로에 대해 얼마나 알고 있을까요? 『관점으로 본 한국인』은 한국인의 정체성과 뿌리를 문화, 사상, 역사, 그리고 기독교라는 네 가지 관점으로 깊이 있게 풀어낸 책입니다. 한 분야에 치우치지 않고 시대를 관통하며 입체적으로 한국인을 조망하는 이 책은, 복잡한 현대 사회 속에서 우리가 누구이며 어떻게 살아야 하는지를 묻고 답하고 있습니다. 저자는 평생을 역사 교사로 살아온 교육자이며, 1년간의 선교 약속을 위해 12년간 준비하며 그 약속을 캄보디아 땅에서 실천하고 돌아온 믿음의 장로입니다. 늘 배우고 생각하며 기록으로 남기는 저자는 그동안 배우고 가르쳐온 내용의 방대한 자료와 균형 잡힌 해석을 통해 한국인의 기질과 문화 형성 과정을 알기 쉽게 설명하고, 고대부터 현대에 이르는 흐름 속에서 우리 민족이 걸어온 여정을 탄탄하게 짚어줍니다.

이 책의 특별함은 단순한 정보 전달을 넘어, 저자의 신앙과 삶이 녹아든 따뜻한 시선에 있습니다. 우리가 누구인지, 어디에서 왔는지, 무엇을 소중히 여겨야 하는지를 함께 질문하게 하고, 오늘을 살아가는 우리에게 다음 세대를 위한 책임 있는 시선을 제안하고 있습니다. 이 책이 더 많은 이들의 손에 닿아, 한국인으로 살아가는 우리 자신을 새롭게 바라보고 사랑할 수 있는 계기가 되기를 기대합니다.

(왕재천 목사, 하늘빛우리교회 담임)

● **목차**

| 들어가는 말 | 한국인을 말하다

Ⅰ. 문화적 관점으로 본 한국인

01	민족의 기질을 말해주는 문화	22
02	역사적 산물로 형성된 전통 문화	28
03	어진 민족이 살아온 일상의 삶	38
04	문화재 속에 남겨진 한국인의 모습	47
05	자연과 함께 살아온 전통 가옥, 한옥	58
06	한국인 곁에 함께한 사찰에 깃든 불교 정신	65
07	유네스코에 등재된 16개의 세계유산	71
08	100년 전부터 바뀌기 시작한 한국인의 삶	84
09	오랜 역사가 만들어 준 한국인의 전통 의식 구조	90
10	현대를 사는 사람들의 세대별 의식 구조	98
11	한국 문화가 우수한 이유	106
12	외국에서 살고 있는 해외 교포 한국인	114

Ⅱ. 사상적 관점으로 본 한국인

01	한국인 심성의 원형, 무속 신앙	122
02	지금도 길흉화복을 점치는 풍수 도참	128
03	한국인의 보편 종교, 불교	133
04	질서와 예의를 가르치는 유교	141
05	한국인이 만든 새로운 사상, 민족 종교	147
06	현대를 사는 한국인의 심리적 특징	155
07	한국인의 심리적 병폐와 극복 방안	165
08	한국 부모들의 뜨거운 교육열의 결과	172
09	한국 문화를 이끈 대표적인 사람들	179
10	한국 경제를 이끈 대표적인 사람들	190

Ⅲ. 역사적 관점으로 본 한국인

01	혈통은 다문화민족, 의식은 단일민족	200
02	찬란한 역사를 되찾은 환단고기의 기록	209
03	중국보다 앞선 한민족의 시원 문명, 홍산문화	219
04	고대 동북아시아를 아우렀던 주인공, 동이족	226
05	한국 최초의 국가, 고조선의 실재	235
06	한국 고대국가 부여, 고구려, 삼한, 백제, 신라, 가야	244
07	고대 일본 야마토 정권과 한민족과의 관계	258
08	남북국 시대 신라와 발해, 자주국가 고려	266
09	성리학의 나라, 조선	274
10	해방전후 혼란 속에 세워진 자유민주주의국가, 대한민국	284
11	민본정치로부터 법치 민주주의까지의 민주화운동	292
12	광명과 빛을 담은 나라 이름의 변천	298

Ⅳ. 기독교 관점으로 본 한국인

01	한국인의 삶 속에 깃들어 있던 기독교 사상	312
02	기독교인들의 가치 기준, 기독교 세계관	319
03	민주주의와 자본주의를 만든 칼빈 정신	326
04	창세기로부터 한국에 전래된 기독교	336
05	조선을 바꾸어 놓은 초기 선교사들의 역할	346
06	한국 민주주의와 경제발전의 기틀을 마련한 기독교	353
07	금융자본주의에 대처할 새로운 칼빈 정신	363
08	한국에 기독교 이단이 많은 이유	371
09	받은 축복을 나누어주는 한국의 선교사들	379
10	기독교인의 감소 속에 개신교가 나갈 방향	386

참고문헌

한국인을 말하다

한국인은 외국에 나가면 관심을 많이 받고, 스스로 애국자가 된다. 필자도 캄보디아에 친 사역 의료 봉사 선교로 1년을 있으면서 한국인으로서의 자부심과 보람을 많이 느꼈다. 그곳 사람들은 한국인을 무척 존경한다. 한국 것을 배우려 한다. 그리고 한국인을 좋아하고 잘 대해준다. 그곳에 오래 계셨던 선교사님들을 만났다. 우리나라에 넘치도록 주신 하나님의 축복을 다른 나라 사람들에게 나누어주기 오신 하나님의 일꾼들이다. 그들과 이야기를 나누다 보니, 한국인들은 초기 미국 선교사들이 온지 30년 만에 큰 변화를 일으키며 스스로 자립해 잘 살기 시작했는데, 한국 선교사들이 들어 간지 30년이 넘은 이곳 캄보디아 사람들은 왜 아직도 선교사들을 의지하며 변하지 않을까? 아직도 우리나라 70년대의 모습으로 살고 있을까? 하는 의문을 갖게 되었다. 그래서 한국인이 이들과 무엇이 다른가를 이야기하고, 세계 속의 K문화, K한글, K푸드, K방산, K원전, K선교 등 자랑거리를 늘어놓으며 한껏 뿌듯한 나눔을 가진적이 있다. 그래서 귀국하면 한국인을 연구해 보리라 생각하며 한국인에 대해서 집필하게 되었다.

  필자는 80년대 고등학교 교사가 되어 국사를 가르치면서 우리나라 사람들의 기질과 의식을 연구하였다. 90년대 대학원에 진학하여 우리나라의 뿌리를 찾고 우리 민족이 누구인지를 알기 위해 우리나라 고대사와 단군을 연구하였다. 2000년대에는 더 나가 우리 인류의 시작을 찾아 보려고 진화론과 창조론을 연구하고 기독교 세계관에 대해 연구하였다. 2010년대에는 학생들과 학부모들과 함께 유적지를 찾아 답사를 다니며 우리나라의 문화와 문화재를 연구하였다. 40년간 학생들을 가르친 역사교사로써, 60여 년간 하나님을 믿어 온 기독교 신앙인으로써, 한국에 대해 가르치고 공부한 자료를 바탕으로 최근에 한국인에 대해 출간된 책들과 유명 유투버 강의의 도움을 받아 몇 가지 관점에서 한국인을 연구하게 되었다. 한국인에 대해 궁금하여 주변 정보를 찾고자 하면 정확하고 깊이있고 다양한 내용의 정보를 쉽게 얻을 수 있다. 그러나 단순 사실과 정보를 아는 것에 그치고 자신이 생각하는 어떤 관점에서 한국인을 보기란 쉽지 않다. 한국인에 대한 연구물들을 통해 한 곳에 집중된 시대와 주제로 깊이있는 정보를 얻을 수 있지만 필자는 한국인에 대하여 다양한 분야의 특별한 관점에서 소개함으로 문화적, 사상적, 역사적, 그리고 기독교 관점에서 접근해 이해하기 쉬운 한국인에 대한 종합 설명서로서의 성격으로 한국인을 집필하게 되었다. 한국인의 뿌리는 어디부터인지, 한국인의 특별한 기질은 무엇인지, 한국의 역사 속에 정립된 사상은 무엇인지, 한국의 역사적 산물로 남겨진 문화와 정신은 무엇인지, 한국인이 왜 이런 행동을 하게 되었는지, 또 외국에서 인기를 끌고 있는 한국 문화의 우수성은 무엇인지, 그리고 한국이 기독교 정신과 문화로 어떻게 변화되었는지를 묻고 답을 구하며, 지금의 우리를 알고 더 나은 미래를 준비하기 위해 무엇을 해야 할지를 고민해 보았다.

110여년 전 일본의 침입으로 인한 억압 속에 있었고, 지난 75여년전 전쟁의 폐허로 극도의 빈곤 상태에 있다가 지난 30년 사이에 선진국으로 도약할 수 있었던 기적을 이룬 한국인은 도대체 누구인가? 그럴 수 있는 힘은 어디서 왔을까? 평소에 죽일 듯이 서로 싸우면서도 위기를 당하면 하나가 되는 이유는 무엇인가? 식민 사대주의를 극복한다며 세계 최고의 중국과 일본을 깔보는 자신감은 어디에서 왔을까? 역사를 재해석하며 유구하고 찬란한 역사를 갖고자 하는 욕심은 무엇 때문인가? 자원도 없는 분단된 작은 나라에서 세계를 놀라게 한 K문화, K산업의 힘은 무엇인가? 등 여러 질문을 던지며 답을 찾아본다. 첫째, 감과 느낌이 발달한 손재주의 힘이다. 둘째, 흥과 신명이 넘치는 감성의 힘이다, 셋째, 분석적 논리의 철학보다 종합적 감성인 종교의 힘이다. 넷째, 좁은 영토 안에서 끈질기게 역사를 이어온 민족의 저력이다. 다섯째, 이러한 힘을 발휘할 수 있게 한 한글의 힘이다. 여섯째, 우리나라의 근대화 과정에서 수용되어 식민지의 억압과 싸우고, 전쟁의 고통을 이겨내고, 산업화 과정에서 자유로움과 풍요로움을 안겨준 기독교의 역할이다.

본서를 집필하면서 발견하게 된 우리 민족의 우수성을 몇 가지로 정리해 보았다. 널리 인간을 이롭게 한다는 홍익인간 정신의 보편성, 종교와 사상의 연합 의식에 나타난 포용성, 한글 창제와 이를 통한 사고체제의 합리성, 감성 중시와 손재주를 통한 예술적 독창성, 농경과 산업화 생활에서의 부지런함과 성실성, 자연과 함께하며 자연 극복과 순응하는 융통성, 위기 때마다 하나로 뭉쳐 상황을 이겨내는 협동성, 세계적으로 문화와 산업과 국방을 리더하는 주도성, 삶과 생활과 조직 속에 이어져있는 공동체성이라고 표현하고 싶다. 또 우리 민족의 단점과 약점도 찾아보았다. 우선 민족의식 근간에 흐르는 억울함과 한의 감성이다. 그리고 지나친 감성주의로 인한 극단성, 이상과 현실에서의 이중성, 자기 주도성에 의한 분파성이라 할 수 있겠다. 물론 이런 것들이 바탕이 되어 승화된 정서를 갖기도 했지만 이로 인해 겪었던 민족적 수난과 아픔이 많았던 것을 보면 극복해야 할 우리네 정서라는 생각이 든다.

그래서 우리나라를 한마디로 표현해 보는 작업도 해 보았다. 평균 IQ 105를 넘어 세계 제일 머리 좋은 나라, 문맹률 1% 미만에 대학 진학률 75%가 넘는 세계 유일의 나라, 세계 선교사 파송 1위 및 봉사국 순위 4위의 해외 봉사의 나라, 지하철 평가 세계 1위 및 화장실 청결 세계 1위의 편리하고 청결한 나라, 행정 서비스와 온라인 민원 서비스 세계 최고의 나라, 배달 서비스 및 편의점 문화 최고의 나라, 건강 보험과 높은 의료 서비스 최고의 나라, 성형외과 및 미용의료 분야 세계 최고의 나라, 가장 단기간에 IMF를 극복해 세계를 경악시킨 나라, 미국 여자 프로골프 상위 100명 중 30명이나 들어간 나라, 세계 10대 거대 도시 중 한 도시를 보유한 나라, 세계 4대 강국을 우습게 보는 배짱있는 나라, 인터넷, TV, 초고속 통신망이 세계에서 최고인 나라, 세계 3위의 허브 공항을 가진 나라, D램과 낸드 플래시 반도체 세계 시장 점유율 1위의 나라, 선박 및 조선 세계 시장 점유율 1위 나라, BTS, 블랙 핑크 등 글로벌 아티스트 빌보드 차트를 석권한 나라, K드라마, K무비 등 문화 콘텐츠가 세계적인 나라이다.

한국인에 대해 접근할 때, 문화적 관점으로는 우리나라 전통 문화와 의식 구조를 중심으로 서술하였고, 사상적 관점으로는 우리나라 전통 종교와 한국인의 심리를 중심으로 서술하였다. 역사적 관점으로는 우리나라 뿌리인 고대사와 근현대사의 근대화와 민주화를 중심으로 서술하였고, 특히 기독교 관점으로는 기독교 사상의 기본인 칼빈주의의 개혁주의 신앙과 근현대사에서 기독교가 우리나라에 끼친 영향을 중심으로 서술하였다. 집필을 마치며 우리나라를 짧은 시간 내에 세계 선진국으로 도약한 기적 같은 나라, 온화한 심성에 오랜 역사를 지켜온 종교심이 강한 민족 공동체 국가, 민족적 자부심과 세계인으로부터 인정받는 우수한 문화 강국 대한민국이라고 표현하고 싶다. 한국인과 한국 문화의 시원을 찾고, 유구한 역사를 지키며 쌓아온 한국인의 사상적, 종교적, 심리적 특징을 정리하고, 또 한국인의 우수성과 저력을 확인하고, 특히 근현대사에서 우리나라 발전의 원동력을 찾으며 위대한 대한민국을 이룩한 한국인을 연구하고 정리했던 작업은 참으로 흥미롭고 의미있는 일이었다. 이제 한국인에 대하여 조금 더 알게 되었기에 우리 조상이 남긴 문화 유산을 계승하고 현재를 살아가는 지혜를 배우며 미래를 준비하는 혜안을 갖기 바라는 마음이다.

2025년 5월 임규석

Ⅰ. 문화적 관점으로 본 한국인
(감과 느낌에 손재주로 만들어진 K문화)

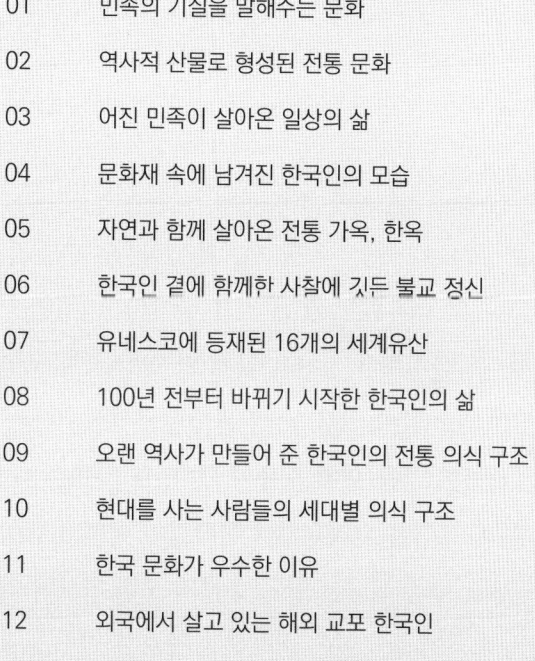

01	민족의 기질을 말해주는 문화
02	역사적 산물로 형성된 전통 문화
03	어진 민족이 살아온 일상의 삶
04	문화재 속에 남겨진 한국인의 모습
05	자연과 함께 살아온 전통 가옥, 한옥
06	한국인 곁에 함께한 사찰에 깃든 불교 정신
07	유네스코에 등재된 16개의 세계유산
08	100년 전부터 바뀌기 시작한 한국인의 삶
09	오랜 역사가 만들어 준 한국인의 전통 의식 구조
10	현대를 사는 사람들의 세대별 의식 구조
11	한국 문화가 우수한 이유
12	외국에서 살고 있는 해외 교포 한국인

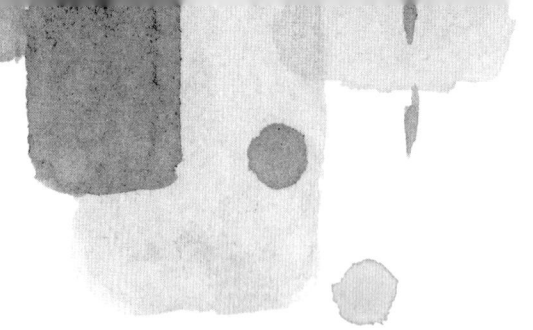

01
민족의 기질을 말해주는 문화

민족 문화는 어떤 의미를 지니고 있을까? 이제 먹고 사는 문제가 해결되다보니 더 여유롭고 품위 있게 살기 위한 방안으로 문화를 향유하게 되었다. 즉 물질보다 정신을 찾게 된 것이다. 한국인의 문화가 세계적으로 인정받고 있는 이 때, 우리 문화를 잘 아는 것은 자신의 정체성을 알아 더 행복한 삶을 위해 도움이 된다. 또 문화는 다른 나라와 다른 뚜렷한 성격과 특징을 나타내기에 한국인이 어떤 사람이냐는 질문에 답해줄 수도 있다. 민족 문화는 한 공동체의 오랜 역사적 과정에서 형성된 사회적 산물이기에 한국인을 이해하는 중요한 단서가 될 수 있다. 우리나라 정신문화의 특징과 우리 민족의 문화가 어떤 과정을 통해 만들어졌는지를 알아보고자 한다.

1. 민족 문화

문화는 인간이 자연 상태에서 벗어나 사회적으로 형성한 삶의 방식과 그 산물들을 총칭하는 개념이다. 이는 한 사회나 집단이 공유하는 가치, 신념, 규범, 관습, 언어, 예술, 기술, 제도, 지식, 의식주 등 다양한 요소를 포함하며, 인간이 살아 나가는 데 필요한 생활 능력의 총체를 말한다. 그 중에 우리가 민족 생명력의 근원으로서 문화를 말할 때는 물질문화보다 정신문화를 가리킨다. 우리 문화를 정신문화의 관점에서 고찰해 볼 때, 우리 민족은 우선 역사적으로 도덕과 인륜에 가치를 두어 왔다고 할 수 있다. 과거로부터 조선시대까지 신교(선도)와 유교와 불교의 영향을 받고, 근대화 이후에는 기독교의 영향을 많이 받았다. 신교는 신앙에, 불교는 철학에, 유교는 윤리에, 기독교는 경제와 생활에 지대한 영향을 주었다. 이러한 가치는 우리의 생활 속에서 공동체 이념으로 나타났는데, 이를 뒷받침하는 철학적 기초는 포용적 조화사상이라고 할 수 있다. 우리는 사물을 대립, 투쟁관계로 보는 의식이 약하다. 신교에서의 삼신인 환인, 환웅, 단군은 삼신인 동시에 일신으로 보는 삼위 일체 관념이 이론적으로 심화되어 삼일신고와 같은 경전을 만들어냈다. 불교에서의 화엄사상(하나는 곧 전체이고, 전체는 곧 하나이다)이나 천태학(삼승은 일승으로 돌아간다 – 모든 길은 부처의 깨달음으로 회귀한다) 등은 공통적으로 사물을 조화, 통일 관계로 파악하는 인식 체계를 세웠다. 유교에서도 중용과 화합을 중시하고, 이와 기가 둘인 듯하나 하나요, 음과 양이 둘이면서 하나의 태극으로 통합되고, 자연과 인간이 하나인 까닭에 천인합일 사상이 생겨났다. 또한 근대에 수용하여 한국화한 화합과 통합의 기독교 사상은 자유와 평등과 책임 의식을 강조하며 생활을 윤택하게 하고 경제를 발전시켰다.

공동체 의식은 한국 전통사회에서 국가(민족)공동체, 향촌(부락)공동체, 가족공동체로 구성되어 있다. 국가 공동체를 형성하려 할 때 요구되는 것이 민족의식이고 애국심이다. 애국심에 대해 신교는 봉사로, 불교는 호국으로, 유교는 충으로, 기독교는 희생으로 표현하였고, 애국심의 이념으로 신교는 홍익인간, 불교는 자비, 유교는 민본(애민), 기독교는 사랑을 제시하였다. 그리고 애국심의 문화적 기초로 신교는 중국, 일본의 압박에 대한 민족 공동체 의식인 배달 의식으로, 유교는 북방민족과 대항하는 국가 공동체 의식인 중화 의식으로, 기독교는 근대화 발전의 중심으로 세계 공동체 의식인 세계의식으로 표방하였다. 향촌 공동체 의식은 생산, 제사, 경조 활동을 통해 나타났고, 동시에 문화 공동체, 방위 공동체로 표현되었다. 가족 공동체에서의 부모 존경과 봉양은 유교와 기독교가 들어오기 전 곡식을 자라게 해준 하늘에 대해 감사하고, 자식을 낳고 길러 준 부모에게 감사하는 근본에 대한 보답 정신에서 유래하였다. 이처럼 우리 민족 문화는 도덕과 인륜을 중요시 여긴 공동체 의식에서 형성되었다.

2. 민족 문화의 형성

한민족의 주체적 민족 문화는 최초의 국가인 고조선의 홍익인간의 정신을 바탕으로 하여 각 시대마다 융성한 문화적 전성기와 사회적 안정기를 이루었다. 신라의 화랑도는 유. 불. 선의 장점을 살려 최치원이 이를 현묘지도라고 칭송하기도 하였다. 또 고려전기의 문화도 중국문화를 수용하면서도 자기 개성을 잃지 않고 자주적인 문화력에 의해 중국의 문화적 동화력과 북방족의 도발적 무력에 대처할 수 있는 능력을 갖추었다. 조선전기 문화의 정수는 훈민정음 창제로 자아의식과 애민 정신이 결합되어 성리학의 완성, 과학 기술의 발달, 농민 생황의 안정을 바탕으로 동아시아 모든 문화를 합류시킨 하나의 거대한 저수지가 되어 세계문화 수준에까지 이르렀다. 그러나 이러한 자주적 문화는 중화의식을 강조한 성리학으로 말미암아 현세적이고 개인적인 출세와 영달을 얻으려는 유생 귀족들을 만들었고, 이들은 유학을 지배계층의 지배원리로 삼고 스스로 교화된 문명인으로 자처하면서 피지배자들에게 충과 효를 강요하였다. 결국 소위 소중화를 내세우며 중화사상에 예속되고 고집스러운 자기주장으로 말미암아 민중으로부터 배척받고 세계화에 뒤쳐져 민족 문화의 자주성을 약화시켰다. 조선 말기에 개인의 인간성과 민족을 회복하려는 실학이 나타났으나 유학의 범주를 벗어나지 못했고, 또 민족주의와 민주주의 사상을 표방한 동학이 한민족이 추구할 자주적 이상을 설정하였으나 서구 근대 문물과 제국주의적 침략 앞에 굴복하였다. 이후 외세의 침입과 일제의 지배는 민족 문화의 말살과 혼돈으로 민족 문화를 잃은 듯하였으나 독립운동가 신채호, 박은식, 정인보 등은 민족의 정신과 혼과 얼을 중심으로 역사 보존을 통한 문화 회복을 주장하고, 특히 김구는 우리나라가 문화 강국으로 발전할 것이라는 희망을 제시하였다. 해방과 함께 이념 분쟁으로 문화까지 관심 갖을 여력은 없었지만 이후 경제적 발전과 민주화의 안정을 취하면서 민족 문화가 지니고 있는 전통과 계승 문제, 외래 문화 영향과 수용 문제, 민족 문화의 고유성 유지 문제, 외국인 수용과 세계화에 따른 다문화 문제 등을 잘 극복하면서 우리나라는 세계 문화를 이끌 수 있는 문화 강국으로 우뚝 서게 되었다. 이러한 우리의 민족 문화, 특히 정신문화의 가치는 타국과 비교해 월등한 물질문화(음악, 미술, 건축, 댄스, 스포츠, 산업, 기술 등)를 만들어냈고, 오늘날 한민족의 문화적 우수성은 민족의 전통을 계승하고 문화의 세계화를 주도하게 되었다.

3. 한민족 문화의 특징

우리나라 문화의 특징을 살펴보면, 1) 시조신화에서 한민족의 기원을 찾으려는 시조의식은 한국인의 뿌리와 정체성을 형성하는 단서가 되어, 외세의 침략에 민족의 단결과 민족적 자긍심과 독립 정신을 발휘시켰다. 그래서 지금도 위기 때마다 저력을 발휘하여 위기를 극복하고 있다. 2) 자연과의 조화를 통한 공동체 중심의 문화는 자연과 인간의 조화를 중시하며 자연 의존에 따른 절기와 다양한 풍습과 관혼상제의 의례를 발전시켰다. 그래서 가족 중심의 문화와 상부상조의 정신을 낳았고, 특히 가부장적 전통의 유교적 가치관은 인의예지와 삼강오륜을 통한 인간관계에서의 도덕과 예절, 질서와 상하관계를 중시하는 문화를 만들었다. 현재 우리나라에서 동창회, 마을모임, 계모임, 취미모임, 종교모임 등이 발달한 이유가 여기에 있다. 3) 세종이 창제한 한글은 세계적으로 독창적인 문자 체계로 인정받고 한국 민족의 자긍심과 문화적 정체성을 만들어 주었다. 그래서 전통 예술인 음악(판소리, 국악), 미술(민화, 산수화), 무용(탈춤, 민속춤) 등 자연, 인간, 영적 요소를 조화롭게 표현하는 독특한 미학을 창조해 냈다. 4) 우리의 따뜻한 정문화는 사람들 간의 끈끈한 유대와 정서적 교감을 이루었고, 한의 정서는 억울함, 슬픔, 희망을 품은 복합적인 감정으로 승화시켜 신명나는 삶을 살게 하였다. 5) 오랜 전통을 지녀온 무속 신앙은 역사적으로 우리 민족 정서와 맥을 같이하며 민족의 공동체 의식을 형성시키고, 영적이고 예술적인 기질을 만들어 주고, 정과 한의 정서를 승화시켜 우리나라에 수용된 불교, 유교, 기독교와 융합하여 한국적 종교 문화와 생활 규범을 만들어냈다.

4. 결론

　미국의 헌팅턴 교수는 1960년대 87불의 국민소득이 비슷했던 다른 나라와 다르게 한국이 성공할 수 있었던 것은 문화가 있는지 없는지의 차이라고 하였다. 문화란 한 사회 안에서 우세하게 발현되는 가치, 태도, 신념, 지향 등을 통틀어서 일컫는 개념으로, 한국인은 근면, 검약, 투자, 교육, 조직, 극기 따위를 중요한 가치로 보는 독특한 문화를 가졌기 때문이라고 했다. 그래서 민족 문화 면에서 볼 때, 한국이 갑자기 성공한 것이 아니라 그동안 누적된 문화의 힘을 바탕으로 지금에서야 빛을 보게 되었다는 뜻이다.

　우리 민족의 역사와 의식 중심의 문화적 특징을 살펴보면, 고대 사회는 신교(무속신앙), 고려시대는 불교, 조선시대는 유교, 근대화와 현대는 기독교 문화를 바탕으로 하여 도덕과 인륜에 가치를 두고 함께 살아온 공동체 의식이라고 할 수 있다. 우리나라 사람들은 지금도 여전히 공동체의 우리를 중요시하고 한민족의 포용적 종교심과 단일민족 의식을 가지고 산다. 우리 민족의 문화 기저에 고조선의 홍익인간 정신, 고려의 자주 정신, 조선의 훈민정음 정신, 일제 때 혼과 얼의 민족정신, 그리고 오늘날 세계 문화 의식이 있기 때문이다. 이러한 민족정신이 각 시대마다 독특하고 우수한 한국의 문화를 만들어 냈고, 지금 세계를 이끌고 주도하는 위치에 있게 되었다. 이제 민족 문화의 구체적인 내용을 정리하고 우리 문화의 우수성을 찾음으로 한국인이 누구인지에 대한 질문에 답할 수 있을 것이다.

02
역사적 산물로 형성된 전통 문화

　우리나라의 전통 문화에는 어떤 것들이 있을까? 한 나라로 오랜 역사를 거치면서 만들어진 문화적 행위는 꾸준히 계승되어 일정한 유형의 태도를 갖추게 된다. 국민들은 함께 어울려 놀거나 생각하고 이야기할 때 공통적인 행위를 통하여 하나가 된다. 그런 행위는 놀이나 풍속에서 나타나고, 수를 세거나 하늘의 별을 보며 형성된다. 또 정신세계에서 죽음과 귀신에 대한 의식이나 살아서 어른을 모시는 태도에서 드러난다. 각 나라를 대표하는 정신으로 미국의 개척 정신, 영국의 신사도 정신, 일본의 사무라이 정신이 있다면 우리나라는 역시 선비 정신일 것이다. 또 인위적이지만 민족의 대표성을 띠고 만들어진 상징물들이 있다. 이러한 것들은 역사적 산물로 한국인이 누구냐를 물을 때 대답할 수 있는 꺼리가 될 수 있어 소개해 본다.

1. 민속놀이

우리나라 민속놀이는 제의의 성격이 강하다. 농사를 천하에 제일로 여겨 자연에 대한 위력과 경이감으로 자연의 신들에게 주술을 베풀고 제사를 올리고 풍악을 올려서 풍년을 기원하며, 정월에는 농사가 잘되기를 바라는 기풍제, 단오에는 뿌린 씨가 잘 자라기를 바라는 성장제, 한가위에는 풍년에 감사하고 내년 풍년을 비는 감사제 등의 제사를 지내고, 신과 인간이 한 곳에 어울려 춤추고 노래하고 잔치를 베풀었다. 이때 재주꾼들과 함께 탈놀이, 인형극, 굿거리, 줄타기 등 예술성이 가미된 민속놀이를 즐겼다. 이러한 놀이의 기원은 하늘에서 천손이 강림했다는 북방 문화적 요소로서 정월 대보름 풍물패의 사자놀이, 봉산탈춤, 윷놀이, 격구, 씨름, 그네, 널뛰기, 칠교놀이, 줄타기, 남사당놀이 등이 있고, 난생설화를 바탕으로 벼농사를 전해주었다는 남방 문화적 요소로서 강강술래, 술다리기, 소싸움, 닭싸움, 횃불싸움, 디딜방아, 불맷놀 등이 있다.

이 밖에 농사 음악으로 행해지는 농악은 지신밟기, 두레, 판굿, 마당밟기 등으로 흥을 돋구고, 농악을 바탕으로 만들어진 사물놀이는 네 개의 악기(꽹과리와 징의 차가움, 장구와 북의 뜨거움)로 신명을 돋군다. 또한 돌아가신 분의 극락왕생을 기원하며 드려진 영산재는 법회로서의 축제인데, 범패와 율동과 기악을 통해 장엄한 모습을 지니고 있다. 또 우리나라의 춤은 고대 부족국가시대 제천 행사 때 가무로 하늘에 제사하며 단결을 보여준 삶 자체의 몸짓으로, 정신적인 면을 강조하는 자연스럽고 부드러운 곡선의 절제된 정중동의 움직임이 흥과 신명을 갖춘 민족적 한과 슬픔을 환희로 전환시켜주는 역할을 하였다. 우리의 춤으로는 정재의 궁중 무용, 강강술래와 탈춤의 민속 무용, 바리춤, 석전대제, 오구굿, 별신굿의 의식 무용, 승무, 태평무, 살풀이춤의 예능 무용 등이 있고, 1954년 창작된 신무용으로 생명의 탄생, 일상의 기쁨, 윤회와 내일을 기약하는 의미를 지닌 부채춤은 세계적인 인기를 모으고 있다.

우리나라 세시 풍속으로 왕실의 신년 하례식은 신하들이 연상시(신년시)를 지어 올리면 왕은 신하들에게 회례연(음식과 어주 하사)을 베풀었고, 도화서에서 세화를 그려 왕에게 올리면 왕은 관청의 관원들에게 세함(명함)을 써서 내려 주었다. 민간에서는 정월에 다례의 제사를 지내고, 설빔(새옷), 세배, 세찬과 세주를 나누었고, 떡국과 덕담과 새해 점치기 등으로 복을 빌기도 하였다. 정월과 대보름에는 우리나라 풍속의 절반(강강술래, 놋다리밟기, 고싸움, 줄다리기, 쥐불놀이, 달집태우기 등 농경의 풍요와 생산력 기원)을 차지하는데, 주로 지신 밟기(문굿, 조왕굿, 철륭굿, 용왕굿, 터주굿, 성주굿)로 이웃의 복을 빌어주고, 먹을 것을 나누며 뒤엉켜 신명을 다해 놀면서 마을 공동체의 소속감과 유대감을 나누었다.

2. 수와 천문 의식

우리나라는 각 수에 상징성을 부여하여 숫자에 의미를 두었다. 1은 최초의 양수, 2는 최초의 음수, 3은 1과 2가 결합한 최초의 변화 양수로 우주의 탄생을 의미하고, 5는 모든 원소를 갖춘 완전수로 보았다. 우리나라는 3을 중시하는데, 삼계(하늘, 지상, 지중), 삼재(하늘, 땅, 사람), 세이레인 3,7일을 중시하고, 세발을 가진 삼족오는 신앙의 대상이고, 고조선도 삼국(진국, 번국, 막국)으로 나누고, 파루(통금 해제)에 33번 종을 치고, 삼강오륜, 삼관왕, 삼삼오오, 가위바위보, 삼세번을 주로 쓰고 있다.

홀수를 신성시해 1월1일 설날, 3월3일 삼진날, 5월5일 단오날, 7월7일 칠석, 9월 9일 한가위를 즐겼던 것도 농경 문화의 산물이라고 할 수 있다.

우리나라는 고대로부터 하늘을 중시하여 별자리를 기록하였는데, 고인돌 덮개돌에 성혈 홈(북두칠성, 남두육성)의 흔적이 남아있고, 첨성대 구조의 27단과 꼭대기 1단 井은 28수 별자리, 창문을 기준으로 12단은 1개월과 24단은 절기, 366개 벽돌은 일년을 상징하고 있다. 환단고기에 기원전 17세기 오성취루의 일식 기록, 고구려 무덤의 별자리 벽화, 아라가야 무덤의 별자리 홈, 삼국사기와 삼국유사에 240여 천문 현상 관측 기록 등이 남아있다. 조선의 칠정산내외편, 천상열차분야지도(1,467개 별자리)는 하늘의 뜻을 살펴 백성을 다스린다는 경천애민 사상을 재현한 것이다. 또 고대로부터 달의 운동을 기본으로 태양의 변화에 맞춰 윤달과 24절기를 도입한 태음태양력 사용은 자연 현상의 과학적 역법으로 농경 생활에 중요한 역할을 담당했다. 또 생활 속에서 12천간과 10지지의 활용은 위로 천문을 관찰하고 아래로 지리를 살핌으로 대우주의 법칙을 소우주인 인간에 적용한 사례이다. 또 시간을 알려주는 조선시대 발명품 자격루(물시계), 앙부일구(해시계), 혼천시계(천문관측 혼천의와 톱니바퀴 사용한 시계)는 우리나라의 천문학 발달을 말해주는 작품들이다.

3. 전통 정신문화

우리나라 사람들은 과거로부터 사람이 죽으면 원래 있던 곳으로 돌아간다고 생각했다. 그런데 불교가 전래되면서 극락과 지옥, 기독교가 전래되면서 천국과 지옥을 믿게 되었다. 불교에서는 악업을 지은 댓가로 고통스런 지옥, 아귀, 축생으로 가고, 선업을 쌓으면 인간 세상과 천에서 복락을 누리지만 아직 윤회를 벗어나지 못했기 때문에 수행과 시주의 공덕으로 깨달음을 얻으면 윤회의 굴레에서 벗어나 극락으로 간다고 믿었다. 지옥을 담당하는 지장보살은 사후 7일마다 조사하고 49일째 염라대왕의 심판을 받는다고 가르쳤다. 기독교에서는 인간은 원래 죄인이라 악행을 범할 수밖에 없지만 죄를 회개하고 예수님을 믿으면 천국으로 가고, 예수님을 믿지 않으면 지옥으로 간다고 가르친다.

우리나라 귀신에 대한 의식 가운데 도깨비가 있다. 삼국시대 도깨비무늬 기와인 귀면와는 악귀를 쫓는 벽사의례로 사용되었고, 15세기 석보상절에 도깨비에게 복과 장수를 기원하는 내용이 나오고, 성호 이익은 자연을 관장하고, 자연 재해로부터 보호하는 수호신으로 도깨비를 만들었다고 하였다. 그러다 일제시대 조선어독본에 도깨비가 혹부리영감 동화에 처음 그림으로 등장하였다. 우리나라의 도깨비는 한국 남성이 원하는 것을 대변해 여자를 좋아하고 씨름과 술과 노래를 좋아하면서, 사람들과 같이 어울리고 사람을 도와주거나 골탕 먹이며 부를 가져다주는 등 가난을 탈출하기 위한 대리 만족, 희망 추구로 서민들과 함께한 존재였다.

또한 우리나라 고유의 정신으로 세계에서 유례를 찾을 수 없는 효사상을 들 수 있다. 효사상은 부모 봉양사상과 노인 공경사상으로 발전하였다. 조선시대 국민 교과서였던 소학을 통해 배운 도덕의 기본인 효사상은 군사부일체의 이름으로 받들어져, 효자, 효부, 충신들의 공덕을 기리며 인간의 기본 정신으로 강조되었다. 그 결과 형성된 공경 사상은 타인에 대한 공손한 태도와 겸손한 처신, 성실한 생활로 일반화되었고, 홍익인간 정신인 하늘의 이치를 공경하고 사람을 사랑하는 경천애인에서 시작하여, 유교의 측은지심, 불교의 인연, 도가의 무위자연과 연합하면서 남을 배려하는 태도로 발전하였다. 이러한 효사상과 공경(경로)사상은 현대 사회가 물질 만능주의와 도덕성 타락, 핵가족화 등으로 약화되기는 하였지만 아직도 사회적 가치를 발휘하여 인간성 회복과 세대 간 갈등의 치유, 가족과 공동체의 동질성 회복에 토대가 되고 있다. 지금도 다른 나라와 다르게 지하철의 경로석이 비어있는 것도 효사상의 전통이 잘 반영된 것이다.

4. 선비 정신

우리나라의 전통 정신이라고 한다면 선비 정신이라고 할 수 있다. 선비는 고품격 인성과 지성을 겸비하기 위해 학문을 연마하고 남에게 봉사하는 수기치인의 지식인이며, 사대부(수기 단계의 사, 치인 단계의 대부)이다. 선비는 전공 필수로 문학, 역사, 철학인 문, 사, 철의 이성 훈련과 교양 필수로 시, 글씨, 그림인 시, 서, 화의 감성 훈련을 한 사람으로 기개와 지조로 의리를 지키고, 어려운 사람에게 따뜻한 인정을 베푸는 사람이었다. 선비는 알고 행동하는 것이 서로 합해져야 한다는 지행합일과 관직과 재물을 탐내지 않는 청빈 정신, 청백리를 추구하였다. 또 염치를 알고 예의범절을 실천했다. 선비는 자기 자신에게는 매우 엄격하고 남에게는 관대한 박기후인의 정신과 자신과 타인에 대한 존중을 바탕으로 자신을 스스로 낮추는 겸손함으로 남을 이끄는 솔선수범의 정신을 가진 사람이다. 선비들은 학식이 높고 문장력이 높았던 사람들과 사랑방에서 담화와 필담을 나누어 풍류객들과 교류하는 사랑방 문화를 만들어냈고, 서원과 집안을 중심으로 스승의 학문과 가계를 이어받는 족보 문화를 발달시켰으며, 속된 것을 버리고 고상한 유희와 풍치를 즐기기 위해 자연을 벗삼아 여유, 청담, 술잔, 독서, 자유분방함을 즐겨 누정(함양 학사루, 담양 남극루, 진주 촉석루, 밀양 영남루)에서 누리는 풍류 문화를 만들어냈다. 선비에 대해 이이와 박지원은 다음과 같이 구분하기도 했다. 이이는 '선비에는 정도를 구현하고 천하를 다스려 요순의 길을 구현하는 대신, 정도 구현은 부족하지만 재화를 두려워하지 않고 자신이 믿는 바를 임금에게 직언하는 충신, 일정한 능력을 갖고 자신의 직무에 충실한 간신, 여러 사정으로 은둔하면서 도를 닦는 천민, 자신의 부족을 깨닫고 자신의 수양과 능력의 연마에 주력하는 학자, 고매한 인격으로 세상에 관심이 없이 산중에 묻혀 사는 은자가 있다'고 했다. 박지원은 '선비는 독서하는 사람(한시를 지을 수 있고, 육경 중 하나를 전공해 이를 상세히 알고 실천할 수 있어야 하며, 육예 중 하나를 전문적으로 할 수 있는 사람)이다' 라고 하였다. 선비는 한국의 전통적 홍익인간, 인본주의, 평화주의, 공동체 의식, 유교 성리학, 내세관과 결합하여 만들어진 산물이다. 이상의 좋은 의미로 선비를 평했지만 부정적으로 논한다면, 선비는 현실을 인식하지 못하고, 일하지 않고 말로만 떠드는 관념론자이고, 자기만 고집하는 고리타분한 꼰대로 나라 발전의 장애 역할을 하였다고 말할 수 있다.

5. 한국 문화의 상징들

우리나라 문자인 한글은 세계 6,500여 종의 언어 가운데 유일하게 창시자가 있는 문자이다. 또 한글은 소리를 문자로 옮기고 그 과정이나 원리에 대해 상세히 밝힌 세계 유일의 문자이다. 한글 창제의 정신은 백성을 불쌍히 여겨 생각과 뜻을 표현하게 하려는 애민 정신이었다. 특히 창제의 원리를 음양오행에서 찾아, 모음의 3글자(· , ㅡ, ㅣ)는 음양의 천지인 3재에서, 자음 5글자(ㄱ,ㄴ,ㅁ,ㅅ,ㅇ)는 오행의 원리에서 응용한 표음문자로서 일정한 규칙성과 단순성, 편의성, 과학성에서 그 우수성을 인정받고 있다. 지금도 한글은 모든 소리를 문자로 표현할 수 있는 능력을 갖추어 세계적으로 인정받고 있다.

우리나라 국기인 태극기는 1882년 박영효가 수신사로 일본에 방문했을 때 선상에서 제작해 사용하면서 시작되었다. 고종은 청국의 국기를 흉내 내지 말고, 사각형의 옥색 바탕에 음양의 조화와 무극을 의미하는 태극원을 청색과 적색으로 그리고, 국기 네 귀퉁이에 동서남북을 의미하는 역괘를 그리도록 명령했다고 한다. 4괘의 의미는 처음에 동서남북이었으나 지금은 하늘(인), 땅(의), 물(지), 불(예)을 상징한다. 백의를 숭상하는 흰 바탕에 음양의 조화인 태극과 청적색, 삼천리 사방을 의미하는 4괘는 모양뿐 아니라 정신면에서 한국 민족의 기질과 역사를 말해주고 있다.

우리나라에 가장 흔하고 익숙한 꽃은 두견화인 진달래꽃이다. 그러나 우리나라를 상징하는 꽃은 지금도 이스라엘에서 피고 지는 샤론의 꽃, 중국 산해경에서 군자의 나라에 아침에 피었다 저녁에 진다는 훈화초인 무궁화이다. 매일 피고 지는 꽃은 역경을 딛고 살아낸 우리 민족의 강인한 정신을 말해준다.

우리나라를 대표하는 노래와 소리는 판소리이다. 판소리는 한명의 소리꾼(명창)이 고수의 북 장단과 추임새(얼쑤, 좋다, 잘한다)에 맞추어 창(노래), 말(아니리), 동작(발림)을 섞어가며 이야기를 엮어가는 노래극이다. 17세기 남도지방에서 시작되어 19세기 신재효가 12마당 중 6마당(춘향가, 심청가, 흥보가, 적벽가, 수궁가, 변강쇠가)을 정리하고, 동편제, 서편제, 중고제의 창법이 전수되었으나 지금은 많이 쇠퇴하여, 현재 국악, 민요, 시조와 함께 한국을 대표하는 전통 대중 음악으로 재해석되고 있다.

우리나라 대표적인 스포츠는 태권도이다. 전통 무술인 택견을 계승 발전시킨 것으로 발과 손과 손발의 기술 체계를 바탕으로 품새, 겨루기, 격파로 대표하는 심신 수련 운동이다. 가장 오래된 기록은 고구려 무용총 벽화에서 두 사람이 서서 겨루는 벽화도이며, 신라 화랑도의 수박 연마, 백제 수벽타의 시구, 고려 제왕운기의 탁견술, 정조대 이덕무 병법서 첫머리에 실려 있는 태권도 동작이 자료로 남아있다. 1950년대 국제태권도연맹 창설자 최홍희는 예의, 염치, 인내, 극기, 백절불굴 정신을 태권도 정신으로 가르쳐 무예와 함께 고대로부터 흘러내려 온 민족 고유의 전통과 예절을 가미한 무술로 발전시켰다.

6. 결론

전 국립중앙박물관장이었던 최순우는 '우리 것이 좋은 거시여'라고 하며 한국의 전통미의 아름다움을 강조하였다. 또 토지의 작가 박경리는 '전통은 단순한 과거가 아니라 우리 삶 속에서 살아 숨쉬어야 한다'라고 하였다. 우리나라의 전통 문화는 대대로 우리 조상들이 만들어 지금까지 이어져 내려와 우리의 삶에서 살아 숨 쉬는 살아 있는 생명체 같아서 이를 통해 한국인의 정체성을 확인할 수 있게 된다. 최근 옛것을 낡아빠진 고물이라 여겨 모든 것을 현대식으로 깔끔하게 바꾸려는 사람들이 있는데, 우리 것의 아름다움과 우리의 정신세계를 귀히 여기는 온고지신의 마음을 갖았으면 한다.

우리네 민속과 전통은 오랜 농경 생활의 산물로서 생산과 풍요를 기리며, 자연에 순응하고 하늘의 징조를 중시하고, 우주 창조의 숫자인 3을 좋아하고, 죽어서도 자연으로 돌아간다고 믿었던 한국의 의식을 나타내주고 있다. 우리가 만든 한글과 태극기에도 음양의 소우주 의식을 담고 있고, 우리의 것인 무궁화와 판소리와 태권도에도 공동체 삶 속에 역경을 이겨낸 정과 한의 정서가 담겨져 있다. 고대로부터 자연을 숭상하며 공동체 삶을 누려온 한국인의 정신세계는 조선 시대를 거치며 선비 정신으로 실제화되었다. 선비는 고품격의 인성과 지성을 겸비하기 위해 문, 사, 철, 시, 서, 화를 연마하고, 겸손과 청빈과 예절에 솔선수범하며, 의리와 절개와 풍류로 세상을 살고, 어른을 공경할 줄 알았던 삶을 살았다. 오늘날 물질주의와 성공주의를 추구하는 우리들에게 한번쯤 돌아봐야 할 우리네 정신이고 생활 태도라고 여겨진다. 전통 문화를 대할 때 단순히 과거의 유산을 보존하는데 그치지 말고 현대적으로 해석하고 계승 발전시켜야 한다. 전통 문화는 한국인의 정체성과 뿌리이기에 긍지를 갖고 그 의미와 가치를 제대로 이해하고, 실생활에서 체험하고 활용함으로 한국인으로서의 자부심을 가져야 할 것이다.

03
어진 민족이 살아온 일상의 삶

　우리나라 사람들은 과거로부터 어떻게 살아왔을까? 아주 먼 과거 중국의 사서에 나오는 우리 민족의 풍습과 생활에 대한 기록은 우리 조상의 성품을 잘 말해주고 있다. 우리나라 사람들이 중시하는 설과 추석 명절은 어떻게 생겨났을까? 또 일상의 삶에서 어떤 옷을 입고 어떤 음식을 주로 먹었을까? 사람이 태어나서 어른이 되고 나이 들어 죽은 후까지의 삶을 지켜온 관혼상제의 의례는 어떠했을까? 현대 서구화되어가는 생활에서 과거 우리나라의 전통적인 삶 속의 생활 습관과 의례 행위를 찾아, 생활 속의 한국인을 알아보고자 한다.

1. 우리나라에 대한 고대 기록

우리나라의 고대 생활상은 고대 중국 사서에 나오는 기록을 통해 알 수 있다. 산해경에 '양보하기를 좋아하고 다투지 않는다', 설문해자에 '이란 동방에 사는 사람으로 오로지 동이만이 대의를 따르는 대인이다. 동이의 풍습은 어질다. 어진 이는 장수하는 법이며 그곳은 군자들이 죽지 않는 나라다', 후한서 동이열전에 '동방은 이이며 이는 근본이다. 만물이 땅에서 나오는 근본이다. 동이의 풍속은 어질다. 천성이 유순하다. 군자의 나라요 불사의 나라다', 삼국지 위지동이전에 '부여 사람들은 근실하고 인후해서 도둑질이나 노략질을 하지 않는다. 예 사람들의 성격은 신중하고 성실하며 욕심이 적고 염치가 있어서 남에게 청하거나 비는 일이 없다. 변진의 풍속은 가무와 음주를 즐긴다. 이 지역의 풍속은 사람들이 길 위에서 마주치면 언제나 멈춰 서서 상대에게 길을 양보한다', 진서 숙신전에 '말로 약속하고 바깥에 놓아두어도 서로 탐내지 않는다', 논어 자한에 '동이는 천성이 뛰어나다. 공자는 도가 행해지지 않음을 아프게 여겨 구이의 나라에 가고 싶어 했다'라고 하였다. 그 밖에 신라의 비문인 울진봉평신라비, 단양적성비, 창녕진흥왕순수비, 남산신성비 등과 고구려 비문인 모두루묘지명, 중원고구려비 등이 직선으로 표현되지 않고 둥글둥글 곡선 형태를 이룬 것은 고대 한민족의 천성이 비틀림이 없고 곧고 꾸밈이 없고 순박하고 착함을 뜻한다고 하겠다.

2. 우리나라의 명절

우리나라는 태어나서 죽을 때까지 살아가면서 꼭 치러야 하는 통과 의례인 관혼상제를 중시했다. 의례를 소중히 여겨 함부로 행하면 안 되기에 어김없이 60갑자를 적용한다. 우선 연월일시를 표시할 때 천간지지인 간지를 사용한다. 사람들은 간지에 따라 길흉화복이 결정된다고 믿었기 때문이다. 간지는 하늘에 관련된 천간 10과 땅에 사는 12동물을 나타내는 지지 12를 배합해 다시 첫 자리로 돌아오면 60이 된다하여 천간의 첫째인 갑과 지지의 첫째인 자를 배합한 갑자의 순서로 60이 되면 60갑자, 회갑이라 하였다. 오늘날에도 명절에 운수를 점치거나 사주를 볼 때 태어난 해와 월일시를 따진다.

우리나라는 사계절이 분명한 자연 환경 속에서 농경 정착 생활을 하며 자연에 대한 경배와 두려움, 조상에 대한 숭배와 추모, 곡식 수확에 대한 추수와 감사, 새해와 새 계절에 따른 의식이 복합되어 명절이 만들어졌다. 설날에는 조정에서 여러 의식을 치르고 민중들도 풍년을 기원하고 재앙을 물리치는 행사를 가졌다. 정월 15일 대보름을 시작으로 한식, 단오, 칠석, 추석 등 축제를 벌이고, 줄다리기, 윷놀이, 그네, 씨름, 널뛰기 등을 하며 먹고 마시고 놀며 축제를 즐겼다. 추석에는 한가위라 하여 한 해 가장 큰 달을 보며 고향과 조상을 그리워하고, 햇곡식과 햇과일로 풍성한 수확을 감사드린 제사를 올렸다. 추석의 기원을 신라시대 궁중에서의 길쌈 대회라고 말하지만, 그 이전인 고조선이 망하면서 한반도로 내려온 유이민들이 추수를 하고 고향을 그리며 지낸 제사라는 설도 있다. 일제시대 우리 고유 명절을 미신이라 치부하여 없애려 하였지만 독립운동 차원에서 이를 지켜내어 결국 국민의 2대 명절인 설과 추석을 고수하게 되었고, 지금도 음력 설날과 추석을 공휴일로 정하여 고향을 찾아 가족들이 함께하는 전통이 이어지고 있다.

3. 일상의 삶(의복과 음식)

우리나라 사람들은 예부터 삼베와 모시의 올을 촘촘히 짜거나 몇 겹으로 겹쳐 만든 옷을 입었다. 고려도경에 고려의 여인들은 모시옷을 여러 벌 겹쳐 입어 부를 자랑으로 여겼다는 기록이 있다. 비단은 너무 비싸 귀족층에서만 사용되었고, 무명은 고려 후기 수입되어 15세기 목화 재배가 장려되면서 확대되어 모시와 삼베를 제치고 깨끗한 백의의 무명이 평민 옷감으로 자리 잡고 각종 세금으로 대용되기도 하였다. 양반과 선비는 옥색을 물들인 바지저고리를 입었고, 평민들은 돈이 없어 염색을 못하고 흰 바탕의 무명옷이나 노란 삼베옷을 주로 입었다. 여성 옷은 유교 엄숙주의의 영향을 받아, 저고리를 짧게 만들고 치마를 길게 하여 몸의 굴곡을 감추고 살을 드러내지 않았으며 나들이 할 때는 얼굴을 감추었다.

우리나라 음식은 중국이 돼지고기 중심의 볶고 튀기는 것이나 일본이 생선을 다듬어 먹는 것과 다르게, 채소를 기본으로 삶고 끓이고 무쳐 밥과 국과 장과 김치를 기본 상차림으로 하였다. 우리나라 농업은 신석기 시대부터 벼농사가 중심이 되어 10세기 무렵부터 생선을 자반, 채소를 반찬이라 부른 것에서 쌀밥이 주식이 되었고, 쌀로 떡과 술을 만들어 먹었다. 밥을 중심으로 하는 한식의 특징은 약과 음식은 근본이 동일하다는 약식동원의 원리로 오행의 화합과 융합의 정신에 양념(마늘, 생강, 대추, 황기, 잣)을 약 짓는다는 생각으로 사용하였으며, 음식에 정성과 기다림의 철학을 담고 있다.

우리나라 음식의 또 다른 특징은 발효이다. 한반도 북부와 만주 일대에서 콩의 생산이 많아 콩으로 메주를 만들어 말리면서 발효시킨 후 소금물에 숯과 고추를 넣어 간장과 된장을 만들었고, 조금 다르게 발효시킨 청국장을 만들어 먹었다. 이런 된장 냄새를 중국은 고구려 냄새라 하여 고려장이라 불렀다. 또 17세기 일본을 통해 전래된 고추를 반찬으로 먹다가 고추 재배가 널리 확대되면서 고추에 찹쌀가루, 꿀, 육포, 대추, 배 등을 섞어 삭혀 발효시킨 고추장을 만들어 먹기 시작하였다. 또 생선은 주로 매운탕으로 끓여 먹었지만 주로 새우, 굴, 꼴뚜기, 조개 등의 어패류나 생선 내장, 알을 소금에 섞어 항아리에 담아 서늘한 곳에서 오래 보관해 발효시킨 젓갈을 만들어 먹었다. 그러나 우리나라 대표적인 발효식품은 김치이다. 예부터 침채라 하여 채소를 소금에 절여 먹었는데, 처음에는 무를 소금물에 담근 동치미, 생강을 넣은 나박김치 등이 있었고, 18세기 중국에서 배추가 들어오면서 침채가 딤채, 김치라는 말로 바뀌었다. 김치는 소금에 절인 배추에 고춧가루, 향신료(파, 마늘, 생강, 부추), 채소(무, 미나리, 쑥갓), 과일(대추, 배, 밤), 젓갈국물(낙지, 굴, 해산물, 새우젓)을 넣어 버무려 만든 속 재료를 배추에 골고루 집어넣고 겉잎을 싸서 보관하여 발효시킨 것이다. 이밖에 깍두기, 총각김치, 부추김치, 갓김치, 오이김치 등 모든 채소를 김치 담그는 재료로 이용하였다. 일본의 다꾸앙, 중국의 파오차이, 서양의 오이피클도 채소를 오래 보관해 먹는 방법이지만 식초나 소금에 절이는 정도여서 우리나라의 김치와는 사뭇 구별된다. 또 우리나라는 쌀과 보리, 밀 등을 고두밥으로 만들어 말린 뒤 짓이겨서 항아리에 담고 누룩을 깔고 물을 부어 40도 정도에서 열흘 정도 숙성해 발효시킨 전통 술을 만들어 먹었다. 숙성된 맑은 액을 떠내 소량의 물을 타면 청주, 나머지를 물에 타면 막걸리, 청주를 뜨지 않고 물을 섞어 걸러내면 동동주가 된다. 청주는 귀족의 술이고 막걸리는 농민의 술이다. 우리나라가 많이 먹는 소주는 고려 중기 원나라 군사들이 먹던 술로써 곡식을 누룩에 발효시킨 후 이를 물에 타서 끓여 증발시키고 그 증기를 다시 식혀 액체로 만든 증류주이다.

4. 생애 의례

조선 사대부의 여인이 임신하면 태교를 매우 중시했다. 음식은 고르게 썰어 먹고, 자리를 반듯하게 깔아 가운데 앉고, 무거운 짐을 들지 않고, 험한 길을 걷지 않으며, 위태로운 냇물을 건너지 않고, 높은 마루에 올라가지 않으며, 질투, 음탕, 부정한 말을 하지 않았다. 태교를 잘 지키면 아이가 바른 마음을 갖고 건강하게 태어난다고 믿었다. 아이가 태어나면 집문 앞에 금줄을 치는데 금줄에 숯덩이를 꽂고, 사내아이는 붉은 통고추를, 계집아이는 푸른 솔잎을 더 끼워 넣어 부정 타는 것을 막았다. 통고추는 남성의 성기를, 솔잎은 여성의 절개를 상징한다. 산모는 미역국을 먹고 이튿째 아이에게 젖을 주었다. 태어난 지 첫 이레가 되면 깃이 없는 배냇저고리를 입히고, 두 이레가 되면 삼신할미에게 도담도담 빌며 흰밥과 백설기와 미역국을 이웃에게 돌렸고, 세이레(21일)가 되면 금줄을 제거하였다. 백일이 되면 첫 고비를 무사히 넘긴 것을 감사하며 잔치를 벌였고, 돌이 되면 잔치를 성대히 열어 돌잡이로 축하를 했고, 이때부터 돌이돌이, 젬젬, 곤지곤지로 온몸 운동을 시켰다. 15세가 되면 성인식을 치루어 남아는 상투를 틀어 올리고 아명 대신 자를 지어 부르고 군역과 부역 등 성인의 의무를 지웠고, 여아는 머리에 비녀를 꽂고 살림을 담당하기 시작했다. 남녀가 일정한 나이가 되면 혼인을 치루는데 고려시대까지는 자유연애가 허용되었지만 조선시대에는 중매로만 혼인이 성립되었고, 조혼 풍습이 있어 신랑 10세, 신부 15세 무렵 혼인하였다. 또 데릴사위처럼 처가 집으로 남자가 장가를 갔지만 조선 세종이후 여자가 남자 집으로 시집가는 풍습이 시작되어 17세기 이후 일반화되었다. 중매로 혼인이 되면 사주단지와 폐물함을 보내 확실한 약속을 하고, 혼례는 친영이라 하여 신부 집에서 치루어 1년쯤 지내다가 신랑 집으로 오게 되는데 이때부터 시집살이가 시작되었다. 고려시대 때까지만 해도 가정과 사회활동에서 여성이 그 지위와 호주와 상속 등이 보장받았는데, 조선시대 들어 남성 중심의 가부장적 권위와 성리학의 법도에 따라 남존여비, 부부유별의 윤리로 여자는 이름도 없이 심한 차별을 받게 되었다. 하지만 근대 시기에 들어 일부일처제가 정착되고 여성에게 보통 선거권이 주어지면서 사회적 지위와 차별이 없어지게 되었다. 60세가 되면 회갑잔치를 크게 치뤘는데 혼인 다음으로 중요한 의례가 되었다. 음악을 연주하고 술을 올려 축수와 십장생 그림을 그려 오래 살기를 기원했다. 70세가 되면 더 오래 사시라는 축수의 의미로 두보의 시구에 '인생 70세는 예부터 드물다'는 뜻의 고희 잔치를 차려 주었다.

5. 상례와 제사

우리나라에 유교 문화가 정착되면서 상례와 제례가 엄격하게 준수되었다. 조선 초기만 하더라도 고려의 풍속을 지켜 화장하는 일이 많았는데, 조선 조정에서 화장을 금하고 매장을 장려하고 삼년상을 강요하면서 차츰 유교식 상례를 치르게 되었다. 사람이 죽으면 빈소를 차리고, 조문객이 오면 거친 삼베로 만든 상복을 입고 대나무 지팡이를 짚은 상주는 '어이 어이' 소리 내어 곡을 하고 맞절을 한다. 망자의 혼이 방황하지 않도록 장례 뒤 첫날 초우제를 지내고, 삼우제를 지낼 때 아침저녁으로 상식을 올리고 절을 한다. 우제가 끝나면 망자의 생신, 초하루, 보름에 상식을 올리고, 13개월 만에 소상, 25개월 만에 대상, 27개월 안에 마지막 제사를 지내어 3년 상을 마친다. 이때 풍수지리설에 따른 명당을 잡아 묘지를 정하고, 상주는 부모 무덤 옆에 여막을 짓고 3년 동안 시묘 살이를 해야 했다. 몸이 허약한 상주는 여막 살이 하다가 죽기도 했고, 삼년상을 치르는 동안 가산을 탕진하기도 했다. 삼년상이 끝나면 신주를 사당에 봉안하고 제사를 지낸다. 집안의 제사는 네 철의 중간 달에 지내는 시제, 집안에서 조상이 돌아가신 날 지내는 기제, 1년에 한 번씩, 혹은 한식과 청명 같은 날에 묘 앞에서 지내는 묘사 등이 있다. 기제를 가장 중요시하였는데 사대부는 4대조까지, 서민은 3대조까지 지내다가 현대에 들어서는 3대 조상까지만 지내고 있다. 제사 예식은 가정과 당색과 지역마다 예법이 다르긴 하지만 축문 쓰는 것, 절하는 것, 제상 차리는 것 등 전문적인 지식이 필요하고, 점차 형식화되어 복잡해졌지만 근대에 들어 간소화운동에 따라 차츰 정리되었고, 상황에 맞는 최소의 예법으로 치루어지지만 그 기본 정신과 절차는 변함없이 유지되고 있다.

6. 결론

공자는 논어와 예기에서 '군자가 동이에서 태어나도 어찌 군자가 아니겠는가?, 동이는 대체로 예의가 있다'라고 하여 동의가 예의를 잘 지키고 덕이 있는 사람들이기에 출신 지역과 상관없이 존중받아야 한다고 하였다. 이에 공자의 제자들과 후대 유학자들도 '공자가 동이에서 태어났다면 반드시 동의의 도를 따랐을 것이다'라고 하여 동이를 단순히 오랑캐로 보지 않고 도덕과 예를 갖춘 나라로 존중하였다. 고대 기록을 보면 한국인은 근본이 하늘(자연)을 섬기며 어질고 착했던 것을 알 수 있다. 그래서 우리네 전통에서 설날과 추석을 중요시해 하늘과 조상에게 제사를 드리고 이웃과 함께 즐겼다. 일상의 삶에서도 흰옷을 즐겨 입고, 음식도

밥을 주식으로 국과 찬으로 발효 음식(된장, 간장, 젓갈, 김치)을 만들어 먹어 자연을 중시했음을 알 수 있다.

특히 조선 500년간 유교적 가치관을 바탕으로 굳어진 관혼상제의 생활 습관은 지금도 우리네 삶에 영향을 미치고 있다. 아기를 가질 때 바른 몸가짐을 요구하는 태교로부터, 남녀가 성인이 되는 관례와 계례는 현대 성년의 날인 5월 셋째주 월요일을 기념하고 있다. 남녀의 혼례에서 아직도 가족의 의견을 존중하고 결혼 행사에 혼수, 예단, 상견례 등의 문화가 남아있다. 상례에 있어 부모상을 3년 치루었던 전통이 오늘날도 3일장과 삼베 띠를 두른다든지, 상여를 매고 매장하는 풍습 등이 남아있다. 특히 조선시대에 조상 모시는 제사를 매우 중시하는 가부장의 종법제도는 장남이 모든 재산을 상속받아 제례를 주관했던 전통으로 종가집에서 거의 매달 제사를 지냈는데, 지금은 조상을 기리는 문화인 기일 제사, 명절 차례, 혹은 기일 기념과 제사를 절충한 추도예배 등으로 남아있다. 현대에는 점차 개인주의와 간소화 경향이 강해지면서 가정마다 방식이 다양해지고 기독교와 천주교 등에 따라 제례예식이 변형되거나 축소되어 가고 있다. 고대로부터 하늘과 자연을 섬기며 어질고 착했던 우리 민족의 성품, 조선의 오랜 전통으로 굳어진 사람간의 질서와 예의범절은 지금도 우리네 생활 깊숙이 남아 있어 자신도 모르는 한국인의 정서와 행동으로 나타난다.

04
문화재 속에 남겨진 한국인의 모습

우리나라 사람들의 옛 얼굴 모습은 어땠을까? 또 어떤 색과 모양을 좋아했을까? 그래서 만들어낸 예술품들로는 무엇이 있을까? 이를 위해 과거 유물인 금동반가사유상이나 서산마애삼존불상, 하회탈 등에서 옛 사람들의 얼굴 모습을 찾아본다. 또 전통적으로 사용했던 색깔과 옛 고분벽화 등에서 입었던 의복이나 유물에 나타난 무늬의 특징을 알아본다. 특히 우리나라를 대표하는 예술품으로 다뉴세문경, 금동대향로, 황금보검과 금관, 고려의 상감청자, 조상의 장인 정신, 한국인들이 걸었던 길, 전쟁을 이기게 했던 무기인 산성과 활 등의 문화재를 통해 한국인의 모습을 알아보고자 한다.

1. 한국의 얼굴과 미소

우리나라 얼굴을 대표하는 국보 78호인 금동반가사유상은 원만하고 결이 고운 얼굴선을 타고 눈매와 입가로 번져가는 고요하고 그윽한 미소를 띠고 있다. 인간 내면 깊은 곳에서 우러나오는 진리와 영생을 깨우친 깨달음이 보이고 인간사 번잡함을 초월하고, 선악, 미추, 애증을 넘어선 깊은 종교적, 철학적 신비의 영원한 미소를 띠고 있다. 또 서산 마애삼존불상은 백제인의 친근하고 편안한 모습을 띠고 네모진 얼굴에 큰 눈, 살짝 벌린 입에서 해맑고 복스러운 어린아이 같은 미소를 띠고 있다. 신라 토우는 노골적이고 적나라한 표현에 보는 이가 민망할 정도이기는 하나 주인공은 웃음을 흘리는 익살과 부끄럽지 않은 뻔뻔함보다 허심탄회하고 꾸밈없는 모습의 밝고 낙천적인 티 없이 맑은 삶을 보여주고 있다. 신라 사찰에서 출토된 얼굴무늬수막새 기와에서 거칠게 표현된 얼굴은 튀어나온 눈, 코와 입의 양감의 조화, 눈썹미와 도톰한 입술 등이 천진난만한 미소를 띤 신라인의 모습을 나타낸다. 안동의 국보 121호 하회탈은 12개 신분의 탈로 얼굴의 형상이 좌우가 비대칭적으로 조형되어 움직임에 따라 다양한 표현을 짓는데, 고개를 뒤로 젖히면 웃는 모습, 고개를 숙이면 화난 표정을 연출하여 한국인의 얼굴을 연상케 하는 익살과 해학의 모습이다. 대개 탈은 탈놀이가 끝나면 태워 버려 하회탈과 병산탈을 제외하고는 남아있지 않는데, 하회탈의 양반탈은 여유와 낙관과 넉넉함을 담고 있고, 각시탈은 요염한 미소를 지니고 있다. 과거 한국인의 모습은 인위적으로 꾸미지 않은 수수하고 질박한 소탈함이 특징이다. 진정한 소탈함은 다른 사람들의 시선을 의식하지 않는 자신의 내적 변화에서 시작해 사람들과의 관계에서 존재하는 벽을 허물고 서로의 마음을 쉽게 소통하는 기회를 제공해준다. 고인돌의 자연석, 고려청자의 자연 비취색,

백의민족의 즐겨 입은 자연의 흰옷, 자연과 조화로운 한옥, 무위자연의 풍류 등이 진솔한 일상을 솔직하게 그린 풍속화에서 잘 나타난다.

2. 한국의 색과 무늬

우리나라는 음양오행 사상에 따른 방위와 상징을 의미하고 음양의 조화를 나타내는 오방색을 중시한다. 동쪽 태양이 솟는 곳의 푸른 나무와 봄을 상징하는 청색, 남쪽 해가 강렬해 만물의 무성함과 여름을 상징하는 적색, 땅의 중앙으로 해와 가장 가까운 곳의 변화와 광명을 상징하는 황색, 서쪽 해가 지는 곳의 쇠락과 가을을 상징하는 백색, 북쪽 깊은 골에 물이 있는 곳의 저장과 겨울을 상징하는 흑색, 기타 방위의 중간색인 벽색, 녹색을 많이 사용한다. 그래서 의복에서도 황제(황색), 국왕(적색), 당상관(적색), 당하관(청색), 7품 이하(녹색), 민간은 염색이 비싸고 노동력의 필요와 신분질서 정립 때문에 색깔을 금지하는 백색을 입었다. 중국은 벽사의 적색과 부요의 황색을 좋아하고, 일본은 무채색을 좋아하나, 우리나라는 백색을 좋아한다. 백색은 신성함과 온유함, 결백함, 순결함을 의미하고 비워둠과 여백을 나타낸다. 동양화의 여백, 집 앞뒤 마당의 비움, 보자기의 여유 공간, 그리고 한복의 동정과 조선 백자의 흰색 등이 백의민족을 대표한다. 적색은 벽사(귀신을 물리침)를 의미해 음기의 귀신을 쫓는다고 믿어, 팥죽, 금줄의 고추, 혼례의 연지 곤지, 손톱에 봉숭아 물들이기 등의 풍습이 있다. 특히 명절에 어린이들이 입던 색동저고리나 고구려 고분 벽화에 나타난 색동 치마 등은 악한 기운을 막고 건강을 염원하는 뜻을 담고 있다. 우리나라 한복은 자연에서 볼 수 있는 대비색의 배색을 특징으로 하고 있다. 여성의 저고리와 치마, 남성의 저고리와 바지의 색깔이 배색을 이루어 주홍과 파랑, 다홍과 초록, 노랑과 보라로써 음양의 상하 조화로운 배색이고 길조의 염원을 상징하며, 쪽빛, 제비꽃색, 홍화색 등 은은하고 우아한 느낌을 주는 색깔을 사용한다. 또 우리나라 유물에 남겨진 무늬로는 신석기 토기인 빗살무늬, 청동기 다뉴세문경의 기하학무늬, 이후 자연무늬 등에서 종교적으로 신을 경외하는 상징적 무늬, 입신양명과 기복을 기원하는 무늬, 기호와 뜻을 나타내는 무늬, 불가와 도가에서 악귀나 잡귀를 쫓기 위한 무늬, 감상을 위한 예술적 무늬 등 다양하게 나타나고 있다.

3. 한국의 선

우리나라 사람들의 마음을 잘 표현한 것이 생활 속에 나타나는 부드러운 곡선이다. 우리 조상들이 주로 살던 초가집 지붕의 둥그런 선은 한국인의 마음의 고향인 뒷산과 앞 개울의 물이 흘러가는 모습이고, 한옥 기와 끝 처마에 살짝 올라간 버선코 모양의 부드러운 처마선은 계절에 따라 일조량을 조절해 여름에는 햇빛을 차단하고 겨울철에는 방안까지 햇빛을 비춰주는 역할을 한다. 특히 불교 사찰 건물의 배흘림기둥은 중간 부분을 약간 튀어나오게 하여 기둥 머리가 넓어 보이는 착시현상을 막아주고 안정감을 주고 있다. 이러한 건축의 아름다움 가운데 가장 대표적인 것이 부석사 무량수전 지붕 추녀의 곡선과 배흘림기둥의 조화일 것이다. 또 석탑의 지붕격인 옥개석 끝이 곡선으로 살짝 올려진 것은 목조 양식을 반영한 것이지만 돌덩이 석탑에 부드러움을 느끼게 한다. 동양화의 난초 그림은 한국인의 선을 가장 잘 표현한 것이다. 그림의 여백을 살리는 난은 동적으로 굵은 뿌리에서 올라가 섬세하고 가느다란 줄기로 뻗으며 부드럽고 힘있는 곡선을 보여준다. 저고리의 부드러운 소매, 한국 춤 사위의 부드러운 정중동, 상생과 소통의 무예 택견의 부드러운 몸놀림 등은 생활 속에서 부드러운 곡선의 기질을 보여준다.

4. 한국의 예술

　우리나라 국보급 예술품 중 청동기시대 다뉴세문경의 섬세함은 세계적이다. 지름 2cm 동그라미 안에 20여개의 동심원 문양을 그려낸 것은 석제 거푸집으로는 만들어 낼 수 없고 불에 녹는 밀납이나 고운 모래가 섞인 점토로 발라 구워 형틀을 만들어 무늬를 새긴 기술과 구리와 주석을 67:33의 비율로 제조했다는 것은 당시로는 최첨단 기술이었다. 또 백제의 예술을 대표하는 부여 능산리 절터에서 발굴된 금동대향로는 당시 정신문화를 반영해 섬세한 손재주로 제작한 최고의 아름다움이다. 향로의 구도는 전통적 세계관인 천상계(봉황과 산악수렵도), 지상계(구름문양), 수중계(연화도)로 나누어지는데, 윗부분의 봉황과 5악사, 5기러기는 당시 왕과 5부의 귀속과 백성늘을 의미하며, 산악수렵도는 불교의 수미산을 묘사하여 성스러운 천상계를 나타내고, 아랫부분의 연화도는 사회의 안녕과 가정의 화목을 기원한 것이다. 연꽃을 물고 비상하는 용은 백제가 우주의 중심이고 바다로의 진출을 의미한다고 하겠다. 이와 더불어 고려시대 청자투각칠보문뚜껑 향로도 왕실의 의례와 풍요로운 여가 생활을 상상하게 한다.

　또 신라 왕릉에서 발굴된 황금보검과 금관은 금 세공품으로서 최고의 예술품이다. 미추왕릉 지구 14호분에서 출토된 황금보검은 상감한 귀금속 주위에 금 알갱이를 장식한 누금세공 기법으로 만들어진 것으로, 그리스 로마의 나선무늬 기법과 유럽 겔트인의 태극무늬와 동일해 4, 5세기 트라키아 왕과의 교류가 있었음을 알 수 있다. 금관총, 금령총, 서봉

총, 천마총, 황남대총에서 발굴된 금관은 전 세계 발굴된 13개의 금관(중동과 중앙아시아의 금으로 장식한 왕관은 제외) 가운데 신라 5개와 가야의 5개로 세계를 대표하는데, 하늘의 메시지를 수용한 시베리아 제사장의 장식품인 사슴뿔 장식, 하늘과 땅을 잇는 거목 문화의 나뭇가지 장식, 생명의 열매를 상징하는 달개, 태아 형상으로 생명의 씨앗을 상징하는 곡옥 등은 고대 중앙아시아와 시베리아와의 교류와 현세의 삶이 내세로 이어지기를 바라는 종교적 기원이 포함된 부장품임을 알 수 있다.

우리나라 예술을 대표하는 토기, 청자, 백자 등의 도자기는 형태와 문양에서 세계적인 찬사를 받고 있다. 가야, 백제, 신라의 토기는 균형 잡힌 조형미와 소박한 한국의 미를 특징지으며, 고려의 청자로 발전할 수 있는 기틀을 마련하였다. 질 좋은 고령토, 가마의 1,200 - 1,300℃ 기술, 유약 바르기, 아름다운 장식과 형태와 문양을 그려낸 손재주는 고려의 귀족적 비취색의 청자를 생산하였고, 조선의 실생활 중심의 소박한 백자로 발전하는 과도기에 회화적이고 자연스러운 분청사기를 만들었고, 이어서 순수백자, 청화백자, 철화백자 등을 생산하였다. 자기의 명칭은 종류(청자, 백자 등), 장식(음각, 투각, 상감, 철화 등), 문양(매죽문, 연화문, 운학문 등), 형태(매병, 편병, 연적, 주자 등) 순으로 명명한다.(예, 청자상감운학문매병)

우리나라 예술품은 장인 정신에서 탄생하였다. 장인이 되기 위해서는 수년간 뼈를 깎는 견습 기간을 거치면서 기술보다는 인격 수양을 중시했다. 옛날의 장인은 일보다 인간이 완성되어가는 도로 여겼기 때문이다. 도공의 장인 정신은 도자기를 구울 때 불가마의 온도가 떨어지자 자신의 몸을 태워 온도를 유지했다는 이야기나 이미 완성된 도자기도 자신의 혼이 섞이지 않았다는 이유로 다 깨부순 이야기, 삼국시대 제작자들을 박사라 호칭하고 관직과 이름을 밝혀 주었다는 기록 등이 전설처럼 전해지고 있다. 이러한 장인 정신은 21세기 명장으로 부활하고 있는데, 우리나라는 1967년 스페인에서 개최된 제16회 국제 기능 올림픽대회이후 지금까지 총 28회 출전해 19회 종합 우승, 대회 6회 연속 우승을 달성했으니, 서양의 마이스터와 일본의 쇼쿠인과 비견될만하다.

5. 한국의 길

우리나라의 옛길은 자연 친화적으로 좁고 구불거린다. 골목길, 사잇길, 오솔길, 고갯길, 지름길 등 왠지 꼬부랑길을 연상케 한다. 우리의 선조들은 산줄기와 물줄기를 땅위의 뼈대와 핏줄로 보아 살아 숨쉬는 생명체로 비유하였다. 모든 산은 그 뿌리인 백두산에서 출발하여 갈라지기를 반복하여 백두대간을 비롯한 1정간 13정맥으로 정하였고, 산 사이로 흐르는 물길은 점점 합쳐지기를 반복하여 하나가 된다고 믿었다. 길은 산을 만나면 고개요, 물을 만나면 나루가 되어 자연과 함께 숨 쉬는 생명체로 본 것이다. 조선시대 외세의 침입을 최소화하기 위해 길을 넓히지 않았지만 6개의 대로가 있었으니, 1. 의주대로(한양 - 개성 - 평양 - 의주), 2. 경흥대로(한양 - 영흥 - 함흥 - 서수라), 3. 평해대로(한양 - 원주 - 강릉 - 평해), 4. 영남대로(한양 - 충주 - 문경 - 대구 - 부산), 5. 삼남대로(한양 - 수원 - 공주 - 전주 - 나주 - 해남), 6. 강화대로(한양 - 강화)이다. 특히 선비들의 과거 길에 문경세재를 넘으려니 죽령은 죽사발이 되서 안되고, 추풍령은 추풍낙엽이 되서 안 되어 조령을 넘었다고 하여 길마다 사연이 있는 듯하다. 그러한 사연에 우리나라에는 고개가 많아 굽이굽이 고갯길을 넘는 아리랑이 떠오른다. 아리랑은 어떤 사람은 먼 고대로부터 중앙아시아의 높은 산맥을 넘어오며 부르기 시작한 노래라고 하는 사람도 있지만, 언젠가부터 민족의 고되고 힘든 절망과 기쁘고 찬란한 희망의 역사가 반복되면서 민족과 함께한 굴곡진 삶의 모습이고 역사적 실재로 불려진 이름이다. 우리 역사와 함께한 아리랑은 강원도 정선, 전라도 진도, 경상도 밀양과 문경에서 만날 수 있다. 구부구부야 눈물이 나니, 날좀보소 고개로 넘겨주소 부탁하고, 나를 버리고 가는 님은 발병난다며 한과 슬픔을 노래한 것이다.

6. 한국의 무기

우리나라 무기의 첫 번은 산성이다. 좁은 국토에서 지역을 지키기 위한 방법으로 전쟁 시 산성으로 피신해 수비 중심으로 이기기 위한 역할로 산성을 중시하였다. 서양과 일본의 성은 영주와 성주를 보호하는 정도의 탑같고, 중국의 성은 행정중심의 읍성이었는데 비하여 우리나라 산성은 평시에는 읍성이지만 전시에 백성 모두를 보호하며 적에게 최대의 고통과 낭비를 주어 적군을 물리치고 퇴각하는 적군을 절멸시키는 무기였다. 이러한 산성 중심의 전투는 모두 살든지 모두 죽든지 하나가 되는 운명 공동체로서 생존을 위한 협동으로 오래 버티며 최대한 많이 죽이고 최대한 많이 살아야 하는 현실을 반영한다. 그래서 한국인은 평상시 이기적이어서 자기만 잘되면 된다고 하지만 가뭄과 척박함, 위급한 전쟁 등에서 협동하지 않을 수 없는 결집의 힘을 가지고 있다. 예를 들어 1597년 이순신의 명량해전, 1907년 국채보상운동, 1919년 3.1만세운동, 1987년 6.10민주화항쟁, 1997년 IMF금모으기운동, 2002년 한일월드컵응원, 2020년 코로나방역 등은 과거 산성 중심 전투 원리와 협력의 산물이라고 볼 수 있다. 전쟁을 대비한 우리나라 산성의 성벽을 쌓을 땐 길다란 겉돌 사이에 끼우는 복돌로 견고히 하고, 돌이 아닌 경우 나무 울짱의 목채, 진흙과 모래를 섞은 성토의 판축법 등으로 계곡을 에워싼 포곡 형식과 봉우리에 테를 두른 테뫼 형식으로 튼튼히 쌓았다. 그래서 어디서나 우리나라 산성인지를 확인할 수 있다. 고구려의 국내성과 환도산성, 평양성과 대성산성, 백제의 사비성과 부소산성이 평산성으로 활용되었다. 전쟁을 대비해 무기와 식량을 비축하였고, 산성에서는 전투 시 중국의 장창, 일본의 장검과 다르게 적군과 직접 접하지 않는 활을 중심으로 싸웠다.

그래서 고대로부터 우리나라 최고의 무기는 활이었기에 잘 만들었다. 우리나라 활은 동남아에서 수입한 물소뿔과 뽕나무, 참나무, 대나무, 쇠심줄, 아교, 명주실로 탄성이 좋고 멀리 날아가고 정확도와 파괴력이 강했다. 고대로부터 동이는 활을 잘 쐈다는 기록이 있고 평상시 심신 단련의 하나로 활쏘기를 중시하여 활을 잘 쐈다. 우리나라가 만든 활은 합성궁으로 한발의 위력이 강하고 조준력이 뛰어났고, 무게가 가볍고 부드러워 한번에 20회 활시위를 당길 수 있어서 전쟁 시 무척 유리했다. 그런데 임진왜란에서 한국의 활(사거리 100m)이 일본의 조총(사거리 50m)에 밀린 이유를 징비록은 당시 군인들이 굶주려 활을 쏠 힘이 없었기 때문이라고 하였다. 우리나라가 활을 잘 쏘는 이유는 뛰어난 손기술, 전쟁을 이기려는 습관, 직접 싱대하지 않고 밀리서 싱대함으로 평화를 사랑하는 민족성, 자신의 수양을 위한 단련에 있었다. 이러한 활쏘기는 올림픽 대회 양궁에서 어떠한 규칙과 기준이 바뀌어도 항상 우승을 했다는 것에서 알 수 있다. 이 밖에 고려시대 최무선이 염초, 숯, 유황을 섞어 만든 화약으로 왜구 침입을 막아내었다. 최무선의 진포해전에서 고려군 100척으로 왜구 500척을 파괴하고, 이성계의 황산대첩에서 1만의 왜구 중 70명만 살아 돌아갔다는 기록이 남아 있다. 조선시대에는 대형 화포인 천자총통, 현자총통 등이 있었고, 화포로 발사한 시한폭탄인 비격진천뢰 등의 포탄을 만들기도 하였다.

7. 결론

전 문화재청장이었던 유홍준은 '우리 문화재를 사랑하는 것은 우리 자신을 사랑하는 것이다'라고 하며, 보면 알게 되고 알면 사랑한다는 말을 남겼다. 우리는 과거 우리 조상들이 남긴 문화재를 자주 보고 대하여야 한다. 그래야 그 속에 담긴 정신과 뜻을 알게 되고, 알게 될 때 비로소 내 것이 되고 사랑하게 된다. 필자는 우리나라의 문화재 중에 특별한 것들을 통해 한국인의 모습을 찾고 의미를 부여해 보려고 하였다.

옛 유물에 나타난 옛 사람의 얼굴 모습에서 종교적 철학적 신비한 미소, 복스러운 어린아이의 미소, 천진난만한 미소, 익살과 해학의 미소 등을 읽으며 수수하고 질박하고 소탈한 한국인의 모습을 보았다. 또 한국인들이 좋아하는 오방의 자연색과 온유하고 결백하고 순결한 모습의 흰 옷에서 자연을 중시하는 사상을 읽었다. 건축물의 처마선이나 배흘림기둥, 초가집의 지붕선과 동양화 난초의 곡선과 한국 춤사위의 정중동의 움직임에서 부드럽고 편안한 곡선에서 한국인의 부드러움을 찾았다. 특히 청동기 다뉴세문경의 섬세한 무늬, 금동대향로의 아름다운 문양, 신라 황금보검과 금관의 세밀한 금세공 기술, 또 고려청자와 조선백자에서 우러나는 자연색과 문양 기법에서 우리나라 장인들의 손재주를 엿보며, 현대 우리의 손재주로 세계를 주름잡고 있는 각종 예술품, 기계설비,

반도체, 생명공학, 음식의 맛까지 한국인의 우수성을 볼 수 있다. 자연과 함께 숨 쉬는 생명체로 보던 옛길의 꼬부랑길, 한민족의 아픔과 한을 그리며 절망을 희망으로 승화시킨 아리랑길, 수비형 산성 중심 전투와 손의 감각으로 활을 잘 쏘는 전쟁 기술에서 모두가 살든지 죽든지 하나로 싸울 수 밖에 없는 구조에서 협동의 공동체 의식이 생겨나 IMF 경제위기에 금모으기 운동과 팬데믹 코로나19 위기에 질서 있는 방역 참여를 이루어냈고, 지금도 전 세계 양궁과 사격 대회에서 우승을 할 수 밖에 없는 민족적 기질을 보게 된다. 조상들이 남겨준 문화재에서 우리는 자연 중시 사상과 정과 한의 정서 속에 역경을 이긴 장인 정신의 손재주를 대하게 된다. 한국인의 우수한 문화력은 어느날 갑자기 생겨난 것이 아니라 자연과 함께 오랜 역사 속에 만들어진 장인 정신의 산물인 것이다.

05
자연과 함께 살아 온 전통 가옥, 한옥

　우리네 조상들이 살던 한옥에 숨겨진 정신은 무엇일까? 집을 지을 때 어떤 마음과 어떤 구조로 지었을까? 태어나서 자라고 죽는 곳, 함께 살던 식구들의 터전이었던 곳, 삶의 방식을 배우고 아이를 돌보고 어른을 섬기고 제사까지 지내던 곳, 요람에서 무덤까지 함께하던 한옥은 한국인의 보금자리이다. 현대 한국 주거의 대표인 아파트 생활에도 한옥의 구조를 갖추고 있다고 하고, 목재 건축으로서의 한옥이 건강에도 좋다고 하는데, 한옥에 깃든 사상과 구조, 특징을 알아보고자 한다.

1. 한옥의 사상

우리나라를 대표하는 주거지를 한옥이라고 한다. 한옥에는 한국인의 사상과 생활을 그대로 반영하고 있다. 첫째, 자연 중시 사상이다. 자연으로부터 빌렸다는 생각으로 땅을 파고 집을 세우기 전에 땅의 주인인 지신에게 제사를 지냈고, 잠시 그 땅을 빌려서 살기에 빌린 땅을 조심스레 사용하고 최대한 보전하려는 생각으로 지었다. 또 일생 동안 자연과 어울려 살려는 생각으로 땅의 모양을 바꾸지 않고 원래의 땅 생긴 모양에 맞추어 집을 지었고, 집 짓는 재료도 자연의 보전을 위해 흙과 돌과 풀과 나무를 그대로 최소한으로 가공해 사용하였다. 그리고 결국에 삶의 필요를 충족하면 다시 자연으로 되돌려준다고 생각하였다. 둘째, 종교적 사상이다. 불교 사상의 영향으로 인생은 허무한 것, 부귀영화의 집착은 헛된 것, 체념과 담담함으로 자연 그대로 욕심 없는 조촐한 집을 지었다. 유교 사상의 영향으로 검소하고 단순한 ㅓ조에 가부장적 대가속의 상부상조 협동체로서 장자의 조상 숭배와 부모 효도의 가계 계승을 반영해 한 집에 여러 세대의 공간(사랑채, 안채, 행랑채, 별당 등)을 만들었다. 풍수 사상의 영향으로 조상을 잘 모셔 자손 번성과 입신출세를 기원하는 음택과 길지를 택해 온화, 부드러움, 마음의 안정을 주는 환경, 산의 흐름과 안정된 물길을 찾고 명당, 득수, 정혈, 좌향을 강조하는 양택으로 정하였다. 도참사상의 영향으로 집에는 사람을 지키는 신들이 있어 안방의 성주신, 마당의 터주신, 부엌의 조왕신, 우물의 용왕신 등을 모시고 있다. 셋째, 공동체 사상이다. 한 곳에 여러 세대가 함께 산다. 돌아가신 조상의 신주를 모시는 사당, 여성과 어린이를 배려해 안쪽 깊은 곳에 부엌과 텃밭과 정원이 있는 안채, 가장이 거주하며 외부의 손님과 풍류객을 맞이하는 사랑채, 집안의 일꾼이나 노비가 생활하는 행랑채, 한옥의 중앙으로 각 방과 연결되는 대청마루와 툇마루, 집안의 다양한 활동이 이루어지는 마당, 그리고 창고나 외양간, 이웃과 더불어 사는 낮은 울타리와 담장 등이 있다.

2. 한옥의 구조

우선 기단(토축, 자연석, 장대석)은 빗물이 튀지 않게 하고 땅의 습기를 방지하며, 땅 속 침하와 기둥의 기울기를 방지하고 햇빛을 흡수한다. 초석(자연석, 가공석)은 기둥의 하중을 받으며 기둥의 부식을 방지하고, 지면 습기를 차단한다. 기둥(배흘림, 민흘림, 자연목, 각기둥)은 서양보다 숫자가 적지만 지붕의 하중을 분산시키고 안정케 한다. 공포(주심포, 다포, 익공)는 지붕 무게를 분산시켜 안정감을 주고, 내부 공간을 확대시키고 화려한 장식으로 기둥과 지붕 사이의 지지목 역할을 한다. 지붕(형태에 따라 맛배, 팔작, 우진각, 종류에 따라 기와, 초가, 너와, 굴피)은 한옥 무게의 절반을 차지하며, 눈비, 햇빛을 차단하고 완만한 곡선과 긴 처마가 특징이며, 지붕 위에 취두, 용두, 잡상 등을 두어 장식하고 있다. 가구(보, 도리, 서까래, 추녀)는 지붕의 하중을 기둥으로 분산시키고, 미적 효과를 제공하는데 도리의 수에 따라 3량, 5량, 7량집 등으로 구분한다. 천장(우물, 연등 무늬)은 차음, 보온 등을 통해 아늑함을 제공한다. 창호(교차, 만자, 빗살무늬)는 창살창의 모양을 주고, 단청(단색, 긋기, 모로)은 오방색과 녹색으로 외면의 권위와 위풍과 모양을 보여주고, 나무가 썩는 것을 방지한다. 마루(대청, 쪽, 툇, 다락)는 집채 중앙의 가족들이 모이는 중심 공간이고, 모든 동선이 거쳐 가는 허브역할(거쳐 가고 분리하고 연결되는 중간)을 하며, 취침, 노동, 여가, 독서 등 일상생활의 축을 이룬다. 마루란 가장 높은 자리를 의미(산마루, 용마루)하는 꼭대기를 말한다.

이 밖에 마당은 비어 있으면서 집안의 크고 작은 행사를 치루어 관혼상제의 잔치, 타작 공간, 곡식 말리기, 장작 쌓아두기 등 활용도가 높다. 이는 노장사상의 비움의 철학이 적용된 곳으로 햇빛을 담고 바람을 받으며, 안과 밖을 구별하지 않고 연계하여 소통과 교류가 이루어지는 곳이다. 또 집채와 구별된 뒷간은 인간의 대소변을 해결하고 거름을 재탄생시키는 곳이다. 한쪽에 재와 부삽, 똥독과 장군을 비치해 대소변을 보고 나면 이를 썩혀 거름에 사용하였다. 집 뒤에 있다고 해서 뒷간, 집 옆에 있다고 해서 측간, 편안함을 준다고 해서 변(편)소, 사찰에서는 근심을 더는 곳이라 하여 해우소, 일본식 단어로 화장실이라고 부른다. 지금 우리나라 공공 화장실은 세계인들이 부러워할 정도로 가장 깨끗하고 편안한 화장실로 알려져 있다. 또 이웃과 구별하는 삐뚤삐뚤 자연석으로 쌓은 돌담이 있다. 동일한 벽돌이 아니라 각개 돌멩이의 개성을 인정해 접착제 없이 하나로 쌓여져 초록색 이끼가 끼인 가운데 감나무 가지가 늘어지고 담쟁이 넝쿨이 올라 간 시골 냄새와 시골 소리가 들리며, 없어도 괜찮은 허허실실의 자연스러움이다. 물론 궁궐이나 산사의 담장은 길상과 벽사의 뜻을 나타내는 전돌이나 벽돌로 용, 박쥐, 매화, 포도 등의 무병장수와 만수무강을 기리는 무늬로 채워졌다.

추위를 이기기 위해 만들어진 구들(온돌)은 우리나라만의 독창적이고 과학적인 난방(서양은 벽난로, 일본은 온천, 북유럽은 사우나)이다. 그래서 고구려와 발해의 유적인 구들을 보면 당연히 우리 민족임을 확인하게 된다. 구들장이 열 받으면 몸에 좋은 원적외선이 나오고, 아궁이를 낮게 하고 굴뚝을 높이고 방고래에 개자리 구멍을 파서 대류 현상에 의한 열 전달에 효과를 주고, 구들장이 열 저장창고 역할을 하여 오랫동안 따뜻함을 유지한다. 구들로 인해 한국인은 좌식 생활을 하게 되었고, 좌식으로 신을 벗어 깨끗하고 위생적이고, 하체 운동보다 손 운동을 많이 해 손재주가 발달하였다. 한 이불 속에 여럿이 누워 혈육을 나누고, 한 공간을 침실, 식당, 공부방 등으로 사용해 통합적 다기능적 역할을 하였다. 아랫목은 아기가 자라는 요람과 노인이 최후를 맞는 임종의 공간으로 요람에서 무덤까지 함께하는 신성한 공간이다. 특히 집들이 황토로 지어져 수분 흡수와 방출을 알아서 하고, 온열 효과와 분자 운동을 일으켜 혈액 순환을 촉진하는 등 사람들을 건강하게 한다.

3. 한옥의 특징

우선 한옥은 소박하다. 어디에나 쉽게 어울리듯 원만하고, 단순하고 소박한 조형물들이 소탈하고, 자연에 동화되고 순종적인 편안함이 있다. 둘째, 포용적이다. 자연에 내재되어 있는 다양한 형태의 자연적 변화를 수용하고 비대칭적으로 살아있는 생명력이 느껴지며 완성되지 않은 듯 완결된 풍성함이 있다. 셋째, 자연적이다. 인위적인 인공미가 최소한으로 절제되어 정밀한 세부에 관심이 없이 전체적인 조화를 중시하고 마음을 사로잡지 않지만 오래도록 싫증나지 않는 친밀함이 있다. 넷째, 은근하다. 사물의 내재된 정신적 의미와 가치를 중시하는 내면미가 느껴지며 채워진 공간보다 비움의 한가로움과 고요함이 있다. 다섯째, 조화롭다. 외부에 대해서는 폐쇄되었지만 내부는 개방되었고, 좁은 곳에서 넓은 곳으로 어두운 곳에서 밝은 곳으로 낮은 곳에서 높은 곳으로 연속성을 느끼며 대청마루의 연결 공간은 지금 아파트의 거실이 그런 역할을 하고 있다. 여섯째, 따뜻하다. 지붕의 처마선은 계절마다 햇볕의 강도를 조절해 주고, 아궁이에서 때는 불씨는 방고래를 타고 구들을 데워 따뜻함을 주고, 방마다 창호를 바른 문들은 사방으로 시원한 바람을 맞이한다. 일곱째, 편안하다. 대청마루에 앉아 앞을 보면 넓은 마당의 햇살이 반사해 오고, 뒤를 보면 뒤뜰의 꽃밭과 장독대의 풍경에 친밀감을 느낀다. 사랑방에서 책 읽는 소리, 손님과 풍류를 나누며 술잔을 권하는 소리, 우물가의 여인들의 빨래하며 수다 떠는 소리, 외양간의 소의 울음 소리 등 일상의 삶의 소리를 들으며 정겨움을 느낀다.

4. 결론

한옥을 연구한 일본의 이타미 준은 '한옥은 빛과 바람을 담아내는 집이다. 그것은 인간과 자연이 가장 조화로운 방식으로 공존하는 공간이다'라고 하여 자연을 중시하는 한국적인 미와 철학이 담긴 건축물이라 하였고, 유홍준도 '한옥에서 살아보지 않고 한국의 미를 논할 수 없다'라고 하여 한옥의 생활 속 가치를 강조하였다.

한국인의 철학과 정신이 깃든 한옥은 어떤 곳일까? 한옥은 단순한 건축물이 아니다. 그것은 자연과 인간이 조화를 이루며 살아가는 공간이고 세월이 흐를수록 더욱 깊은 아름다움을 지니는 예술이다. 한옥의 지붕은 하늘을 닮았다. 처마 끝이 우아하게 휘어져 나무 기둥과 조화를 이룬다. 창호지를 바른 문을 열면 은은한 햇빛이 스며들고, 나무의 향기가 가득한 마루에 앉으면 바람과 햇살이 어우러진 자연의 숨결이 느껴진다. 한옥의 가장 큰 아름다움은 자연과의 조화이다. 사계절이 뚜렷한 한국의 기후에 맞춰 여름에는 시원하고 겨울에는 따뜻하다. 온돌은 땅의 따스함을 품어 가족을 감싸고 대청마루는 한여름 더위를 잊게 해준다. 오늘날 우리는 편리함을 추구하고 빠르게 변하는 시대를 살아가지만 한옥은 느림의 미학을 가르쳐주고, 창호 너머로 스며드는 빛과 그림자의 조화, 마당에 내리는 빗방울 소리, 소각거리는 마루의 감촉은 자연과 하나 되는 삶의 방식을 일깨운다. 한옥은 단순한 집이 아니다. 그것은 우리의 정신이 깃든 공간이며 자연과 함께 호흡하는 아름다운 삶의 형태이다. 전통을 넘어 미래로 이어질 영원한 한국인의 보물이다.

06
한국인 곁에 함께한 사찰에 깃든 불교 정신

　우리나라 사람들이 불교 신앙을 편안하게 받아들이는 이유는 무엇일까? 우리나라 사람들은 불교 신앙을 갖지 않아도 산세에 있는 사찰을 많이 찾는다. 과거 학창 시절 수학여행의 필수 코스였고, 지금도 숲속의 자연 치유를 하려면 산세가 좋고 거닐기 좋은 곳이 사찰이기 때문이다. 그래서 사찰은 한국인 곁에 있어 마음의 평안을 준다. 어느 곳을 가든지 쉽게 만날 수 있는 사찰의 각종 조형물에는 어떤 정신이 깃 들여 있고 어떤 의미가 있는지를 알아보아 불교 문화재를 통한 한국인의 불교 신앙을 살펴보고자 한다.

1. 사찰과 진입 공간

사찰의 원래 명칭은 범어의 승가람마에서 따온 가람이었다. 가람은 본래 많은 승려들이 한 장소에서 불도를 수행하는 장소를 지칭하는데, 사찰, 사원, 정사라고도 하며, 불교적 수행과 성스러운 공간을 의미한다. 절은 순우리말로 신라 최초 불교 신도인 모례의 이름인 털과 범어의 찰에서 절이 되었다는 설이 있다. 우리나라의 대표적인 사찰로는 불보(석가모니 진신사리 보관)사찰 통도사, 법보(부처님의 말씀인 팔만대장경 보관)사찰 해인사, 승보(승려들의 교육 기관)사찰 송광사가 있고, 불교 교리를 건축과 조형물에 담아 가장 잘 표현한 불국사 등이 있다.

사찰에서 처음 대하는 것이 당간지주이다. 당간은 사찰 위치나 행사를 알리기 위해 깃발 형태의 당을 꼭대기에 걸었던 것인데, 이를 지지하기 위해 세운 것이 당간지주이다. 이는 사찰 입구에 불가의 세계로 들어선다는 인식을 유도하고 신성과 세속 공간의 경계를 상징하는데, 통일신라 직후 사찰의 필수 요소였기에 많은 사찰이 폐허화되면서 지주만 남아있는 곳이 많다. 사찰에 들면서 먼저 볼 수 있는 건물이 일주문(一柱門)인데, 속세와 불계를 구분 짓고 문을 통과하는 순간 부처님의 세계로 들어가 일심의 마음을 가져야 한다는 의미가 있다. 다음에 천왕문(天王門)을 맞이하는데, 속세의 잡귀가 불세계로 들어오지 못하도록 하여 사방에 사천왕상을 모셔놓았다. 창과 비파를 든 동방 지국천왕, 용과 여의주를 잡은 서방 광목천왕, 칼과 창을 잡은 남방 증장천황, 창과 불탑을 든 북방 다문천왕이 있다. 다음에 금강문(金剛門)이 있는데, 사찰의 수문장인 금강역사상이 왼쪽에 밀적금강, 오른쪽에 나라연금강이 서있다. 그리고 해탈문(解脫門)을 들어서는데, 번뇌의 속박에서 벗어나 자유로운 해탈의 경지에 도달함을 뜻한다. 또 가장 위쪽에 불이문(不二門)이 있는데, 중생과 부처가 둘이 아니고, 세속과 불가가 둘이 아니며, 상대적인 것들이 모두 하나라는 의미를 지니며 비로소 법당에 다다르게 된다.

2. 법당과 불상

법당은 불법을 설하는 집으로 신앙의 대상인 부처나 보살을 모시고 예배하는 모든 전각을 말한다. 사찰마다 중심 법당에 모신 부처님에 따라 그 사상을 대표하게 된다. 대웅전은 가장 중심부에 배치되며 위계상 가장 높은 건물이고, 불교의 주불인 석가모니불을 모셔 격을 높여 대웅보전이라고도 하며 좌우 협시보살로 문수와 보현보살, 아미타불과 약사여래상을 배치한다. 아미타전은 서방 정토에 거처하는 아미타불을 모셔 극락전, 무량수전이라고도 하는데, 극락왕생을 위한 수행쳐로서 협시보살로 관음과 대세지보살을 배지한다. 대적광전은 화엄송의 수불인 불성과 진리의 빛인 비로자나불을 모셔 화엄전, 비로전이라 한다. 미륵전은 미래 부처인 미륵보살을 모셔 불국토인 용화세계에서 중생을 교화한다고 하여 용화전이라고도 한다. 미륵전은 우리나라의 미륵신앙이 전통 민간신앙과 연관하여 가장 많이 예배하는 친숙한 법당이다. 관음전은 중생의 고난과 역경과 괴로움을 풀어주는 대자대비한 관세음보살을 모셔 원통전, 대비전이라고 하며, 기복을 기원하는 민간 신앙적 성격에 많이 찾는다. 영산전은 석가모니의 설법회상인 영산회상(석가 생애의 주요 사건을 8단계로 구분해 설명한 일대기)을 봉안하였다. 약사전은 모든 중생의 병을 고쳐주는 약사여래를 모시고, 협시보살로 일광과 월광보살을 배치한다. 명부전은 중생이 죽어 저승에 가서 심판받을 때 변호하는 지장보살을 모시고, 저승의 심판관 염라대왕도 함께 봉안해 지장전이라고도 한다. 그 밖에 불교가 민간신앙을 흡수해 민간 신을 모신 전각들이 있는데, 사찰의 역대 종파를 개창한 승려인 조사의 영정을 봉안한 조사당, 석가모니의 16제자 나한상을 모신 나한전, 산신 숭배로 수호신 호랑이와 여산신을 모신 산신각, 수명장수 칠성신을 모신 칠성각, 산신과 칠성과 독성(지혜가 많은 나반존자)을 함께 모신 삼성각 등이 있다.

3. 석탑과 범종각

금당 앞에 서있는 탑은 범어로 스투우파라 하며, 한자어로 탑파라 하는데, 석가모니가 열반한 후 그 유품과 사리를 보관하기 위해 둥근 원형으로 세운데서 유래한다. 중국은 황하 주변의 황토 흙이 많아 전탑이, 일본은 백제의 목탑 기술 전래이후 목탑이 발달한데 비해, 우리나라는 목탑 형식의 기법을 따른 화강암을 다루는 기술이 발달해 석탑이 주를 이룬다. 탑에는 그 사찰 고승의 사리를 봉안한 용기인 사리장엄구가 모셔져 있다. 삼국시대에는 1금당 1탑이었지만 통일신라 이후 1금당 쌍탑이 주류를 이루고 있다. 석탑은 밑받침의 2층 기단부와 탑의 몸체로 사리를 봉안한 탑신부, 탑의 가장 위에 장식된 상륜부로 나누어진다. 기단부 중앙의 기둥은 목조건축의 기법에 따른 탱주라 하고, 사방의 기둥을 우주라 한다. 탑신부 상면에 놓여진 지붕부분을 옥개석이라 하고, 옥개받침은 목조건축의 공포부에 해당한다. 특히 상륜부의 여러 장식 중 둥그런 모양의 보주는 초창기 탑의 원형을 상징한 장식이기도 하다.

가끔 사찰 뒤나 옆에 고승을 비롯한 승려의 사리를 안치한 조형물로 팔각 원당형과 석종형의 부도가 있다. 선사의 사리를 봉안한 장골처이기도 한데, 가장 오래된 부조는 원주 법흥사지의 염거화상탑(884년, 현재 국립중앙박물관 소장)이다. 연화문, 사자상의 기단부, 사리를 봉안한 탑신부, 화려하지는 않지만 극락세계로의 인도를 상징하는 상륜부로 구분된다.

범종각에 있는 울기를 잘하는 포뢰용의 형상을 닮은 구리와 쇠로 된 범종은 중생을 구제한다고 하고, 가죽으로 되어 암수 가죽의 조화를 이룬 법고는 축생을 구제한다고 하고, 구리로 되어 조석 예불을 알려주는 운판은 날짐승을 구제한다고 하고, 나무로 되어 수행자의 경책을 의미하는 목어는 물고기를 구제한다는 울림 소리로, 공양과 예배 시간을 알리고 번뇌를 씻어주고 마음의 안정을 가져다준다. 동종 정상부의 용모양은 종을 매달기 위한 고리 부분의 용통과 고래를 무서워한다는 상상의 바다 짐승 포뢰를 상징하는 용뉴가 있고, 몸체에는 당초무늬, 연꽃무늬 장식과 상대 4곳 유곽에 9개씩의 꼭지 장식인 유두가 있고, 하대 당좌에는 비천상, 주악 천인상 등이 그려져 있다. 목어는 물고기가 밤에도 눈을 감지 않는다 하여 제자들이 불도에 정진하는 염원을 담고 있고, 스님들의 목탁도 물고기 모양에서 따온 것으로 수행을 위한 도구로 사용되고 있다.

4. 결론

사찰은 우리나라 사람들에게 불교 신앙을 갖지 않았어도 친숙한 공간이다. 한국인의 생활 주변에서 편하게 대할 수 있는 불교 사찰을 가끔 찾게 될 때, 신앙적 예불이 아니더라도 그곳에 깃든 불교 사상과 한국인의 종교심이나 정서를 생각해볼 만하다. 먼저는 스님들의 이야기를 기억해본다. 법정 스님의 '모든 것이 다 지나간다. 행복도, 고통도', 자신을 알지 못하면 다른 사람을 알 수 없다'라든지, 성철 스님의 '참선은 마음을 비우는 것이 아니라 깨달음으로 마음을 채우는 것이다, 공을 이해하면 모든 것이 진리로 드러난다', 또 자현 스님의 '당신의 마음을 다스려라. 세상은 당신의 마음이 만든 것이다'라는 말에서 잠깐 동안 무소유의 마음과 무상과 무아의 정신으로 집착과 욕심을 버리려는 노력도 해보고, 불교의 가르침인 인생은 고통의 연속으로 그 원인이 집착과 욕망이기에 팔정도의 수행을 통해 깨달음을 얻어 고통에서 벗어나려는 마음을 가져볼 만하다. 모든 것이 서로 인연을 맺어 작은 연이라도 소중히 여기고 자신과 타인의 고통을 이해하고 이를 덜어주기 위한 자비의 마음을 가짐으로 불교 교리나 신앙으로서가 아니라 인간 존재의 근본적인 질문을 통해 답을 얻어 보려는 노력도 해볼 만하다. 그래서 사찰을 찾을 때, 사찰의 전각과 조형물에 깃든 사상을 생각하여 세속과 신성 공간의 구분, 일심으로 세속과 불가가 둘이 아니라 하나라는 생각, 부처를 모신 전각에서 석가모니불, 아미타불, 비로자나불 등을 만나고, 특히 한국의 전통 신앙과 연결된 미륵보살, 관세음보살, 약사여래, 지장보살, 조사당, 나한전, 산신각, 칠성각, 삼성각 등을 돌아보는 것도 좋은 경험이다. 또한 법당 앞의 석탑과 범종각의 범종, 법고, 운판, 목어를 통해 불가의 법과 부처의 가르침, 세속의 구제하기 위한 울림과 번뇌를 씻어주는 느낌을 경험할 수 있다. 우리나라의 불교는 수행을 통한 깨달음을 강조하는 상좌부 불교가 아니라 모든 중생의 구제를 강조하는 대승 불교이다 보니, 사찰의 각 조형물에 내재되어 있는 정신과 의미를 이해함으로 개인의 깨달음뿐 아니라 대중의 구제를 이룰 것이라 여겨진다. 그래서 한국인들은 오랜 불교 신앙의 전통으로 선량하고 포용적이고 화합적인 종교심을 갖고, 집착과 욕심을 버리고 자연과 함께 자비의 마음을 가지고 생활하는지도 모르겠다.

07
유네스코에 등재된 16개의 세계유산

 한 나라의 문화력을 어떻게 증명할 수 있을까? 세계가 인정한 세계(문화,사연)유산에 등재된 유산을 통해 알 수 있을 것이다. 우리나라는 16개의 세계유산이 등재되었다. 그러나 이보다 더 객관적인 문화력은 세계기록유산과 세계인류무형문화유산에서 찾을 수 있을 것이다. 우리나라 세계기록유산은 세계 250개국 중 5위(독일 30건, 영국 24건, 네덜란드 21건, 프랑스 20건, 한국 18건)에 해당되고, 세계인류무형문화유산은 아시아에서 중국(43건)에 이어 2위(23건) 국가이다. 이는 우리나라 문화의 우수성을 말해주는 사례이다. 세계기록유산이나 세계인류무형문화유산을 제외하고 세계유산을 살펴볼 때, 그 유산이 어떤 기준으로 등재되는가를 안다면 그 문화를 보유한 한국인의 우수성을 확인할 수 있을 것이다. 우리나라에 등재된 세계유산을 불교 유산 3개, 역사 유적 유산 6개, 조선시대 유산 5개, 자연 유산 2개로 나누어 구체적으로 살펴보고자 한다.

1. 세계유산의 기준

세계유산은 1960년 이집트가 아스완 하이댐을 만들면서 수몰 지역 내에 있는 누비아 유적을 보존하기 위해 국제적으로 세계 문화와 자연 유산을 보존하자는 움직임에서 시작하여, 1972년 파리 유네스코 총회 때 세계의 문화유산 및 자연유산의 보호에 관한 조약(세계유산 조약)을 채택하면서 이루어졌다. 세계문화유산은 여러 건축물이나 유적을 하나의 이름으로 한꺼번에 지정하거나, 도시 전체(영국의 바스, 이탈리아의 피렌체)를 등재하거나, 한 지역의 여러 문화재를 하나의 지구(백제역사유적지구, 하회양동 역사마을)로 지정하거나, 지리적으로 인접하지 않지만 비슷한 요소를 연속유산(조선왕릉, 한국의 산사)으로 등재한다. 세계문화유산에 등재되기 위해서는 1) 탁월한 보편적 가치(국경을 초월할 만큼 독보적이고 현재와 미래세대의 전 인류에게 공통적으로 중요한 문화와 자연의 창의성, 가치의 교환, 독보적, 역사적 단계의 예증, 전통적 터전, 예술 문학작품과의 연관이 있는 것), 2) 진정성(다양한 속성을 통해 문화적 가치를 진실하고 신뢰할 만하게 표현된 것), 3) 완전성(문화, 자연의 속성들이 완전하고 온전하게 보존된 것)에 두고 있다. 우리나라는 16개(석굴암과 불국사, 해인사 장경판전, 종묘, 창덕궁, 수원화성, 경주 역사유적지구, 고창화순강화 고인돌 유적, 조선왕릉, 하회양동 역사마을, 남한산성, 백제 역사유적지구, 한국의 산지승원, 한국의 서원, 가야고분군, 제주화산섬용암동굴, 한국의 갯벌), 북한은 2개(고구려고분군, 개성역사유적지구)가 있어 한반도에 18개의 세계유산이 등록되어 있다.

2. 불교 유산

1995년 등재된 **석굴암과 불국사**는 인간의 창의성으로 빚어진 걸작을 대표하고, 인류 역사에 있어 중요한 단계를 예증하는 대표적 사례로 등재되었다. 신라인들의 창조적 예술 감각과 뛰어난 기술로 조영한 불교 건축과 조각, 경주 토함산의 아름다운 자연 환경과 어우러진 한국 고대 불교 예술의 총체이다. 석굴암은 인공적으로 축조된 석굴과 불상 조각에 나타난 뛰어난 기술과 예술성이 인정받고, 불국사는 석조 기단과 목조 건축이 잘 조화된 고대 한국 사찰 건축으로 동북아시아 고대 불교 예술의 최고 작품으로 인정받았다. 석굴암과 불국사 건립에 김대성이 전생 부모(석굴암)와 현생 부모(불국사)를 위해 세웠다는 전설이 있다. 석굴암 축조에 있어 바닥에 작은 샘이 흐르게 하여 습기를 제거한 과학적인 기술과 특히 본존불의 조각과 아치형의 천장은 모든 과학 기술이 동원된 최고의 걸작이다. 불국사는 이름처럼 중생이 불국 정토로 들어가는 불교 정신이 반영된 것으로, 청운교와 백운교 33계단을 올라 자하문에 이르러 대웅전에 들어가고, 연화교와 칠보교이 연꽃을 지나 안양문에 이르러 극락전에 다다른다. 특히 이들 다리의 아치형 건축은 자연석에 돌을 깎아 맞춘 그레미 공법을 처음 사용했다는 역사적 가치를 갖는다. 대웅전 앞의 석가탑(현세불, 최초의 목판 인쇄물 무구정광다라니경 발굴)과 다보탑(과거불, 인도탑 형식의 화려함)의 쌍탑은 아사달과 아사녀 전설이 깃들고, 그 배치에 있어 단순함과 화려함, 남성과 여성의 느낌을 준다.

1995년 등재된 **합천 해인사 장경판전**은 보관이 취약해졌을 때 특정 문화의 득징을 잘 보관한 오랜 역사의 구체적인 사례를 통해 증명하는 대표적 사례이고, 실존하는 전통, 사상이 탁월한 예술과 문학작품과 직접 연관되어 등재되었다. 장경판전은 8만대장경을 보관하기 위해 15세기 건축된 서고로 우리나라 현존하는 가장 오래된 도서관 건축이다. 몽골 침입에 불법의 힘으로 외란을 극복하고자 대장경을 제작했으나 보관할 곳이 없어 처음 강화도 선원사에 보관했다가 조선 세조때 장경판전을 건축하여 옮기게 되었다. 700년간 잘 보존된 것은 통풍을 위해 창의 크기를 달리했고, 흙바닥에 숯과 횟가루, 소금과 모래를 차례로 넣어 습도를 조절해 자연 조건을 이용해 설계한 합리적이고 과학적인 건축물이다.

2018년 등재된 **산사, 한국의 산지승원**은 현존한 문화적 전통의 독보적이고 특출한 증거로 일곱 곳을 묶어 연속유산으로 등재되었다. 이는 한국 특유의 선종 문화와 명산자락에 산사가 발달하여 오랜 기간 신자들의 신앙처이고 승가공동체의 수행 공간으로 보존되어 있어, 다른 불교 문화권의 사찰과 구분되는 독창적인 고유문화가 강조되었다. 양산 통도사(부처님의 진신사리가 안치된 적멸보궁이 있는 불보사찰, 모든 진리를 회통하여 일체중생을 제도한다고 하여 통도가 됨), 영주 부석사(국보로 오래된 목조 건물인 무량수전과 조사당이 있음, 신라 의상이 절을 지을 때 선묘라는 여인이 용이 되어 큰 바위를 뜨게 해(부석) 지켜주었다는 전설로 부석이 됨), 안동 봉정사(국보로 오래된 목조 건물인 극락전이 있음, 지세가 마치 봉황이 머무르고 있다는 뜻, 혹은 의상이 부석사에서 종이로 봉황을 만들어 날렸는데 이곳에 떨어졌다는 전설로 봉정이 됨), 보은 법주사(국보인 유일한 목탑 팔상전이 있음, 신라 의상대사가 당에서 돌아 올 때 백나귀에 불경을 싣고 이곳에 머물렀다고 하여 법주가 됨), 공주 마곡사(국보 오층석탑이 있고 불화를 그리는 화승을 많이 배출함, 큰 스님의 설법을 듣기 위해 마치 삼밭의 삼(마)이 골짜기(곡)를 가득 메워서 마곡이 됨), 순천 선암사(절 앞에 석재 무지개 다리인 승선교가 아름답고 주변 송광사와 조계사와 연결되어 가장 아름다운 운치로 유명함,

선암사 주변 큰 바위가 평평해 신선들이 내려와 바둑을 두던 곳이라 선암이 됨), 해남 대흥사(국보 마애여래좌상이 있고 서산대사 부도와 다승 초의선사의 기거처인 일지암이 있음, 원래 대둔사였으나 임진왜란 후 서산대사가 중수하며 대흥이 됨)

3. 역사 유적 유산

2000년에 등재된 **경주 역사유적지구**는 오랜 세월에 걸쳐 일정한 문화권 내에서 인간 가치의 중요한 교환을 반영하고, 현존하는 문화적 전통의 독보적이고 특출한 증거로 등재되었다. 신라의 고도 경주를 5곳으로 구분하여 52개 유산을 하나로 묶은 연속유산이다. 등재 기준은 남산지구(불교미술의 보고), 월성지구(신라의 궁궐터), 대릉원지구(신라 고분군), 황룡사지구(신라 고찰), 산성지구(수도 방어시설)을 포함한다. 남산에는 신라 건국 설화인 나정, 멸망 순간의 포석정지, 3개의 석탑, 20여개의 불상, 5개의 왕릉지 등이 있다. 월성에는 신라 왕궁인 월성, 김알지가 태어난 계림, 동양 최고 천문 시설인 첨성대, 내물왕릉, 동궁과 월지 등이 있다. 대릉원에는 미추왕릉, 오릉, 황남리 고분군의 천마총, 황남대총, 계림로 고분군, 노동리 고분군의 봉황대, 금령총, 식리총, 노서리 고분군에 금관총, 서봉총, 호우총 등이 있다. 황룡사지에는 황룡사터만 남아있지만 4만 여점의 발굴된 유물과 분황사 모전석탑이 있다. 산성에는 명활성 일대의 왕경 방어 시설의 성벽이 보존되어 있고 인근에 보문관광단지가 있다.

2000년에 등재된 **고창, 화순, 강화 고인돌 유적**은 현존하는 문화적 전통의 독보적이고 특출한 증거로 등재되었다. 고창, 화순, 강화의 고인돌 유적은 청동기 시대의 거석 문화를 대표하는 수백 기의 고인돌로 이루어진 연속유산이다. 고창의 고인돌군은 죽림리 매산마을을 중심으로 1.8km에 이르는 산지에 약 442기가 위치하고 탁자식, 기반식, 개석식이 혼재되고 인근 채석장도 확인되어 고인돌 건축과 변천을 알 수 있다. 화순 고인돌군은 도곡면, 춘양면 일대 596기가 분포해 있는데, 길이 7m, 높이 4m, 무게 200톤의 세계 최대 고인돌이 있다. 강화 고인돌군은 부근리의 40여기 가운데 높이 2.6m, 덮개돌 길이 6.5m, 너비 5.2m, 두께 1.2m의 지석묘가 대표적이다. 이외에 5곳의 고인돌군이 있다.

2010년에 등재된 **하회양동 역사마을**은 현존하는 문화적 전통의 독보적이고 특출한 증거이고, 인류 역사 단계를 예증하는 대표적 사례로 등재되었다. 강물이 마을을 감싸고 흘러 하회가 되었다는 안동 하회마을은 처음에 김해 허씨와 광주 안씨가 살던 곳인데, 풍산 류씨가 들어온 이후 두 가문이 떠나면서 류씨 집성촌으로 남게 되었다. 민속놀이 하회별신굿 탈놀이와 하회탈이 유명하며, 서애 류성룡을 주향한 병산서원과 그의 형 겸암 류운룡을 주향한 화천서원이 있고, 그밖에 2개의 고택과 6개의 건축물들이 있다. 경주 양동마을은 여주 이씨(회재 이언적)과 외가 경주 손씨(우재 손중돈)의 600년 집성촌으로 조선 전기에 이곳에 살던 경주 손씨 손소의 고명딸과 여주 이씨 이번이 혼인할 때 이번이 장가오면서 시작된 처가입향의 마을이었으나, 점차 인물을 배출하면서 여주 이씨 중심으로 시집오는 마을로 바뀌어 조선의 영남 남인들의 구심점을 이룬 양반 씨족 마을이 되었다. 양동 마을의 문화재로는 여러 고택과 건물, 기록 문화재(지정조격, 통감속편, 손소 초상화)가 있다.

2014년에 등재된 **남한산성**은 오랜 세월에 걸쳐 인간 가치의 중요한 교환을 반영하고, 인류 역사 단계를 예증하는 대표적 사례로 등재되었다. 삼국의 백제로부터 조선, 일제 때 항일운동까지 역사적 사건들이 있던 곳으로 특히 병자호란 때 인조의 피신과 40여 일간 항쟁의 아픈 역사를 간직하고 있다. 1975년 성벽을 복원하기 시작해 2014년 행궁 복원까지 마치게 되어, 주요 문화재인 4대 성문, 행궁, 수어장대, 숭렬전 등 다수의 건축물이 보존되어 있다.

2015년에 등재된 **백제 역사유적지구**는 오랜 세월에 걸쳐 일정한 문화권 내에서 인간 가치의 중요한 교환을 반영하고, 현존하는 문화적 전통의 독보적이고 특출한 증거로 등재되었다. 백제의 고도 3지역의 유적지 8곳을 하나로 묶은 연속유산이다. 웅진 백제 시대 무령왕을 중심으로 한 역사 도시 공주에 공산성과 무령왕릉의 왕릉원이 있고, 사비 백제 시대 화려한 백제 문화 유저지인 부여에 관북리 유저과 부소산성, 정림사지, 왕릉원, 나성이 있고, 백제 무왕이 건립한 왕궁과 사찰이 있는 익산에 왕궁리 유적, 미륵사지가 있다. 한성 백제 시기 유적인 풍납토성, 몽촌토성, 석촌동 고분군과 방이동 고분군은 개인 사유권 문제가 얽혀있어 등재되지 못하였다.

2023년 등재된 **가야 고분군**은 현존하거나 이미 사라진 문화적 전통으로 문명의 독보적이고 특출한 증거로 등재되었다. 가야 고분군은 1-6세기 한반도 남부에 존재했떤 가야제국의 최상층 지배층의 식곽묘의 무덤 문화와 토기와 철제 부장품을 공유한 가야 연맹의 관계를 대표하는 7개 고분군의 연속유산이다. 김해 대성동 고분군은 금관국(금관가야)의 무덤들로 김수로왕릉 주변의 구릉 지대에 덧널무덤, 적은 숫자의 순장, 토기와 철기류의 부장품이 보인다. 함안 말이산 고분군은 안라국(아라가야)의 37기 대형 왕릉들로 돌방무덤, 돌널무덤, 말갑옷, 적은 숫자의 순장, 별자리 덮개돌, 새모양 토기, 암각화 등이 나타난다. 합천 옥전 고분군은 대가야의 영향력 아래 덧널무덤, 돌방무덤, 환두대도, 신라식 금동관, 로만 글라스 유리잔, 새모양 철기, 철제 무기류, 갑옷 마구류 등이 나타난다. 고령 지산동 고분군은 반파국(대가야) 고분 704기가 확인되었는데, 돌덧널무덤, 규모가 큰 순장(44호분은 사방 25m의 최대 40여명의 순장묘), 금동관, 아기 금동관, 환두대도, 가야토기, 곡옥 목걸이, 철제갑옷, 금팔찌, 암각화 등이 나타난다. 고성 송학동 고분군은 고자국(소가야) 왕릉급 무덤인데, 전방후원분, 금동귀걸이, 마구, 청동제 높은 잔, 유리구슬, 일본양식 토기 등이 나타난다. 창녕 교동, 송현동 고분군의 적석목곽분, 굽다리 고배 등은 신라의 영향을 많이 받은 것으로 보인다. 그리고 남원 유곡리, 두락리 고분군이 있다.

4. 조선시대 유산

1995년 등재된 **종묘**는 현존하는 전통이나 문명의 독보적이고 특출한 증거로 등재되었다. 종묘는 조선 시대 역대 왕과 왕비 및 추존된 왕과 왕비의 신주를 모시고 제사를 지내는 조선의 대표적인 건축물이다. 처음부터 신실을 정하지 않고 왕들의 신주를 모시다 보니 계속 증축되었는데, 정전(19실, 19왕과 30왕후, 배향공신 84위)에는 정식으로 왕위에 오른 선왕과 그 왕비의 신주를 순위에 따라 모셨고, 영녕전(16실, 16왕과 10왕후, 배향공신 11위)에는 추존된 선왕의 부모나 복위된 왕들을 모셨다. 또 600여 년간 제례행사를 지내 온 가치가 인정되어 종묘제례와 제사를 지낼 때 춤과 함께 연주하는 종묘 제례악 등이 함께 등록되었다.

1997년 등재된 **창덕궁**은 인간 가치의 중요한 교환을 반영하고, 현존 전통의 독보적 증거이고, 인류 역사 단계를 예증하는 대표적 사례로 등재되었다. 조선의 정궁 경복궁이 지어졌으나 태종은 별궁으로 창덕궁을 지은 후 주로 왕의 별궁으로 사용하다가 임진왜란으로 모든 왕궁이 불타자 왜란 후 창덕궁을 가장 먼저 복원하여 사용하였다. 창덕궁은 5대 궁궐 중 원형의 모습을 가장 잘 보존하고 있고, 200년을 사용한 경복궁보다 별궁으로 200년, 정궁으로 300년을 사용해 왕궁으로 더 친숙한 곳이고, 특히 창덕궁의 후원(비원)은 왕들의 휴식처로 많이 애용되었다.

1997년 등재된 **수원화성**은 인간 가치의 중요한 교환을 반영하고, 현존 전통의 독보적 증거로 등재되었다. 수원화성은 정조 때 1794년에서 1796년에 축성된 5.74km의 성곽으로 아버지의 묘를 화성 화산의 융릉에 모시면서 수원도호부를 계획도시로 꾸민 작품이다. 당시 최고의 과학 기술을 동원하여 축성 일정을 단축시키고, 부역이 아닌 노동의 댓가를 지불한 기록 등 축성 과정의 설계도와 내용을 글로 남긴 화성성역의궤의 존재가 세계문화유산으로 등재케 하는 요인이 되었다. 공성전을 위해 축조된 성이지만 조선시대까지 한 번도 전쟁에 쓰이지 못하다가, 6.25때 북한의 남침을 수원에서 막아내면서 현대전의 무기로 많이 파괴되었던 것을 1973년 팔달문을 시작으로 5년 만에 복원되었다. 4대문(창룡문, 화서문, 팔달문, 장안문), 치성, 공심돈, 포루, 각루, 적대, **봉돈**(봉수대), 서장대, 연무대, 행궁 등이 있다.

2009년에 등재된 **조선왕릉**은 문화적 독보성의 증거, 인류 역사 단계의 예증 사례, 실존 전통과 사상의 예술 작품과의 연관으로 등재되었다. 조선시대 왕과 왕비가 묻힌 42기 중 40기의 능이 포함된다. 현재 왕릉 가운데 제외된 것은 북한에 있는 제릉과 후릉, 반정으로 폐위된 연산군묘와 광해군묘, 성종의 폐비 윤씨의 회묘, 선조 후궁 공빈 김씨의 성묘, 숙종 희빈 장씨의 대빈묘 등이다. 조선왕릉은 시신을 안치한 석실에 석회를 두텁게 바른 회곽묘이고, 검약을 강조한 유교 윤리에 따라 간소한 부장품들이 있어 도굴되지 않았으나 임진왜란 때 태종의 헌릉, 세조의 광릉, 성종의 선릉, 명종의 순릉이 훼손되기도 하였다. 경국대전에 능역은 도성에서 10리(4km) 이상 100리(40km) 이하의 구역에 만들도록 되어 있는데, 이 원칙을 벗어난 왕릉으로는 개성에 있는 태조 첫부인 신의왕후 한씨의 제릉과 정종과 정안왕후 김씨의 후릉이고, 영월에 있는 폐위된 능양군의 능이 격상된 단종의 장릉, 여주에 있는 세종의 영릉(예종 때 헌릉 근처에서 이장)과 효종의 녕릉(동구릉에 있었으나 석물 파손 사건으로 이장), 화성에 있는 세도세자 장조의 융릉(양주에서 이장), 정조의 건릉이 있다. 조선왕릉은 홍살문을 지나 좌우에 수라간과 수복방이 있고, 제사 의식을 행하는 정자각을 넘어 봉분을 두었고 주변에 각종 석물들이 세워져 있다. 최근에는 봉분 주변을 출입할 수 없게 하여 주로 나무 숲이 우거지고 수목원이 조성되어 산책로로 많이 활용되고 있다.

2019년에 등재된 **한국의 서원**은 문화적 독보성과 인류 역사 단계 예증의 대표적 사례로 9개 서원의 연속유산으로 등재되었다. 조선시대 지역 문화의 거점이자 지역 성현들을 배향하는 곳으로 과거시험 준비기관에 그친 중국의 서원과 다르다는 점이 강조되었다. 특히 안동의 병산서원과 경주의 옥산서원은 2010년 하회양동 역사마을이 등재될 때 역사 마을로 지정되었는데, 한국의 서원이 등재되면서 서원 등재로 바뀌었다. 9개 서원은 영주 소수서원(최초의 사액서원, 안향과 주세붕 초상화, 안향 주향), 함양 남계서원(정여창 주향), 경주 옥산서원(영남 남인의 정신적 본산, 현판은 한석봉의 친필, 이언적 주향), 안동 도산서원(영남 남인의 양대 서원, 현판은 한석봉의 친필, 이황 주향), 장성 필암서원(전라도 제일의 서원, 김인후 주향, 김인후의 사위로 소쇄원을 지은 양산보의 아들 양자징 배향), 달성 도동서원(도동의 의미는 성리학의 도가 동쪽으로 왔다는 뜻, 김굉필 주향, 외증손 정구 배향), 안동 병산서원(사방에 산이 병풍처럼 둘러싸인 아름다운 경관, 복례문과 만대루가 유명, 류성룡 주향, 류성룡 아들 류진 배향), 정읍 무성서원(최익현과 임병찬의 의병이 창설한 곳, 최치원 주향), 논산 돈암서원(김장생 주향, 김장생 아들 김집 배향, 우암 송시열과 송준길 배향)이다.

5. 세계자연유산

2007년에 우리나라 첫 번째 자연유산으로 등재된 **제주 화산섬과 용암동굴**은 최상의 자연 현상, 뛰어난 자연미와 미학적 중요성을 지닌 지역으로서 지형 발전상의 지질학적 주요 진행 과정과 특징을 포함해 지구 역사상 주요 단계를 입증하는 대표적 사례로 등재되었다. 제주도는 화산섬으로 한라산, 기생화산, 용암동굴 등 다양한 생물의 서식지가 분포되어, 화산의 생성 과정 연구와 생태계 연구에 중요한 학술적 가치를 지니고 있다. 유네스코 세계지질공원으로 인증받은 곳은 한라산, 성산일출봉, 거문오름용암동굴계(만장굴, 김녕사굴, 뱅뒤굴, 용천동굴, 당처물동굴, 웃산전굴, 북오름굴, 대림굴) 등이 있다. 제주에서는 매년 10월에 세계유산축전 제주 화산섬과 용암동굴 축제를 열어 제주의 아름다움과 독특한 자연유산을 기념하고, 제주의 자연과 문화를 체험할 수 있는 프로그램을 제공하고 있다.

2021년에 등재된 **한국의 갯벌**은 과학이나 보존 관점에서 보편적 가치가 탁월하고 생물학적 다양성의 현장 보존을 위해 가장 중요하고 의미가 큰 자연 서식지로 등재되었다. 한국의 갯벌은 서남해안에 위치해 약 2,169종의 생물이 살아가는 다양한 생물종의 보고이고, 동아시아와 대양주를 잇는 철새 이동 경로에서 국제적 멸종 위기 철새 약 102종의 기착지에 해당하여 국제적으로도 매우 중요한 지역이다. 현재 서천 갯벌, 고창 갯벌, 신안 갯벌, 보성-순천 갯벌이 등재되어 있고, 등재를 시도하고 있는 인천 갯벌, 화성 갯벌, 아산만 갯벌, 태안-서산 갯벌, 서천의 광포만 갯벌 등이 세계유산 잠정 목록에 올라 있다. 우리나라 서해 갯벌은 겨울엔 파랑, 여름엔 호우로 인한 퇴적 작용이 일어나고, 남해 갯벌은 태풍의 영향으로 모래, 자갈의 퇴적이 많다. 서해 갯벌은 기온 상승으로 염생식물군락 면적이 감소하지만 다양한 식물군이 관찰되고 있다. 갯벌에 도래하는 우리나라 주요 바닷새는 도요새, 물떼새류, 갈매기류, 오리류, 총 108종 47만여 개체의 중간 기착지로서 매우 중요한 지역이다.

6. 결론

세계문화유산에 대하여 영국의 건축가 존 러스킨은 '우리는 조상의 유산을 단순히 물려받은 것이 아니라 다음 세대를 위해 빌려온 것이다'라고 하여 문화유산이 단순한 소유물이 아니라 후손에게 되돌려 줘야할 책임 있는 자산이며 미래를 위한 투자라고 하였다. 세계문화유산은 탁월한 보편적 가치와 진정성, 완전성을 기준으로 등재된다. 그래서 세계문화유산으로 등재되었다는 것은 인류 공동의 유산으로 국제적으로 가치를 인정받은 것이며, 이로 인해 그 나라의 문화적 자긍심과 정체성을 강화시키고, 국가 간의 문화적 교류와 상호 이해를 통해 지속 가능한 관광 자원으로 활용된다는 것을 의미한다. 이는 국제적으로 국가의 문화적 브랜드 가치를 높여주고, 단순한 경제력과 군사력이 아닌 문화적 영향력을 다른 나라에 끼칠 수 있고, 문화 관광 산업을 통해 경제적 부가가치를 창출할 수 있으며, 특히 문화유산을 통해 문화 콘텐츠를 개발하는 문화력 강국의 이미지를 확고히 해주는 것이다. 우리나라의 세계문화유산의 특징은 1) 오랜 역사와 고유한 문화 형성의 산물로 고대부터 현대까지를 아우르는 유산이다. 2) 우리나라의 가장 중요한 자연과의 조화를 보여준다. 불교 산사에서 자연과 인간의 유기적 관계를 보여주고, 한국의 서원에서 유교적 자연관의 반영을 보여주어, 한국의 전통 문화가 자연과 함께 성장하고 상호작용하였음을 알려준다. 3) 한옥과 궁궐 건축, 불교 사찰 등 전통 건축의 특징과 기술을 잘 보여준다. 이는 자연과의 조화, 목재를 이용한 건축 기법, 기하학적 아름다움에서 나타난다. 4) 무형문화유산, 역사마을, 역사유적지구에서 한국인의 정서적 가치관과 한국 고유의 생활양식과 공동체 의식이 반영된 문화적 가치를 볼 수 있다. 그래서 우리나라에 세계유산으로 등재된 16개 유산을 살펴볼 때, 이들은 바로 우리 생활의 주변에서 우리와 친밀한 문화유산으로서, 자연존중 사상이 반영된 자연과 인간과의 관계를 중시하고, 각종 건축과 조형물을 통해 건축 기술과 예술에 독창성을 보이며, 그리고 한국인의 공동체 의식이 반영된 고유 정서와 생활양식이 보존된 오랜 역사적 산물임을 보여준다. 한국의 세계문화유산은 세계 문화적 브랜드의 높은 가치를 인정받고 다른 나라에 문화적 영향력을 끼치기에 충분한 능력을 갖추고 있다.

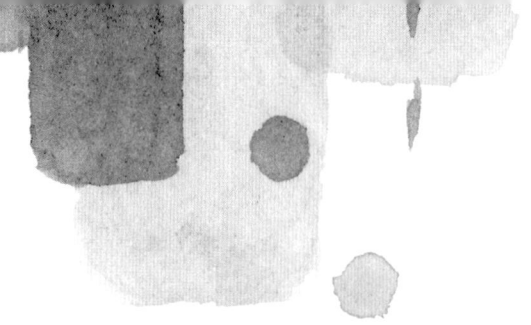

08
100년 전부터 바뀌기 시작한 한국인의 삶

　우리나라의 전통 생활은 근대화되면서 어떻게 바뀌었을까? 우리나라의 생활 방식은 외세 침략으로 강제적으로 바뀌면서 전통을 지키려는 노력과 변혁시키려는 의지가 서로 부딪히며 변화되어 갔다. 우선 1890년대 청, 일본의 간섭과 1900년대 서구 세력의 진출 등으로 인해 일상생활에서 작은 변화가 시작되었다. 1910년대 일제의 실제적 지배가 이루어지면서 나타난 의식의 변화로 전통을 미신으로 여기며 한국적인 것을 말살하고 일본식 생활과 의식을 강요받게 되었다. 해방과 6.25전쟁을 거친 후 1960년대 본격적인 산업화로 인한 급격한 변화는 우리나라의 모든 것을 바꾸어 놓는 계기가 되었다. 당시 변화되는 과정을 통해 바뀌어진 한국인의 생활 방식을 살펴보고자 한다.

1. 생활의 변화

19세기 후반부터 한양과 개항장을 중심으로 외국 음식이 보급되기 시작했다. 특히 청나라가 조선의 내정을 간섭하려 서둘러 군대를 파견하면서 군대와 함께 중국 상인들이 들어오게 되었다. 1880년대 청나라 군인과 노동자들이 많았던 서울 명동 북창동 일대에 중국 음식점이 들어섰고, 공식적으로 1905년 인천 선린동에 공화춘이라는 첫 중국 음식점이 생겨 중국식 향채가 든 시큼한 짜장면에서 조선식 개량 짜장면이 선풍적인 인기를 끌었고, 자전거로 음식 배달이 시작되기도 하였다. 일본 식당에서도 덮밥과 메밀국수가 팔렸고, 1927년 종로 우미관 앞 일본식 오뎅집과 우동집(가락국수)이 인기를 끌었다. 양식도 19세기 말 독일 여인에 의해 정동 이화여고 자리에서 경영하는 손탁호텔에서 팔리기 시작해, 종로 기독교청년회관과 백화점 양식부에서 스테이크와 돈가스(서양의 고기 요리를 일본식으로 바꾼 음식) 메뉴로 한 경양식집이 유행하였다. 이후에는 경양식집에서 돈가스, 비후가스, 오므라이스 등을 팔며 외식 문화를 선도하기도 하였다. 일본 술 정종과 기린맥주, 위스키, 보드카 등 외국 술이 양식집과 요릿집에서 판매되기 시작했다. 특히 새로운 음료 커피는 고종이 가배차라 하여 즐겨 마셨고, 이후 충무로 본정과 저동 영락정 등에 전문 커피숍과 다방이 생겨났다. 커피는 맛보다 커피를 마시며 음악을 듣는 분위기를 즐기게 되어 다방은 세련되고 고급스러운 문화인을 상징하게 되었고, 예부터 있던 사랑방 문화가 이어진 장소가 되었다. 옷차림에서도 19세기 후반 대원군에 의해 흰옷 금지령이 내려졌지만 제대로 이행되지 않고 있다가, 1920년대 두루마리 대신 조끼와 양복이 유행하고, 여성도 개량 한복과 흰색 저고리에 검정 치마가 유행하고, 블라우스에 스커트 차림의 양장이 소개되면서 흰옷도 줄고 메리야스가 들어와 속적삼은 셔츠로 속바지는 팬티로 바뀌었다.

2. 식생활의 변화

우리의 전통 숙박 시설인 주막은 한 잔 술에 함께 친구가 되는 사랑방 같은 곳으로 누구나 상하 구분없이 한 방에서 잠을 자고 한 솥에서 끓인 국밥을 먹고 삶의 피곤을 함께 나누던 곳이었는데, 일제시대를 거치며 개인의 사생활이 중시되어 점차 여관과 모텔, 식당으로 변하였다. 조선시대 외국인이 소개한 한국인의 식습관에 대한 기록에 보면 조선 사람들은 2,3인분의 밥을 먹는 대식가로서 중국이나 일본보다 훨씬 많이 먹고 키도 컸다고 한다. 길거리에 코끼리가 싼 만큼의 똥덩어리들이 있는데 밥과 채소를 많이 먹은 한국 사람들의 변이었다고 한다. 그런데 일제시대를 거치며 먹을 것이 줄고 근대화되면서 단백질 섭취와 먹을거리가 많아지면서 밥양이 줄고 식생활이 개선되었다. 또 과거 모내기할 때면 소쿠리에 밥과 반찬과 국을 잔뜩 담아 나누어 먹던 것이 일제시대 이후 산업화되면서 직장과 학교에서 도시락(벤또)이 등장하였다. 특히 쌀이 부족했던 1960, 70년대에는 도시락 검사를 통해 잡곡 혼식을 강요하기도 하였다. 어느 정도 경제가 발전한 이후 1990년대부터 직장과 학교에서 급식이 제공되면서 도시락은 추억의 음식이 되었다.

3. 의식의 변화

1920 - 30년대 우리나라를 찾은 외국인들은 한국의 여성들에 대해 '안주인은 집안을 이끌어가는 선장이고, 양반들을 움직이게 하는 것은 바로 아내의 치마폭이다'라고 말할 정도로 여성들의 부지런함과 지혜를

칭찬하였다. 그러나 전통 사회에서 여성은 가정 중심의 순종과 희생이 강요되어 드러나지 못했다가 근대 학교가 설립되고 여성들도 교육을 받으면서 사회 활동에 참여하고 자아를 추구하는 여성이 늘면서 여성의 의식이 변화되고 나혜석과 같은 신여성이 등장하였다. 또 농사를 지으며 일출과 일몰에 따라 계절 중심으로 지내던 시간관념이 서양의 기계와 근대적 시간표가 도입되면서 정해진 시간에 따라 활동하고, 시간 엄수의 개념이 보급되어 서구식 생활 습관이 나타나게 되었다. 또한 서구식 교육과 한글의 보급 등에 힘입어 전통적 운명론과 미신에 의존했던 사고가 실증적 과학적 사고로 바뀌면서 서당보다 근대 학교로, 무당보다 근대 의학의 병원으로, 공동 우물보다 수돗물과 목욕탕으로 가게 되었다. 또 각종 신문이 발행되면서 많은 정보가 널리 알려지게 되어 대중이 사회 문제에 관심을 갖게 되고, 야구 축구 등 서양 스포츠가 확산되면서 스포츠 대회가 열리고, 영화, 연극이 새로운 오락 문화가 확산되었다. 또 일제의 억압에 대한 저항 의식으로 민족주의 종교인 대종교나 천도교의 교인수가 늘고, 특히 신식 문명을 소개해 주는 기독교 선교사들의 헌신과 전도로 많은 사람들이 기독교로 개종하여 교인수가 증가하였다.

1950년대 6.25전쟁이 끝나고, 60, 70년대 산업화가 이루어지면서 농촌에서 도시로 일자리를 찾는 대이동이 일어나 전통적 대가족제에서 핵가족으로 바뀌는 계기가 되었고, 특히 젊은 여성인 공순이들이 도시의 의류와 전자제품 공장에서 일하면서 가족의 생계를 돕는 일꾼이 되었다. 도시로의 이동은 주택 부족으로 산동네에 도시 빈민층 판자촌이 형성되었고, 도시 교통으로 만원 버스와 전철의 대중 교통이 발달하였고, 1970년 경부고속도로 개통으로 물류와 사람들의 이동이 활발해졌다. 한국산

흑백 TV가 보급되어 TV가 있는 집으로 사람들이 몰려가거나 만화가게에서 표를 주고 보기도 했는데, 당시 여로나 가요무대는 최고의 인기 프로그램이었다. 전통 시장과 5일장 중심의 소비에서 백화점과 대형 상점이 생기고, 미원과 해표, 라면 등의 간편식이 등장하기 시작하였다. 새마을 운동으로 농촌의 초가집이 스레트 지붕으로 개량되고, 농기계가 보급되고, 등잔이 전기 조명으로 바뀌게 되었다. 도시화와 산업화로 공부만 잘하면 성공한다는 의식에 80여 명의 콩나무시루 교실과 오전 오후반 운영에도 과외가 성행하여 1968년 중학교 무시험 입학제가 실시되고, 먹고 살기 힘들던 때라 미국으로부터 받은 구호물품이 학교에 전달되어 옥수수 죽이나 빵과 우유를 얻어먹던 시절이기도 하였다. 그러나 여전히 일제식 교육에서 벗어나지 못하여, 검은색 교복에 빡빡머리와 단발머리의 외모에 넓은 운동장에서 구령대를 중심으로 애국조회와 각종 검열을 대표하는 학교 문화가 1983년 교복 자율화될 때까지 이어졌다.

4. 결론

막스 베버는 '근대화란 합리화 과정이며 전통적 가치에서 벗어나 이성과 과학에 기반한 사회로 나아가는 것이다'라고 하였다. 전통적 사고방식에서 합리적 사고로의 전환, 미신과 관습의 생활 습관에서 이성과 과학의 생활 습관으로의 변화를 말한다. 영국은 18세기 중반 산업혁명을 시작으로 약 150년에 걸쳐 근대화가 진행되었고, 미국은 18세기 후반 청교도들에 의해 정착한 이래 독립선언과 헌법 제정을 시작으로 서부 개척과 남북전쟁까지 100년에 걸쳐 미국식 자유 민주주의와 자유 방임적 자본주의를 발전시켰다. 일본은 19세기 후반 메이지 유신을 계기로 서구의 선진 문물과 제도를 받아들여 불과 30년 만에 급격한 근대화를 이루어냈다. 이에 비해 우리나라는 19세기 후반 자발적인 근대화를 실패하고 외세의 침투에 의한 강제적 근대화를 맞이하여 일본의 군사적 경제적 침략을 위해 근대 문물이 수용되었고 민족말살정책을 위한 근대 교육이 도입되었다. 그러나 6.25전쟁을 계기로 가난에서 벗어나고자 하는 자발적이고 본격적인 산업화가 진행되어, 짧은 시간 내 압축적이고 급속한 변화가 이루어졌다. 국가 주도적 경제 발전으로 산업화가 진행되고, 경제 발전과 동시에 민주화를 이루어내면서 전통 문화와 첨단 산업이 공존하는 독특한 근대화 과정을 가지게 되었다.

외세에 의한 근대화 과정에서 미국 선교사들에 의한 미국식 기독교와 선진 문물에 익숙해졌고, 6.25전쟁 후 가난을 극복하기 위한 미국의 지원과 협력 속에 미국식 생활 방식과 의식 개선이 이루어졌다. 가난을 극복하기 위한 경쟁 속에서 살아남기 위해 노력하여 한국인의 부지런함과 끈질김, 효율성을 따진 빨리빨리 문화로 한강의 기적과 민주화에 성공해 세계 현대사에서 구제받던 나라에서 지원하는 나라로 바뀐 세계 유일의 국가가 되었다. 지금의 90대 이상의 노인은 일제, 6.25전쟁, 근대화의 고통을 경험한 세대이고, 60대 이상은 그 자녀들로서 근대화를 겪으며 의식이 깨쳐진 세대이다. 19세기 후반 청과 일본으로부터 들어온 짜장면, 오뎅, 커피, 돈가스 등 식생활의 변화, 서구식 시간관념과 근대 과학적 사고로의 의식 변화, 1960년대 이후 산업화에 따른 급격한 생활의 변화는 선진국 대열에 우뚝 서고 모든 면에서 세계적으로 인정받는 지금의 한국인을 만들어준 위대한 과정이있다.

09
오랜 역사가 만들어 준 한국인의 전통 의식 구조

　우리나라 사람들의 전통적 의식구조는 어떻게 형성되었을까? 한국의 전통 의식구조는 만주와 한반도라는 지역 안에서의 자연 환경과 오랜 역사적 과정에서 형성되었다. 척박하고 살기 어려운 자연 환경을 극복하거나 자연에 순응하면서 생겨났다. 특히 조선 500년의 생활 규범인 유교의 영향과 외세로부터의 침입을 이겨내며 나라를 지켜온 국민성으로 형성되었다. 전통 의식 구조를 형성케 한 원인과 형성된 의식을 통하여 어떻게 지금의 한국인이 되었는지를 알아보고자 한다.

1. 자연 극복 의식

사계절의 극단적 변화와 농사짓기 힘든 70% 산악 지형이라는 척박한 자연 환경을 극복하며 형성된 생활 습관이다. 1) 먹고 살기 위해 먹을 수 있는 모든 것을 먹어야만 했다. 단군신화의 쑥과 마늘은 못 먹을 음식의 감염과 해독을 위한 조미료로 과거로부터 중요시 여겼고, 독 있는 산나물도 소금에 데쳐 먹었으며, 모든 식자재를 말리고 담그고 발효해 먹었으니, 예를 들어 외국 말로 한 단어인 해초(바다풀)에 수십 가지 용어(김, 다시마, 파래, 톳, 매생이 등)를 갖게 되었다. 지금도 작은 텃밭만 있으면 깻잎, 고추, 상추, 호박, 콩을 심고 다양한 음식(특히 콩을 이용한 장담그기)을 만들어낸다. 2) 효율적인 식량 공급을 위해 단위면적당 인구부양력이 높은 쌀농사가 주를 이루게 되었다. 우리나라 환경에서 쌀 생산은 아주 힘들었지만 살아남기 위해 노동집약적 품앗이 등 협동을 통하여 우리나라 수식이 되었다. 그래서 쌀밥을 중심으로 국과 잔이라는 한식의 특징을 만들어냈고, 밥힘으로 산다는 말이 생겼다. 특히 1930년대 고려인들이 중앙아시아로 강제 이주 당했으나 그곳에서 3년 만에 쌀을 생산해 냄으로 쌀농사의 북방한계선을 갱신시키기도 했다. 3) 지옥같은 현실에서 생존 투쟁력을 갖추면서 평소에 상대와의 경쟁을 위해 욕과 비하, 저주를 퍼부으면서도 살아가기 위해 서로 협동해야만 했기에 남을 위하는 삶을 살아야하는 이중적 생활을 하였다. 그래서 평소 나라를 비판하고 타인을 욕하다가도 위기를 맞으면 애국심과 희생정신을 발휘하는 민족이 되었다. 4) 척박한 환경에서 살아남기 위해 죽어라 일하고 노력해야만 했다. 지금도 근로자의 연평균 근로시간이 세계 1위이다. 산업화 시기부터 지금까지 쓰러져 죽기 직전까지 노력하고 경쟁했다. 친구와 이웃의 콧대를 눌러야 했고, 자식도 남들보다 잘 키워야 했고, 우리를 지배했던 일본도 이겨야하기에 쉴 틈이 없었다. 한국의 아이돌이 세계 최고의 수준이 된 이유는 극단적이고 가혹한 훈련의 비상식적인 고통을 감수하며 이루어낸 결과라고 한다. 몸이 쉬고 있어도 정신은 쉬지 않다 보니, 자살률도 가장 높고 행복 지수가 가장 낮은 선진국이 되었다. 5) 척박한 환경으로 매번 불안하고 걱정하는 습관이 생겨났다. 추수 마치면 봄의 보리고개를 걱정하고, 여름에 태풍이 불면 농사를 걱정하며, 매사를 부정적으로 보고 미래를 걱정하다보니 어릴 때부터 뒤쳐지면 실패한다는 말로 노력과 경쟁을 훈련받았다. 또 걱정하며 생각을 많이 하다 보니 세계 1위의 지능지수를 갖게 되었다. 많은 불행을 이겨 내야하기에 머리를 많이 쓰기 때문이다. 6) 척박한 환경의 고통을 잊기 위해 음주가무가 발달하였다. 삼국지위지동이전에 보면 당시 우리나라인 부여, 고구려, 옥저, 동예, 삼한에 대하여 '연일(밤낮으로, 무리지어) 술 마시고 노래 부르고 춤을 추었다'라는 기록이 공통적으로 나온다. 그래서 슬픔과 기쁨을 표출하며 즐겁게 놀다보니 춤과 노래에 뛰어난 예술성을 나타낸다. 또 하늘에 제사 지내고 음주가무로 어울리면서 제사장인 무당의 영험함을 믿고, 미래가 지금의 걱정과 처참함보다 더 나아질 것을 바라는 절박함에 무속적 신앙이 퍼져 나갔다. 현재도 무당과 역술인이 100만 명이 넘고, 무당, 고승, 목사들이 신접, 해탈, 구원보다 신도들의 건강과 부유함을 축복하는 기복 신앙이 발달한 것은 척박한 환경의 힘든 삶을 위로하고 해결해주는 힘이 되었기 때문이다.

2. 자연 순응 의식

자연을 두려워하고 섬기려하는 자연 순응 의식이다. 1) 자연은 언제나 반복적 질서를 갖고 있어, 자연의 질서를 어기면 굶주리게 되어 자연의 때와 변화무쌍한 기후에 맞춘 행동을 해야 해서 부지런할 수밖에 없었다. 아침저녁 시원할 때 일을 해야 했고, 봄에 씨를 뿌리고 가을에 추수할 시기를 놓치면 농사를 망쳤기에 짧은 한때 온 마을이 하나가 되어 빨리 빨리 일을 하면서 공동체 의식이 형성되었다. 2) 농경으로 형성된 공동체 의식은 희생과 협동, 관계와 화합, 평균적 삶을 중시하여 튀거나(천재) 부족한(장애) 것을 인정하지 않고 혈연, 지연, 학연 중심의 친소 주의가 생겨났다. 3) 자연은 저절로 생겨나서 자라서 무성하다가 시들어 죽어 썩어서 사라진다고 믿어, 죽으면 자연 속으로 썩어져 없어져 돌아간다고 생각하였다. 쓰레기나 오물도 그대로 놔두면 자연 속으로 사라진다고 생각하여 아무 곳에나 버리고, 동물도 자연의 하나로 생각해 함께 생활하였고, 집도 자연 속의 하나로 보아 크지 않게 지어, 놔두면 자연으로 돌아가도록 하였다. 4) 자연 존중 사상은 사람과의 관계에서도 마찰 없이 서로 융합하고 화합하는 것을 으뜸으로 여겨 한국의 리더십도 부하들을 설득해 따라오게 하는 것이 아니라 같은 방향으로 나아가게끔 조절하는 화합하는 능력을 우선으로 여겼다.

3. 유교적 의식

현대와 가까운 지난 조선시대 500년간의 생활 규범이었던 유교적 의식이다. 1) 유교의 기본인 소학을 공부하며 행실의 규범을 요구 당해, 타인을 의식한 최소한의 절제된 행동을 해야 했고, 財(재물)는 災(재앙)로서 이유 없이 큰 재물을 얻으면 반드시 재앙이 온다거나 분수에 맞는 재에 자족하지 않고 여분의 재를 축적하면 재앙이 따른다거나 사람이 탐하고 헐뜯고 욕하는 근본은 재물에서 비롯된다고 하여 물질보다 정신적 행복을 강조하다보니 근검절약하는 청빈 의식과 금욕주의가 발달하였다. 특히 여성들의 순결을 강조하고, 남성들의 첩제도를 공식화하며, 제사 때 여성의 참여를 금지하고, 예쁜 여인을 색기로 여기는 등 가색 금지를 당연시하였고, 겸손을 중시해 오만과 자만, 허세 등을 부덕으로 여기고 명예나 자화자찬을 금지하였다. 2) 유교의 전통은 보수주의를 지켜 구관이 명관이고 옛 법을 중시해 창의적 사고를 위험하게 여겼다. 특별히 성리학의 사농공상의 신분 질서는 명분과 질서와 서열을 강조하는 감투 의식을 강조하였고, 웃어른을 존중하고, 효도사상이 발달했지만 수단과 방법을 가리지 않는 사회 부조리와 부패, 능력보다 서열 중심 평가가 주를 이루게 되었다. 3) 유교에서 예의범절을 강조하는 습관은 노출과 공개를 수치스럽게 여기는 타인 의식이 발달해 체면을 중시하였고, 내용과 실리보다 형식과 명분을 강조하는 명분주의가 발달하여 성과와 성실을 바탕으로 하는 실용주의를 배격하였다. 또한 과거 시험에서도 부정이 있어도 장원급제하면 모든 것이 용서받았고, 지금도 교육의 결과는 좋은 대학가는 것이고 실력보다 졸업장을 중시하는 서류 중심의 형식주의에 빠졌다. 4) 특히 농경과 함께 발달한 친족 공동체 의식이 형성되어, 마을 단위의 협동, 가족 중심주의, 부모와 집안 명예를 위한 희생, 개인의 의견보다 집단 논리 우선, 자율보다 타율성 강조, 조직 속의 계급과 신분을 중시하는 풍습이 생겨났다. 또 조상과 스승의 학통에 절대성을 부여하여 맹신하고 맹종하는 학문을 형성하고, 자기주장이나 감정을 억제하고 자신이 속한 집단을 추종하여 나보다 우리를 강조하면서 가문과 학문을 위해 목숨을 바쳐도 된다는 파당 의식이 발달하였다. 이로 인해 선비들의 잦은 유배와 은둔 생활로 낙향한 은둔자들의 생존을 풍류라는 이름으로 이상화하여 선비 사회의 시와 문장, 풍류의식이 발달하기도 하였다.

4. 역사와 민족의식

우리 민족이 오랜 역사 속에서 많은 외침을 이겨내며 한민족을 유지하면서 형성된 민족의식이다. 1) 우리나라는 주변국의 침략이 있을 때 침략국이 다시는 침략하지 못하도록 목숨을 걸고 퇴로를 차단하고 물러가는 침략군을 전멸시키려 애쓰면서, 1, 2년의 전쟁이 아니라 오랜 전쟁 기간을 이겨내야만 했기에 전쟁이 오래되어 일상이 파괴되면서 불안한 상황에 체념 의식이 생겼다. 이는 부자가 되고 행복한 것은 자신의 노력보다 하늘의 소관이며, 더 많이 가지는 것보다 부족을 채우는 것을 행복으로 여기게 되었고, 분에 넘치면 불행이 닥치고 굶어 죽지만 않으면 행복하기 때문에 불행을 참아내는 것을 중시하고, 다른 사람의 불행을 비교함으로 자신의 불행을 승화시키는데 익숙했다. 2) 전쟁과 재앙을 겪으면서 그 책임에 대해 자신을 자학하는 의식이 발달하여, 정치적, 외교적, 자연적 실정을 자기 잘못으로 자학하거나 남 탓으로 책임 전가함으로 자신을 합리화하기도 했다. 즉 수령은 가뭄의 원인이 자신의 부덕으로 인했다고 하여, 상제에게 제사를 지내며 자신의 머리를 찧어 피투성이가 되거나 회초리로 때려 하늘의 보복에 대한 대응으로 자신을 자학하였다. 그래서 최근에도 불가항력적인 대형사고가 나면 책임자를 찾아 책임을 전가시키려고 하는지도 모르겠다. 3) 전쟁으로 인한 가장 큰 영향은 결과주의이다. 즉 전쟁에서 과정을 겪게 되면 낙오되거나 죽게 되어 당장에 필요한 것을 얻기 위해 과정을 생략해야만 했다. 그 결과 전쟁으로 혼란한 가운데 한탕주의로 성공하고, 과정을 무시하고 결과만 좋으면 된다는 것을 미덕으로 여기게 되었고, 밥은 배고픔을 면하면 되는 것이고 술은 취하는 것을 목표로 삼았다. 우리 고전 소설에서 연애 요소가 희박한 것은 연애는 과정이지 결과가 아니기 때문이다. 기다리지 못하는 습관,

미래를 보지 못하고 눈앞의 상황에만 매달리는 성급함, 여행지에서 사진만 찍고 돌아오는 모습은 결과주의의 산물이다.

5. 샤머니즘적 의식

오랜 역사 속에 한민족의 사상과 종교에 영향을 미친 샤머니즘적 의식이다. 샤머니즘은 고대 제정일치 시대로부터 형성된 동북아시아 일대의 종교적 의식으로, 하늘과 인간을 이어주는 주술사인 무당의 역할을 중시하고, 현세의 길흉화복, 특히 행복한 삶을 기원하는 종교이다. 1) 샤먼의 중개적 역할에 나타난 권위를 중시한다. 샤먼인 무당의 힘이 막강한 것을 받아들이듯이 신분 제도 속에 지배 계급의 특권과 역할을 강조하는 권위주의를 그대로 받아들여, 지배 계급의 독재가 가능하고 백성들은 무조건 복종하는 관계가 형성되었다. 2) 샤머니즘의 특징은 화합적 태도이다. 외국을 통해 수용된 사상과 종교에 샤머니즘의 화합력이 작용해 외래 사상과 종교 본래의 모습이 아닌 한국적 사상과 종교로 변하게 하였다. 불교와 산신이 융합하고, 유교와 충효 사상이 융합하고, 기독교와 기복 신앙이 융합한 것은 그 대표적인 예이다. 3) 샤머니즘은 현세 구복을 추구한다. 오랜 기간 억압과 가난에 쩌들어 살던 백성들이 샤먼(무당)을 통해 현세에 어려움을 극복하고, 병을 고치고, 억울한 한을 풀어주고, 복을 빌어주었다. 즉 힘들었던 시절 무당은 지금의 의사, 변호사, 상담가, 목사와 같은 역할을 담당하였다.

6. 결론

한국인의 의식구조가 지금의 모습을 지니게 된 것을 추적해 보았다. 이런 행동을 하게 된 이유와 원인을 찾다보니 한국인을 더욱 잘 알게 되었다. 우선 우리나라 사람들은 척박한 자연을 극복하면서 먹을 수 있는 모든 것을 먹어야만 해서 작은 땅덩어리도 놀리지 않았고, 단위면적당 인구부양력이 가장 높은 쌀농사를 주로 하게 되었다. 살아남기 위해 서로 경쟁하지만 어려움을 당할 때면 협동할 줄 알았고, 죽어라고 일만하다보니 부지런하고 바쁜 삶이 습관이 되었다. 척박한 환경에 불안하여 걱정하는 습관이 생기고, 현실의 고통을 잊기 위해 음주가무를 즐기다 보니 예술적 감성이 뛰어나게 되었다. 자연을 섬기고 순응하면서 변화무쌍한 기후에 맞추다보니 부지런할 수밖에 없었고, 농경의 공동체 의식으로 협동과 관계를 중시하였고, 자연으로 돌아간다는 생각을 가지고 자연과 함께하며 욕심 없는 융합과 화합을 중시하는 삶을 살았다.

조선 500년의 유학의 영향을 받아 근검절약하며 분수에 맞는 삶을 중시하고, 옛 것을 중시하다보니 새 것을 거부하며, 능력보다는 서열을 중시하고, 친족 공동체 안에서 학연, 지연을 중심으로 어른께 맹종하며 파당 의식이 발달하였다. 오랜 역사 속에 장기간의 외침을 받으며 체념과 불행이 아니면 행복하다는 생각이 익숙해졌고, 전쟁과 재앙에 대한 책임 전가로 자학하거나 남 탓을 잘하게 되었다. 특히 많은 전쟁 중 살아남기 위해 한탕주의와 결과주의가 나타나 과정을 무시하는 경향이 강해졌다. 특히 이 모든 것에 우리나라의 종교심인 샤머니즘의 영향력이 커서 샤면의 권위에 맹종하며 권위에 무조건 복종하는 신분제가 발달하였고, 샤머니즘의 화합직 사고의 영향으로 모든 것을 융합하고 포용할 줄 일고, 현세 구복적 요구에 기복 신앙이 발달하였다.

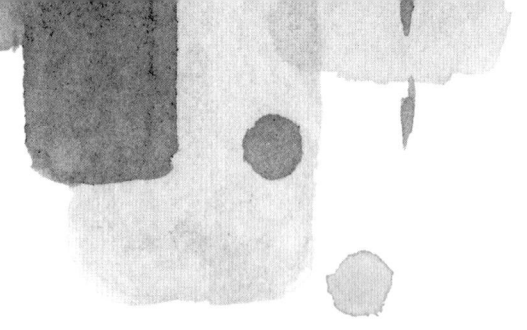

10
현대를 사는 사람들의 세대별 의식 구조

 현세대를 사는 우리들의 의식 구조는 어떨까? 지금 함께 살고 있는 세대를 셋으로 구분할 수 있다. 60대 이상의 베이비붐세대, 4,50대의 X세대, 40대 이하의 MZ세대이다. 이들은 한 시대의 다양한 사건들을 나이에 따라 다르게 경험하였다. 예를 들어 1998년 IMF를 베이비붐세대는 회사 중견 간부 때, X세대는 대학생 때, MZ세대는 초등학교 때 경험하였다. 경험에 따른 의무와 책임, 충격과 아픔, 수용과 대처 등이 달랐다. 그래서 현재의 변화무쌍한 현상에 따라 세대별로 느끼고 대처하는 방법이 달라 각각의 의식 구조가 다르게 형성되었음을 알 수 있다. 현대를 살고 있는 한국인의 세대별 의식 구조와 생활 방식을 알아보고자 한다.

1. 베이비붐세대의 의식구조

한국의 베이비붐세대는 6.25전쟁 이후인 1955년부터 1963년 사이에 태어난 세대로, 전쟁의 폐허에서 경제성장을 이끈 주역으로 평가받는다. 이들의 의식 구조는 급격한 산업화와 도시화, 그리고 전후 사회 재건의 경험 속에서 형성되었다.

이들은 어린 시절에 지독한 가난을 경험하고 부모의 비관과 비굴과 권위의 억압을 목격하였고, 청소년기 언론탄압과 각종 금지에 따른 단속과 욕구 좌절을 경험하였다. 대학 진학자는 엘리트의 특권적 지위를 가지고 반유신, 민주화 투쟁에 앞장섰고, 경제 성장과 함께 소득이 향상되었으나 한참 가장 역할을 해야 할 때 IMF 구조조정과 정리해고로 위기를 경험하면서, 인생을 즐길 줄 모르면서 열심히 일만하다가 은퇴하면서 고령화 시대를 이끌게 된 세대이다. 우리나라는 이 세대들의 변화에 따라 새로운 제도가 만들어지면서 나라를 변혁시켰다. 그래서 이들은 전쟁 이후 빈곤을 극복하기 위해 열심히 일하며, 노력은 성공의 어머니라는 믿음을 강하게 가지면서, 개인의 책임감과 성실함을 바탕으로 자신의 삶을 개척해 나가는 근면과 성실을 가치로 삼았다. 또한 가족적 집단의 이익을 개인의 이익보다 우선시하며 공동체를 위한 희생을 당연하게 여기며, 자녀의 성공과 가족의 안정을 위해 자신의 삶을 희생하는데 익숙했다. 이들은 1960년 - 80년대의 급격한 경제성장과 산업화를 직접 이끌고, 성취와 번영의 가치를 체감하며 스스로 돈을 벌고 가정을 꾸리는데 자부심을 가지며 자립심을 중요한 가치로 여겼다. 이는 사회적 지위와 경제적 성공을 중시하는 성공 지향적 사고를 갖게 했고, 이를 자녀에게도 요구하기 위해 자녀 교육을 통해 가난을 극복할 수 있다는 신념을 가지고 자녀

교육에 막대한 투자와 관심을 기울였다. 또 전통적인 성 역할과 가족 구조를 중시하여 남성은 가정의 생계 부양자, 여성은 내조와 가사 중심의 역할을 맡았고, 연장자를 존중하고 예의범절을 중히 여기며 효도와 충성 등 유교적 가치관을 중요시하여 지금은 위로 부모를 모시고 아래로 자식을 돌봐야 하는 낀 세대가 되었다. 이들은 위계질서를 중시해 상사나 연장자 등 권위에 대한 복종과 존경이 중요한 덕목이었고, 변화를 두려워하여 기존 체제나 규범에 순응하며 안정성을 추구하여 정치적으로 보수적인 성향을 가지게 되었고, 강력한 리더십을 긍정적으로 평가하고 권위주의적 리더십을 수용하여 안정을 지향하는 성향을 지니게 되었다. 또한 전쟁 이후 경제적 풍요를 추구하며 집, 자동차 등 물질적 성취를 삶의 목표로 삼아 소유 중심의 행복을 추구하였고, 브랜드보다는 가격과 실용성을 중시하고 절약하는 생활 습관을 가지고 실용적 소비를 이루었다.

그러나 지금의 개인주의적이고 디지털 중심의 젊은 세대와 가치관 차이로 갈등을 겪는 경우가 많고, 자식 세대에게 부모의 책임과 의무를 다하다보니 여전히 희생하며 자신의 삶을 누리지 못하고 있다. 경제적 성장기에 은퇴를 맞아 노후 자금, 건강관리, 여가 활동에 대한 관심을 가지고 과거 일 중심의 삶에서 벗어나 여행, 취미 생활 등 자기 계발을 통해 제2의 삶을 찾으려는 시도를 하고 있지만 많은 사람들이 노후를 준비하지 못해 여전히 일하고 있다.

2. X세대의 의식구조

한국의 X세대는 1960년대에 태어나 1980년대에 대학을 다니고 1990년대에 사회에 진출한 세대를 말한다. 이들은 한국 현대사에서 중요한 변화를 이끌어낸 세대로 민주화 운동과 경제적 성장의 경험 속에서 독특한 의식 구조를 형성하였다.

이들의 어린 시절은 경제 성장의 성과를 경험하면서, 하면 된다는 낙관주의를 기대하며 복종, 근검절약, 희망, 자신감, 경쟁, 성실한 삶이 가치 기준이 되었고, 청소년기에 국민소득 천불과 경제 성장률 10%의 풍요로움을 경험하고, 청년시절 의식화가 강화되고 6.29 민주화 투쟁의 승리를 맛보아 스스로 민주화 세대라 하며 진보 이념에 관심을 갖았지만 동구권 붕괴로 혼란을 겪었다. 88년 서울올림픽 유치로 선진국 의식이 확산되고 해외여행 자유화로 적극적인 문화 소비자가 되었다. 경제적 안정과 경쟁력 강화로 자녀에 대한 막대한 투자와 부자 되기, 웰빙 열풍을 일으키고, 경제 위기와 극복 과정에서 사회적 양극화를 경험하면서 한국의 정치, 경제, 사회를 이끄는 중심 세대가 되었다. 이들은 1980년대 군사정권 하에서 민주화를 위한 투쟁에 적극적으로 참여해 성공하면서 불평등과 부조리에 민감하며 사회적 약자를 보호하고 공정한 사회를 만들고자 하는 사회 정의 의식을 중요시했다. 부모 세대의 전통을 이어 개인보다는 공동체와 집단의 이익을 우선시하며, 사회적 문제에 대해 개인적으로 책임감을 느껴 집단적인 행동으로 문제를 해결하려는 연대의식과 책임의식이 강하다. 1980 - 90년대 경제 호황과 IMF 외환위기를 모두 경험하며 경제적 성공과 위기를 목격하여 불안정한 경제를 경험하면서, 경제직 안징성과 실질직인 소득 보장을 중요시하게 되었다. 또 본인 세대의 성공 요인을 교육이라 여겨, 자녀 교육에도 큰 비중을 두고 개인의 성취와 사회적 성공을 중요시해, 자녀의 사회적 성공을 위한 지원에 적극적이고 전통적 가족 중심의 가족관을 가져 희생적인 부모 역할을 강조하고 자녀의 성공을 위해 헌신하나 자녀교육에 심한 간섭으로 자녀와 나쁜 관계를 보인다. 특히 중고등학교때 열린교육 등 진보 교육의 영향을 많이 받고 공정과 정의를 중시하다보니 일부는 자녀의 불공정한 대우나 친구간 다툼에 개입해 물러서지 않고 투쟁하여 사회적으로 자녀의 학폭위 문제, 공교육 불신, 자녀 중심 민원 등 눈살찌푸리는 학부모가 되어가고 있다. 정치적으로 민주화 경험의 영향으로 진보적 성향을 띠고 사회 변화를 위한 정치 참여를 중시하고, 정치적 활동을 생활의 연장선으로 인식하여 자신이 사회를 변화시킬 수 있다는 믿음을 가지고 있다. 디지털 전환 등 급격한 변화를 겪으며 아날로그 문화와 디지털 문화를 모두 경험하며 두세대 간의 가교 역할을 하면서 새로운 기술과 환경에 적응하려는 노력을 기울이고, 변화에 적응하고 전통적 가치와 안정성을 지키려는 태도를 유지한다.

경제적 안정과 삶의 여유를 바탕으로 문화생활과 여가를 적극적으로 즐기기는 하지만 개인주의와 자유를 중시하는 젊은 세대와 노동관, 성공관, 정치적 입장 등에서 세대 간 견해 차이를 경험하면서 기성세대와 젊은 세대 사이에서 중간적 역할을 하며 세대 간 갈등을 조정하려는 의식을 가지고 있다.

3. MZ세대의 의식구조

한국의 MZ세대(밀레니얼 세대와 Z세대)는 1980년대 초부터 2000년대 초반에 태어난 세대를 말하며, 디지털 환경에서 성장한 특징과 함께 사회적 변화, 경제적 환경, 디지털 기술 발전의 영향을 받으면서 새로운 의식 구조를 만들어 가고 있다.

이들은 어린 시절 IMF, 청년기 금융위기, 성년 초기 코로나를 경험하면서, 경제 호황이 끝나고 위기를 자주 대하고 무한 경쟁에 내몰리면서 세상에 대한 공포와 무력감을 나타내고, 청년기에는 삼포, 오포의 사회적 포기, 과잉 사교육 강요에 따른 정신적 압박, 왕따와 학교폭력의 가피해로 인한 심리적 위기, 물질 만능과 돈을 추구하는 경제적 집착, 부모에 의존하면서 기성세대에 대해 적대감과 분노 등 사회적 심리적으로 부정적 의식을 갖은 세대이다. 그러나 최근 정보와 기술에 적응이 빠르고 어릴 때부터 보호와 자유와 토론과 다문화에 익숙해 획일적이지 않은 다양한 성장 과정을 겪으며, 타인에 대해 신경쓰지 않고 혼술, 혼밥, 혼즐에 익숙하여 혼자도 잘 지내는 자기중심, 자기만족 세대라 할 수 있다. 그래서 이들은 자신의 행복과 성취를 통한 자아실현을 우선으로 여기며, 사회적 규범보다는 개인의 가치관에 따라 행동하고, 직장, 학교, 가정에서 위계적인 관계보다 수평적이고 자율적인 관계를 선호한다. 스마트폰, SNS, 인터넷 사용이 일상이며, 정보 탐색과 의사소통의 대부분이 온라인에서 이루어져, 정보를 소비하는 데 그치지 않고 직접 콘텐츠를 제작하고 공유하는데 적극적이어서 SNS와 디지털 플랫폼을 통해 사회적 문제에 적극적으로 의견을 내고 행동에 나서, 정치적으로도 이념보다는 실용적인 정책과 개인의 삶에 영향을 주는 사안을 중요시한다. 또한 부당함에 민감하여 공정한 기회와 결과를 요구하여, 채용 비리나 특혜 논란에 강한 반응을 보인다. 기후 변화와 환경 문제에 관심이 많으며 에코라이프를 실천하려는 경향을 가지고, 다른 문화, 인종, 성별, 성적 지향 등에 대해 비교적 개방적이고 포용적이면서 자신만의 정체성과 취향을 인정받으려 한다. 경제적으로도 단순히 가격이나 브랜드보다 윤리적 가치, 친환경성, 개인적 취향을 고려한 소비를 선호한다.

이들은 현재를 즐기며 살고자 하는 욜로(You Only Live Once)와 조기 은퇴를 목표로 한 FIRE (Financial Independence Retier Early) 사이에서 균형을 찾으려 하여, 직업적 성취만큼이나 개인의 여가와 삶의 질을 중요시하는 워라벨(Work-Life Balance)을 추구하고, 심리 상담과 정신 건강에 대한 관심 속에 심리적 안정을 추구하면서 해외여행, 다양한 취미, 새로운 기술 활용 등 새로운 경험을 선호하고 AI, 메타버스, 블록체인 등 신기술에 대한 수용도가 높아 변화에 대한 개발성과 도전 정신을 가지고 세계 젊은 세대를 이끌며 한류의 중심에서 활동하고 있다.

4. 결론

우리나라에는 현대의 한 시대를 함께 사는 3세대가 있는데, 이들의 의식 구조를 아는 것은 한국인을 바로 알 수 있는 척도가 된다. 우리나라 산업을 이끌어왔던 산업화 세대인 베이비붐세대, 한국의 정치를 이끌어왔던 민주화 세대인 X세대, 그리고 현대를 살며 월라벨을 즐기는 MZ세대이다. 지금 10대 이하의 어린아이들인 알파세대가 있기는 하지만 현 사회를 이끄는 3세대의 기질과 성향과 역할을 정리해본다.

지금의 60대 이상의 베이비붐세대는 어린 시절 지독한 가난과 젊은 시절 욕구 좌절을 경험했지만 급격한 산업화와 도시화에 열심히 성실하게 일하며 나라를 발전시키면서 각종 제도를 바꾸어가며 은퇴 후 고령화 시대를 이끄는 세대이다. 빈곤을 이겨가며 잘 살게 되어 자부심과 자립심을 중요하게 여기고, 전통 의식과 예의에 익숙해 위로 부모를 돌보고 자녀를 챙기는 낀 세대이기도 한데, 일만하며 여유를 챙기지 못해 노후 준비를 못한 사람들이 많아 여전히 일만 하는 세대이다.

지금의 40대 이상의 X세대는 어린 시절 잘 살기 시작하며 젊어서 88

올림픽과 동구권 붕괴라는 세계적인 변화에 경제적 안정과 경쟁력 강화를 경험하면서 IT와 반도체 산업에 선두적 역할을 담당하면서 국민소득 3만불의 기적을 이루기 위해 일할 수밖에 없던 세대이다. 자신의 성공과 실패 경험에 학부모가 되어 자녀들에 대한 교육을 아까와 하지 않고 사교육비에 엄청난 투자를 하고, 자녀의 학생 생활에 지나치게 간섭하면서 사회 혼란과 가족 갈등을 일으키기도 하며, 기성세대와 자녀세대 사이에서 중간적 역할을 통해 세대 간 갈등을 극복해야 하는 과제를 갖고 있는 세대이다.

지금의 40대 이하의 MZ세대는 어려서부터 2만불의 소득 속에 개인이 혼자 쓰는 방에서 부족함 없이 지원받으며 공주와 왕자로 큰 세대이다. 어린 시절 IMF를 경험하고 청년 시절 금융 위기와 코로나를 겪으면서 삶의 위기를 자주 대하여 무한 경쟁에 내몰려 세상에 대해 무기력감과 사회적 포기, 정신적 신리적 압박 등으로 분노와 부정적 의식에 사로잡힌 세대이다. 그러다 보니 타인에 대해 신경 쓰지 않고 혼술, 혼밥 등 혼자의 삶에 익숙해 결혼과 자녀 갖기를 거부하고 욜로족으로 월라벨을 추구하는 삶을 누리며, 양극화 상황에 익숙하다보니 부당함에 민감하고 공정한 기회를 요구하며 세상의 정의로움과 친환경 운동에 적극적이다. 할아버지와 부모 세대의 넉넉한 삶에 부모를 의지하며 살아갈 수 있다는 캥거루족처럼 일하지 않고 편하게 살려는 생각을 하면서도 개인의 능력이 뛰어나 마음만 먹으면 새로운 일에 도전하며 세상을 이끌 수 있는 적극적인 세대이기도 하다. 이들 세대는 우리의 전통 문화와 정신을 이어가고 새로운 문화와 기술을 수용하여 나라의 발전과 개인의 성장을 위해 함께 공존하거나 갈등하면서도 한국인에 대한 자부심을 가지고 살아가고 있다.

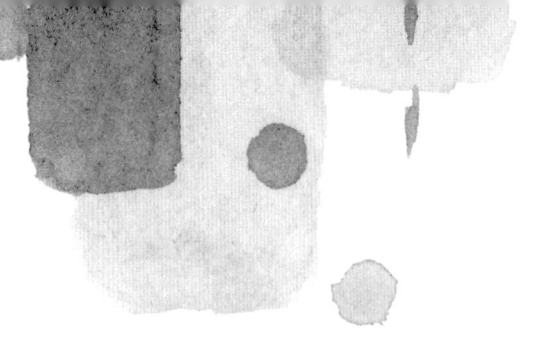

11
한국 문화가 우수한 이유

　세계적으로 한류를 이끄는 힘은 어디에서 나왔을까? 과거로부터 우리나라는 주변 국가인 일본이나 중국에 한류를 이끌며 큰 영향을 끼쳐왔다. 지금은 노래와 춤, 드라마와 스포츠 등 한류로 인해 한글, 한복, 한식 등이 세계적으로 유행하게 되었다. 이러한 한류를 이끌 수 있는 저력을 한민족의 흥과 신명, 종교심에서 찾을 수 있고, 그 결과 인정받는 한류는 독립운동 당시 김구가 꿈꾸던 문화 강국으로서의 위상을 이루게 하였다. 경제력을 바탕으로 생활의 안정을 이루다보니 이제는 문화력이 중요해졌는데, 한국인의 문화력이 세계에서 인정받고 있는 증거와 그 문화의 저력이 무엇인지를 찾아보고자 한다.

1. 한류의 시작

우리나라 최초의 한류는 백제의 불교, 건축, 예술의 전파로 일본 아스카 문화를 형성해 준 구로다(큰나라)이다. 이외에 고구려와 신라가 일본에 영향을 준 회화와 유학, 통일신라 때 중국과 일본에 영향을 준 원효의 불교 철학, 고려 때 송과 이슬람에 수출한 고려 청자, 원나라 중심에서 유행한 고려양, 조선시대 임진왜란 후 일본 아리타 도자기를 탄생시킨 조선 도공, 일본 한의학 교재로 활용된 동의보감, 일본 외교관으로 파견된 조선 통신사의 학문과 의복 등의 조선풍, 일제시대 중국에 큰 영향을 미친 안중근과 윤봉길의 의거 활동 등이 한류의 사례이다. 최근 전 세계를 강타한 K문화의 한류 효시는 1997년 중국에 수출되어 1억 5천만이 시청한 '사랑이 뭐길래'라는 드라마로서, 당시 중국인들이 한국에 관광 오면 주인공인 대발이네 집에 갔다고 한다. 이후 일본에 수출된 '겨울연가'로 욘사마를 부르며 많은 사람들이 남이섬을 방문했다. 또 '대장금'이 동남아시아, 중앙아시아 등에 인기몰이(이란 시청률 90%, 60개국 수출)를 하였다. 이러한 한국 특유의 전통문화와 가족관계, 감상적인 스토리로 꾸며진 드라마가 과거 태양의 후예, 도깨비, 미스터 션샤인, 최근 넷플릭스의 오징어게임 1,2 등이 유행하면서, 한국 문화인 한식, 한복, 한글 등이 전 세계에 알려지고 한국의 이미지를 새롭게 만들어 가고 있다. 왜 외국인들은 한국 드라마를 좋아할까? 이유 중 하나는 외국인들은 좌뇌적 특징을 갖은 것에 비해 한국인은 우뇌적 사고가 발달했기 때문이라고 한다. 우선 드라마의 줄거리가 논리적이지 않고, 우연적 돌발 상황이 전개되어 갑작스런 변화에 큰 자극을 받는다. 또 한 장면 한 장면이 보기 좋다. 배우가 잘생겼고 아름다운 자연 환경과 감미로운 음악이 흐르며 사람들의 오감을 자극하기 때문이다.

한류의 대표는 역시 아이돌 가수들이 부르는 노래와 춤이다. 이들이 등장할 수 있었던 배경은 1980, 90년대 대중가요의 수준을 높여준 노래방 사랑이었다. 이러한 분위기를 힘입어 2009년 원더걸스의 노바디가 빌보드 차트 76위에 들면서 우리 가수가 팝의 본고장인 미국에서 인정받기 시작하였다. 2012년 걸그룹 소녀시대의 일사불란하고 귀엽게 춤추는 모습에 미국이 열광하였다. 이어 싸이의 강남스타일은 빌보드 차트에서 2위를 하고 유튜브 조회 수가 24억을 넘어 전 세계인들에게 우스꽝스러운 말춤이 유행하게 되었다. 여기에는 한국인의 노래방 분위기, 신끼, 코믹함 등 흥 문화가 바탕이 되었기 때문이다. 이후 방탄소년단의 빌보드 차트 1위 곡이 6개나 되고, 최근 블랙핑크 로제의 아파트 뮤직 비디오가 빌보드 차트 1위를 하며, 전 세계인들이 아파트를 흥얼거리고 있다.

또 다른 한류 중 하나는 인터넷의 보급으로 형성된 한국인들의 인터넷 강국 이미지이다. 일본과 비교하더라도 일본은 모든 것이 꼼꼼하고 정밀한 매뉴얼에 의해 일하기에 인터넷 활용을 제대로 못하는데 비해, 우리나라는 빠른 변화에 쉽게 적응할 수 있도록 대충대충과 임기응변과 즉흥이 아주 강하여, 빠르게 변하는 인터넷 시대를 맞이해 펄펄 날뿐 아니라 인터넷 세상을 놀이터 삼아 놀아 컴퓨터 게임에도 세계 최고가 되었다. 이는 한국인들이 쇠젓가락을 쓰는 손재주의 정밀함과 그로 인한 두뇌의 명석함 때문인데, 한국인은 감을 잡아 일을 신속하게 처리하기를 즐기는 데서 알 수 있다. 음식의 양념 맛도 감으로 내고, 맡은 일도 대충 어림짐작 감으로 해치운다. 감이 있다는 것은 공간 지각력이 뛰어나다는 뜻으로 공간을 전체적으로 파악하여 총체적 그림을 단 한 번에 그리는 능력을 갖추고 있다는 말이다.

2. 흥과 신명

우리나라 사람들은 에너지가 한번 폭발하면 자신도 놀라워하고 세계가 놀란다. 이 에너지의 기운을 신기, 신명이라고 부른다. 2002년 월드컵 축구 4강 신화가 좋은 예이다. 이러한 신명은 고대 우리 민족에 대한 기록에서 보이는 음주가무에 능한 것에서 출발했다고 볼 수 있다. 즉 하늘에 제사를 지내고 모두가 함께 했던 음주가무, 즉 신에 대한 엑스터시(황홀경)와 먹고 마시고 노는 것을 즐겨했다는 것이다. 그래서 오늘날에도 세계를 강타한 한류의 대표가 노래와 춤, 그리고 드라마이다. 이것들은 모두 노는 데서 출발한다.

우리나라 사람들의 흥과 신명은 종교에서 기인한다. 중국은 도교, 일본은 신도인데 우리나라는 무교(무속)이다. 무속은 굿으로 표현되고 굿의 핵심은 춤과 노래이다. 무당의 행위는 신을 받는 것이고 신이 늘어가면 온몸이 짜릿해지며 절로 신명과 흥이 난다. 지금도 사람들은 무속을 미신이라고 하면서도 큰일이 생기면 무당을 찾아 굿을 하고, 사주, 궁합, 작명, 점집을 찾는다. 우리나라 사람 근본에 무속 신앙이 자리 잡고 있다는 증거이다. 이러한 흥과 신명에는 한풀이, 잠재력의 분출, 삶의 재충전을 통한 생명력의 기능이 숨어있다. 그래서 놀이와 춤을 통해 공동체 유대감이 극대화된다. 우리나라에서 함께 어울리는 공터, 놀이의 마당을 판(노름판, 씨름판, 춤판, 굿판, 전쟁판)이라 부르고, 무대도 관람하는 곳이 아니라 함께 참여하는 곳이다. 무대와 객석의 구분이 없어 청중들이 공연 내내 뒤엉키어 즐거워한다. 스포츠 게임에서 응원도 그 중에 하나이다. 또 여기에 제사 음식의 술이 들어가면 더욱 흥이 난다. 외국인들은 주로 혼자 술을 마시지만 우리나라 사람들은 제사를 마치고 술을 나누었던 습관이 있어 술을 함께 마신다. 우리나라 술 소비를 보아도 맥주 1인당 83병(500ml 기준), 소주 70병(360ml 기준)으로 술 소비량 세계 15위에 속한다. 특히 폭탄주의 유행은 빨리 취하여 오랫동안 재미있게 놀기 위한 방법이고, 2차, 3차를 다니다 보니 노래방과 포장마차에서 술 소비가 늘어났다.

3. 종교심

우리나라 사람은 좌뇌(이성, 언어)보다 우뇌(감각, 직관)가 더 발달하였다. 이는 우리말에서도 좌뇌가 담당하는 명사보다 우뇌가 담당하는 형용사가 발달한 데서 알 수 있다. 노랗다는 단어에 우리말에는 누렇다, 노르스름하다, 누리끼리하다 등 수많은 표현이 있다. 우리나라 사람들은 논리와 토론에 약하다. 상대의 말을 논리적으로 이해하기보다 감정적으로 제멋대로 해석해 마음대로 말하길 좋아한다. 그래서 사소한 분쟁을 이성적으로 해결하지 못하고 욕지거리를 하며 싸운다. 우뇌가 우세한 우리나라는 신명나서 하는 음악과 무용, 느낌과 감으로 하는 양궁, 골프를 잘할 수밖에 없다. 그러다 보니 논리적이고 이성적인 철학보다 감정적이고 직관적인 종교심이 강하다. 한국에는 철학자가 드물지만 종교가들이 많다. 최제우(천도교), 강일순(증산교), 박중빈(원불교), 그 밖에 기독교의 많은 이단 교주들이 있다. 이미 고대로부터 무당을 중심으로 하는 무속 신앙이 우리나라 사람들 정서에 깊이 박혀 있어, 외국에서 수용된 불교, 천주교, 기독교 등에 무속적인 특징이 함께 혼합되어 쉽게 받아 들였고, 그 종교의 본질을 떠나 현실 구복적인 종교로 변질시켰다. 그리고 그 종교와 유사한 수많은 유사 종교인 이단을 만들었고, 또 그 이단은 세계적인 종교로 발전시키기까지 하였다.(예, 통일교 세계평화통일가정연합의 국제 결혼, 신천지 예수교증거장막성전의 세계 봉사 활동, 하나님의교회 세계복음선교협회의 세계 175개국에 교회 운영)

4. 문화력

우리나라 문화력은 세계기록유산 세계 5위, 세계인류무형문화유산 아시아 2위에서 증명해주고 있다. 그 문화력의 바탕에는 우리나라 사람들이 사용하고 있는 한글에 있다. 문자는 사용하는 사람들의 생각과 사고 체계를 만들어주고 바르고 빠른 판단과 행동을 하게한다. 그런 의미에서 한글의 우수성은 세계가 인정해 주고 있다. 한글은 어떤 문자도 소리로 낼 수 있고, 어떤 다양한 소리도 문자로 표현할 수 있다. 600년 전 한글을 창제할 수 있는 문화력은 세종대왕의 천재성도 있었지만 이전 원나라를 통한 세계적 문화 수용과 이를 소화할 수 있는 지식인들이 있었기 때문이다. 한글은 현대 문명(나사기, 컴퓨터 사판, 핸드폰 사판 등)에 가장 잘 적응하는 문자이고, 특히 배우고 익히기 쉬운 글자이어서 모든 문화를 수용할 수 있는 최고의 수단이 되었다. 그래서 문자가 없는 소수 민족들이 한글을 채택해 쓰고 있고,(캄보디아 끄낭족, 인도네시아 찌아찌아족 등) 많은 나라에서 제2외국어로 한국어를 배우고 있다.(일본, 중국, 베트남, 태국, 러시아, 몽골 등)

또 400여년의 역사 기록물인 조선왕조실록과 승정원일기 등은 세계에서 분량이 가장 많은 최대의 역사 기록물이다. 당시 중국의 제도를 모방한 정치 형태였지만 사관에 의한 기록이 가장 잘 지켜지고 유산을 남길 수 있었던 것은 한국인의 문화적 우수성을 바탕으로 한 유교적 문치와 충성심(예, 임진왜란 실록을 지킨 전주의 안의와 손홍록)이었다. 특히 세계 최대 최고의 문화적 유산으로 세계에서 가장 오래된 대장경인 8만대장경을 만들고 보존하고 있다는 사실이다. 대장경은 부처님 말씀인 경, 승려의 계율인 율, 고승들의 논문인 논인 삼장을 포함한 불교 교리의 종합 세트이다. 대장경을 만들었다는 것은 정치력, 경제력, 문화력이 최고일 때 가능하다. 그런데 대장경을 필사한 것도 아니고, 목판으로 만들었다는 것, 전체글자 5,200만자 중 틀린 글자가 150여개라는 것, 이를 700년간 안전하게 보존했다는 것은 국민적 종교심과 단결력을 바탕으로 장경판전을 지을 만한 과학적 우수성과 애국심(예, 임진왜란의 의병 곽재우, 6.25전쟁의 김영환 공군 대령의 문화재보호)이 있었던 문화력이다.

우리나라에 세계인류무형문화유산이 많다는 것은 세계가 인정하는 문화력을 가졌다는 말과 통한다. 전통 문화(강릉단오제, 종묘제례, 김장문화, 장담그기문화, 장인정신, 한식문화, 궁중문화, 향교전통, 공예문화, 시가문화, 전통문화복원기술, 문화재관리기술)와 전통 예술(판소리, 탈춤, 한복, 사물놀이, 하회탈춤, 영산재, 농악, 정선 밀양 아리랑, 논개춤, 매화회)에 23건이 등록되어 있다. 우리나라는 다른 나라와 다르게 전통 문화를 잘 유지해 왔고, 우뇌적 손재주로 많은 문화를 창조한 특별한 민족이다. 그래서 최근 문화의 복잡성과 다양성이 추구되는 상황에서, 과거의 전통을 퇴보한 관습이라는 생각과 잘못된 인종주의나 단일민족의 민족주의를 주장하는 편협한 생각을 버리고, 우리의 문화적 우수성을 살리고 한국의 전통을 보편적으로 접근하려는 노력으로 한국이 개발도상국가의 모델이 되고 모범적인 문화 선진국이라는 자존감과 정체성을 가져야 한다.

5. 결론

  한류란 한국의 대중문화와 전통문화가 해외로 확산되는 현상을 말한다. 원래 한류라는 용어는 1990년대 후반 중국에서 한국 문화의 열풍을 뜻하는 말로 처음 사용되어 이후 K팝, K드라마, K푸드, K뷰티, K패션, K웹툰, K게임 등에서 한국의 정체성을 알리고 세계 문화 속에서 한국의 영향력을 확대하는 역할을 하였다. 한류에 대해 방탄소년단 RM 김남준은 '우리는 단순한 트렌드가 아니라 문화를 공유하며 서로의 다름을 이해하는 시대를 살고 있다'고 했고, 넷플릭스 CEO 데드 사란도스는 '한국 콘텐츠는 이제 세계적으로 가장 중요한 콘텐츠 생산지가 되었다'고 하여 한류가 한 특정 지역의 유행이 아닌 세계가 주목하는 문화의 힘이 되었다고 하였다. 한류의 영향력은 한국이 문화 강국으로서의 국가 이미지를 향상시켰고, 2024년 한류의 수출, 관광, 브랜드 가치로 경제적 파급 효과가 150조원이 넘었을 뿐 아니라, BTS가 UN 연설을 한다든지 K팝 팬덤이 기부 활동과 사회적 이슈에 대응하는 등 외교적 역할을 하고, 글로벌 문화를 헐리우드에서 아시아로 확대하며 글로벌 문화의 다양성을 강화시키는데 기여하였다. 또한 한류로 인해 세계에서 한국어 학습자가 급증하고 한국의 전통문화가 주목받게 되었다. 한류의 우수성은 1) 드라마와 웹툰에 탄탄한 스토리텔링과 감동적인 서사의 창의성이 돋보이고, 2) 한류 콘텐츠는 감정과 인간관계 중심의 가족애, 우정, 로맨스, 도전과 성장 등의 보편적 감성을 자극해 다양한 문화권의 사람들에게 공감을 불러일으켰고, 3) 한국 드라마, 영화, 음악, 게임 등에 세계 최고 수준의 기술력과 BTS, 블랙핑크의 공연과 뮤직 비디오 제작 기술이 세계적 수준을 보유하고, 4) 김치, 불고기, 떡볶이, 치킨 등 한식과 K뷰티의 자연스러운 메이크업 중심의 트렌드에서 한국인의 감각적 손맛과 손재주가 뛰어나다는 점이다.

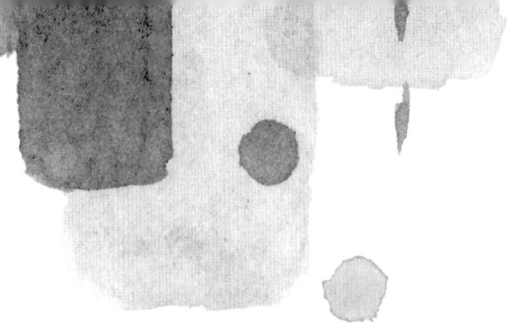

12
외국에 살고 있는 해외 교포 한국인

한국인이라고 할 때 어디까지가 한국인일까? 현재 남한의 5천만뿐 아니라 북한의 2천만 동포, 일본과 미국과 중국, 러시아에 있는 약 700만 명의 해외 동포까지를 우리 한국인이라고 한다면 그들이 왜 그곳에 살게 되었는지, 또 지금은 어떻게 살고 있는지를 살피는 것은 당연한 일일 것이다. 대부분 일제시대 강제로 이주했거나 가난을 극복하기 위해 이주했던 조상들의 후손이고, 최근에 더 나은 삶을 찾아 이민 간 사람들과 그 후손들이기에 해외에서 차별과 억압 속에서도 억척같이 살아 부유한 삶을 사는 모습을 보여주고 있다. 여러 나라로 흩어져 있는 해외 동포들의 삶을 통해 또 다른 한국인을 알아보고자 한다.

1. 재일 교포

재일 교포는 일제시대 징용과 징병, 국내 경작권 박탈로 인한 생계를 위해 도일한 한국인들이 그 유래이다. 1911년 2,527명으로 시작해 1937년 중일 전쟁이후 전쟁의 장기화로 일본의 노동력 부족에 이를 보충하기 위해 탄광, 광산, 공사장, 군수 공업 등에 강제 노동으로 동원하여 1938년 80만 명에 달하였고, 해방 당시에는 200만 명이 넘는 인구가 일본에서 박해와 민족 차별에 시달리면서 비참한 생활을 하였다. 해방이후 1949년까지 141만 명이 귀국하였으나 60만 명이 귀국하지 못하고 잔류하였다. 1992년에는 71만 명으로 집계되는데 이중 재일본대한민국거류민단(민단)이 41만 명, 재일본조선인총연합회(조총련)가 20만 명, 기타 10만여 명으로 구분된다. 주로 간사이 지방인 오사카, 고베, 교토에 32만 명, 간토 지방인 도쿄 등에 20만 명, 그 밖에 규수와 홋카이도에 거주하고 있다. 이들은 일본 사회에서 취직, 진학, 영업 등 생존권의 위협과 차별을 받아 왔는데, 1991년 재일한국인 법적 지위 향상 및 처우개선에 대한 합의로 재일교포 3세의 영주권 허가, 지문날인 제도 철폐, 국공립학교 교원 및 공무원 임용 확대 등에 합의하여 신분적 차별에서 자유로와졌다.

2. 재미 교포

재미 교포를 한국계 미국인이라 말하는데, 1885년 서재필이 고종 때 미국 샌프란시스코에 망명한 것이 시초이고, 서재필은 1890년 최초로 미국 시민권을 취득한 한인이 되었다. 1903년 미국 하와이로 간 한인들이 사탕수수 농원에서 정착하여 1월 13일을 미주한인의 날로 지정하였고, 1907년에는 샌프란시스코 건설 경기로 천여 명의 한인이 이민가게 되었다. 대한민국 설립 후 미국 유학과 취업, 미국인과의 결혼, 6.25전쟁 후 입양된 어린이들과 후손 등이 주를 이루었다. 1965년 미국 이민법이 바뀌어 아시아계의 이민 제한이 폐지되면서 미국 시민권을 취득한 이민자 수가 폭증하면서 2021년 미국 내 거주하는 한인은 주로 캘리포니아, 뉴욕, 뉴저지주를 중심으로 총 265만 명으로 집계되고, 이중 199만 명이 미국 시민권을 가지고 있다. 저명한 한국계 미국인으로는 세계은행 총재였던 김용, 1948년 다이빙 금메달리스트 새미 리, 물리학자 이휘소, 아시아인 최초 연방 판사 하버트 최, 처음 미국 의회에 당선된 김창준 등이 있고, 최근 골프 천재 소녀 미셸 위, 슈퍼볼 최우수선수상의 하인스 워드, 바이올리니스트 장영주 등이 있다.

3. 조선족(재중 교포)

조선족(한민족 가운데 중국으로 이주해 중국 국적을 갖고 있는 사람)은 중국 정부가 공인한 한족 외 55개 소수민족 가운데 하나로 2021년 총 170여만 명으로 집계되었다. 조선족 인구의 대부분이 거주하는 연변 조선족 자치주는 중국 최초의 소수민족 자치구로, 당시 한국 독립운동 단체와 지식인들이 중국의 항일전쟁과 국공내전에서 공산당을 지원해 크게 기여한 댓가로 만들어진 특별한 대우였으며, 이외에 장백 조선족 자치현 등이 있다. 이들은 구한말과 일제시대 만주와 간도로 넘어간 조선인들이 주로 기호와 호남 지방 출신이었지만 해방과 중국의 공산화로 대부분이 귀국한 탓에 현재 조선족은 함경도와 평안도 출신의 후예들이 많아 그곳 사투리를 쓰고 있다. 그래서 조선족은 조선민족의 약칭인 북한식 용어이나 Korean이라는 뜻을 가지고 있다. 예를들어, 1619년 강홍

립을 따라 만주에 정착한 번시 박씨 집성촌을 중심으로 순수 혈통을 지킨 사람들도 있지만 대부분의 사람들은 한족과 만주족에 동화되었다. 조선족은 중국의 문화대혁명을 계기로 많은 사람들이 북한으로 넘어갔고 남아 있는 자들은 출신성분과 족보를 폐기하고 자신들의 고향은 중국이고 중국조선족이라고 여기는 정신 개조가 이루어졌다고 한다. 이들은 중국의 다민족 국가론에 의해 민족정체성을 보존하면서 중국인들과 공존하여 살면서 중국은 조선족 문화를 인정해주고 또 이를 중국 문화의 하나로 보고 있다. 이들은 오랜 집성촌 생활로 한민족의 전통과 민족성을 중요시해 조선어를 사용하고 한족과의 통혼을 제한하고 한국 방송을 시청하여 한국 문화에 친숙하여 민족 문화를 지키고 계승하려고 노력하고 있으나 동북공정 정책을 계기로 학교에서 중국어 사용을 강요당하면서 조금씩 중국에 동화되고 있다. 1992년 한중수교 이후 교류의 기회가 확대되어 2024년 현재 약 96만 명의 조선족이 한국에 체류하여 경제 활동을 하고 있다.

4. 고려인

고려인(까레이스키)은 소련 붕괴 후 구소련 지역 전체에 거주하는 한민족을 의미하는 민족 명칭이다. 소련 붕괴 전에는 한국계 소련인이었다. 인구는 약 50만 명으로 러시아 볼고그라드(스탈린그라드)와 중앙아시아 발트 3국 등을 중심으로 거주하고 있다. 이들은 19세기 말 러시아 제국령 연해주로 이주하였던 재러 한인에서 기인한다. 1870년대 조선 북부 대흉년으로 이주하기 시작해 청, 러시아, 조선 정부의 묵인 속에 조선인 집단이 형성되어 1897년 26,000여 명이 되었고, 최재형 등의 독립운동가 활동으로 이민이 더욱 늘어 1914년 64,000명, 1937년에는 17만 명에 이르렀다. 이때 스탈린은 소련 내 소수 민족을 억압하고 이들의 결속력을 약화시켜 중앙 정부의 통제 하에 두려고 1937년 고려인 강제 이주령을 내려 기차에 실려 중앙아시아(우즈베키스탄 7만6천, 카자흐스탄 9만5천)로 끌려갔지만 고려인 선주민들의 도움을 받아 벼농사를 지으며 3년 내에 기존의 삶을 회복했고, 열렬한 교육열과 억척스러운 삶으로 소련 소수민족 중에 부유하고 교육 수준이 높은 민족으로 성장하였다. 현대 우즈베키스탄에 18만명, 러시아에 17만명, 카자흐스탄에 11만명, 키르기스스탄에 2만 명이 있고, 일부 한국에 정착한 고려인들은 2024년 통계에 23,000명 정도로 파주, 안산, 광주, 제천 등에 거주하고 있다. 이 이외에 2차 대전 때 탄광 지역으로 강제 징용되어 사할린에 끌려갔다가 일본 패망 후 귀국하지 못하고 소련에 넘겨진 땅에 살고 있는 2만 여명의 사할린 한인 공동체가 있다.

5. 결론

한국은 전통적으로 혈통 중심의 민족 정체성을 중요시 여겨 해외에 거주하는 동포라도 한국인의 후손이라면 한국인으로 인정하여 한국 정부와 국민들은 해외동포를 우리 민족으로 인식하고 있다. 이들은 일제시대 강제 이주한 연해주 고려인, 만주의 조선족, 일본에 거주한 조선인 등과 6.25전쟁이후 미국, 캐나다 등 이민자, 1960년대 이후 경제적 이유로 이주한 사람들과 그 후손들로서 한국어를 사용하고 한국 음식, 한국 명절을 지키며 문화적 정체성을 유지하고, 특히 해외에서 K팝, K드라마 등 한류와 우리 기업 진출의 영향으로 한국 문화에 관심을 가진 사람들이다. 이들은 한국의 급격한 경제 성장과 세계적인 문화적 영향력 확대에 큰 자부심을 느끼고, 여전히 한국의 정치와 사회적 변화에 관심을 가지고 한국과의 관계를 위해 선거 참여나 문화와 경제 교류에 노력하고 있다.

해외에 주로 거주하는 재일교포, 재미교포, 조선족, 고려인 등 700여만 명의 해외 교포들이 현지에서 살아가는데 한국인다운 공통점을 발견할 수 있다. 1) 강한 공동체 의식과 단결력이다. 현지의 협회나 단체, 한인교회나 상공회의소 등을 통해 강한 유대감을 가지고 서로 돕고 협력하며 경제적, 사회적 지원을 나눈다. 2) 부지런하고 성실하다. 현지 기업이나 고용주의 신뢰를 얻고 독립적인 생계를 위한 자영업에 성공하고, 성실하고 근면한 노동자로 인정받고 있다. 3) 교육열이 대단하여 자녀 교육에 높은 관심을 가진다. 해외 교포 가정에서 교육은 최우선으로 여기는 문화이다. 교포 1세는 주로 노동과 자영업으로 시작했으나 2,3세는 교육을 통해 의사, 변호사, 엔지니어 등 전문직에 진출해 있다. 4) 현지 적응력과 유연성이 뛰어나다. 한국인의 착하고 순한 성품에 인간관계를 중시하다 보니 현지인들과 원만한 관계를 유지하고 한국과의 연결 고리가 되어 현지인들을 돕다보니 현지에서 존경받고 인정받고 있다. 5) 이중언어 활용 능력이 뛰어나다. 특히 해외에서 한국의 위상이 높아지면서 무역, 관광, 문화 사업에서 이중 언어를 사용하고, 한국에 와서 경제활동을 통해 부를 축적하기도 한다. 6) 현지의 특정 산업을 장악하고 있다. 재일교포는 파칭코, 외식업에, 조선족은 무역업과 외식업에, 재미교포는 요식업, 세탁소, 마트운영에, 고려인은 쌀농사와 무역, 요식업에서 성공하고 있다. 해외 교포에게서 보이는 강한 공동체 의식, 부지런힘과 성실함, 뜨거운 교육열, 적응력과 유연성은 우리 한국인만이 가지고 있는 기질이고 성품이다.

II. 사상적 관점으로 본 한국인
(무속 신앙이 내재된 종교심)

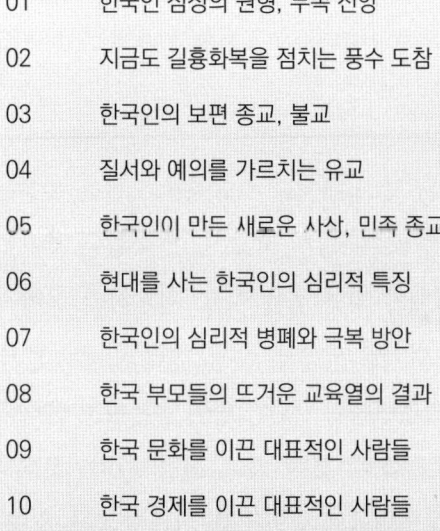

01 한국인 심성의 원형, 무속 신앙

02 지금도 길흉화복을 점치는 풍수 도참

03 한국인의 보편 종교, 불교

04 질서와 예의를 가르치는 유교

05 한국인이 만든 새로운 사상, 민족 종교

06 현대를 사는 한국인의 심리적 특징

07 한국인의 심리적 병폐와 극복 방안

08 한국 부모들의 뜨거운 교육열의 결과

09 한국 문화를 이끈 대표적인 사람들

10 한국 경제를 이끈 대표적인 사람들

01
한국인 심성의 원형, 무속 신앙

현대의 최첨단 시대에도 무당에게 굿하는 이유는 무엇일까? 오늘날에도 신이 내려 박수무당이 되고, 집안에 힘든 일이 닥치면 무당을 불러 굿을 하고, 새해가 되면 점을 치고, 결혼하기 전에 배우자의 사주를 보는 풍경에서 무당, 굿, 서낭당, 운세, 점술 등 무속에 대한 믿음이 남아 있고, 현재 무속 관련인들이 100만 명이 넘는다고 하니 우리의 삶 속에 무속의 영향력을 무시할 수 없다. 무속 신앙, 샤머니즘이 무엇이고, 우리나라에서 어떻게 뿌리내리게 되었는지, 그리고 무속의 영향이 어떠한지를 확인하여 한국인의 종교심을 알아보고자 한다.

1. 무속 신앙

한국을 포함한 동북아시아 일대의 보편적인 원시종교 현상을 샤머니즘이라고 한다. 샤먼이란 무당을 뜻하는 말로 무당종교 또는 무교라고 부르게 되었다. 샤머니즘은 1) 입무 과정에서 갖는 의식의 신비체험에서 터득한 엑스터시(황홀경)를 자유로이 반복하는 샤먼 중심의 종교이고, 2) 샤먼은 엑스터시의 기술자이며 그는 엑스터시 속에서 신령과 직접 교섭을 갖으며, 3) 초자연적인 신령과의 교섭을 통해 자연과 인생의 화복 운명을 조절하려는 주술적 종교이다.

우리나라의 무속 신앙은 문화적으로 굿, 축원 등의 의식을 통해 지역 사회의 행사와 민속 문화에 뿌리를 내리고 있는데, 특히 한국의 민담, 설화, 전설 등 구비 문학의 중요한 소재로 작용하여, 산신, 용왕, 마을신과 관련된 이야기에 남아 있다. 종교적으로도 불교, 유교, 기독교와 같은 외래 종교와 융합되어 독특한 한국적 종교 문화를 형성하였는데, 불교의 산신각, 칠성각, 유교와 기독교의 현세 구복적 신앙에 영향을 미쳤다. 사회적으로도 마을 단위로 진행되는 굿이나 제사는 공동체의 단합과 협력을 강화하여 사회적 결속력을 높여주었고, 병과 재난 등의 위기 상황에서 해결책을 찾기 위한 수단으로 활용되어 사람들에게 정서적 위안을 제공하며 심리적 안정감을 주어왔다. 특히 굿은 음악과 춤과 의상 등 전통 예술의 원천이 되고, 현대 예술의 영화, 드라마, 문학 등에 그 요소를 활용하여 대중의 관심을 끌며 한국적인 성격을 보여주고 있다.

2. 한국 무속 신앙의 형성

우리나라의 무교는 사라져 버린 고대 종교도 아니고 미개 민족의 단순한 원시 종교도 아닌, 한국 문화사와 함께 현대 한국 사회 속에 민간 신앙의 형태로 살아남아 있는 종교 현상이다. 그러나 오늘의 무속은 긴 역사 속에서 많은 외래적 요소와 혼합되어 원래의 모습이 많이 달라졌기 때문에 그 원형을 한국의 고대 신앙에서 찾아야 한다.

고대인들의 종교 생활을 전해 주는 중요한 자료는 신화와 제례가 있다. 따라서 고대 한국인의 신앙 양상을 찾기 위해서는 한국의 신화와 고대 제례를 검토해야 한다. 첫째, 우리나라 시조신화인 단군신화(환인 - 환웅 - 단군), 주몽신화(해모수 - 유화 - 주몽), 혁거세신화(빛 - 알영 - 혁거세)에는 공통점이 있다. 1) 하느님과 그의 강림신앙이다. 동북아 유목민 사이의 공통적인 부권적 천신 신앙은 산악신앙과 신목신앙으로 표현되고, 한국에 범람하는 산신신앙이나 당신, 성황신 신앙이 천신의 강림과 연결되어 있다. 2) 지모신에 대한 신앙과 이중 탄생이다. 남방적인 농경문화를 배경한 지모신 신앙은 수렵목축문화와 농경문화가 혼합되어 곡신으로 재생하고 이중 탄생을 상징한다. 3) 천지의 융합과 창조 신앙이다. 하늘에서 강림한 신과 땅에서 성화된 인간이 결합하여 새로운 생명으로 탄생하여 재생의 종교적 체험을 통해 오늘날 무당과 같이 생산과 수명과 질병을 다스리고 산신이 되었다는 무속의 산신 신앙과 일치한다. 즉 1) 하느님의 아들이 산이나 숲에 강림하였고, 2) 여신이 자기 부정이나 죽음을 매개로 재생함으로 성화되었고, 3) 강림한 천신과 성화된 지신과의 결합에서 생명이 탄생하고 문화가 창조되었다는 것이다. 둘째, 고대인들의 종교적 기초를 이루는 하느님에 대한 제례의 공통점은 강림한 하느님을 맞이하여 그에게 제사 지내는 제천의식으로서 산신제, 신목제, 시조제 등 모두 천신제에 연결된 제례들이다. 시조신화의 시조들은 모두 광명한 천신을 상징화하였는데, 환인은 환한 분, 해모수는 해와 같은 분, 동명은 동방의 빛, 혁거세는 불거안 혹은 밝은 분이라는 뜻으로 우리들의 조상은 이러한 천신 문화의 주체자들이었고 하느님을 섬기는 족속이었다. 그래서 이들이 드렸던 제천의례는 때로는 시조제, 산신제, 신목제로 드려졌고, 수렵 목축민이었던 최초의 우리 민족은 만주와 한반도에 정착하면서 농경의례를 겸한 제례로 변해갔다. 10월의 추수제를 겸한 제천의례와 5월 단오는 풍작을 기원하는 농경제례로 천제를 드렸고, 신당도 천신과 지신의 것을 함께 지었다. 따라서 고대 한국인들의 제천의례는 동시에 농경 의례였다. 셋째, 옛 한국인들의 제사 광경에 대한 옛 기록에 의하면 '노래와 춤을 좋아하여 전국 읍락에는 밤새도록 남녀들이 모여서 음식과 술을 마시며 서로 노래 부르며 놀더라'는 공통된 형태를 띠고 있다. 제사 지낼 때의 음주 가무는 인간들의 단순한 오락을 위한 것이 아니라 신령들을 즐겁게 하기 위한 것이고, 신령과 인간이 교제하는 종교적 기술이요 제의의 일부이며 엑스터시의 황홀경을 통해 신과 인간이 하나로 융합되는 신비체험을 경험하는 기회가 되었던 것이다. 이는 하늘과 땅, 신과 인간 사이의 결혼이라는 신화적 조형을 제례를 통해 재현한 것이다. 즉 고대인의 종교의례의 목적은 풍부한 삶의 창조였고, 이는 신인합일에서만 가능하였고, 합일의 기술은 술과 노래와 춤이었다.

3. 무속 신앙(샤머니즘)의 영향

한국 샤머니즘의 원형은 북방의 무당굿에서 찾을 수 있다. 한국의 무교는 이들의 의복, 방울, 작두 등 무속 도구와 제사 음식과 춤동작, 풍년을 기원하는 솟대도 비슷할 뿐 아니라 샤머니즘의 일반적 구조도 동일하다. 즉 1) 성속변증법이다. 샤면과 무당은 입무 과정에서 무병을 거쳐야만 한다. 이것을 속된 존재로서는 죽고 거룩한 존재와 교제할 수 있는 새로운 존재로 재생한다는 신비적 체험이다. 2) 신인융합의 엑스터시이다. 신인합일의 경지를 입신 혹은 엑스터시라고 하는데, 우리나라에서는 이러한 엑스터시로 이끄는 의례양식이 음주가무였고 이를 통해 엑스터시를 경험하였다. 3) 화복의 조절이다. 샤먼은 신령과 교제하여 신령의 힘으로 자연과 인간의 운명을 조절하여 재액을 없애고 축복된 인생을 창조하려는 작업을 한다. 이러한 무속은 고대 제례(시조제, 농신제, 산천제, 구복제, 기우제, 제위제)를 통해 전승되었고, 신라의 화랑도에서 김유신이 산신을 만나 방술을 배우고 보검에 영이 강림한 경험과 화랑이 처용가, 혜성가, 도솔가에서 보듯이 가무로 고래의 무교적 전통을 계승한 것에서 절정을 이루었다. 최초의 무당이 법우화상과 성모천왕과의 혼인 이야기와 바리공주와 무상신선과의 혼인 이야기에서 한국의 무당 신앙의 기원을 본다면 신라 중기 이후에 형성되었음을 알 수 있다. 고려시대에는 불교와 함께 가을에 팔관회, 봄에 연등회로 이어지는데, 팔관회는 추수가 끝난 후 천지신명께 드리는 감사제이고 기복제이며, 외적의 침해를 막고 나라를 수호하기 위한 수호제이고, 위령제였다. 연등은 재래의 용동(신라의 처용은 동해용왕의 아들 곧 용동)과 그 음이 흡사한데 이는 곧 수호신이고, 벽사의 신으로, 불교의 연등 신앙도 재래의 이러한 용신신앙과 융합된 것으로 추측된다. 즉 연등 신앙은 고래의 용신 신앙 및 광명 신앙과 합쳐져 무속적 신앙을 계승되었으며, 조영제와 소재기복제의 의미를 지니고 있다. 이러한 무속 신앙의 중심에 있는 무당은 닥칠지 모르는 재앙을 예방하고 병을 낫게 해주는 능력을 통해 신과 인간 사이에 매개 역할을 담당하고, 가난과 병에 찌들어 한스럽고 억울하기 짝이 없는 민중들과 함께 하면서 우리나라 불교와 동학과 증산교와 민간 신상인 다신 신앙(칠성신, 산신, 동신, 당산신)과 연합하여 지금에 이르고 있다.

4. 결론

　동북아시아의 보편적 원시종교였던 샤머니즘은 신과 인간의 중재자인 샤먼인 무당에 의한 엑스터시를 경험하는 주술적 종교로서, 무당의 무병을 통한 재생과 음주가무를 통한 신인합일의 엑스터시 경험, 제례를 통해 길흉화복을 조절하는 역할을 하였다. 이는 우리나라 고대 설화나 전설 등 구비 문학과 우리나라에 수용된 불교, 유교, 기독교와 융합하여 정서적 위안과 현세의 복을 기원하는 종교심으로 남아있게 되었다. 무속 신앙은 우리나라 시조신화에서 하늘에서의 강림 신앙과 땅에서의 지모신의 재생 탄생을 통한 천지의 융합과 새 생명의 창조 신앙으로 잘 나타나 있다. 이는 오래 전부터 하늘에 제사를 드리는 제천 행사 때 함께한 사람들이 무당을 중심으로 노래하고 춤추며 엑스터시를 경험하는 신비 체험을 그 내용으로 하고 있다. 이러한 무속 신앙은 현대에도 여러 곳에서 나타난다. 우선 무속의 의례인 굿을 통해 한의 감정을 해소해 심리치료나 마음의 위안을 받고 명상과 영성을 추구하고, 이러한 행위가 전통문화를 계승 발전시켰다. 또 한국인의 무속적 사고를 이용한 운세, 사주명리학 등 일상생활과 가치관에 영향을 미치고 현대 종교인 불교나 기독교와 혼합하거나 신흥 종교를 형성해 무속적 기복신앙을 심어주었다. 또 영화나 드라마와 음악에 중요한 스토리텔링의 소재로 사용된다.(영화 곡성, 파묘, 김동리의 무녀도, 판소리와 탈춤 등), 이처럼 무속 신앙의 신바람 나는 엑스터시 경험과 현세 기복을 비는 종교심은 한국인 내면에 깊게 뿌리내린 기질 중 하나이다.

02
지금도 길흉화복을 점치는 풍수 도참

　지금도 우리나라 사람들이 명당을 찾는 이유는 무엇일까? 우리나라 사람들은 지금도 조상의 묘자리를 쓴다든지 살기 좋은 집을 짓는다든지 하물며 로또를 맞추기 위해서도 명당을 찾는 경우가 많다. 명당은 우리의 삶에 좋은 영향을 끼치며 과거로부터 풍수지리에 의한 속설로 한국인의 삶에 깊이 뿌리를 박고 있다. 풍수지리가 인간 화복에 영향을 미친다고 여기는 믿음은 무엇이고, 풍수지리가 도참사상과 연결되어 더 강력한 믿음을 갖게 되는 과정은 어떠했는지를 알아보고, 풍수 도참이 한국인에게 끼친 영향이 어떠했는지를 찾아보고자 한다.

1. 풍수지리 사상

　우리나라의 풍수지리는 과거와 현재의 건축과 도시 계획에 영향을 미치고 있다. 조선 왕조의 수도인 한양에 궁을 지을 때 북악산과 한강의 자연 지형을 고려한 배산임수의 이상적 입지에서 정해졌고, 전통 한옥도 지형과 방향과 환경과의 조화를 이루어 남향집의 햇빛과 산과 강의 기운을 활용해 배치되었다. 특히 조상의 묘지를 명당에 잡아 후손이 번창하기를 바라며, 조상 숭배 사상과 결합하여 한국 사회의 가족과 혈연 중심의 문화를 강화시켰다. 풍수지리는 한국 사회에 자연과의 조화를 통한 자연 환경 존중과 생태계와의 균형을 중시하는 전통으로 이어졌고, 이런 사상은 한국의 전통 회화, 문학, 정원 조성 등에 반영되었다.

　풍수지리의 본질은 도읍, 궁택, 능묘에 알맞은 땅을 점치는 지상학이라 할 수 있는데, 마치 사람의 형모와 골격을 보아 그 사람의 성격과 길흉을 판단하는 것과 같이, 산수의 형세를 살펴서 그 신비적인 설명을 붙여 인간에 미치는 길흉과 화복을 설명하는 것이다. 풍수의 원리는 땅속에 살아 꿈틀대는 정기가 있는데, 이것은 우리 몸 속의 피처럼 일정한 길을 따라 움직인다고 믿는 것이다. 1) 이를 타고난 사람은 복을 받아 부귀영화를 누리고, 2) 이것이 뭉친 곳(혈)에 집을 지으면 기운이 뻗쳐서 대대로 번창하고, 3) 도읍을 정하면 나라가 튼튼히 오래가고, 4) 조상의 무덤을 쓰면 위대한 인물이 줄줄이 태어난다는 것이다. 그래서 풍수지리에서는 산하의 조건과 풍기의 영향에 음양오행에서의 기의 작용을 중요시하고 있다. 음양의 기는 천지만물을 생성하는 원리로서 하늘과 땅 사이에 고루 퍼져 여러 가지 변화를 일으키고, 그 생성한 음양의 기는 항상 땅속을 흘러 지상에서 여러 가지 변화를 일으킨다. 풍수지리는 중국 한나라의 천도 과정에서는 신비적인 요소가 없었으나 위진남북조시대에 점차 신비화되고, 마침내 수나라 때 이르러 택경(8권), 장경(6권)에서 음양오행의 형이상학적인 이론과 천문, 방위 등의 신비한 사유방식이 첨부되어 유행하기 시작했다. 우리나라 풍수지리의 전래는 신라 원성왕이 이미 화장과 능묘에 관한 유언을 남긴 경주 숭복사의 비문으로 보아 당과의 문화 교류를 통해 들어오게 되어, 도선보다 훨씬 이전에 전래되었다. 그러나 도선이 풍수지리의 시조로 존숭된 이유는 그가 남달리 심오한 불교학의 업적이나 뛰어난 덕행이 있어서가 아니라, 신라 종말과 개경에서의 왕건에 의한 역성혁명을 예언하였기 때문에 고려왕조를 통해 두터운 추앙의 대상이 되었고, 왕건이 자신의 정치 의도를 도선의 설로써 합리화하였기 때문이었다. 그 이후 시대가 내려옴에 따라 그 존숭이 두터워지고 또 이에 비례하여 잡다한 요소가 첨부되어 더욱 신비화되었다. 결국 도선에 의해 형성되었다는 풍수지리설은 후세로 내려올수록 도참사상과 결부되어 불안한 세태를 극복하는 비술로 믿어지면서 더 깊이 일반 생활에 파고 들게 되었다.

2. 풍수지리와 도참사상

지정학적인 해석을 점성적인 천문학이나, 음양오행 사상같은 형이상학적인 것으로 합리화한 풍수지리설에 큰 변질을 가져 오게 한 것은 도참사상이다. 원래 도참이라고 하는 것은 도와 참의 연칭어인데, 신의 말씀, 하늘의 가르침과 이적 같은 것으로서 장래 닥쳐올 길흉화복을 예언하는 신비적이며 미신적인 것이다. 문자나 구술 또는 기타 함축성 있는 표징을 통해 징후, 전조, 암시, 점험의 기능을 발휘하게 하는 숙명론적 믿음이다. 도와 참은 구별 없이 쓰이게 되는데, 구태어 그 차이점을 가려낸다면 도는 부서, 표징의 뜻이 많고, 참은 점험, 예언의 뜻이 많다. 도는 문자나 기타 함축성있는 표식의 기록으로 전달되나 참은 문학뿐 아니라 구술로 표현되었다. 이 같은 도참과 풍수지리설의 혼합은 결국 지세를 통해 미래의 길흉화복을 점험할 뿐 아니라 그에 대한 예언을 믿도록 강요하여, 개인의 경우 가실(양택)이나 묘지(음택)의 선정에 적용했고, 국가는 도읍을 이정하고 궁궐을 짓는 데 이용하였다. 도참이 언제 한반도에 전래되었는지는 분명치 않으나, 고구려가 일찍이 남조 양의 도참가 승려가 「지공부」라는 참기를 전해주었다는 기록에서 시작되었다고 여겨진다. 더 확실한 것은 통일신라 말기에 성행하였다가 도선을 선사로 추숭한 고려 현종 이후 숙종 무렵부터 풍수지리설과 도참설이 결합하는 경향이 뚜렷이 나타나게 되었다. 고려 태조 왕건은 스스로 풍수지리를 즐겨 믿어 그 신비성에 따르는 설득력을 교묘히 이용하여 훈요십조를 남겼다. 우선 도읍으로 삼은 개경은 그 위치가 한반도를 호령할 수 있는 교통의 요충지이고 서해안을 통해 중국과 교류하는데 편리한 장풍득수로 풍수설상의 조건에 들어맞는 지역이나 그 생김새가 넓게 터지지 않고 물 흐름이 빨라 흠이 있어 수덕이 불순한 곳에 사탑을 세워 신비한 불력을 빌려 기를 보충한다는 사원비보설을 만들어냈다. 옛 고구려의 모습을 찾으려 했던 왕건은 자손에까지도 서경의 중요성을 강조하기 위해 풍수지리설을 빌어서라도 그 뜻을 남기려 하였다. 고려시대 풍수도참을 교묘히 이용하여 큰 혼란을 일으켰던 것은 인종대에 있었던 묘청의 서경천도운동으로 인종 6년 묘청은 서경 인원태지를 산과 물이 모여 길을 이룬다는 명당의 지세, 화혈인 대화세라 하여, 여기에 궁궐을 세우면 천하를 다스리고 금나라도 항복할 것이라고 왕에게 상주하여 서경 천도를 시도하였으나 성급한 반란으로 1년 만에 진압되었다. 공민왕대에 이르러 「도선기」의 계통을 밟았던 보우가 '한양에 도읍하면 36국이 내조할 것이라'는 참설에 현혹되어 이후 몇 차례 한양 천도 계획이 있었고, 특히 이성계의 위화도회군과 우왕의 폐위뿐 아니라 민간에서의 '이씨가 왕이 된다'는 '목자득국'의 동요가 일어나기도 하였다. 조선 건국과 함께 도읍을 정할 때 계룡산 신도읍에서 무학대사에 의해 무악산 경복궁으로 이전한 것이나, 왕십리에 도선의 비석이 나왔다는 설은 풍수지리의 중요성을 이야기한 것이다. 그러나 이후 조선 신진관료층의 주자학 중심의 유교적 치세관은 풍수도참을 천시하여, 그 의식과 전통이 일반인들에게 퍼져 개인과 가족의 길흉화복을 위한 사상으로 이어지게 되었다.

3. 결론

풍수의 원리는 땅속에 살아 꿈틀대는 정기가 우리 몸속의 피처럼 일정한 길을 따라 움직인다고 믿어, 이를 타고난 사람은 부귀영화를 누리고, 이것이 뭉친 곳(혈)에 집을 지으면 대대로 번창하고, 도읍을 정하면 나라가 오래가고, 조상의 무덤을 쓰면 위대한 인물이 태어난다고 믿는 사상이다. 풍수는 후에 장차 닥칠 길흉화복을 예언하는 신비적인 도참과 연결되어 지세를 통해 미래의 길흉화복을 점험하는 예언 사상으로 발전하였다. 한국인은 자연의 형세에 따른 신앙과 이것이 인생의 길흉화복에 영향을 미친다는 믿음이 이어져 내려와 현대에도 생활 속에 여러 모로 활용되고 있다. 지금도 강남과 판교와 한남동은 전통적으로 좋은 기운이 흐르는 곳이라 하여 부동산 가치가 높게 평가되었다든지, 아파트나 대기업 본사, 관공서 등의 입지를 정할 때 배산임수에 맞춘다든지, 화장실이 집 중앙에 있으면 재물이 새어나간다고 이를 피한다든지, 이사와 개업을 할 때 좋은 방향과 날짜를 가리는 등 풍수도참이 반영되고 있다.

03
한국인의 보편적 종교, 불교

　우리나라 사람들은 불교를 믿지 않으면서도 불교인이라고 하는 이유는 무엇일까? 한국인은 본인이 불교의 믿음이 없어도 부모나 조상의 믿음이기 때문에 자신의 종교를 불교라고 표현하는 사람들이 많다. 사실 불교는 개인적인 깨달음의 종교인데 오래전 대승불교가 전해지면서 재앙을 피하고 복을 받기 위한 종교로 바뀌면서 정토 신앙과 미륵 신앙이 발달하였다. 우리나라 불교 사상의 특징이 무엇이며, 어떤 과정을 통해 형성되었고, 특히 불교가 우리의 삶과 생활에 끼친 영향이 무엇인지를 살펴봄으로 한국인의 불심을 살펴보고자 한다.

1. 불교 사상

우리나라 불교는 동남아처럼 수행 중심으로 자신의 해탈을 이루려는 상좌부 불교가 아닌 대중의 구제를 이루려는 대승 불교이다. 삼국시대 중국으로부터 전래되어 왕실과 귀족을 중심으로 국가 통합과 왕권강화의 이념으로 수용되었다. 신라 시대 원효의 화쟁사상과 정토신앙, 의상의 화엄사상으로 발전하였고, 고려시대 국가적 지원을 받으며 선종과 교종이 통합되고, 정치, 사회, 문화에 크게 영향을 끼쳤으나 성리학을 국교로 한 조선에 이르러 억불정책으로 인해 산중 불교로 전락하면서 민중신앙과 결합하여 민간에 이어지게 되었다. 이처럼 한국 불교는 지난 천 년 동안 국가 통합의 이념과 대중의 생활 방식으로의 역할을 담당하면서, 원효의 화쟁사상과 의상의 화엄사상에서 기인한 화합과 통합을 선호하는 국민성을 만들어 주었고, 국가가 위기를 당할 때 이를 극복하는 신앙적 수단의 역할을 수행하였다. 특히 불교문화를 완성하여 한국 불교 사찰이 세계문화유산으로 지정되고, 한국 전통 예술 중 불화와 불상과 불탑 등의 불교 예술이 차지하는 비중이 크다. 또한 불교의 자비와 중도 사상은 한국인의 윤리적 생활에 영향을 끼쳐 지금도 많은 사람들의 마음에 불교적 종교심을 지니게 되었다.

2. 삼국의 불교 사상 형성

삼국에서 시작된 불교는 왕실과 귀족 중심의 사상적 근거로 화엄종이 발전하였다. 화엄종은 신라 의상이 당에 유학해 지엄으로부터 배워 부석사를 창건하면서 전파한 것으로, 一卽多 多卽一(하나가 전체에 영향을 미치고 전체가 하나에 영향을 미친다)의 철학을 바탕으로 만물의 상호 의

존성과 조화를 강조하고 사회적 실천을 중시하여, 개인의 깨달음을 넘어 사회와 국가의 조화를 추구하는 종교적 이념으로 자리 잡게 되었다. 그리하여 신라 사회의 통합과 왕권 강화에 기여하고, 신라 말 선종이 유행하기 전까지 불교의 주류를 이루면서 화엄경 사상에 의한 불교 건축과 조각, 회화 등 불교문화를 탄생시켰다. 또한 당시 왕실 중심의 국가 불교에서 일반 서민에게 다가가는 불교로 받아들여지게 된 것은 미타정토신앙으로 이를 완성한 사람은 원효이다. 원효는 유학 도중 있었던 해골물 사건을 통해 '부처님이 삼계유심이라 하셨으니, 좋고 나쁜 것이 나에게 있고 물에 있지 않음을 알겠구나'라는 깨달음은 마음에 달려있다는 일체유심의 도리를 깨닫고, 불교의 대중화에 힘을 써 학문적 업적만큼이나 대중 교화에 공헌하였다. 원효는 금강삼매경론, 대승기승론서, 십문화쟁론 등을 통해 '도가 비록 일체의 사물에 깃들어 있지만 결국 마음이라는 근원에 돌아오게 되어있다'는 일심론과 '불교는 보살을 위한 것이 아니라 범부를 위한 것으로 누구나 소리내어 나무아미타불을 지성껏 칭불함으로 구원에 이른다'는 정토신앙을 전파하였다. 화쟁이란 '모든 것의 부분이 통하면 만유가 일미로 귀하며, 불의의 지공을 개하면 백가의 이쟁을 화하게 된다'며 세상 모든 것은 유기적인 관련을 맺고 있고, 전체와 부분은 함께 있다고 정리하여 불교의 완성자 자리에 오르게 되었다.

3. 고려의 천태종과 조계종

우리나라 천태학의 확립자는 경론을 종합적으로 검토하여 법화경의 많은 저술을 남긴 원효라고 할 수 있다. 그러나 고려 의천이 처음에 화엄종 승려로 출발하였으나 점차 다른 교학에 폭넓은 연구를 통해 경전의 논소(유가사상)를 바탕으로 모든 종파의 종합적 이해에 목표를 두고 입송하여 천태학과 선종에 안목을 확대시킴으로 천태종을 확립하였다. 의천은 화엄종을 중심으로 여타 모든 종파의 겸학을 통하여 깨달은 종합적인 불교관에 의해 교관겸수(敎觀兼修)할 것을 주장하였고, 교종인 화엄종과 선종 사이의 직접적인 통합보다 그 중간의 천태종을 새로 창립하여 그것을 매개체로 선종을 포섭하려는 간접적인 방법을 취하였다. 의천의 교선통합은 대등한 통합이 아니라 교종의 입장에서 선종을 억압하여 포섭하려는 천태의 교관일치사상에 의한 것으로 그 한계를 갖고 있었다. 그러나 고려말 무신정권의 비호아래 선종 중심으로 지방의 결사운동이 전개되면서 보조국사 지눌이 조계산 수선사에서 조계선종을 개창하면서 새로운 국면을 맞이하게 되었다. 즉 지눌은 정과 혜는 불교 수행의 핵심을 이루는 요소로 이를 산림에 은둔하여 쌍수하자는 실천운동인 정혜쌍수(定慧雙修)와 깨우침에는 선오의 초발심이 중요한데, 깨친 본성은 갑자기 습관을 버릴 수 없어 점수를 행해야 한다고 하는 돈오점수(頓悟漸修)로 선정과 지혜를 갖추도록 가르쳐 불교의 궁극적 세계관을 선사상에서 찾고, 대다수 민중의 신앙이 정토신앙임을 인식하고 개혁하려는 실천운동으로 승화시켜 불교철학의 자기화를 이루게 되었다. 이후 우리나라 불교는 천태종의 백연사와 조계종의 수선사 간에 서로 영향을 주고받으면서, 천태종은 교리적 통합과 경전 중심의 수행을 중시하고, 조계종은 참선과 명상을 통한 깨달음을 추구하며 실천적 수행을 중시하며 발전하였다. 지금 한국 불교의 가장 큰 종파를 이루고 있는 것은 조계종이다.

우리나라 불교의 업적으로는 세계문화유산으로 등재된 팔만대장경(81,258장, 앞뒤 16만2,516장, 대략 5,200만 자)이 있다. 이는 고려 불교의 꽃으로 종교적, 역사적, 문화적 가치를 세계적으로 인정받고 있다.

8만 대장경은 11세기 초 거란 침입을 불교 경전으로 물리치려는 신앙적 발원에서 시작되어, 13세기 몽골 침입에 외적 퇴치와 국가 안녕을 기원하며 제작되어, 불교와 국가가 결합된 상징이고 동아시아 불교 사상을 집대성한 대작이다. 특히 그 정확성과 체계성으로 불교와 인문학 연구의 중요한 자료로 활용되고 한국의 역사와 문화와 인쇄술의 발전을 보여주는 신앙과 지혜의 결정체로서, 한국 불교의 평화와 화합과 단합을 상징하는 문화적 가치를 보여주고 있다.

4. 조선의 배불정책

조선 시대 불교가 개혁 대상이 되었던 이유는 고려 말 권문세족에 의한 불교의 문란이 극에 달하여 국가 재정에서 불사 행사에 쓰는 경비가 심히 막대하고, 불교 사원 경제의 낭비가 너무 크고, 불사에 참여하다 파산하는 신도가 허다했기 때문이었다. 그러나 조선을 세운 태조 이성계는 불교를 배척하는 사대부들에 의해 사원을 혁파하고 승려들을 도태시켜야 한다는 빗발치는 여론에도 개국 초기부터 민심을 건들 수 없다고 하여 척불정책에 휩쓸리지 않았다. 그러나 3대 태종에 이르러 숭유척불 정책을 실천하여 왕사와 국사를 없애고 사원이 소유한 노비와 토지를 몰수하기 시작하였다. 4대 세종은 태종이 미처 처리하지 못한 배불정책을 과감히 펼쳐, 11종에서 7종으로 줄어든 종단을 조계종과 천태종을 합쳐 선종으로 하고 화엄종과 자은종 등을 합쳐 교종으로 축소시켜 두 종파만 남기고, 전국 242사로 축소시켰던 사찰을 36개만 남겼다. 9대 성종은 사족의 부녀가 머리를 깎고 출가하는 것을 금지시켰고, 백성들이 초상을 당하여 불승에게 재 올리는 풍습을 엄단하고, 불사에 공양물을 바치거나 절을 짓고 승려가 되는 것을 엄금하였다. 10대 연산군은 선종 도회소인 흥천사와 교종 도회소인 흥덕사 및 원각사마저 폐하고, 과거 시험의 승과 제도를 폐지하고, 11대 중종은 사찰의 전답을 지방 향교에 속하게 하고, 흥천사와 흥덕사의 범종을 녹여 무기로 만들고, 두 사찰을 폐사시켜 선교 양종의 종단마저 맥을 끊어 불교는 지리멸렬 흩어지며 깊은 산속으로 숨어들어갈 수밖에 없었다. 국가 차원에서는 불교를 배척했지만 민간인 사이에서는 그 명맥을 이어, 왕실에서도 부처님을 모시고 일반 사대부들도 불자를 추종하여 이율곡도 한때 승려가 되어 수도 생활을 하기도 하였다. 결국 다른 나라에서처럼 극단적인 종교 전쟁없이 상호 이해와 공존 속에 고려 400여년의 불교가 조선 500년의 유교로 넘어가고, 조선의 유교는 조선말에 수용된 기독교로 그후 100년을 이어가게 된 것은 한국인의 수용적 종교심의 발로이다. 그래서 대한제국 멸망사를 쓴 헐버트는 '한국인들에게 종교가 무어냐고 묻는다면 일상생활은 유교적으로 하되, 생각은 불교적으로 하며, 위기에 봉착하였을 땐 토속 신앙을 찾는다'라고 하였다. 여기에 하나 덧붙인다면 당시 근대화와 생활의 개혁은 기독교적으로 했다고 할 수 있다.

5. 불교의 영향

삼국시대 중국을 통해 우리나라에 전래된 불교는 무속신앙과 민속신앙과 도교를 포용해 절 안에 산신각과 칠성각 등을 세웠다. 국가는 불교를 통해 나라를 지키려는 호국으로 국민을 하나로 결집시켰고, 불자들은 부처의 깨달음과 마음가짐을 얻기 위해 불경 공부와 참선을 통해 수행에 힘을 기우렸다. 일반 민중들은 재앙을 물리치고 복을 받으며 미래의 이상을 염원하는 미륵불 신앙을 통해 부처 앞에 무릎을 꿇었다. 그래서 불교는 삼국시대 이후 고려로 내려오면서 지배세력과 민중에게 절대적인 영향을 끼쳐, 고대부터 이어져온 장례풍속인 순장을 금지시켰고, 왕이 국가에 큰 일이 있을 때 육식을 금하게 하였고, 전쟁에 나가서도 살생을 가려서 하라는 군율을 내세우게 되었다. 조선시대 불교가 탄압을 받기는 했지만 승려들은 국난 극복을 위한 전쟁에 참여하거나 평소 성을 쌓으며 호국불교의 전통을 이어왔다. 특히 인도와 중국을 통해 받아들인 불교 교리에 있어서도 우리나라 독창적인 연구를 통해 의상의 화엄종, 원효의 정토종과 화쟁사상, 의천의 천태종, 지눌의 조계종 등 세계적으로 불교 교리를 체계화했고, 더욱이 8만대장경은 불교 교리를 정리한 세계 유일한 불경이다. 또 우리나라 각 곳에 수많은 문화재를 남겨주었다. 불보 사찰 통도사, 법보 사찰 해인사, 승보 사찰 송광사, 불국토를 염원한 불국사와 석굴암 등 아름다운 사찰 건축물과 석불, 토불, 목불, 금동불, 탑과 종, 석가불의 생애를 그린 팔상도, 탱화, 금은으로 쓴 사경 등 수많은 불교문화와 예술품을 남겼다. 또 오늘날 한국 불교는 수행이 측면에서 중국이나 일본 불교보다 덜 세속화되어 종교적인 원형을 유지하고 있다.

6. 결론

외국인 헐버트는 '한국인들에게 종교가 무어냐고 묻는다면 일상생활은 유교적으로 하되, 생각은 불교적으로 하며, 위기에 봉착하였을 땐 토속 신앙을 찾는다'라고 하였다. 우리나라에 불교가 수용된 지 1,700여년 되었으니 모든 생각과 생활 방식에 불교적 사고는 당연하다. 불교의 역사를 보면, 삼국 시대 귀족적이고 호국적 요구에 의한 불교의 기초화, 통일신라 불교의 저변화, 고려시대 전 국민의 불교 신자화를 거치며 세계적인 불교 국가로 발전하였고, 조선시대 성리학적 통치 이념으로 불교가 배척당했지만 산사를 중심으로 민간에게 널리 퍼져 있었다. 그런 과정에서 통일 신라 의상과 원효에 의한 화엄종과 화쟁사상은 불교 교리의 깊이와 포용력을 높여주었고, 고려시대 교선의 갈등에서 의천과 지눌에 의한 교선통합의 천태종과 조계종은 한국 불교의 차원을 높이고 지금까지 그 전통을 이어가고 있다. 특히 천년의 불교 국가로서의 신앙심은 사찰, 불상, 석탑과 종, 팔상도와 탱화 등 불교 예술품을 남겼고, 교리와 인쇄술에서 세계적으로 그 우수성을 인정받은 8만대장경을 소유하고 있어 불교문화 강국으로서의 위상을 세워주고 있다. 특히 화쟁사상의 포용적이고 통합적인 교리와 미래를 기복하는 미륵신앙은 지금도 한국인의 마음에 배려하고 용서하고 선한 베품의 마음과 화를 막고 복을 빌며 미래를 준비하는 신앙심으로 이어졌다.

현대에도 불교의 명상(선)과 마음챙김이 심리 치료와 마음의 위안에 활용되고, 웰다잉(좋은 죽음)에 윤회와 해탈의 불교 사상이 영향을 주고, 자비와 비폭력이 생명 존중과 환경 운동의 영향을 미치고 있다. 특히 우리나라에 수용된 여러 종교는 다른 나라들처럼 종교 전쟁을 통해 지배자들에 의해 장악된 것이 아니라 서로 이해하고 공존하는 화합의 종교심으로 샤머니즘의 무속은 불교를 불러왔고, 불교는 유교를, 유교는 기독교를 불러와 그 시대적 사명을 담당하였다는 생각이 든다.

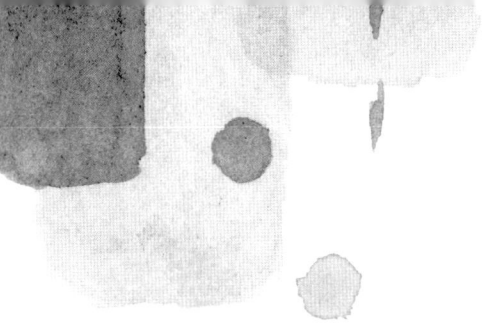

04
질서와 예의를 가르치는 유교

 현재 우리나라 사람들에게 유교가 끼친 영향은 어느 정도일까? 지금도 한국인의 생각과 생활에 유교의 영향력은 대단하다. 나라에 충성하고 부모에 효도해야 한다는 것, 여성이 순결을 지켜야 한다는 것, 웃어른과 이웃에게 예의를 지켜야 한다는 것, 죽은 조상들까지 제사로 챙기고 섬겨야 한다는 것, 이로 인해 형성된 체면 문화와 형식주의 등의 생활 태도가 생기기도 하였다. 유교 사상은 어떻게 형성되었으며, 조선시대 통치 이념으로서의 사상과 일반 백성들에게 강요된 예의범절과 관습에는 무엇이 있는지 살핌으로 한국인의 생각과 행동 습관을 찾아보고자 한다.

1. 유교 사상

유교 사상은 중국 고대의 춘추전국시대에 공자와 맹자, 순자를 거치면서 정립된 사상으로, 귀신보다는 인간을, 죽음보다는 삶을 중시하여 내세보다 살아가는 사회 현실을 중시한 사상이다. 중국 고대 사회의 우주 자연관에 따라 절대적인 질서로서의 천을 상정하고, 인간과 사회가 절대적 질서와 합치되는 상태인 천일합일과 인간을 도덕적 존재로 보아 인간관계에서 도덕이 실현된 상태를 가장 이상적으로 여기는 사상이다. 그래서 우리나라 유교 사상은 가부장적 사회 구조를 확립하고, 삼강오륜을 통해 가족 내 역할과 질서를 강조하여 효와 충을 중시하고, 여성의 역할을 제한하고, 사회적으로 조상 숭배와 종법제도에 의해 관혼상제와 가문을 중시하였다. 유교적 미덕과 규범은 실용성과 예술성을 겸비한 민화나 도자기 등 전통 미술을 만들어냈고, 유교적 덕목과 자연관이 반영된 가사와 한시 문학을 형성하였으며, 자연과 조화를 이루는 서원과 한옥의 건축 양식을 발전시켰다. 특히 한국인의 정서와 가치관에 도덕 중심으로 인간관계에서의 정과 의리와 사회적 역할에 대한 책임감이 강조되었고, 유교의 학문적 전통은 사회적 성취와 계층 상승 욕구로 나타나 현재의 높은 교육열로 이어지게 되었다.

2. 유교 사상의 형성

조선시대 인륜의 실천윤리를 강조한 지배 세력은 유교 경전을 학습하여, 서울에 성균관, 지방에 향교와 서원, 시골에 서당을 두어 교육하였다. 왕자의 유학 공부와 왕의 유학 강의, 집현전, 규장각, 독서당 설치와 과거 시험 등으로 유교 교육이 중요해졌다. 이로 말미암아 지배층으로부터 일반 민중에 이르기까지 유교 사상과 유교의 실천 윤리가 정치, 사회, 경제, 문화 등 모든 생활에 영향을 미쳤다.

첫째, 정치적으로는 천과 민과 도덕을 강조하였다. 천은 자연과 인간 사회를 지배하는 주재자 혹은 초월자로 비정되어 천이 지시하는 명령(天命)이나 천이 제시하는 질서(天道)는 무조건적으로 따라야 할 인간의 도리가 되었다. 이때 천의 의사표시는 민의 의사 곧 여론으로 '하늘이 듣는 것과 보는 것은 민이 듣는 것과 보는 것이다'라고 표현하였다. 따라서 국민의 여론이 천명이고, 군주가 여론을 무시하면 그것은 천명을 어기는 것이므로 천은 군주에게 주었던 명령을 철회(역성혁명)하고, 그 군주는 한낱 필부에 지나지 않는다고 하였다. 또한 임금은 천의 명령과 천이 제시하는 인간의 도를 정치 사회에 실현할 책임을 지므로 민의 의사에 귀를 기울여야 하고 백성을 위한 정치 곧 민본 정치를 실행해야 했다. 이것이 곧 왕도정치이다. 유교사상은 인간을 도덕적 능력에 따라 군자, 대인, 야인, 소인으로 차이를 두어 도덕적 가치의 세계로 인도하는 성인에 의한 치자로서의 지배와 오륜을 준수함으로써 도덕적 가치의 세계로 인도되는 피치자로서의 복종이라는 차별적 논리를 만들었다. 이것이 지배층이 덕과 은혜로써 민을 통치한다면 민은 그 덕과 은혜에 감화되어서 자발적으로 지배층에게 순종한다는 도덕적 정치론이다.

둘째, 사회적으로 효와 충과 예의 관습을 강조하였다. 유교는 중국 주나라를 이상적으로 삼아 종법제도를 통한 가부장제를 강조하여, 가족 내에서 아버지의 권위를 높이고 가족 구성원 간의 역할을 규정하였다. 이는 전통적으로 남성 중심의 사회 구조를 형성하는데 기여하였고, 이런 분위기에서 부모와 조상에 대한 효를 중요한 덕목으로 삼아 오늘까지도 한국인들에게 부모 공경과 가족 중심의 전통이 중요한 가치로 남아 있게 되었다. 또한 유교 사상은 왕도정치를 중심으로 한 정치제도에서 충이 강조되어 많은 충신과 영웅을 낳았고, 그 전통은 한국 사회에서 충성심과 책임감을 중시하게 되었다. 또 유교는 인간관계의 조화를 중시하며 '인의예지'와 같은 도덕적 가치를 강조하여 사람간의 예절, 도덕, 협동을 중시하는 윤리적 기초를 형성하여 삼강오륜이 도덕적 행동 기준이 되었고, 이로 말미암아 예절을 바탕으로 하는 전통적 관혼상제를 지키는 의례 중심의 문화가 만들어졌다.

3. 성리학의 영향

유교는 조선 왕조의 사상적 근간이고 국가 통치 이념이었던 성리학에 의해 생각과 생활을 결정지었다. 성리학은 중국 송나라의 주희가 집대성한 유학의 철학적 체계로 이과 기라는 우주론적 개념을 통해 만물의 원리를 설명하고 인간의 도덕적 수양과 사회 윤리를 강조한 학문이다. 조선 왕조의 통치 이념으로서의 성리학은 군주의 도덕성과 유교적 윤리를 국가 운영의 중심으로 삼아 왕과 신하의 관계를 비롯한 왕과 백성, 신하와 신하, 백성과 백성 간 모든 인간관계에서 삼강오륜을 중시하고, 사서오경을 공부한 자를 최고의 성리학적 인재로 여기게 되었다. 정치적으로 중앙에서는 왕권과 신권의 견제가 법과 제도로 정비되었고 지방에서는 향촌이 마을 공동체 윤리를 강화시키고 통제하는 수단이 되었다. 성리학은 수신제가를 강조해 개인의 도덕적 완성과 이를 바탕으로 한 가정과 사회의 조화를 중시하고, 엄격한 자기 수양과 학문적 탐구를 통해 인간과 세상의 본질을 이해하고 실천하려고 노력하였다. 또 본질적 원리인

이와 구체적 물질인 기의 관계를 중심으로 철학적 논의를 발전시켜 조선 중기 이황(퇴계)과 이이(율곡)에 의해 깊이가 더해졌다. 사회적으로 남성 중심의 가부장적 사회가 강화되었고, 양반 중심의 신분제를 정당화하여 사회적 위계질서를 유지했으며, 가례를 바탕으로 한 관혼상제를 통해 유교적 제사와 예절이 생활의 중심이 되었다. 그러나 조선 중기에 이르러 지나친 성리학의 원론 중심 정치로 말미암아 동인과 서인의 두 파로 나누어져 4색 당파를 형성하게 되었고, 사회적으로 백성을 잘살게 하기보다 명분과 원칙만 중시하다가 피폐한 현실을 자초하고, 외교적으로 소중화 의식과 명의 멸망이후 주자학 종주국으로서의 자부심에 빠져 있다가 외세의 침략에 무너지게 되었다. 그래서 근대에 이르러 무기력한 정부와 위선적인 지식인들로 인해 한일합방이 체결되었고, 우리 문화 속의 분열적 본질로 해방 후 6.25전쟁까지 이념대립을 불러왔으며, 최근 자기 기만과 허세루 인해 IMF의 위기를 당하게 되었다. 그것들은 도덕의 가면을 쓴 유교 문화 속의 본질이 표출된 것으로 사건을 달랐지만 우리 문화의 심층에 자리 잡고 있는 유교의 부정적 영향이 하나의 원인이 되었던 것이다. 그러나 인륜을 중시하는 유교적 민본주의의 이념은 사람들과의 관계에서 임금은 어질고 강직했고, 부모는 자식을 사랑하고, 자식은 부모에게 효성을 다했던 전통을 이끌어 500년의 왕조를 지켜왔고, 더 나아가 현대의 민주주의 형성에 긍정적인 영향을 미칠 수 있었다.

4. 결론

중국 공자로부터 시작된 유교는 내세보다 현실의 삶을 중시하여 종교라기 보다는 인간으로서의 생활 규범과 인간관계에서의 질서를 강조하였다. 조선시대 정치적 지도자들의 통치 이념으로 삼기도 했지만 일반 백성의 삶에서 가부장적 사회 구조 속에 조상 숭배와 종법 제도를 중시하고, 삼강오륜을 통한 효와 충과 예의범절을 강조하게 되었다. 조선의 성리학은 정치적으로 천과 민과 도덕을 강조하여 민본 정치, 왕도 정치를 실행하고 성인군자를 양성하고자 하였다. 사회적으로 인의예지의 도덕적 가치를 중심으로 예절, 도덕, 협동을 중시하는 윤리적 기초를 형성하였다.

그래서 현대에도 한국인의 삶 속에서 가족중심주의의 남성중심 가부장적 가치관과 효와 예절 중심의 인간관계를 중시하는 전통이 남아 있고, 특히 유교적 과거제의 전통으로 입시 중심의 교육과 서열 중심의 조직 문화, 기술과 윤리를 함께 중시하는 장인 정신이 강조되고 있다. 그래도 그나마 현재 한국인들이 타국인들과 다르게 기본적인 예의범절이나 인간관계에서의 질서 의식이 전통으로 이어져 내려와 인륜을 중시하며 인간답게 산다는 것은 유교 문화가 남겨준 귀중한 생활 습관이 되었고 현대 민주주의 형성에 근본이 되었다.

05
한국인이 만든 새로운 사상, 민족 종교

　우리나라가 주체적으로 만든 종교에는 어떤 것들이 있을까? 한국인들은 종교심이 강한 민족이다. 믿음이 없다가도 한 종교를 믿게 되면 참 열심히 기도하고 종교 행사에 참여한다. 그러다가 가까운 가족이 다른 종교로 전도하면 또 그 종교에 심취한다. 종교의 방법은 달라도 하늘의 신을 믿고 자신과 자녀들의 축복을 비는 기도는 동일하다. 또 우리나라 사람들은 우뇌가 발달하여 철학자보다 종교가들이 많이 나타나 민족 종교가 꽤 많다. 특히 일제시대 자유를 빼앗기고 억압받던 상황에서 나라의 독립과 국민적 통합과 후천 개벽의 개혁을 바라는 종교가 많이 만들어졌다. 한국인의 깊은 종교심으로 만들어진 민족 종교를 알아보고자 한다.

1. 동학

동학이 발생했던 조선 후기의 정세는 오랜 세도정치로 인해 양반들의 수탈과 착취로 농민의 삶이 피폐해졌고, 결정적으로 삼정(전정, 군정, 환곡)의 문란으로 과중한 세금과 부패한 관리들로 인해 극심한 고통을 겪을 뿐 아니라 서구 열강과 일본의 경제적 침탈이 가속화되고 있었다. 이에 현실적인 고통을 신앙의 힘으로 견디어 보려던 백성들은 기존 유교적 질서의 붕괴에 따라 서학(천주교)의 평등사상과 천국사상을 종교적 대안으로 찾으려 했으나 천주교의 심한 박해 속에 불안감이 조성되어, 한국 고유의 토속 신앙과 무속 신앙 등이 반영된 민중적 정서로 새로운 종교를 기대하게 되었다. 이때 1860년 최제우에 의해 '사람이 곧 하늘'이라는 인간의 존엄성과 평등을 강조하며 사회적, 경제적 문제를 해결할 수 있다는 새로운 구세적 대안으로 동학이 등장하게 되었다.

동학의 핵심 교리는 인내천(人乃天)사상이다. 즉 모든 사람은 하늘과 같은 가치를 지니며, 기존의 신분제와 양반 중심 사회를 부정하고, 민중의 권리를 강조하여 신분적 차별이 없는 평등을 강조하였다. 또 시천주(侍天主)사상으로 천주를 내 몸에 모셔 외부의 초월적 신이 아닌 인간 내면에 존재하는 신성을 숭배하고 자율적 삶을 강조하여 기존 유교와 천주교의 신과 차별화시켰다. 그러다 보니 하늘을 공경하고 타인을 존중하고 사랑해야 한다는 경천애인 정신을 지니게 되었고, 당시 어렵고 고된 현실에 새로운 시대를 바라는 후천개벽을 기대하게 되었다. 그러기 위해 개인의 도덕적 수양과 공동체적 실천을 강조하여 마음을 닦고 기운을 바르게 하려는 수심정기와 세상에 널리 덕을 펼치려는 포덕천하의 사회적 실천 강령을 강조하였다.

동학은 1860년 최제우가 인내천, 시천주, 후천개벽의 교리를 확립하고 포덕 활동을 통해 민중의 신뢰를 얻었으나 동학이 혹세무민의 종교라 하여 처형당하면서 탄압받기 시작하였다. 이에 1864년 최시형이 동경대전과 용담유사를 편찬해 동학의 교리를 구체화하고, 농민과 하층민을 중심으로 교세를 확장시켜 포접장 중심의 조직을 지역 단위로 세분화해 체계적 관리를 이루어냈다. 1893년 최제우의 억울한 처형에 대한 명예 회복을 요구하는 상소로 교조 신원 운동을 통해 정치적 세력으로 확대되고, 1894년 고부 농민 봉기를 시작으로 탐관오리 숙청, 삼정 문란 개혁 등 사회 개혁을 위한 반봉건 농민 운동을 전개하다가 일본의 침략에 맞선 민족적 저항을 위한 반외세 운동으로 확산되었으나 농민군의 패배로 잠시 세력을 잃게 되었다. 그후 1905년 손병희에 의해 동학이 천도교로 개칭되면서 종교적으로 발전하게 되었다.

2. 천도교

   천도교는 1894년 동학 농민 운동이 실패한 후 종교적 기반을 중심으로 재편성한 결과, 동학 3대 교주 손병희가 동학의 사상적 틀을 유지하면서 새로운 시대적 요구에 부응하여 동학을 서학과 대등한 종교로 발전시키겠다는 의지에서 시작되었다. 천도교는 '하늘의 도를 믿는다'는 뜻에서 동학의 인내천, 시천주, 후천개벽, 경천애인 사상을 계승해 외세에 의존하지 않고 민족의 자주적 발전을 강조한 종교이다. 손병희는 천도교의 교리와 의식을 체계화하고 양현학교, 동덕여학교 등 교육을 통해 민족 계몽에 앞장서고 만세보를 창간하여 천도교의 사상을 전파하기도 하였다.

천도교는 일제시대 독립 운동 선두에 서서 3.1운동의 주도 세력(33인 중 15명 참여)이 되어 독립선언서부터 독립 만세 운동까지 지도하였고, 이후 천도교 청년당 등을 조직하여 독립 운동을 지속적으로 지원하였다. 그리하여 천도교는 민족적 민중 종교로서의 역할을 수행하며 민족주의와 평등사상을 실천함으로 한국 근현대사에 중요한 사상적 기틀이 되었다. 1916년에는 신도 수가 107만 명까지 이르렀는데, 현재는 6만6천 명 정도로 알려져 있다.

3. 증산교와 대순진리회

증산교는 조선 후기 사회적 혼란으로 민중의 고통이 심해지자 전통적 종교와 사상으로는 문제를 해결하기 어렵다는 인식으로 전라도 고부 출신 강증산(강일순)이 1901년 천지로부터 신령한 계시를 받았다고 선언(天地公事)하며 동학, 유교, 불교, 도교, 기독교 등 사상을 종합한 새로운 종교적 세계관을 제시함으로 시작되었는데, 1909년 강증산이 죽자 그의 제자들에 의해 조직화되었다. 증산교의 교리는 1) 새로운 이상 세계가 열릴 것을 예언해 이를 준비하기 위한 도덕적, 사회적 실천을 강조한 후천개벽 사상, 2) 강증산이 선천의 모든 부조리를 청산하고 후천 시대의 질서를 마련하기 위해 인간과 자연과 신이 조화롭게 연결된 이상적 질서 의식인 삼계 통합의 천지공사 사상, 3) 천지와 부모와 형제와 이웃에게 은혜를 갚아야 하는 보은 사상, 4) 강증산을 옥황상제로 숭배하고 그를 통해 천지의 이치를 깨닫고 스스로 도를 깨우쳐 자신의 삶을 구원해야 한다는 믿음의 상제 구원 신앙이다. 그래서 증산교도들은 도덕적 수양과 상제의 가르침을 실천하고 공사에 참여하여 신명계와의 조화를 실천하며, 신도 간의 상호 부조와 협력으로 새로운 사회의 기틀을 마련하고자 하는 공동체적 삶을 강조하고 있다. 특히 강증산은 성경을 읽고 자신이 예수인 것처럼 행동하며 병자를 고치고 12제자를 키우며, 죽어서 제자들에 의해 옥황상제가 되어 신처럼 살게 되었다. 또 그가 생전에 말하길 지금의 조선은 하나님이 택하신 동방의 등불, 제2의 이스라엘이고, 조선의 일제 지배는 하나님의 뜻으로 고통을 참고 믿음 생활을 열심히 하면 천국 갈 수 있다는 종말론적 신앙을 가르치며 민족적 자부심을 불러 주었다. 이후 기독교의 많은 이단들이 강증산의 사상을 받아 들여 우후죽순으로 생겨나기 시작했는데, 통일교, 전도관, 구원파, 신천지 뿐만 아니라 이단적 사상(기복신앙, 민족신앙, 종말론신앙 등)이 교회에 퍼지게 되는 계기가 되었다. 1940년대 증산교 신도수가 600만까지 증가하였는데 해방이후 10만 명으로 줄어들고, 대다수의 나머지 신도들이 교회로 옮기면서 기독교의 순수 복음이 변질되었다. 그래서 증산교는 우리나라 기독교 이단의 뿌리라고 할 수 있다.

이러한 증산교는 여러 분파로 나누어져 다양한 교단을 이루었는데 지금의 대순진리회와 증산도 등 현대 한국 신흥 종교의 주요 흐름을 형성하였다. 대순진리회는 1969년 조철제가 증산교의 창시자인 강증산의 후천개벽 사상을 기반으로 새롭게 계승 발전시키기 위해 독립적으로 창시한 종교이다. 경기도 여주에 본부를 설립해 수도와 계몽과 사회 공헌 활동을 중심으로 교리를 전파하고 신도를 조직화하고 있다. 현재 160만 명의 신도로 민족적 정체성을 보존하고 사회적 갈등과 생태 파괴를 조화와 협력으로 상생하려 노력하고 있다. 증산도는 1970년 증산교를 접한 이승헌이 강증산의 후천개벽(상제를 통한 도덕적 수양), 상생과 조화(우주와 자연과 인간의 삼계통합), 토통과 구원(우주적 진리와 자아의 깨달음으로 우주와 인간의 구원) 사상을 바탕으로 참선과 경전 읽기, 도법 실천, 평화로운 공동체 생활을 강조하며, 1990년 대전에 증산도 본부를 두고 본격적인 활동을 시작하여 현재는 60만 명 정도의 신도를 두고 있다.

4. 대종교

대종교는 1900년 초 일제의 침탈과 민족적 위기 상황에서 한국 고유의 신앙 체계와 민족 정체성을 확립하고 단군을 중심으로 고대 한국의 신화와 전통을 되살려 민족의 독립을 위한 정신적 무기를 마련하고자, 1909년 나철과 오기호에 의해 민족종교로 탄생하였다. 대종교의 교리는 단군을 한국 민족의 시조이자 신성한 천존으로 숭배하고, 단군을 통해 천지와 인간의 조화를 도모하며, 후천개벽 사상을 통해 민족의 부활과 정의로운 사회로의 새로운 세계를 창조하는 것을 목표로 하고 있다. 이를 위해 인간과 자연과 신이 상호 작용하며 이들의 상생과 조화를 이루기 위해 서로간의 도덕적 책임을 강조하고 있다. 그래서 중요한 의식으로 민족 시조 단군을 숭배하고 그 가르침을 실천하는 단군제를 중요시하고, 수도와 기도를 통해 자신을 정화하고 천지의 뜻을 찾아 사회봉사와 정의로운 사회 실현을 위해 실천하고 있다.

이러한 대종교는 당시 시대 상황에 따른 민족주의와 독립운동의 정신적 기반을 제공함으로 한국 민족의 자주성을 회복하고 일제 침략에 맞서 싸우는 독립운동의 구심점이 되어 대한민국임시정부와 연계된 독립운동을 전개하게 되었다. 현재는 약 3,700명의 신도에 불과하나 중광절, 어천절, 가경절, 개천절을 기념하는 민족 종교로서의 역할을 하고 있다.

5. 원불교

원불교는 1916년 26세에 깊은 깨달음을 얻은 소태산 박중빈이 1924년 불법연구회를 설립해 일원상(一圓相)사상을 체계화하고 1935년 원불교로 교단 이름을 바꾸면서 조직화하였다. 불교의 깨달음과 실천 사상에 영향을 받기는 했지만 불교의 전통 형식과 경전을 배격하고 일원상으로 모든 것을 해석하고, 생활 속에 실천을 강조하는 민족 종교로 시작하였다. 원불교 교리는 모든 존재의 근본이 되는 우주의 진리를 원형의 상징으로 표현한 일원상을 중심으로 설명하는데, 이는 우주와 인간과 자연이 모두 하나이고, 일원상이 깨달음과 자비의 근본 원리라는 교리이다. 또 실천 운동으로 삼학(三學) 사상과 사은(四恩) 사상이 있다. 삼학은 마음을 닦아 올바른 인격을 형성하는 정신 수양과 삶의 진리를 탐구하여 깨우침을 얻는다는 사리 연구와 올바른 판단과 행동으로 선을 선택하고 악을 버리는 작업 취사를 말한다. 사은은 하늘과 땅의 은혜, 부모의 은혜, 동포의 은혜, 법의 은혜를 말하고, 개벽 사상으로 전통 종교를 계승하면서 새로운 시대에 맞는 개혁을 통해 새 시대의 새 종교를 표방하며 인류의 행복과 평화를 추구하는 등 실천을 중시하는 종교이다.

원불교는 일제시대 경전과 대종경의 교리책을 편찬해 신앙 공동체로 발전해오다가 해방 후 1946년 원광대학교를 설립하고, 1960년 해외 포교 활동을 시작하여 국제화하였다. 2005년 통계에 약 13만 명으로 집계되지만 2008년 한국 종교 현황에는 약 148만 명으로 보고되고 있다.

6. 결론

우리나라 민족 종교를 창시한 사람들의 이야기이다. 동학의 최제우는

'인내천(사람이 곧 하늘이다), 시천주(하늘님을 모시고 섬기라)', 대종교의 나기호는 '우리 민족의 역사는 하늘의 뜻을 따라가는 것이고, 단군의 뜻을 이어가는 것이다', 증산교의 강증산은 '가을개벽이 온다, 사람이 하늘을 모시면 하늘이 사람을 도와 준다', 원불교의 박중빈은 '하나님의 뜻은 항상 사랑과 봉사의 실천 속에 있다'라고 하였다.

이들의 공통점을 살펴 보면, 1) 하늘 사상과 자연 숭배 사상이다. 하늘을 신성하게 여기고 자연과 인간의 조화를 중시했다. 2) 새 시대를 여는 변화의 후천개벽 사상이다. 하늘을 섬기면 우주의 순환에 따라 새 시대의 후천개벽이 일어난다고 하여, 이후 민족 종교와 신흥 종교의 중요 핵심 개념이 되어 고통과 억압을 극복한 새로운 시대의 도래를 꿈꾸었다. 3) 인간 존중과 평등을 강조한 민중 사상이다. 당시 신분 차별에 대해 거부하고 평등을 강조해 민중이 스스로 주체가 된다고 생각하였다. 4) 유, 불,선,기독교의 융합 사상이다. 유교의 조상숭배와 충효 사상, 불교의 윤회와 깨달음 강조, 도교의 자연과 조화와 신선 사상, 기독교의 천국과 사랑 실천 사상이 혼재하였다. 5) 사회 실천 운동이다. 민족주의, 자주독립 운동, 도덕적 삶의 실천, 자아 실현과 도덕적 책임, 공동체를 통한 희생과 봉사, 사랑과 배려를 통한 평화 공존을 강조하고 있다. 특히 강증산은 민족적 입장에서 기독교를 재해석하여 그의 기복 신앙, 민족 신앙, 종말론 신앙 등은 이후 우리나라 모든 기독교 이단의 뿌리가 되었다. 한국인들은 영성과 사회 개혁 의지가 강해 과거 우리의 종교인 유교, 불교, 도교, 기독교의 교리를 융합한 새로운 종교를 만들었고, 또 이를 잘 실천함으로 현실을 극복하고 개혁할 줄 알았다.

06
현대를 사는 한국인의 심리적 특성

　우리나라 사람들의 내면적 정신 상태와 이에 따른 행동은 어떠한가? 인간의 심리는 환경과 경험에 따라 형성된다. 같은 환경과 같은 경험을 한 한국인들에게 공통적으로 나타나는 심리는 어떠할까? 오랫동안 외세의 침입을 막아내며 지켜온 역사, 척박한 환경에 농사지으며 형성된 생존 의식과 공동체 의식, 고려 470년을 불교 중심으로 조선 500년을 유교 중심으로 살아가며 형성된 사고 방식과 행동 습관, 최근에 일제의 지배에서 벗어나 짧은 기간에 빠른 성장을 이루는 과정에서 다양화, 양극화된 심리 등에서 한국인의 심리적 특성 알아보고자 한다.

1. 한국 사회의 특징

우리나라 심리학자 허태균 교수는 한국 사회의 6가지 특성에 대하여 주체성, 가족확장성, 관계주의, 심정중심주의, 복합유연성, 불확실성 회피를 말하였다.

한국인은 자신의 존재감을 확인하는 것을 좋아하고, 자신이 영향을 받는 대상이기보다 타인이나 사회에 영향을 주는 주체로서 인식하는 것을 중요하게 생각한다. 이것이 무시 받으면 못사는 한국인의 주체성이다. 가족확장성은 한국인으로 하여금 자신이 속한 모든 사회의 조직을 가족으로 이해하려 한다. 국가도 회사도 학교도 지역사회도 모두 가족과 같이 무한 책임과 절대 신뢰 등의 원칙을 적용하려 한다. 또 한국인의 행동은 집단주의보다는 관계주의의 원리를 따른다. 집단과 조직 속에서의 공시적인 역할보다는 바로 자기 옆에 있는 사람과의 관계 속에서 살아가는 것이다. 이런 한국인들은 겉으로 드러난 행동보다는 그 행동 뒤에 숨겨진 마음과 심정을 중요시한다. 그래서 좋다고 해도 100퍼센트 믿지 못하고, 싫다고 해도 진지하게 받아들이지 않는다. 이런 심정중심주의는 한국 사람들끼리의 끈끈한 무언가를 쉽게 만든다. 복합유연성은 한국인으로 하여금 선택을 피하고 포기를 싫어하게 만든다. 모든 것은 서로 다 통하고 연결되어 있다고 생각하는 성향은 오히려 하나를 얻는 대신에 그 이상을 잃어야 하는 선택을 이해하기 힘들게 만든다. 또 한국인은 눈에 보이지 않고 손에 잡히지 않는 것을 경시하고 꺼리는 불확실성 회피 성향을 보이는데, 이는 한국인의 결과주의적 태도와 단기적인 성과를 중시하는 것과 맞물린다.

그래서 우리 사회를 긍정적으로 이끌어가는 성공에 대한 욕망, 되게 하라는 믿음, 할 수 있다는 열망, 상대에 대한 배려와 유연성, 맡은 일에 대한 역동성과 기동성, 할 때까지 하는 열정이 있다. 또 우리 사회의 고질적인 문제로 보이는 부정적인 모습인 허례허식, 연고주의, 사교육 광풍, 무원칙, 무질서, 물질주의, 예측 불가능, 단기주의 등이 한국인의 특성에 의해 만들어져서 공존하고 있다.

2. 억울함과 한

한국인들의 고소 고발은 미국에 100배, 일본에 150배이라고 한다. 이는 양심 없이 사기치는 사람이 많기 때문 일수도 있지만, 살면서 억울한 일이 많았고 또 이를 해결해 줄 사람이 없어 한을 품게 되었다. 그래서 우리를 한 많은 민족이라고 부르기도 한다. 이런 억울함과 한을 스스로 풀지 못했기에 사또와 왕이 나서서 해결해 주기를 바랬다. 왜냐하면 조선의 임금이나 사또는 백성을 위한 자리였고, 민원을 해결해주는 공무원이었기 때문이다. 우리는 조선을 명분상 '임금의, 사대부에 의한, 백성을 위한 나라'라고 할 수 있다. 즉 임금은 왕의 상징일 뿐이었고, 사대부인 재상들이 정치를 농락했고, 백성을 위해 일한다는 명분만 내세웠다. 지금도 정치가들은 국민을 명분삼아 자기 이익을 취한다. 백성들은 왕이 행차할 때 감히 북과 꽹과리를 치며 자신의 억울함을 호소했고, 이를 들은 왕은 반드시 해결해주어야만 했다. 그래서 백성들은 신문고 앞에 줄 서서 기다리며 소리 내는 격쟁과 글로 쓰는 상언으로 민원을 올렸고, 양반들은 조금 점잖지만 몸으로 행하는 읍소와 논리적으로 도전한 상소로 민원을 올렸다. 정조는 재위 25년간 격쟁과 상언만 4천여 건이었고, 매일 상소를 해결해주어만 했다. 그래서 민원 해결하다 몸이 축나 일찍 죽었는지도 모른다. 일제시대 일본의 억압에 억울함과 한이 맺힌 백성들은 3.1운동이나 광주학생운동 등 시위에 나서거나 독립군 활동을 통해 일본군에 한풀이를 하며 항쟁하였다. 또 근대화 과정에서도 비폭력 시위를 통해 독재 정부를 무너뜨렸다. 지금도 국민들은 수많은 민원을 정부가 해결해 주기를 바라며 민원을 올리다 보니 말단 공무원들이 지쳐가고 있고, 안되면 법원이 해결해주기를 바라며 고소 고발이 넘쳐나고, 안되면 같은 뜻을 갖는 사람들이 모여 시위를 하다보니 광화문과 여의도가 쉴 날이 없다.

3. 관계 주의

한중일 3국이 모두 관계 주의가 강한데, 일본은 조직에 충성하는 원칙과 복종에 초점을 맞추고, 중국은 관시라 하여 타인과 상관없이 자기 마음대로 하는 관계성이지만, 우리나라는 일대일 사적 관계에 초점을 맞추어 관계 유지를 중요시 여긴다. 우선 '우리'라는 개념을 중요시하여 우리 아빠, 우리 마누라 등 가족, 학교, 직장, 지역사회 등에 소속된 공동체와의 유대를 강화한다. 또 연령과 직위에 따른 상하 관계와 예절을 중시하여 위계질서를 잘 따진다. 친밀한 인간관계는 취업이나 사업, 또는 문제 해결을 위해 지인의 추천, 거래처 유지를 위한 명절 선물, 정기적 안부 묻기, 고향친구나 동창회 등 지속적으로 만남을 유지하면서 지인, 선배, 동료, 사돈의 팔촌까지 동원하여 적극적으로 활용한다. 특히 관계 유지는 식사 자리를 통해 돈독해지기에 '밥 한번 먹자'라는 말을 많이 사용한다. 이러한 관계는 지인의 결혼식이나 장례식에 꼭 참석하고, 참석하지 못하더라도 축의금이나 조의금을 전해줌으로 관계를 계속 유지한다. 또 친족 중심의 관계 유지는 주변의 평가에 민감하여 긍정적 평가를 받기 위해 노력을 강조한다. 하다보니 좋은 결과도 나오지만 그렇지 못한 경우가 많아 희망고문, 좌절감이 되어 심각한 상황에 이르기도 한다. 또한 관계 유지를 위해 자기를 많이 낮추는 경향이 있다. 이는 일상생활에서 음식 시킬 때, 한사람이 메뉴를 시키면 이에 맞추어 모두가 한 음식으로 통일한다. 나의 선택과 의향을 타인을 위해 잘 바꾼다. 또한 관계 속에서 자신의 존재감과 영향력을 확대시켜 주체성을 나타내기도 하여, 내 생각과 주장이 합리적이고 옳기 때문에 매뉴얼이나 원칙을 무시하고, 자기 고집으로 나를 따르라고 설득하고 나를 따르지 않으면 상대를 무시하거나 폄하하거나 미워하면서 서로 다름을 인정하지 않고 싸우게 되는 경우가 많다. 또 친밀한 관계에서 심정과 감정을 중시하여 척보면 알지? 내 마음을 알아? 말 안해도 당연히 알지? 라며 서로 갈등과 오해를 불러 일으킨다.

4. 극단 주의

조선 시대까지는 느긋하고 여유로왔지만, 일제시대와 6.25전쟁을 겪으면서 다 망가진 나라를 세우고 살아남기 위해 효율성을 강조하다 보니, 부지런하고 빠른 행동을 하며 빨리빨리 문화가 일상이 되고, 극단적인 행동을 자유롭게 하게 되었다. 그래서 세계에서 인터넷 속도가 가장 빠르고, 음식 배달을 시켜도 30분 내에 도착하고, 택배를 시켜도 하루도 안 걸려 집에 오고, 엘리베이터에도 기다리지 못하고 닫힘 버튼을 하도 많이 눌러 닳아 없어졌고, 병원 진료도 10분이면 끝나는 나라가 되었다. 운전할 때도 경적을 울리고 급하게 달리며, 초보딱지를 크게 붙여 자신은 빨리 가지 못하니 이해해 달라고 사정을 한다. 한국의 빨리빨리 문화는 한국인의 조급한 성격이 아니라 척박하고 좁은 땅덩어리에서 살아남기 위한 생존력이고, 전쟁의 폐허에서 다시 일어나기 위한 경쟁력이고, 일상의 삶을 살아가는 효율성이다. 또 일상생활에서 일을 하거나 놀더라도 끝장을 내든지 전혀 안하든지 한다. 둘이서 이야기를 나누다가도 모든 욕을 다해가며 극단적으로 죽일 듯이 싸우다가도 곧 화해가 되면 언제 그랬냐는 식으로 화기애애하다. 술 마실 때도 처음부터 빨리 마셔 취하기를 추구하고, 끝장을 보기 위해 2차, 3차를 거쳐 완전히 취하여 정신을 잃을 때까지 마신다. 음식도 뚝배기의 뜨거운 음식을 식혀가며 빨리 먹고, 한 겨울에도 아이스커피를 시켜 먹는다. 심지어 휴식과 놀기 위해 찾아간 관광지에서도 새벽부터 일어나 관광을 하며 뭔가 성과를 내야 하듯이 열심히 돌아다닌다. 또 한국인은 높은 교육열에 극단적 학습 태도와 부모의 과잉보호로 입시 스트레스가 엄청나다. 학생들은 수능 재수와 청년 실업, 취업 실패 등으로 극심한 스트레스를 받아 젊은이들의 우울증이 늘고 있다. 또 학교나 직장에서 따돌림이 심각하고 상사와 동료의 부당한 대우로 인한 직장내 갑질 등의 스트레스로 극단적 행동을 하기도 한다. 이러한 스트레스와 분노가 남에게 향하여 지하철이나 역에서 묻지마 범죄를 하거나 도로에서 운전 중 폭언과 위협 등 보복 운전으로 분노를 표출하고, 사회적 정치적으로 자신의 뜻을 알리기 위해 단식이나 분신을 하는 등 극단적 행동을 하기도 한다.

5. 복합 유연성

서양 심리학에 일관성의 욕구가 있다. 사람들은 사고와 행동 간에 일관성을 추구한다. 그런데 한국인은 생각과 행동과 감정을 동시에 추구하는 복합 유연성에 능하다. 한 가지만을 고집하지 않고 유연한 태도로 모두를 수용한다. 일상생활에서 중국집에 가면 짜장이나 짬뽕을 포기하지 못해 짬짜면을 시켜 먹고, 이왕이면 다홍치마라고 좋은 것들은 다 받아들인다. 문화적으로도 전통과 현재가 공존하여 실용 한복이 유행하고, 음식도 퓨전 요리가 개발되고, 한옥도 현대식으로 개조해 관광지로 활용하고 있다. 명절에 전통과 현대가 혼합해 제사보다 간소한 차례를 지내거나 해외여행을 가기도 하고, 한글 사용에도 일상 대화에서 '피곤해서 리프레스가 필요해'라고 한다거나 광고나 기업 이름에서도 빙그레, 아모레 퍼시픽 등 한글과 외래어를 결합해 독창적인 이미지를 만들어낸다. 또 외국의 음식이나 문화를 한국식으로 변형(재해석)해 새로운 트렌드로 피자를 고구마 무스와 불고기 토핑으로 한국식 피자를 만들어 낸다. 이는 효능 주의가 작용해 가치보다는 물질이나 효용성을 따지는 실용주의를 중시한 문화이다. 스마트폰을 사용하고자 할 때 만든 목적보다 수많은 기능을 어떻게 활용할 것인가를 공부한다. 직장 생활에도 이것 저것 분리하지 않고 통합적으로 처리하고, 네 것 내 것이 아니라 서로 가족처럼 생각해 상대를 대하고 희생하게 된다. 즉 내 주변 사람들을 가족 관계로 끌어들여 식당에서 일하는 사장님이나 종업원을 이모라고 부르면서 서로의 관계를 형성한 후 상황에 따라 창의적이고 유연하게 대처한다. 이러한 유연성은 융통성과도 같은 의미를 지녀 형식적으로는 원칙을 지키면서 밑구멍에서는 안 될 일도 되게 하고 되어야 할 일을 더 잘 되게 만든다. 그래서 우리나라 곳곳에서 벌어지는 비리와 유착 등의 수많은 편법을 정당화하고 있다. 또 복합 유연성은 우리나라가 세계적으로 유례가 없이 빠른 시기에 민주주의 국가를 형성하는데도 크게 기여하였다. 즉 과거 권위주의적 체제에서 민주화 운동을 통해 시민들은 정치에 참여하며 다양한 정치적 이념이 표출된 갈등 속에서도 유연하게 대처하여 선거나 시위를 통해 적당히 정권을 바꾸어 가며 폭력과 피흘림 없이 법치적 민주주의를 발전시켰다.

6. 외국인이 본 한국인의 기질

한국의 경제 발전과 선진국 진입에 대하여 투자 분야의 세계적 귀재인 워렌 버핏은 "한국은 성공할 수밖에 없는 나라인데, 그 이유는 한국인에게는 브레인과 에너지가 넘치기 때문이다"라고 하였다. 브레인은 뜨거운 교육열에 의한 인재 양성과 활용을 말하고, 에너지란 우리나라 사람들이 갖고 있는 부지런함과 빨리하면서 완벽한 일 마무리의 실력을 갖춘 강한 열정을 말한다고 하겠다. 그래서 외국인들이 한국인들이 다른 나라와 다른 문화적 유전자, 곧 문화의 차이가 사회적으로 유전되어 두드러지게 나타나는 민족적 기질에 대하여 다음과 같이 말하고 있다. 첫째, 정이 많다. 시장에서 덤으로 얹어주는 정다움, 한국인들이 유독 우리를 선호하는 집단성 등에서 정으로 공동의 선을 이루고 있다. 둘째, 부지런하다. 이른 새벽 만원 지하철, 혹한 추위에도 물러서지 않는 바쁜 생활력, 외국인이 한국에 와서 가장 먼저 배우는 빨리빨리에서 빠른 속도와 부지런함을 보게 된다. 셋째, 집착이 강하다. 특히 공부와 교육에 대한 집착이다. 조선시대 마을마다 서당이 있었고, 6.25 전쟁 중에도 천막 학교를 세웠듯이 한국인은 태어나면 무조건 배워야만 한다는 것이나 밑져야 본전이니 죽기 살기로 해본다는 표현에서 무엇이든 될 때까지 혼신의 노력을 다하는 강한 집착으로 일의 마무리도 깔끔하고 완벽하다. 넷째, 유연하다. 모든 예술품에 완벽하기보다 조금 못미치는 듯 자연미를 살리고, 사람 관계에서도 약간의 빈틈을 보이며 인간미를 느끼게 한다. 다섯째, 재미이다. 굿판에서 장단과 노래와 춤이 삶의 재미로 등장하고 각종 놀이에서도 흥건하고 질펀한 재미를 펼친다. 우리나라 전통 장례풍습은 엄숙함보다 웃음과 재미로 유족의 눈물을 닦아준다.

7. 결론

한국인의 심리적 특성에 대해 외국인들은 어떻게 보고 있을까? 알프레드 쉐이퍼는 '한국인은 개인의 자유보다 사회적 책임을 중시한다', 제임스 박은 '한국인들을 집단의 조화와 화합을 우선시하며 개인의 의견을 앞세우지 않는 경향이 강하여 관계의 흐름에 순응하는 경향이 있다'. 버나드 르위는 '한국 사회는 명예와 존경을 중시하며 사람들이 상호 관계에서의 균형을 맞추려고 노력한다'라고 하였다.

한국인의 심리적 특성 중 가장 우선적인 것이 집단주의와 공동체 의식을 강조하는 것이다. 한국인은 공동체의 이익과 조화가 우선이며 상대방을 배려하고 공동체 규범에 맞추어 행동하려고 하며, 개인의 정체성보다는 우리라는 집단 내 역할과 사회적 지위를 중시한다. 그러다보니 편나누기와 왕따 등 관계에 대해 부담스러워하여 혼자 있기를 바라는 경향이 나타난다. 또 가족 중심 문화가 강하여 부모에 대한 존경과 의무를 강조하여 효문화가 발달하였고, 상대방에 대한 예의과 겸손을 중시하며, 가족이나 타인을 위한 희생과 봉사를 미덕으로 삼는다. 그러다보니 부모가 자녀를 책임져야 하는 부담이 커지고, 인간관계의 질서 의식과 타인에 대한 지나친 간섭으로 갈등이 생기고 있다. 특히 한국인은 감정 억제를 잘하고 내향적 성향이 강하여 관계에서 온건하고 정을 통한 감정적 유대와 정서적 결속을 이루어 의리와 신뢰를 중요한 덕목으로 삼는다. 그러다보니 상대방의 눈치를 많이 보고 허례허식과 외모중심의 형식주의가 나타나고 감정에 의한 상처와 오해, 신뢰 파괴로 인한 사기와 배신 등으로 한을 품는 경우가 많다. 또 짧은 시기에 급격한 발전을 이루면서 경쟁과 성취 지향적 성향이 강하여 학교와 직장에서 상위 성취를 목표로 하고 사회적으로 인정받기를 원하는 성공주의와 명예욕이 강하게 나타난다. 그러다보니 사회적 양극화가 심해졌고 경쟁의 스트레스와 미래에 대한 불안으로 심리적 압박을 받아 우울증, 자살률이 높아졌다.

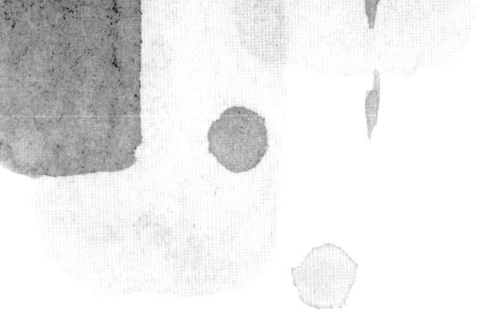

07
한국인의 심리적 병폐와 극복 방안

 우리나라 사람들의 심리적 약점은 무엇일까? 한민족은 문화적인 우수성으로 세계 문화를 선도한다고 하지만 그 만큼 아픔과 약점이 많다. 우주 만물은 음양으로 구성되었기에 강점이 있으면 약점이 있듯이 강점과 약점은 서로 상생하고 보완하며 완전을 향해 가게 된다. 예를 들어 우리나라의 억울함과 슬픔으로 인한 한은 처참하고 힘든 삶이기도 하지만 이것이 승화하여 억척스러운 도전과 미래에 대한 희망을 품게 하였다. 오랜 역사 속에서 형성된 한국인의 심리적 약점을 찾고, 이를 극복하는 방법을 찾아보고자 한다.

1. 지나친 감성주의

비교적 사계절이 분명한 북방이나 남방에 사는 사람들은 냉정하고, 이성적이며, 더운 지역과 라틴계 사람들은 열정적이고 감성적인 면이 강하다. 이에 비해 한국인은 일반적인 감성보다 어떤 특수한 상황에 무척 감성적이다. 평소에는 감정을 누르고 사는데 특별한 경우 한번 감정이 동하면 아주 강하게 나타난다. 평소 조용하다가도 자신이 원하는 대로 안 되면 조급한 감정이 솟구치고 화를 참지 못한다. 감성이 강하게 움직이면 어떤 원칙이나 합리성보다 감성과 정에 좌우되어 판단하고 행동한다. 어떤 합리적인 이유도 없이 '그냥 좋으면 됐지 무슨 이유냐'고 반문한다. 흥과 신바람이 많아 가무를 즐기다 보니 노래와 놀이를 좋아한다. 정이 많아 가족 같은 유대감으로 남들을 배려하고 돕는다는 것이 자기중심적이라 불편할 때가 많고, 혈연에 집착하여 가족적 결속력과 책임감이 강해 가족에 무조건 희생적이고, 가족처럼 자기사람 챙기기로 타인에 배타적이 되어 합리적인 판단을 못하기도 한다. 이러한 경향은 선거에서도 맹목적인 포퓰리즘으로 심각한 위험성을 드러내곤 한다. 특히 가족 관계에서 문제가 생기면 냉정하게 결별하지 않고 지지고 볶으면서 같이 살아가는 병적인 의존 관계로 살아간다. 자기 자식을 무조건 사랑하는 모성적 본능이 강하기 때문이다. 우리는 근원적인 모성 결핍으로 인해 이런 원초적인 정서에서 벗어나지 못하고, 분리불안이 심해 느긋하게 기다리지 못하고 빨리 빨리를 외친다. 우리 민족의 한의 뿌리에는 모성이 있어, 가장 힘들 때 하늘과 어머니를 부른다. 그럼에도 해결되지 않으면 억울함과 한이 된다.

2. 이중적 태도

우리 민족의 정서적 특성 가운데 하나는 겉으로는 완벽하고 높은 이상주의를 내세우면서 실제 삶은 아주 세속적이고 비도덕적이라는 사실이다. 그래서 우리 민족은 윤리, 도덕, 삶의 목표에서 이상을 추구하려는 욕심이 강해, 현실에서 공인과 자식에게 높은 이상적 기준을 요구하여 현실적 좌절과 병적 방어를 만들어냈고, 외모와 겉을 중시하는 체면 문화가 생겨, 물질 추구, 스펙 중심, 판단과 서열 중시의 문화를 만들어냈다. 이상과 현실의 이중성은 조선의 사대부들에 의해 시작되었다. 이들의 생각은 이상적이고 도덕적이었지만 현실에서는 자기 당파를 보존하려는 권력욕과 이기심, 자존심과 그 속에 숨어있는 열등감, 몰락의 두려움과 복수심의 부정적 감정이었다. 일본은 자연재해와 사무라이 간의 싸움에서 생존하기 위해 실용성과 효율성을 중시했고, 중국은 북방민족의 침입에 막강한 무력과 경제력이 필요해 권력과 돈을 중시했지만, 우리나라는 고대로부터 이해와 공감과 수용할 줄 아는 생명의 역동성과 영성과 예술성이 풍부했으나, 주변국의 침략으로 약화되면서 내재되어 있는 영성과 역동성은 이상주의가 되고 실제의 삶에서는 현실적 상황을 따르다 보니 이중적 삶을 살게 되었다. 지금도 우리 국민들은 이상과 현실의 이중적 잣대를 세워, 지도자들에게 도덕군자나 완벽한 철인을 요구하면서도 현실에서 정치가들이 싸우고 거짓말하고 욕심내는 것들을 눈감아 주어, 정치적 무질서와 악순환이 계속되고 있다.

3. 자기 집착과 파당짓기

우리 민족은 현실적 삶에서 자기중심적이고 주도적으로 살게 되어, 자기가 다 알아야 하고 자기 생각은 옳고 남은 틀리다고 생각하며 살아간다. 남의 밑에서 일하기보다는 고생스럽더라도 자기가 주인이 되는 자영업을 선호한다. 뿐만 아니라 일에 있어서 자기중심적으로 열정적이고 성실하고 열심이다. 그러다 보니 빨리 빨리하여 경제 발전, 서비스업 발전, 와이파이 세계 최고를 만들었지만 집착과 욕심과 강박으로 일중독, 스트레스, 건강 피해, 경쟁으로 인한 좌절감과 열등감, 자살률 1위 등 폐해를 낳았다. 자기 중심성의 원인은 지나친 자기보존과 자신을 해치는 부정적 생각 때문이다. 주도적인 사람은 자기를 보존하고 방어할 뿐만 아니라 감정에 치우친 관계성을 중시하여 자기편이면 무조건 지지하고 상대편이면 무조건 반대하면서 집단적으로 뭉쳐 자기 집단은 항상 옳고 다른 집단은 틀리다는 분파성을 갖는다. 분파성에 대하여는 조선의 당쟁이 대표적이다. 조선시대 유학의 시작은 하늘(천신, 상제)이며, 인간의 본성은 하늘에서 받는 것으로, 하늘이 준 본성의 뿌리에서 인의 줄기, 의의 가지, 예의 꽃, 지의 열매를 맺는다고 하였다. 그런데 뿌리인 본성을 잃게 되자 보여지는 모든 것은 흉내만 내고 변질되었다. 겉은 유학의 이상이지만 속으로는 인간의 이기심과 세속에 대한 욕심이었다. 이웃 나라 중국은 군강신약의 나라이고, 일본은 칼이 절대적인 나라로 당쟁이 있어도 발달하지 못했지만, 우리나라는 군약신강의 나라로 당쟁이 치열했다. 조선의 당쟁은 처음에 이분법에 의한 보편적 훈구와 사림의 대립이었으나 왕권이 약해지면서 이분법의 균형과 조화가 깨지기 시작하였고, 점차 이상주의 명분을 내세우면서 실제로는 자신들의 세속적인 욕구가 우선이 되어 동인과 서인으로 분파하고, 사화가 반복되며, 권력욕과 두려움, 분노의 감정으로 치닫게 되었다. 결국 분파에 분파가 거듭되고, 나라와 백성을 위한 개혁 정신은 없어지고 자신들의 권리와 이권만 주장하여 상복을 몇 년 입어야 하는 쓸데없는 싸움에 지쳐갔다. 영정조 때 형식적이나마 탕평책이 시도되었으나 당쟁으로 영조는 아들 세도세자를 죽이는 아픔의 역사를 갖게 되었다. 마지막에는 유학의 이상이 없어지고 현실에서 노론의 일당 독재를 통한 왕권 약화와 매관매직과 지배층의 무지와 횡포로 민란이 발생하고 외세의 침입에 대처하지 못하고 망하게 되었다. 그 전통은 무의식 속에서 살아남아 일제에 저항하며 나타난 이념 대립이 지금의 좌우 진영 논리와 정치의 극단적 대립에 까지 이어지게 되었다.

그러나 우리 민족은 분파성을 극복하고 하나가 되는 힘을 가지고 있었다. 우선 고대 하늘에 제사를 지내던 천신 사상이다. 제사장을 중심으로 하나가 되어 나라의 안녕과 평안을 기원하며 음주가무를 함께 나누었다. 또 신라시대 화백회의는 만장일치가 될 때까지 회의하는 하나의 정신이 살아있던 정치 제도였다. 특히 신라의 정신적 지주였던 불교가 심한 사상적 분파를 겪고 있을 때 의상의 화엄론과 원효의 화쟁사상이 하나로 만들어 주는 역할을 해주었고 이러한 하나의 힘이 신라가 삼국을 통일하는데 원동력이 되었다. 그리고 불교 국가인 고려 때 교선의 갈등을 의천의 천태종과 지눌의 조계종으로 교선을 통합하려는 시도가 있었다. 분파가 극심했던 조선 후기 전 인구의 30% 이상이 자발적으로 참여했던 동학 운동에서 하나됨을 찾을 수 있다. 동학의 힘은 13자 주문인 "侍天主造化定"(천주와 내가 조화를 이뤄 하나가 되겠다) "永世不忘 萬事知"(조화된 자리를 영원히 잃어버리지 않겠다)에서처럼 지금까지 계급과 분파 사회로 혼란했지만 평등한 하나의 세상을 만들려했다. 이처럼 과거 우리 민족이 하나가 되려던 노력, 그 속에 담겨진 타인에 대한 이해와 수용과 공감과 용서의 마음이 과도한 이상주의와 지나친 주도성으로 분파된 우리 민족을 하나로 만들어 주었다.

4. 삼수(三數), 삼재(三才) 문화의 회복

우리 민족 고유의 수는 삼이다. 삼태극, 삼족오, 삼신, 천지인 등 역사의 많은 기록 속에 삼이 새겨져있다. 처음에 우주는 음양으로 분화되었는데 음양은 둘이 아니라 삼이다. 우리 민족의 고전인 천부경 첫구절에 一始無始一 析三極無盡本(일시무시일 근삼극무진본)이라 하여 '일신이 삼신으로 화하고 삼신이 만신으로 변하며 궁극에 이르러 일심으로 돌아온다'라는 말이 있다. 여기서 삼은 중도이고 중용이다. 우리나라 종교인 샤머니즘에서도 샤먼은 중도 삼의 역할을 했다. 하늘의 신과 땅의 인간 사이에서 샤먼(무당)은 중재자의 역할을 했다. 샤먼은 신내림과 신을 모시어 인간의 억울함과 원통하게 하는 병든 생명을 치유하고 회복하는 일을 했다. 치유의 핵심은 이해와 수용이다. 샤먼이 환자의 아픔을 수용하여 대신해서 억울함과 한을 풀어주었다. 한글 창제에도 천지인의 삼이 나타난다. 소리의 근원을 형상화한 것이 한글의 모음이다. 천(ㆍ, 하늘의 울림), 지(ㅡ, 땅의 울림), 인(ㅣ, 인간의 울림)이다. 음양의 양극을 제 삼의 중도와 중용이 조화를 이루게 하고, 천지인에서 막혀버린 음양을 제 삼의 사람이 순환시켜 조화를 이루게 한 것이다. 우리나라의 三의 수는 중용의 역할을 말하고, 이는 일당독재나 양극의 분파성을 극복해주는 한국인의 힘이었던 것이다.

5. 결론

한국인의 심리적 병폐에 대해서는 참으로 할 말이 많다. 김수환 추기경도 '사람이 사람답게 살아가야 하는데 우리는 너무 많은 걸 잃어버렸다', 심리학자 정홍수는 '한국 사회는 불안의 사회이다. 집단적 불안이 개인에게 강요된다', 사회학자 홍세화는 '한국인은 외부의 평가를 지나치게 신경 쓰는 경향이 있다. 이런 심리적 상태는 개인의 자기 존중감을 약화시키고 불안과 스트레스의 근원이 된다'라고 하였다.

한국인의 심리적 병폐는 심각한 경쟁과 극단적인 성과주의로 인해 불안과 스트레스와 자존감 저하로 불안 장애와 우울증에 시달린다는 것이다. 사회적 규범에 눈치를 보며 자신을 표현하지 못하고 타인의 기대에 맞추려다 보니 감정 억제와 내향성을 강요받고, 성공에 대한 사회적 비교와 외부 평가로 인해 자아 존중감이 약하고, 과도한 자기 개발과 완벽주의를 추구하다보니 실패와 자책으로 인한 자기 부정, 사회로부터의 고립, 심리적 방어 기제가 생겨 정신 질환 및 사회적 낙인이 두려워 우울증과 극단적인 선택이 늘고 있다. 이러한 병폐가 효와 가족애에 대한 의무를 중요한 가치로 여기는 가부장적 가족 문화에 들어와 부모는 자녀에 대해 지나치게 간섭하고 자녀는 부모의 기대에 부응하려고 애쓰며 심리적 압박을 받아 학업이나 직업 선택, 결혼 등에서 부모의 의견에 의존하거나 반대하여 심한 갈등을 겪는다. 특히 부모는 자녀들을 어릴 때부터 외모와 성장과 실력을 비교하면서 최고의 비용을 들여 자식을 키우다 보니 요새 젊은이들은 자신이 받은 스트레스와 재정적 부담으로 결혼을 거부하거나 결혼해도 자식을 낳지 않으려 하고 있다. 이러한 사회적 분위기로 말미암아 가정과 직장 등에서의 소통이 줄어들면서 개인의 사회적 고립감과 외로움을 증가시켜 어린아이들의 심리 치료, 청소년들의 왕따, 청년층의 혼밥, 혼즐, 장년층의 이혼, 노인층의 고독사 등이 늘어나고 있다.

08
한국 부모들의 뜨거운 교육열의 결과

　최근에 학부모들이 자녀 교육에 목숨을 거는 이유는 무엇일까? 우리나라 교육 열기는 세계가 알아준다. 미국 오바마 대통령은 한국 교육을 본받자고 칭찬을 마다하지 않았다지만 경쟁 속에 힘들어 하는 우리 아이들을 대하면 미안하기 그지없다. 우리나라가 교육 덕분에 선진국이 되었지만 여러 영역에서 양극화가 심해져 사회 문제가 되고 있다. 고려로부터 조선시대에 치루어진 천년 간 과거제도라는 신분 상승 기회를 얻기 위해 열심히 공부했던 전통이 현재까지 영향을 주어 학교 다니며 죽어라 공부하고, 직장 다니며 죽어라 일하는 민족이 되었다. 심각한 교육열로 만들어진 한국인 삶을 살펴보고자 한다.

1. 고려와 조선의 교육열

고려시대 송나라 사신 서긍의 고려도경에 보면, '고려 국왕이 갖고 있는 책이 수만 권에 이르며, 누추한 거리에도 책을 파는 상점이 두서 곳씩 마주보고 있다. 결혼하지 않은 어린 자녀는 함께 거처하면서 스승을 좇아 경서를 익히고, 조금 더 커서는 벗을 골라 함께 공부를 한다. 아래로는 일반 평민의 아이들까지도 선생을 찾아가 배운다. 아 놀랍구나!'라고 하였다. 고려의 사찰은 귀족과 평민 모두에게 사원이자 교육장이었다. 또 고려의 불교는 대장경이 있어 외침의 난국을 불력으로 극복하기 위해 군왕과 군신, 배움이 있던 백성이 함께 나서서 만들어낸 문화의 결정판이었다. 조선 시대 성리학 중심 사회는 학습을 통해 바람직한 자기완성, 이상적인 인간상에 이르게 된다며 인간은 배우는 존재라 여겨 교육열이 전 계층에 걸쳐 매우 광범위하게 이루어졌다. 산간벽지에 초가집 열채만 서있어도 마을 어딘가에는 반드시 서당과 훈장이 있어 조선총독부 통계를 보면 전국에 서당이 3만개(현재 초등학교 숫자 6천여개)가 있었다. 1866년 강화도를 습격해 외규장각 도서를 강탈한 프랑스 군인들이 훗날 자기 나라로 돌아가 '조선인들의 집을 뒤지다보면 가난해 보이는데도 집집마다 서고가 있고, 책이 가득 차 있어 자존심이 상했다'는 보고서를 남겼다고 한다. 당시 우리네 부모들은 없는 설움, 먹지 못해 굶주리는 설움, 배우지 못한 설움만은 죽어도 후대에 물려주지 않으려는 각오가 있었던 것이다. 조선 말 한국에 들어온 미국 선교사들이 이러한 한국인의 교육열을 이용해 조선을 변화시켰다. 1885년 5월 언더우드 목사는 알렌이 개원한 광혜원에서 화학과 물리학을 가르치고 다음해 고아학교를 개설해 최초의 근대학교 경신학교의 전신인 언더우드학당을 세웠다. 1885년 7월 아펜젤러 목사는 스크랜톤 의사의 집 한 채를 빌려 두 학생을 가르쳤는데 후에 고종은 배재학당이라는 교명을 지어주었다. 1886년 5월 스크랜톤 여사는 여학생 한명을 상대로 학교를 시작해 최초의 한국 여성 교육기관인 이화학당을 세웠다. 이후 1910년 까지 기독교계 학교를 보면 장로교 501개교, 감리교 158개교, 성공회 4개교, 종파 미상의 84개교 등 교회가 세운 학교가 전체 학교의 40% 이상을 차지하였다.

2. 교육열의 원인

고려와 조선시대는 신분제 사회였지만 과거 시험을 통하여 누구나 신분을 상승시킬 수 있는 기회가 있었다. 특히 조선시대에는 3년마다 정기적으로 보는 식년시와 특별한 시험 증광시, 알성시, 별시 등 총 229회의 과거 시험을 치루었는데, 이때 생원, 진사 각각 100명씩 뽑혀 조선시대 전체 생원과 진사가 각각 2만여 명이었다니 약 천만 명 조선 인구에 엘리트로 인정을 받을 만했고, 이중에 문과를 통해 고위 관료가 된 경우가 1만3천여 명이었다니 바늘구멍을 통과한 수재 중에 수재들이었다. 물론 누구나에게 주어진 기회이지만 살기 어려운 평민이 시험보기는 하늘에 별 따기이고, 양반 가문들이 대상이 되어 생원과 진사가 되면 우선 군역과 부역을 면제 받고, 종9품 벼슬이나 지방의 하급 관료에 들어갈 수 있다. 더 중요한 것은 지방의 향교나 서원을 통해 권력을 행사할 수 있었다는 것이다. 이들이 성균관에 진학해 문과에 도전하여 33명 안에 들면 장원급제자가 되어 종6품을 시작으로 승진하여 고급관료가 될 수 있다. 이러한 고려시대부터 900여년 전통의 과거제도를 통해 입신양명하고 신분이 상승되고 가문의 영광이요 개인의 성공을 경험했으니, 지금 모두에게 평등한 사회에서 교육을 통해 성공하기를 기대하는 사람들에게 더욱 치열한 경쟁은 당연한지도 모르겠다. 특히 산업화를 거쳐 최첨단 산업과 복잡한 사회 시스템 속에서 특별한 인재를 필요로 하는 현실에서 잘 배우고 준비된 똑똑한 사람은 더욱 대우받을 수밖에 없기에 모두 치열한 경쟁에 내몰려 모두가 열심히 사는 사회가 되었던 것이다. 해방되고 이승만 정부에서 의무 교육을 실시하여 당장 문맹률 80%에서 4%로 줄이고, 6.25전쟁 때도 천막학교라 하여 교육의 손을 놓지 않고, 60년, 70년대 농사지으며 겨우 먹고 살던 시절에 부모들은 소팔고 밭팔아 자식들을 서울로 보내 공부시켜 산업의 일꾼으로 만들어 10%대 경제 성장을 이룩하여 지금은 개인 국민소득 3만 6천 불에 살게 되었다. 이러한 과정에서 성공한 부모는 자식을 자신보다 더 큰 사람으로 만들기 위해서, 실패한 부모는 자기처럼 되지 않게 하기 위해 자식 교육에 목숨을 걸게 되었다. 그러나 자식에 대한 많은 투자가 희망 고문이 되고 부모와 자식 간에 불편과 불행이 쌓이고 사회는 양극화로 치달아 사회 갈등이 심하게 되었다.

3. 교육열의 결과

지하자원도 부족하고 재원과 기술력도 없던 시절, 농사 지어 먹고 살면서 자식들을 공부시켰던 우리 부모들의 희생은 자식들이 각 분야에서 성공하면서 조금씩 선진국을 따라잡아 이제는 모든 면에서 세계 선진국의 대열에 서게 되었다. 2024년 통계에 의하면 전체 경제력 순위 2.6조 달러로 세계 6위, 국민 총생산 1.6조 달러로 세계 14위, 1인당 국민소득이 3만6천 달러로 5천만 이상 국가 중 6위, 국가 경쟁력 순위 세계 20위, 인구 순위 세계 29위, 군사력 세계 5위, 스포츠 하계올림픽 세계 10위(88년 서울 올림픽 4위), 세계 시장 점유율(반도체 50%, 조선 25%, 전자 15%, 자동차 5%) 상위 국가가 되었다. 선진국인 미국, 중국, 러시아,

독일, 영국, 일본 등은 근대화의 역사와 자원과 재원이 풍부한 나라들이지만 그 다음 단계인 우리나라는 아무 것도 없는 가운데 선진국 대열에 들어선 유일한 국가로 오직 인적 자원 덕분이라 하겠다. 즉 현재의 선진국 대열의 성과는 근대화 과정에서 공부에 전념한 인재들의 역할이 컸으며 이러한 국가적 인재를 키울 수 있었던 것은 부모들의 뜨거운 교육열 때문이었다. 그래서 우리나라는 머리와 손을 쓰는 기능에서는 세계 1,2위를 차지하여, 평균 IQ 세계 1위, 국제 수학, 과학, 정보 올림피아드 대회 1위-4위, 국제 기능올림픽 대회 종합 2위, 음악 콘텐츠 세계 6위 등으로 열심히 노력하여 높은 성과를 올렸다. 그러나 삶의 행복 지수는 세계 52위로 경제력이나 기능적 우수성에 비해 월등히 떨어져 힘들고 고달프게 살고 있는 현실을 보여준다. 뜨거운 교육열은 지나친 경쟁으로 삶에 대한 부정적인 통계치에서 세계 1위(이혼률, 자살률, 저출산률, 초고령화 속도 등)를 차지하게 되어, 인간성 상실, 삶의 질 저하 등의 현실이 되었고, 특히 사회적 갈등 통계, 12개 영역 중 7개 영역인 빈부 격차, 세대, 종교, 남녀, 이념, 학력 갈등에서 세계 1위를 차지하여 사회적 양극화가 심한 국가가 되었다.

4. 교육열의 아픔

첫째, 학교 현장에 치열한 경쟁을 해야 하니 실력의 우열을 가리기 위한 순위가 매겨지고 순위에 따라 모든 혜택과 조치가 취해진다. 이름하여 성적순이다. 그래서 성적을 올리기 위해 공교육이 무시되고 선행학습, 반복학습, 고액과외 등 교육의 무질서와 변칙이 성행하고, 몇몇의 승자를 위해 대부분이 패자가 되어 승자의 오만과 패자의 분노가 성행하는 사회가 되었다. 둘째, 순위의 공정성을 위해 객관적으로 평가할 수 있는 문제를 출제하다 보니 암기 교육이나 많은 시간을 혼자 공부하는 학습법이 중요해져, 아이들은 생각없는 어른으로 커가고, 공교육은 교실 붕괴, 학원 성행, 개인 과외 등 사교육으로 무너지게 되었다. 셋째, 교육을 맡은 엄마들은 마미저(엄마 매니저), 스텔스 맘(눈에 보이지 않는 엄마의 지원), 헬리콥터 맘(아이 주변을 맴돌며 챙겨주는 역할)이 되어 자식을 관리하다 보니 삶의 주객이 전도되어 아이의 자율성을 침해해 자식들이 부모의 도움 없이는 아무 것도 못하는 존재가 되어 버렸다. 넷째, 우리 아이들이 스스로 문제를 제기하거나 깊게 생각하면서 답을 구하지 못하고 정답을 콕 집어서 말해주기를 바라며, 무엇이 옳고 그른지 분별하지 못해 맹목적으로 따라하고, 소신껏 살지 못하고 남의 눈치만 보는 인간이 되었다. 어릴 때부터 귀하게 커서 왠만한 것은 눈에 차지 않아 많은 것을 포기하고 부모로부터 독립하지 못하는 이태백, 삼태백, 캥거루족들이 늘어나게 되었다. 다섯째, 아이들이 어려서부터 억지 공부를 해야 하는 분위기에서 인권을 유린당하는 야만적인 교육에 내몰려 스트레스를 받아 ADHD, 우울증, 자살충동, 중독, 분노, 왕따 등 개인적으로 치유받기 힘든 상처를 받고 사회적으로 갈등과 양극화를 초래하였다. 여섯째, 어려서 공부만 했던 아이들이 어른이 되어 직장에서 일만하는 사람이 되어 일상의 삶이 건조하고 무의미하여 사막화되어 가고, 공동체에서 인간관계를 제대로 배우지 못하거나 사회 분위기상 함께하는 것이 어려워져 혼집, 혼술, 혼밥 등 혼자 사는 사람들이 늘어났고, 아동우울증, 이혼률, 자살률, 저출산률 등 삶의 부정직인 통계 치에서 세계 1위가 되었다.

5. 결론

고려시대와 조선시대 우리나라 교육열에 대해 외국인들의 보고서에 보면 동네마다 책읽는 소리가 끊이지 않고, 가난한 집에도 서고가 있었다고 하였다. 조선에 들어온 선교사들은 이러한 조선인의 교육열을 이용해 근대학교를 세워 조선의 변화를 유도하였다. 고려로부터 조선시대까지 천년간 시행된 과거제도로 사람들은 신분 상승, 가문의 영광을 경험하였고, 이러한 전통은 지금의 평등한 사회에서 교육을 통해 성공하기를 기대하는 부모들에게 목숨을 걸고 자녀들을 치열한 경쟁에 내몰게 되었다. 그 결과 우리나라의 경제력, 군사력, 스포츠 등의 순위가 세계적으로 10위 안에 드는 선진국이 되었고, 기능과 문화의 순위는 1,2위를 차지하게 되었지만 행복 순위 꼴지, 삶의 부정적인 통계인 자살률, 저출산률, 이혼률에서 세계 1위를 차지하며 교육열의 병폐를 드러냈다. 특히 경쟁은 우열과 비교를 통해 더 심각해지고 결국 승자의 오만과 패자의 분노로 사회문제를 야기시켰다.

우리나라가 겉으로는 민주주의같지만 실제는 강한 나라를 표방하는 파시즘(독재) 사회라고 해도 지나치지 않다. 산업화 시대에는 민족의 발전을 위해 강한 리더십을 발휘한 제도 속의 파시즘이었다면 지금은 몇몇 승자가 된 지도자들이 이끄는 개인적 파시즘이라고 하겠다. 우리네 정치계, 경제계, 의학계, 법률계 등의 지도층은 경쟁에서 이긴 공부 잘하는 사람들이고 이들은 기득권을 바탕으로 공정을 외치며 불공정한 사회를 이끈다. 이에 평등을 외치며 이를 반대하는 사람들도 자신들이 정권을 잡으면 내로남불의 행동으로 불평등한 사회를 만들어 간다. 이제 치열한 경쟁보다 개인의 성장에 초점을 맞추어 내려놓음과 여유를 가지고 양심을 지키는 인간다운 삶, 월라벨의 균형 잡힌 삶, 내 주변을 돌아보며 함께 하는 삶을 가르치며 성숙한 한국인이 되도록 이끌어야 할 것이다.

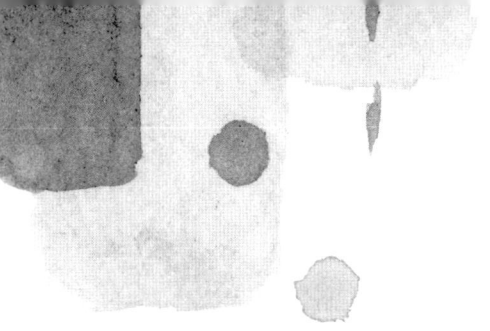

09
한국 문화를 이끈 대표적인 사람들

　우리나라를 대표하고 자랑할 만한 위대한 인물은 누구일까? 한국인을 대표하는 100대 인물 중에서 관점으로 본 한국인의 주제로 사상과 역사와 문화면에서의 인물을 찾아보았다. 우선 우리나라의 대표적인 사상인 불교와 유교를 완성한 원효와 이황, 또 역사적인 위기에서 우리나라를 구한 인물로 나라의 기본을 세운 세종대왕과 임진왜란의 영웅 이순신 장군, 또 착하고 어진 우리 민족을 대표해 선한 영향력을 끼치며 오랜 동안 회자되었던 최진립을 시작으로 한 경주 최부자집과 김만덕, 이회영 가족, 그 밖에 우리나라 문화재를 수집해온 간송 전형필과 전쟁 중 문화재를 지킨 여러 사람들을 알아보고자 한다.

1. 사상의 완성(불교와 유교)

원효(617 - 686)의 원래 이름은 서당으로 15세경 구도의 길에 오를 때 스스로 원효로 호를 삼아 부처님의 지혜 광명이 처음으로 빛나기를 바랬다. 두 차례(650년, 661년) 의상과 함께 당나라로 유학을 떠났다가 처음에는 요동에서 간첩으로 잡혀있다가 도망쳐 나왔고, 두 번째 유학길에 무덤 속에 자다 갈증으로 옆의 물을 마셨는데 아침에 일어나 보니 해골의 썩은 물임을 보고, 단물과 썩은 물은 둘이 아니니, 부처님께서는 삼계유심(三界唯心)이요 만법유식(萬法唯識)이라, 아름다움과 나쁜 것이 나에게 있고 물에 있지 않음을 깨닫고 유학을 포기하였다. 삼국유사에는 원효가 요석공주를 만나 아들 설총을 낳았고, 노래하고 춤추며 천촌만락을 다니며, 온갖 장애와 집착을 벗어난 진정한 자유인의 모습과 무애의 몸짓으로 자신을 소성거사라 낮추며 대중 교화에 힘썼다고 하였다. 원효의 가장 큰 업적은 학문적 연구를 통한 불교 교리를 완성한 것이다. 원효의 학문적 노력은 방대한 저술을 남겨 기록에 의하면 80여부 200여권이라고 하는데, 그중에 모든 사람의 고통과 의혹을 깨고자 인식과 실천 문제를 동시에 다룬 금강삼매경론, 대,소승 교리의 기신론을 해명하면서 전개와 통합, 긍정과 부정 등 화쟁의 근거를 마련한 대승기신론소, 분열과 갈등을 포용하는 화해와 옳고 그른 주장은 여러 지류가 모인 큰 강물과도 같다고 주장한 십문화쟁론이 유명하다. 그의 사상은 도가 일체의 사물에 깃들어 있기는 하나 결국 마음이라는 근원에 돌아오게 된다는 일심설, 미타정토는 보살을 위한 것이 아니라 범부를 위한 것으로 나무아미타불을 지성껏 칭불하면 극락왕생한다며 서민불교를 정착시킨 정토사상, 세상은 하나이면서도 둘이고 둘이면서도 하나라고 하여 세상의 모든 대립과 갈등을 화합하여 공평을 얻고, 두 극단을 버리고 양자를 종합하려는 화쟁사상이다. 원효의 교학은 고려에 크게 영향을 주어 대각국사 의천은 '고금의 잘못을 바로잡고 백가의 논쟁을 화합시켰다'고 했고, 일제시대 때 최남선은 '인도 및 서역은 서론적 불교, 중국은 각론적 불교라고 한다면 조선은 결론적 불교를 건립하였다고 하면서 원효는 진정한 의미에 있어서 불교의 완성자이다'라고 하였다.

퇴계 이황(1501 - 1571)은 경북 안동에서 태어나 과거시험에 몇 번 낙방을 하고, 27세에 생원, 진사가 되고, 34세 문과에 급제해 관직에 나간 후 43세 성균관 대사성에까지 올랐으나 사화 등에 휘말리며 관직을 떠났다. 풍기군수 시절 주세붕에게 건의해 최초의 사액 서원인 소수 서원을 짓고, 자신도 60세에 고향에 도산서원을 지어 후학을 양성하였다. 죽기 1년 전 선조가 어린 나이에 왕위에 오르자 대제학이 되어 경연을 통해 성리학을 요약 정리한 성학십도를 저술해 선조에게 바치며 왕의 도를 가르치기도 하였다. '임금이 사사로운 정 때문에 성리학적 정통성을 소홀히 여기지 말아야 하고, 다스림의 근본은 법률과 제도가 아니라 사람이기에 임금이 덕으로 바른 정치를 해야 하며, 정치는 대신과 대간과 권력 분립하는 체제이지만 이를 바로 세우는 것은 임금의 역할이므로 구체적인 방법은 임금이 알아서 해야 한다'고 하였다. 이황은 학문에 치밀하고 성실하고 주변 인사들과의 교류에 부드럽고 온유하며, 인격을 완성하기 위한 학문에만 몰두하면서 많은 사람들에게 존경을 받았고 편지를 통해 학문적 교류를 나누기도 하였다. 당대 대유학자 서경덕과 논쟁을 벌여 '이가 기를 이끈다'는 주리론의 뼈대를 세우고, 조식과의 편지에서 '선비라면 관직에서 물러나 자신의 도를 지키는 것이 바른 행동이다'라 하여 적극적인 현실 정치 참여를 주장하는 조식과 이이 등에게 공격을 받기도 하였다. 또한 26세나 어린 기대승과의 사단칠정논변을 통해 '사단은 이가 발하여 기가 그것을 따라서 생겨나고, 칠정은 기가 발하여 이가 그것을 타면서 생겨난다고 하여, 이가 본질이 되어 능동적 활동을 함으로 감정이 이와 기의 양쪽 길로 발현할 수 있다'는 논리로 도덕적 감정인 측은지심, 수오지심, 사양지심, 시비지심의 사단은 이가 발한 순수한 선이고, 인간의 기본적 감정인 희,노,애,구,애,오,욕의 칠정은 기가 발한 것으로 선과 악이 섞일 수 있다고 하는 주리론을 완성하였다. 이황의 학문은 이후 조선시대 성리학의 기본이 되었고, 제자들에 의해 동인, 남인들에게 계승되었다. 특히 제자 강항에 의해 일본 유학에 지대한 영향을 미치기도 하였다. 이러한 이황의 학문적 업적은 우리나라뿐 아니라 동양철학과 유교에 관심이 있는 외국 대학교에서 동양학, 성리학, 퇴계학의 이름으로 연구되고 있다.

2. 구국의 영웅

세종(1397 - 1450)이 왕은 된 것은 우리나라 역사상 가장 큰 선물이고, 우리나라의 현재가 있게 만든 바탕이 되었다. 세종은 어떤 위기에서 나라를 구한 것이 아니라 우리나라의 역사를 구한 영웅이다. 아버지 태종은 적장자 계승의 원칙을 버리고 셋째 충녕대군을 왕위에 올려 상왕으로써 세종의 보호자, 후견인 역할을 해주었다. 왕권에 도전하는 신하 정도전을 제거하고, 외삼촌들인 외척 민씨 세력을 척결하고, 왜구의 침입에 대마도를 정벌하고, 양녕대군과 그의 장남 순성군을 폐세자 시키고, 세종의 처가인 심씨마저 내몰며 주변 환경을 정리해 주어, 어질고 영특하고 강인하고 검소하고 효도와 우애함이 너그러운 세종에게 왕위를 잇게 하였다. 세종은 황희와 맹사성 등 재상들로 하여금 왕의 개혁을 항상 반대케 하여 정책을 더 다듬어 갔고, 왕의 뜻을 알아 대신들을 설득토록 하였다. 조선의 모든 분야와 백성들의 복지와 영토 확장까지 성군으로서 많은 업적을 남기었다. 세종의 목적은 중국 남송시대의 윤택한 삶을 조선에도 펼치려는 의도였다. 그래서 통치 철학을 성리학에 두어 정책에 반영하였고, 경제적 부흥의 방법을 배워와 백성들을 부유하게 하려고 하였다. 왕의 참모들로 정책자문과 대안을 위한 싱크탱크 역할을 했던 경연과 집현전을 통해 인재를 양성하고, 천민이지만 장영실을 기용해 과학 기술을 발전시키고, 최윤덕, 김종서로 4군6진을 개척해 영토를 확장하고, 최무선 아들 최해산을 시켜 화약 무기와 신기전 등 백성들이 쉽게 무기를 사용할 줄 아는 실용적 무기를 개발하고, 박연을 통해 종묘제례악과 여민락 등 음악을 정리하였다. 백성들의 복지를 위하여 관노비의 출산휴가 100일과 노비종모법을 시행하고, 장애인을 관리로 등용하고, 80세 이상 노인들에게 양로연을 베풀고, 죄수들의 인권을 존중해 무형을 금지하고, 옥중에 냉수와 짚을 제공하였으며, 농업을 위해 우리나라 천문과 농법을 개발하였다. 세종은 역사광이고 철학자였다. 역사를 통해 백성을 지키고 보호하는 법을 배우고, 철학자로서 신념을 가지고 백성을 가르쳤다. 이러한 세종의 최고 업적은 백성을 불쌍히 여겨 백성들이 쉽게 익힐 수 있는 훈민정음을 직접 창제하고 곧바로 한글로 백성을 교화하는 책들을 편찬한 것이다. '백성들이 예서를 몰라 교화가 안 된다'며 유교의 사서삼경과 이를 실천하기 위한 삼강오륜을 강조한 예서와 '백성들이 의학 지식을 알면 병이 낫는다'며 향약집성방, 의방유취 등 우리나라 질병에 대한 치료서인 의서를 편찬하였고, '백성들이 자기가 무엇을 잘못했는지 모르고 죽어간다'며 우리 현실에 맞는 법전인 육전등록 등으로 경국대전 편찬의 기틀을 마련하고, '백성들이 우리 농법에 따른 농사를 지어야 한다'며 우리나라 기후와 토질에 맞는 농사직설 등 농서를 편찬하였다. 세종이 성군이 될 수 있었던 것은 끊임없는 자기 계발을 통해 현실 정치에 적용하였던 백성을 사랑하는 애민 정신과 실용 정신을 가졌기 때문이다. 이는 변화를 위한 의지와 문제 해결 능력을 갖춘 혁신 마인드, 신하들과 백성의 의견 수렴을 통한 소통과 공감, 실력을 발휘할 수 있는 환경을 제공하고 실력을 중시한 인재 양성, 당시 불교, 유교의 갈등, 왕권과 신권의 갈등을 조정하고 화합한 통합의 기술, 실사구시, 무실역행, 관념보다 현실을 중시한 실용 정신 등의 리더십에서 잘 알 수 있다. 세종의 개혁 중에서 실패한 화폐 개혁, 공법 제도(토질에 따른 세금 부여), 사민 정책 등도 당시에 적용할 수 없던 미래지향적인 정책들이었다. 현 시대에서 세종대왕이 존경받는 것은 미래를 내다보는 통찰력과 혜안을 가졌기 때문이다.

이순신(1545 - 1598)은 세종대왕과 함께 오늘날 우리나라 국민들이 최고로 존경하는 대상이고 애국심과 자부심을 갖게 해주는 대표적인 인물이다. 이순신은 어린 시절 한양 남촌에서 류성룡과 함께 컸는데, 32세에 무과에 합격해 주로 변방 수비 임무를 맡고 있다가 임진왜란 직전 류성룡의 추천으로 1591년 1년 사이에 정읍 현감, 진도 군수, 절제사를 거쳐 전라좌수사로 임명되어 전쟁 대비를 철저히 하여, 임진왜란 첫 해전인 옥포해전을 시작으로 23전 23승의 기록을 세웠다. 전쟁 중 왜의 책략에 이용당한 선조의 공격 명령을 거부해 모함을 받아 백의종군했지만 조선의 수군이 원균의 칠천량 해전에서 참패를 당하자 다시 통제사로 복귀해 명량해전에서 남은 12척의 배로 133척의 왜군 함대를 격파하는 성과를 올렸다. 1598년 일본으로 퇴각하는 왜군의 퇴로를 차단하고 치명적인 손실을 입힌 노량해전에서 전사하면서 지휘자로서의 책임감과 위기의 나라를 구한 애국심을 보여주었다. 이순신은 백성과 부하를 보호하면서 유리한 정세를 만들기 위해 첩보를 최대한으로 활용하고, 바다의 특성과 전선의 차이를 이용해 아군에 유리하고 적군에 불리한 전법을 구사하여 항상 이기는 싸움을 하였다. 특히 전쟁 중 매년 1권씩의 난중일기를 썼는데, 전쟁 후 류성룡이 쓴 징비록과 함께 남들이 모르는 임진왜란의 역사를 남겨주었다. 이순신은 평소 삶에서의 솔선수범과 철저한 준비, 청렴한 도덕성뿐 아니라 전투에서의 결단력과 희생정신, 전략적 유연성으로 세계 해전사의 다른 어떤 장군들보다 돋보이고 존경받을 만하여 세계적인 영웅으로 인정받고 있다. 지금도 이순신 장군을 기리는 충청도 아산의 현충사, 통영의 통제영, 제승당, 충렬사, 세병관, 여수의 진남관, 이순신공원, 선조유적지 등이 있다.

3. 노블레스 오블리주

우리나라 노블레스 오블리주의 대표는 **경주 최부자**집이다. 임진왜란과 정유재란, 병자호란 때 경주에서 의병활동을 했던 최진립 장군의 유훈에 따라 300년이 넘도록 선행을 실천해왔다. 그의 6훈은 1) 진사는 하되 벼슬은 하지마라(정치중립), 2) 흉년에는 땅을 사지 마라(타인배려), 3) 재산은 만 석 이상 지니지 마라(무욕지족), 4) 며느리는 시집온 후 3년간 무명옷만 입으라(근검절약), 5) 과객을 후히 대접하라(나눔베품), 6) 사방 백리에 굶어 죽는 사람이 없게 하라(사회적책임)이다. 재물은 똥거름 같아서 한 곳에 모아두면 악취가 나지만 골고루 뿌리면 거름이 된다는 삶의 철학을 실천하였다. 후손인 최준이 일제시대 독립자금(백산무역주식회사)을 보내고, 해방 후 남은 전 재산으로 대구대학(영남대학교 전신)을 건립하며 기부 역할을 마쳤지만, 지금도 경주 교촌 마을의 최부자 고택은 기부의 상징으로 남아있다.

여성 기부왕은 **제주도의 김만덕**이다. 10세에 고아가 되어 기생집에서 여종 생활을 하다가 제주 포구에 객주(숙박업과 창고업)를 차려 재물을 모았는데, 1785년 대흉년에 자신의 재산을 전부 팔아 육지에서 500석의 쌀을 사들여 진휼미로 기부해 죽을 쒀서 6개월간 주민들을 먹여 살렸다고 한다. 풍년에는 흉년을 생각해 절약하고 편안하게 사는 사람은 고생하며 사는 사람을 생각해 하늘의 은덕에 감사하면서 검소하게 살아야 한다는 생활 철학을 실천하였다. 정조는 그녀의 소원대로 금강산 유람을 시켜 주었고, 재상 채제공은 그 선행을 알리기 위해 김만덕전을 지어 주었다.

또 일제시대에 독립운동을 한 **이항복의 10대손 이회영 가족**이 있다. 을사조약의 부당함을 알리기 위해 고종에게 헤이그 특사를 건의했다가 고종이 퇴위되고 군대가 해산되는 상황에 책임감을 느껴 6형제들과 가족회의를 열어, 가지고 있던 모든 땅을 급하게 팔아(약 600억) 60여명의 가족들과 함께 만주로 이주해 삼원보를 개척하며 신흥무관학교를 운영(1910년 -1920년)하였다. 지청천, 김좌진, 홍범도 등 3천여 명의 독립군을 양성하고 지속적인 독립운동을 하다가, 1932년 일본에 체포되어 뤼순 감옥에서 순국하였고, 부인 이은숙 여사는 빨래와 삯바느질로 독립운동을 도왔다. 맏형 이건영은 상해에서 죽고, 가장 부자였던 둘째 이석영은 굶어 죽고, 셋째 이철영은 병과 굶주림으로 죽고, 여섯째 이호영은 가족과 함께 실종되었고, 다섯째 이시영은 해방과 함께 우리나라 초대 부통령이 되었고, 신흥전문학원을 설립했는데 1960년에 경희대학교가 되었다.

4. 문화재 보호

우리나라 문화재를 지킨 사람으로 **간송 전형필**이 있다. 종로의 거상 전영기의 막내로 태어나 휘문고와 와세다 대학을 졸업하고, 25세 때 10만 석의 재산을 상속받아 오세창선생의 권유로 문화재 수입을 시작하였다. 처음 서화와 고서를 수집하다 인사동 한남서림의 고서점을 인수해 서화와 골동품 매매 본거지로 삼고, 도자기, 불교 조각품으로 확대해 약 2만 점을 수집하였다. 그의 문화재 수집의 일화는 우리를 감동케 한다. 일본에서 고려자기 처분 소식을 듣고 50만 엔(당시 기와집 50채 값)을 준비해 고려자기 10점을 사들였는데 그중 2점은 국보, 2점은 보물로 지정되었다. 용인 대갓집에서 불쏘시개 종이로 사용하던 금강선노를 발견해 20원에 구입한 후 댓가를 치루었다. 일본인이 고분 도굴 후 총독부박물관에 있는 청자상감운학문매병을 1만원(당시 쌀 한가마 8원)에 구입하였다. 경성미술경매구락부에서 아마나카와 경매했던 청화백자철사진사국화문병을 1,000원에서 시작하여 14,580원에 구입하였다. 영국인 변호사가 구입한 고려청자를 귀국 전 처분한다는 소식을 듣고 농장을 처분해 동경에서 전부 구입(청자압형수적, 청자기린유개향로, 청자모자원형연적 등 수십 점)하였다. 경상도 안동에서 훈민정음 혜례본을 1,000원에 판다는 정보를 듣고 귀한 물건은 제값을 받아야 한다며 11,000원 주고 구입하였다. 한국전쟁 당시 북한군들이 문화재를 북으로 옮기려 했으나 포장을 지연시키면서 구해냈다. 1965년 보화각 건물을 간송 미술관으로 개칭하여 수집한 문화재를 관리하고 있다. 간송은 한국 미술사의 전부는 아니지만 간송 없이 한국 미술사는 성립할 수 없다.

이밖에 문화재를 지킨 사람들로 임진왜란 때 전주 경기전의 참봉이었던 오희길과 유생 손홍록, 안의는 전주 사고의 왕조실록(태조-명종 13대 47상자, 고려사 15상자)을 내장사 은봉암으로 옮겨 실록을 지켜냈다. 6.25전쟁 당시 1951년 1월, 1군단 작전지역 안의 인민군 주둔지로 사용된 모든 시설을 소각하라는 명령에 한암스님이 상원사의 법당 문짝만 태우고 동종을 보관할 수 있었다. 1951년 5월, 지리산 빨치산 토벌 당시 화엄사 소각을 명령받은 차일혁 대장은 절을 태우는데 한나절이지만 세우는데 천년이 걸린다며 각황전 문짝만 태우고 화엄사를 지켰다. 1951년 12월, 지리산 빨치산 토벌작전에 해인사 폭격을 명령받은 공군 김영환 편대장은 사찰 뒷산 능선에 폭탄을 투하하고 해인사를 지켜냈다. 1951년 9월, 서울수복작전에 인민군 주둔지였던 덕수궁 포격 명령을 받은 미국 제임스 해밀턴 딜 중위는 고궁을 보호하기 위해 명령을 어기고 인민군이 빠져나와 을지로를 지날 때 공격하였다고 한다.

5. 결론

역사적인 한 인물은 그 시대와 상호작용하여 개인의 선택과 행동이 역사의 흐름을 바꾸고, 반대로 역사의 배경과 조건이 개인의 삶과 선택에 깊은 영향을 미치게 된다. 우리는 그 인물이 역사 속에서 맡은 역할과 그로 인한 성과를 이해함으로 현재의 사회적 상황에서 재조명함으로 그 가치를 평가하게 된다. 그런 의미에서 필자는 우리나라의 사상과 정신세계를 세워준 사상가와 역사의 흐름을 바꾼 영웅, 또 인간 삶의 참된 가치를 실천한 사람들, 그리고 우리의 문화재를 지킨 사람들을 소개하였다. 우선 원효는 한국인의 특징인 화합과 중도 사상을 세워준 인물이다. 원효는 한국인의 정신세계인 홍익인간 정신의 널리 인간을 이롭게 한다는 기본적 사상을 바탕으로 화쟁사상을 정립하고 서민들이 쉽게 믿을 수 있도록 이끌었던 위대한 스승이었다. 이황은 한국인의 도덕과 예의를 중시하는 생활 규범의 본질을 정립한 인물이다. 특히 조선의 유학을 정리하여 학문을 연마하고 청렴하고 솔선수범하는 선비의 모델이 되어 현대인에게 성리학의 정통을 가르쳐주는 스승이었다. 세종대왕은 우리나라를 세계적인 문화국가로 세워준 인물이다. 그의 애민정신과 실용정신으로 혁신을 추구하고, 소통과 공감으로 화합하며, 관념과 이상에 빠지지 않고 현실과 생활을 챙기며 미래를 바라보는 통찰력과 혜안의 리더십을 가져 오늘날 리더들의 스승이 되고 있다. 이순신 장군은 나라가 위기에 있을 때 나라를 구한 영웅이다. 그는 솔선수범과 청렴한 도덕성, 철저한 준비와 실전에서의 결단력과 전략적 유연성, 지휘자로서의 책임감과 애국심으로 지금도 세계적인 명장으로 추앙받고 있다. 우리나라 지도자로서 백성들을 돌보고 나라를 구한 노블레스 오블리주의 모범 사례로 근검절약과 청렴한 삶으로 주변 사람들을 돌본 경주 최부자집, 흉년에 전 재산을 팔아 구휼미로 제주도 백성들을 살려낸 김만덕, 나라의 독립을 위해 6형제가 전 재산을 팔아 간도에 신흥무관학교를 세워 독립군을 양성하며 싸우다 굶어 죽은 이회영을 기억할 수 있다. 특히 일제시대로부터 우리나라 문화재를 수집하며 지켜온 간송 전형필의 희생과 임진왜란 때 조선왕조실록을 지킨 오희길과 손홍록, 6.25전쟁 때 상원사를 지킨 한암 스님, 화엄사를 지킨 차일혁 대장, 해인사를 지킨 김영환 편내장, 덕수궁을 지킨 미 제임스 해밀턴 딜 중위 등은 순간의 결정으로 천년의 문화를 지켜준 은인들이다. 우리나라는 이들의 역할을 통해 지금의 대한민국, 한국인이 되었기에 이들을 기리고 그 삶을 모델로 삼아 살아가야 할 것이다.

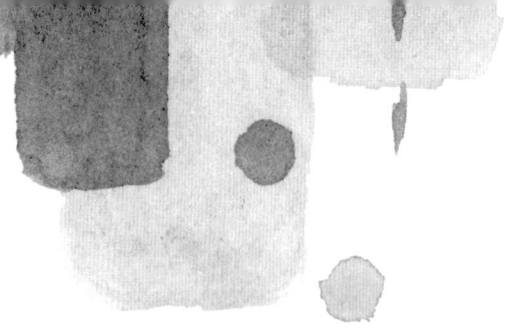

10
한국 경제를 이끈 대표적인 사람들

우리나라의 경제 발전에 기여한 전설같은 인물로는 누가있을까? 돈도 자원도 없던 시절, 1960년대 가난을 극복하자고 외친 박정희 대통령의 산업화 정책과 맞물려 새로운 사업에 도전하며 나라의 경제 발전에 초석을 깔아준 기업의 창업주들이 있다. 오늘날 우리나라를 선진국 대열에 올려 놓는 역할을 하였고, 각 분야에 세계적인 기업으로 인정받고 있지만 그들의 처음 시작은 맨땅에 헤딩하며 일구어낸 결실이었다. 현재 우리나라 4대 기업인 삼성, 현대, SK, LG 그룹의 창업자들을 소개하고, 그들이 성공할 수 있었던 기업가 정신을 통해 한국인의 무한 능력을 찾아보고자 한다.

1. 삼성 이병철

　삼성 창업자 이병철(1910 - 1987)은 경남 의령의 양반집 천석꾼 아들로 태어나 20대까지 한량으로 지내다가 잠자고 있는 자녀들을 보며 사업하기로 결심해 아버지로부터 300석분 토지를 받아 마산에서 협동정미소, 운수업, 부동산업에 진출했다가 망하고, 1938년 무역을 위해 중국을 오가며 대구에 삼성상회를 만들어 제분업, 제면업, 대구 별표국수로 자리잡아 건어물, 과일 유통 무역으로 성장해 서울로 진출하였다. 6.25 전쟁 후 삼성물산은 고철을 모아 일본에 팔아 벌어드린 달러로 중국에서 설탕과 비료를 수입해 1953년 제일제당, 제일모직을 설립해 본격적인 그룹 규모의 사업을 시작하였다. 1969년 삼성전자를 설립(금성사의 반발로 TV, 라디오, 냉장고 등 전량 해외 수출을 조건으로 허가를 받음)하고, 반도체 산업에 진출해 1970년대 수원에 새 공장을 지을 때 공장 부지가 너무 크다는 반대에도 43만평(일본 히다찌 공장 40만평보다 커야함)을 고집해 미래를 준비하였다. 1982년 미국의 유학파들을 대거 스카웃하여 개발한 64K D램 생산에 적자를 보자 지금이라도 손을 떼라는 건의에도 돈이 보인다며 계속 생산라인을 증설하고 신제품 개발에 나서 256K D램 생산에 성공하고, 1986년 1Mb D램을 출시(기술격차 2년), 1989년 16Mb D램(기술격차 1개월), 1992년 64Mb D램 세계 최초 개발로 반도체 세계 선두에 오르게 되었다. 이병철 사후 셋째 아들 이건희가 이어받아 신경영 선언으로 혁신적 경영 철학을 도입해 삼성전자를 글로벌 전자제품 시장의 선두 주자로 도약시켜, 반도체, 스마트폰, 디스플레이 등 첨단 산업에서 세계 1위로 성장하였다. 이는 '마누라와 자식 빼고 다 바꿔라'라는 프랑크푸르트 선언이 세계적인 기업으로 도약할 수 있는 전환점이 되었다고 한다. 빠르게 변화하는 글로벌 환경에서 변하지

앓거나 1등이 아니면 살아남을 수 없고, 기존의 성공 방정식은 더 이상 통하지 않고, 미래를 준비하지 않으면 미래는 없다며 내가 변해야 회사가 변하고 회사가 변해야 사회가 변한다는 시대적 책임감과 변화의 선도적 역할을 강조하였다. 이건희 사후, 이재용이 삼성그룹을 이끌며 반도체, AI, 바이오 등 첨단 기술 분야에 글로벌 리더를 유지하고 있다.

2. 현대 정주영

정주영(1915 - 2001)은 강원도 통천군 아산리에서 장남으로 태어나 15세에 쌀가게에서 일하다 가게를 인수해 경영을 시작하여 자동차수리업, 건설업 등 신뢰를 바탕으로 사업을 확장해 나갔다. 6.25전쟁 이후 재건 사업이 활발하던 시기, 국내 기술과 인력을 총 동원해 소양강댐 공사(1957)를 성공리에 마치고, 나라가 발전하려면 길이 있어야 한다는 신념으로 부족한 상황에서도 창의적인 방법을 동원해 경부고속도로를 2년 만에 건설(1968 - 1970)하였다. 조선소를 짓겠다고 영국 은행에서 차관을 얻으려 할 때, 500원 짜리 동전의 거북선을 보이며 영국보다 300년 앞서 배를 만든 한국인의 우수성을 담보로 계약을 성사시켜 조선소도 없는데 27만톤의 배를 만들어 내면서 현재 세계 최고 규모의 현대중공업과 울산 조선소를 건설(1972)하였다. 한국 건설업이 국내에만 머물고 있을 때 덥고 모래가 많다고 더 유리하다며 중동 건설에 진출하여 막대한 외화를 벌어 들였고, 한국 최초 독자 모델 포니를 개발해 현재 세계 5대 자동차 기업으로 성장한 현대자동차를 설립(1967)하였다. 특히 1988년 당시 전경련 회장을 맡아 서울 올림픽을 유치하는데 결정적인 역할을 하여 우리나라를 선진국으로 도약시키는 계기를 만들었다. 정주영은 '해보기는 했어? 해보기나 하고 말해'라며 어렵고 척박한 경제 환경에서 무에서 유를 만들어 내는 도전 정신의 상징이 되었다. 사업은 돈이 없어서 못하는 게 아니라 꿈이 없어 못하고, 시련은 있어도 실패는 없고, 잘사는 방법은 딱 한 가지 부지런히 일하는 것이라며 정직하고 창의적인 경영 철학으로 기업을 이끌어 우리나라 기업인의 신화를 이루어냈다. 정주영은 8남1녀를 두어 자녀들에게 현대그룹의 계열사를 독립 그룹으로 나누어 주어, 정몽구→정의선의 현대자동차그룹, 정몽헌의 현대아산, 정몽준→정기선의 현대중공업그룹, 정몽구의 현대건설, 정몽훈의 현대종합상사, 정몽윤의 현대해상, 정몽규의 HDC현대산업개발로 현재 3세대 기업인들로 새로운 시대를 열어가고 있다.

3. SK 최종현

SK그룹을 설립한 창업주는 최종건(1926-1973)으로 1953년 27세에 선경직물 설립으로 기초를 다지고, 1969년 선경합섬주식회사를 설립해 아세테이트원사와 폴리에스테르원사 공장을 세우며 발전시켰으나 폐암으로 갑자기 사망하여 동생 최종현이 그룹을 이어받았다. 최종현(1929 - 1998)은 수원에서 태어나 형의 경영을 돕다가 리더가 되어 석유에서 섬유까지 수직계열화를 추진하기 위해 사우디아라비아로부터 원유공급을 약속받고, 1973년 석유화학공업인 선경석유주식회사를 세워 선경그룹의 기틀을 마련하였고, 특히 1,2차 석유 파동에 최종현의 중동과의 친분을 통해 국가 위기를 극복하였고, 이후 해외 유전 개발에도 나서 한국을 에너지 강국으로 세우는데 크게 기여하였다. 1980년 유공(현재 SK에너지) 인수를 통해 에너지 사업을 확장하고, 1994년 SK텔레콤(당시 한국이동통신)을 인수하여 통신 사업에 진출하여 한국 5대 기업에 들었다. 특히 1973년 이후 최장수 프로그램인 MBC 장학퀴즈 단독 광고주가 되어 인재 양성을 위한 기업 정신을 발휘하기도 하였다. 폐암으로 사망한 이후 장남 최태원에게 넘겨 현재 반도체(SK하이닉스), 에너지, 통신 사업을 중심으로 글로벌 경쟁력을 강화하고, 바이오와 에너지 전환(수소 및 신재생에너지) 등 신성장 동력에 집중해 미래 산업을 주도하고 있다. 최태원은 세상에서 가장 중요한 가치는 사람이라 하여 인간 존중 철학을 바탕으로 인재 육성과 직원 존중 경영을 하며, 도전하지 않으면 아무 것도 바꿀 수 없고, 지속 가능한 성장은 사회적 책임에서 시작되며, 행복은 성공에서 오는 것이 아니라 자신이 하는 일에서 의미를 찾는데서 온다고 하여 변화와 의미를 추구하는 경영을 하고 있다.

4. LG 구인회

LG그룹의 창업주 구인회(1907 - 1969)는 경남 진주에서 태어나 1931년 24세에 구인회상점의 포목상을 시작으로 1944년 트럭 운수업을 하고, 1945년 조선흥업사를 설립해 미군정청 허가 무역업 1호업체가 되어, 동생 구정회의 제안으로 화장품 생산을 하여 첫 제품이 럭키크림(동동구리무)으로 인기를 얻자, 1947년 락희화학공업사(현 LG화학)를 설립해 빗과 비누갑, 치약을 출시해 시장을 장악하면서 전자 산업에 진출하여, 한국 최초 전자공업회사인 금성사를 설립해 라디오를 출시하면서 그룹의 기초를 마련하였다. 1963년 이후 동양방송 운영 중 방송사업과 전자산업 진출에 사돈인 삼성의 이병철과의 의견 대립으로 방송사업에서 철수하고, 전자산업에 제한을 이루었다. 구인회와 이병철은 진주 지수보통학교 동문으로 구인회 3남 구자학과 이병철 차녀 이숙희의 결혼으로 사돈이 되었다. 구인회의 타계 후 장남 구자경(1925 - 2019)이 경영을 이어받아 전자산업(LG전자)과 화학산업(LG화학)을 육성했다가, 1995년 장남 구본무(1945 - 2018)가 럭키금성에서 LG로 브랜드를 통합해 디지털 전환과 글로벌 경영을 강화하여 세계적인 기업으로 성장하는 발판을 마련하였다. 2005년 외가인 허씨 집안이 LG 창업에 참여했다고 하여 LG그룹에 갖고 있던 지분을 떼어내어 GS그룹으로 분사시키기도 하였다. 구본무는 사람 중심의 경영이 성공적인 경영의 출발점이라 하여 인재 경영과 진정성, 성실성을 강조하였고, 세계 도전을 위해 고객이 가장 중요한 자산이고 품질이 가장 중요한 경쟁력이며, 성공은 지속적인 혁신과 변화에서 오고, 기업의 목적은 이윤을 추구하는 것뿐만 아니라 사회에 기여하는 것이라 하여 사회적 가치 창출과 사회 기여에 힘을 기우려 많은 존경을 받게 되었다. 현재 4세대인 장남 구광모가 회장이 되어 전기차 배터리, 디스플레이, 친환경 화학 소재 등 혁신적 실용적인 경영으로 미래를 준비하고 있다.

5. 한국 경제 발전과 기업인

한국의 4대 기업(삼성, 현대, SK, LG)은 1960, 70년대 박정희 대통령의 경제 개발 5개년 계획 추진과 함께 한강의 기적을 일으키며 나라 경제를 발전시켰지만 대기업과 재벌의 횡포를 가져오기도 하였다. 당시 삼성은 수출 주도형 산업 육성에 맞추어 삼성전자와 삼성종합화학에 진출하고 특히 삼성물산을 중심으로 무역을 주도하여 이를 바탕으로 반도체 산업의 기틀을 마련하였고, 혁신기업의 모델로 세계적인 기업이 되었다. 현대는 중화학 공업 육성에 맞추어 경부고속도로 건설, 조선소 설립, 중동 진출 등을 통해 외화 수입을 확대하고 자동차산업 등의 기틀을 마련하였고, 무에서 유를 만들어내는 도전정신의 모델을 만들어 주었다. SK는 석유 화학과 에너지 산업에 진출하여 중화학 공업 육성 정책에 참여하여 우리나라를 에너지 강국으로 세워주었고, 인재 양성과 사람 중심의 경영으로 세계적 기업이 되었다. LG는 정부의 지원 아래 석유화학 산업과 전자산업에 맞추어 금성사가 우리나라 최초 라디오, TV를 생산하고 삼성과 함께 전자 산업의 기틀을 마련하였고, 사회적 책임을 강조하며 존경받는 기업이 되었다. 이들은 박정희 정권의 국가 주도 경제 개발에 참여하여 빠른 경제 성장과 인프라 및 산업 기반을 구축했고 일자리 창출과 기술 발전을 통해 글로벌 경쟁력을 확보하여 세계 리더 기업으로 국제적 위상을 높이는데 기여하였다. 그러나 대기업 중심의 경영은 정경유착을 통한 특정 기업의 부정부패와 사회적 불공정과 불평등, 자원 배분의 비효율성, 계층 구조의 고착화를 초래하였고, 대기업 의존에 의한 부정적 영향과 자유 시장 경제의 왜곡을 불러오기도 했다.

6. 결론

해방과 6.25전쟁으로 폐허 속에 우리나라가 세계 최빈국으로 가난을 겪고 있을 때, 가난을 극복하겠다고 선언한 박정희 대통령의 경제개발 5개년계획의 추진과 함께 한 한국의 기업인들은 서로 시대를 잘 만났다는 생각이다. 기업의 창업주 개개인의 도전 정신과 열정, 시대적 흐름을 읽고 창의력을 발휘하며 미래를 보는 혜안에 정부의 아낌없는 지원이 한강의 기적을 만들었고 지금 세계 10위권의 선진국이 되는 발판이 되었다. 삼성의 창업주 이병철은 1938년(28세) 대구 삼성상회를 시작으로 1970년대 반도체 산업의 기틀을 마련했다가 1987년 아들 이건희가 계승해 1992년 64Mb D램을 세계 최초로 개발하면서 반도체 세계 1위를 지키게 되었다. 지금 삼성은 혁신 마인드와 변화의 상징성을 가지며 나라 경제에 기여하고 있다. 현대의 창업주 정주영은 1930년(15세) 쌀가게를 시작으로 댐건설과 고속도로 건설을 거쳐 1967년 현대 자동차, 1972년 현대중공업과 울산 조선소를 건설하였다. 해보기는 했어? 시련은 있어도 실패는 없다며 무에서 유를 만들어 내는 도전 정신과 부지런하고 정직한 경영의 상징성을 가지며 한국 경제를 이끌고 있다. SK의 창업주는 최종건이지만 갑자기 죽어, 그의 동생인 최종현이 1973년(44세)에 선경 그룹의 기틀을 마련하여 현재 한국의 에너지 사업과 통신 사업을 담당하고 있다. 인간 존중 경영과 변화와 의미를 추구하는 경영의 상징성을 가지며 세계적인 기업으로 뻗어나가고 있다. LG 창업주인 구인회는 1931년(24세) 구인회포목점으로 시작해 1995년 장남 구본무가 이어받아 럭키금성을 LG 브랜드로 통합한 이후 디지털 전환과 글로벌 경영으로 확장해 나가고 있다. 사회적 가치 창출과 사회 기여 경영의 상징성을 가지며 존경받는 기업으로 성장하고 있다.

　이들 기업이 성장하는 과정에서 대기업과 재벌의 횡포로 시장 경제를 왜곡시켰다는 비판도 받지만 전쟁 이후 폐허가 된 한국 경제를 부흥시키고 산업화와 현대화를 이끌어 대한민국을 세계적인 경제 강국으로 성장시키는데 결정적인 역할을 하였다. 한국의 산업화와 경제 성장을 주도하고 고용 창출과 기술 혁신과 세계 시장을 개척하며 한국의 위상을 높여 주었다.

Ⅲ. 역사적 관점으로 본 한국인
(찬란한 역사를 꿈꾸는 역사 의식)

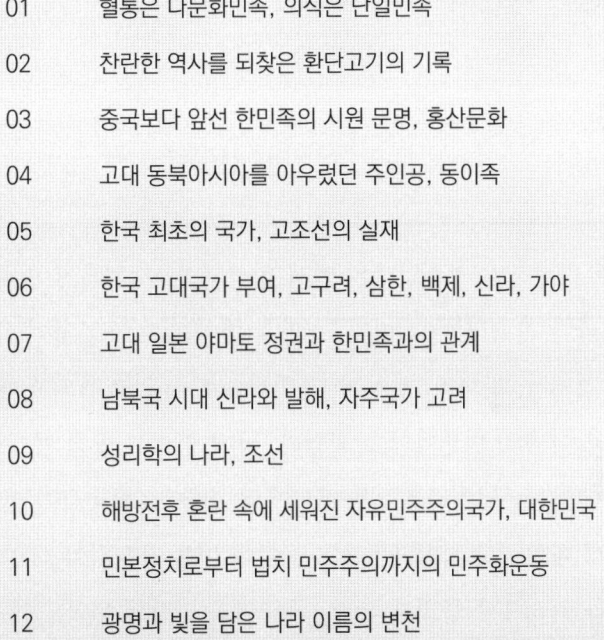

01	혈통은 다문화민족, 의식은 단일민족
02	찬란한 역사를 되찾은 환단고기의 기록
03	중국보다 앞선 한민족의 시원 문명, 홍산문화
04	고대 동북아시아를 아우렸던 주인공, 동이족
05	한국 최초의 국가, 고조선의 실재
06	한국 고대국가 부여, 고구려, 삼한, 백제, 신라, 가야
07	고대 일본 야마토 정권과 한민족과의 관계
08	남북국 시대 신라와 발해, 자주국가 고려
09	성리학의 나라, 조선
10	해방전후 혼란 속에 세워진 자유민주주의국가, 대한민국
11	민본정치로부터 법치 민주주의까지의 민주화운동
12	광명과 빛을 담은 나라 이름의 변천

01
혈통은 다문화 민족, 의식은 단일 민족

　우리나라의 민족의식은 언제 형성되었을까? 과거 민족주의를 바탕으로 국가 간 전쟁이 확대되고, 또 이념 대립으로 분쟁이 계속되다가 세계가 경제적, 문화적, 정치적, 사회적으로 서로 열결되고 통합되면서 민족이나 이념의 명분이 약화되었다. 국내에 있으면 잘 못 느끼지만 해외에 나가면 한국인이라는 민족의식이 솟아난다. 특히 국가 간 경쟁이나 각종 국제 대회에서 경기하는 선수들이나 이를 응원하는 국민들은 하나의 애정과 의식으로 뭉치게 된다. 한국인의 단합된 민족의식의 표현이다. 오랜 역사를 지켜온 우리나라 사람들에게 민족의식은 언제부터 형성되었는지, 우리나라 민족의식의 특징과 역할은 무엇인지 알아보고자 한다.

1. 민족의식

 우리나라는 과거로부터 단군신화 등 시조신화를 한민족의 기원으로 삼고 민족적 정체성을 지닌 강한 동질성으로 민족적 자부심과 연대감이 강화된 단일 민족의식을 갖고 있었다. 이는 우리나라 역사 속에서 가족 중심의 생활 방식과 농경 사회에서 발전한 상부상조의 정신과 유교적 가치관을 바탕으로 하는 예절을 중시하는 인간관계의 전통을 유지하려는 공동체 의식에서 형성되었다. 이러한 한민족의 공동체성은 자연 환경의 변화에 유연하게 대응하며 적응력이 뛰어나 세계화 시대에도 독창성을 유지하며 세계적인 민족으로 인정받게 되었다.

 민족이란 공통의 언어, 문화, 역사, 풍습, 혈통, 종교 등을 공유하며, 특정 지역에서 오랜 기간 함께 살아온 사람들의 집단을 의미한다. 이는 주로 심리적, 문화적, 사회적 동질성을 기반으로 하며, 구성원들 간에 강한 연대 의식이 존재하는 경우가 많다. 주권을 가진 정치적 단위로서 여러 종족이 함께하는 국민과는 다르다. 그래서 민족은 스스로 실체가 없지만 국가와 국민이라는 현실 속에서 존재한다. 즉 민족은 실존하는 허구이며, 한 국가의 역사적 발전의 산물이기도 하다. 유럽에서의 민족은 중세 기독교 세계의 국제질서가 붕괴되면서 나타나게 되어 봉건체제의 청산과 자본주의의 발달과정에서 형성되었다. 그러나 한민족은 유럽보다 훨씬 이른 시기에 형성되어 유구한 역사 속에서 풍습과 습관, 의식주의 공통성을 가지고, 특히 삼국 시대이후 몇 차례 통일 과정을 거치면서 12C 이후 고려시대 거란, 몽고 등의 침입 등 위기 때마다 전근대적 민족의식이 나타났다. 또 내재적인 발전 속에서 싹을 틔우던 근대적 민족의식은 일본을 비롯한 자본주의 열강의 침략에 대응하면서 형성되어 독립 운동으로 더 강력히 표출되었으나 제국주의적 식민사관의 침략적 문화 논리에 매몰되어 민족의식이 희박해지거나 말살되기도 하였다. 이후 이념 대립으로 인한 남북분단 결과 민족에 대한 문제의식을 갖게 되었으나 해방 후 짧은 시기동안 정치적, 경제적 근대화를 이루는 과정에서 민족적 동일성과 단일 민족의식으로 하나가 되어 민주화와 경제 발전을 이루어내어 한민족의 우수성이 세계에 알려지게 되었다.

2. 민족의식의 형성

한반도에는 구석기시대부터 인간이 살기 시작하여 신석기시대를 거쳐 이룩한 만주지역의 청동기문화를 바탕으로 동이족에 의해 우리나라 최초의 국가인 고조선이 형성되었고, 그 후 부족국가간의 정복과 피정복 속에서 삼국이 등장하지만 한민족 형성의 발전과정에서 공통된 민족이라는 의식을 가졌는지는 알 수 없다. 그러나 인류학자들의 유전자 비교 분석을 통해 몽골족, 만주족, 한민족, 일본민족이 같은 유전자를 지니고 있다는 결과가 나와 이 지역 종족 간 끊임없는 교류와 전쟁을 통해 민족의 형성에 영향을 미쳤을 것이라 여겨진다. 특히 백제는 고구려와 같은 시조 의식을 가졌고 고구려와 신라는 언어가 가까운 친족관계였다. 삼국 통일은 한민족을 단일문화권으로 만들었고 정치, 경제 등 각 분야에 걸쳐 통일된 발전을 가져왔으나 지역적 분파의식이 남아 있었다. 그 후 고려에 의한 재통일은 발해유민까지 포섭함으로 명실 공히 1민족 1국가체제를 갖추었고, 구고구려, 구백제의식이 약화되면서 북방민족과의 항쟁과 언어, 풍습, 신앙 등에서 중국 모방을 배격한 자주사상을 갖으며 민족적 의식이 생겨나게 되었다. 이에 대하여 '한국인의 탄생'의 저자 홍대선은 후삼국을 통일한 고려 때까지도 우리에게 민족의식이 없었으나, 거란의 2차 침입 때 양규 등이 40만 대군을 막아내고, 이후 3차 침입에 거란 기마병 10만(보병으로 따지면 100만 대군)을 귀주에서 섬멸한 고려군 20만(과거 고구려군, 백제군, 신라군, 발해군의 오합지졸)이 생사를 건 전쟁터에서 전우애가 발휘되고 승리로 인한 자부심을 각자의 고향에 돌아가 영웅담으로 전하여지고 우리가 하나였다는 것을 자랑스럽게 이야기하며 생겨났을 것이라고 상상하였다. 이후 몽골 침입에도 전 국민이 하나가 되고 불심의 힘을 빌려 막아내면서 승려 일연은 단군이 우리 민족의 조상임을 제시하는 글을 써서 한민족의 시작과 정체성을 문서로 남기게 되었다. 몽고의 침략은 민족의식을 자극하여 민족시조로서 단군조선을 찾아냈고 단일민족 의식을 고취시켰다. 조선 초기 조선이라는 국호가 사용됨으로 한국의 고대사와의 연관 속에 민족적 역사성을 지니게 되었고, 훈민정음이 창제되고 조선전기 사회와 문화에 대한 인식이 깊어지면서 민족의식이 절정에 달하였다. 그러나 조선 후기에 들어서 상품 경제의 발달, 신분체제의 붕괴, 역사인식의 변화와 더불어 인간에 대한 평등의식이 높아지고 민란이 일어나면서 중세사회가 해체되고 근대적 민족의식이 태동되는 듯하였으나 자본주의 열강의 침략과 도전에 대한 지배층의 주체적 대응이 부족해 자주적 의식을 갖지 못하였다. 결국 일제의 식민지에 대항하면서 한국인의 민족의식은 구체적인 형태를 갖추어 만주에서 단군의 자손으로 배달겨레, 백의민족의 민족 종교를 통한 단일민족의식과 과거 위대했던 조선상고사에 대한 연구가 강조되었다. 이후 3.1운동을 계기로 국민 전체가 하나가 되어 한민족 의식을 바탕으로 정의와 평등이념이 뿌리내리게 되었고, 이후 민족해방운동과 사회주의의 고조 속에서도 민족의식이 고양되고 우리 민족의 혈통을 강조하면서 단일민족론이 확고하게 되었다. 그러나 해방 후 민족지도자의 안이함과 분열로 말미암은 남북분단과 6.25전쟁으로 민족의 이질화가 진행되었다. 이때 북에서는 김일성 일가를 신으로 여기는 주체사상이 세워지고, 남에서는 군사정권 하에 경제 발전과 민주화 과정에서 단일 민족의식이 강화되었다. 그러나 1990년 공산권의 붕괴와 세계화의 시작으로 민족 간의 교류와 이민과 노동자 유입 등 단계적으로 다문화 사회가 이루어지면서 단일 민족의식은 점차 사라지고 우리 민족의 순수성보다 국제적 혼합성이 대두하게 되었다.

3. 성씨를 통해 본 한민족의 혼합성

고대 인류는 살기 좋은 곳을 찾아 끊임없이 이동하였다. 우리 민족도 민족의 기원인 파미르고원에서 바이칼호를 거쳐 중앙아시아와 몽골, 시베리아 아무르강 유역, 만주 일대에 이르는 이동 과정에서 여러 종족과 혼합하며 발전하였다. 우리 민족은 우랄-알타이어계에서 갈라진 퉁구스계로써, 중국 상고시대 기록에 나타나는 동이족이고, 투르크족, 몽골족, 만주족, 한민족의 혼합으로 국가가 형성되었다. 고대 중국 왕조 교체기 몰려온 망명객인 중국 한족과 동이족의 혼합, 부여와 고구려의 예맥족과 발해 말갈족의 혼합, 한반도 삼한의 한족과 북방 맥족과의 혼합, 고려시대 압록강과 두만강 유역의 거란족과 여진족과의 혼합, 고려 후기 몽골이 세운 원의 부마국으로 몽골족과의 혼합, 조선 중기 7년간의 임진왜란과 일제의 35년 지배를 통한 조선인과 일본인의 혼합 등 한반도에 주민이 유입되는 과정을 보면 한민족이 순수 혈통의 단일민족이 아니라 다문화민족이라는 것을 알 수 있다. 즉 혈통으로는 다문화민족이지만 의식으로는 역사를 함께하며 민족을 지켜온 단일민족이라고 할 수 있다. 우리나라 사람들의 DNA를 통해 혈통을 살펴보면, 60%가 북방계열이고

40%가 남방계열로 섞여 있다고 한다. 북방계열의 특징은 머리가 길고 광대뼈가 튀어 나왔고, 눈이 작고 위로 찢어졌으며 코가 길고 뾰족하고 입술이 얇다. 남방계열은 얼굴이 네모나거나 둥글고 눈에 쌍꺼풀이 있고 눈썹도 진하고 코도 옆으로 퍼져 있으며 입술도 두텁고 머리카락과 수염이 많다. 이처럼 생김새는 조금씩 다르지만 한 민족, 한 가족이라는 민족의식은 다른 나라에 비해 강한 편이다.

2015년 인구조사에서 우리나라 성씨는 5,582개(2003년에는 286개)로 나타났다. 성은 여자가 낳았다는 뜻의 원시 모계사회 흔적이 남아있는 관습이다. 중국 상고시대 임금이 성을 내려주는 풍습에서 시작하여 성이 점차 많아지고 성을 받지 못한 사람이 스스로 성을 만들고, 같은 성이 많아지자 갈래를 표시하는 본관을 만들어 씨라고 불렀다. 그래서 성은 한 종족을 나타내는 동족 개념이고, 본관(씨)은 자손의 갈래를 표시하는 혈통 개념이다. 우리나라에 이렇게 분화된 성씨 본관이 36,744개로 추정된다. 특히 예부터 우리나라에 토속적인 성씨뿐 아니라 귀화해 정착한 성씨들은 우리나라가 다문화민족임을 증명해주고 있다. 옛조선 기자의 후손 기준이 위만에게 쫓겨 금마로 내려와 마한을 열 때 그 후손이 한씨, 기씨, 선우씨로 갈라져 성을 잡게 되었다. 고구려의 고씨, 해씨, 백제의 부여씨, 신라의 박씨, 석씨, 김씨, 귀화한 흉노족 김일제의 경주 김씨, 가야의 김해 김씨와 인도 아유타 공주 허황옥의 김해 허씨 등이 생겨났다. 고려시대 왕건은 건국세력 배현경, 신숭겸에게 성씨를 내렸고, 사성제도로 혈연이 아닌 호족들에게 왕씨 성을 내렸다. 특히 1055년 성씨가 없으면 과거에 응시할 수 없는 규정을 만들어 성을 가지려는 풍조가 일어났다. 이때 많은 가문에서 중국의 성씨를 이어받아 족보를 세워 우리나라 성씨에 중국 성씨가 많게 되었고, 이때 월남에서 귀화한 왕자 리 롱뜨엉에게 이용상의 화산 이씨를 내리고, 원나라 공주를 따라온 위구르 출신 이슬람인에게 장순룡의 덕수 장씨를 내렸다. 조선시대 이성계의 오른팔인 여진족의 투란에게 이지란의 청해 이씨, 임진왜란 일본 귀화인 사야가에게 김충선의 대구 김씨, 조선에서 전사한 명나라 장수 가유약의 소주 가씨, 조선에 뿌리내린 네덜란드인 벨텔브레에게 박연의 파란눈 박씨를 내렸다. 그러다 1894년 갑오개혁에 신분제 혁파와 함께 새 호적법이 시행되면서 모든 백성들이 성을 갖게 되자 당시 잘나가던 성씨인 김씨, 이씨, 박씨 등의 성씨를 모방하여 지금 우리나라 3대 성씨가 되어 전체 인구의 40%을 차지하고 있다. 우리나라 10대 성씨로는 김(1,020만), 이(730만), 박(420만), 정(220만), 최(210만), 조(120만), 강(110만), 윤(100만), 장(90만), 임씨(80만) 순으로 나타난다. 이처럼 성씨과 본관으로 볼 때 순수한 고유 성씨는 드물고 많은 성씨와 본관이 주변의 여러 종족과의 혼합에서 이루어졌음을 알 수 있다.

4. 한민족 의식의 우수성

최근에 우리가 스스로 세계 속의 한국을 대할 때, 경제 발전과 민주화에 대한 인정, 외국에서 바라보며 인기있는 K팝, K방산에 대한 자부심, 외국과 경쟁하는 스포츠 대회에서 우리 대표팀을 응원할 때 느끼는 감정, 우리나라 기업들이 세계 순위 속의 경쟁력과 각종 산업에서의 세계적 순위에 속한 것 등은 대한민국 국민으로서 느끼는 자부심이고, 민족의식의 표출이다. 이는 과거로부터 가졌던 우리 민족의 우수성에 기인한다고 하겠다. 널리 인간을 이롭게 한다는 홍익인간 정신의 보편성, 종교와 사상의 연합 의식에 나타난 포용성, 한글 창제와 이를 통한 사고체제의 합리성, 자연 중시와 손재주를 통한 예술의 독창성, 농경과 산업화 과정에서의 부지런함과 성실성, 위기 때마다 하나로 뭉쳐 상황을 이겨내는 협동성, 세계적으로 문화와 산업과 국방을 리더하는 주도성, 삶과 생활과 조직 속에 이어져있는 공동체성 등이 우리 민족의 우수성이라고 할 수 있다. 그래서 우리는 민족의 우수성에 자부심을 가지고 현대 서구적 개인주의가 만연하고, 외국의 이주민이 몰려와 다문화 국가로 전향되어지는 상황에서 역사적 산물로 형성된 민족의식과 세계인으로서의 시민의식을 함께 공유해야 할 것이다.

5. 결론

한국의 단일민족의식은 공동의 역사, 언어, 문화, 전통, 혈연적 유대감을 바탕으로 형성되었다. 민족이란 실체가 없지만 한 국가와 국민이라는 현실에서 존재하는 역사적 산물이기 때문에 오랜 역사 속에서 그 형성 과정을 살펴야 한다. 우리 민족은 단군 신화에서 한민족의 기원이 출발했다는 신화적 역사관에서 공동의 조상 의식을 갖게 되었다. 삼국시대에는 서로 독립성을 유지했지만 공통의 문화와 언어를 공유하였고 신라의 통일 후 민족적 동질성이 강화되는 계기는 되었으나 아직 민족의식이 있었다고 말할 수 없다. 고려 때 거란과 몽고의 침략에 대응하면서 비로소 민족의식이 등장하였고, 조선시대 한글 창제를 통해 고유한 문자를 갖춘 자주적 민족의식을 갖추게 되었다. 그러다 근대 외세의 침략에 자주 독립을 외치며 3.1운동과 민족주의 사학자들에 의해 민족의식의 필요성이 강조되었고, 해방 이후에 남북분단으로 말미암아 민족의식이 이념적으로 분열되었다. 그러나 한민족이 하나라는 의식은 여전히 남아 통일을 지향하는 힘이 되고 있다. 이후 경제 발전과 민주화 과정에서 자주적 민족의식은 더욱 강화되었고 이제 세계화 시대에 한국인의 민족의식은 한류를 통해 그 정체성을 인정받고 있다. 지금은 단계적으로 다문화 사회로 진입하면서 민족의 순수성보다 국제적 혼합성이 대두되기 시작해 다문화 다민족 국가가 되어 가고 있지만 단일민족이라고 말할 때 혈통은 다문화민족이지만 의식에서는 역사를 함께 지켜온 단일민족이라고 이해해야 할 것이다.

이러한 단일민족의식은 근현대의 각 시기마다 영향을 미쳐, 일제시대 이후 자주 독립과 국가 재건에 기여하였고, 6.25전쟁 후 민족적 단결과 근면성을 바탕으로 자주 국방과 경제 발전을 이루었고, 또 해방 후 권위주의 정권에 저항하여 민주주의 국가를 지키고 발전하는데 크게 기여하였다. 한민족이 하나라는 공동체 의식은 스포츠 경기에서 국민이 하나로 단결하는 모습 속에 한국인의 강한 연대 의식을 볼 수 있고, 재난 극복의 위기 속에 서로 돕고 단결하는 연대 의식과 집단적 책임감을 볼 수 있다. 특히 전통문화와 현대문화가 결합된 한류를 통해 민족적 자부심과 문화적 정체성을 지켰고, 이로 인해 한국어와 전통문화가 세계적으로 영향을 미치게 되었다. 이제 분단된 현실에서 우리 민족은 하나라는 민족의식이 통일의 염원을 이어가고 외국인 이주민과 다문화 가정의 증가 속에 전통적인 단일민족 국가 인식을 벗어나 다양성을 존중하는 세계 시민으로서의 민족의식을 만들어 나가야 한다. 즉 민족주의의 지나친 배타성으로 타국에 호전적이고 내부에 증오심을 갖기보다 순화된 애국심과 세계 시민 정신의 결합으로 인권, 관용, 국제 평화, 상호 협력의 보편적 가치를 펼쳐 나가야 할 것이다.

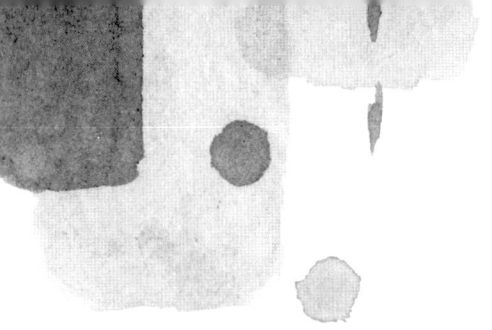

02

찬란한 역사를 되찾은 환단고기의 기록

 왜 한국인은 환단고기의 고대 역사를 믿으려 하고 있을까? 우리나라는 유구한 역사를 지켜왔지만 과거 당대 역사서가 소실됨으로 고대 역사가 제대로 남아있지 못해 제한된 역사 기록과 상상에 입각한 역사 해석으로 고대사 논쟁에 휩싸여 있다. 필자가 고대사에 많은 관심을 갖은 이유는 우리 민족의 뿌리를 찾고, 우리나라 사람들이 찬란한 역사를 찾고자 하는 욕망을 학문적으로 정리하고자 함이다. 그래서 환단고기, 홍산문화, 동이족, 고조선 등 고대사의 이슈에 대해 심도있게 정리하였다. 우선 환단고기를 논하는데 있어 고대사 기록이 실종된 이유를 알아보고, 환단고기가 말하는 우리나라 역사의 내용이 무엇이고, 그것이 고대사와 어떤 관계가 있는지를 살펴보고자 한다. 특히 많은 사람들이 환단고기를 통해 찬란한 우리 역사를 되찾고자 하는 주장이 현 강단사학에 의해 위서 논쟁과 함께 비판을 받는 이유가 무엇인지를 살펴보고, 우리가 어떤 입장에서 환단고기를 봐야하는지 제시하고자 한다.

1. 한국 고대사의 실종

우리나라 고대 삼국의 역사서로 고구려의 유기100권과 신집5권, 백제의 백제서기, 신라의 국사가 있었던 기록이 남아있으나 실제로 사서는 전래되지 않고 있다. 우선 고구려가 당에 의해 멸망당하면서 당 고종(이세민)이 900년의 역사를 가진 북부여 역사 기록을 확인하고 불살랐고(이덕무, 기년아람), 후백제 견훤이 신라를 점령하고 기록을 불살랐고, 김부식은 삼국사기를 집필한 후 관련 기록을 없앴다. 또 조선 태종은 삼성기 등 반사대적 고대 사서를 유교사관을 파괴하는 위험한 도서라 하여 그 소유자를 참수하였고, 우리나라 최초의 역사서인 신지비사(서효사)를 보고 있을 수 없는 일이라 하여 불경한 책으로 태워버렸다고 한다. 그 후 일제가 우리나라를 점령하여 1912년 남산에서 51종 20만권을 불사르고, 식민사관에 입각해 1925년 조선사편수회 주관 조선사 35권을 집필하였다. 이때 식민사학자 이마니시 류는 단군과 고조선은 신화이고, 한나라의 식민지로 나라가 시작되었고, 한반도 남부는 임나일본부의 지배를 받았다고 주장하였다. 이들이 삼국사기, 삼국유사를 남긴 이유는 곰과 호랑이를 실제 동물로 인정하고, 석유환국(昔有桓國)을 환인(桓因)으로 고쳐 불교의 제석천황으로 해석하여 나라의 실체를 인물로 바꾸어 놓아 단군 시대를 신화로 보고 나라의 시작을 축소시킬 수 있는 증거로 남기기 위해서였다. 지금 고대사로 남아있는 삼국사기는 반도사관을 바탕으로 신라를 정통으로 하여 북부여, 고구려, 백제 역사를 축소시키고, 역사의 시작을 끌어내려 삼국의 시작을 고구려는 태조왕 2C, 백제는 근초고왕 4C, 신라는 내물왕 4C 라고 하였다. 삼국유사는 위서와 고기를 인용했지만 고조선 역사를 곰과 호랑이의 신화와 환국을 제석천으로 해석하고, 단군을 1908년간 신선으로 기록하는 등 신화로 간주하고 있다. 그런 가운데 사라진 우리나라의 고대 역사를 담고 있는 환단고기가 살아남아 한국 고대사의 영광을 소개해 주고 있지만 위서로 비판받고 있다.

2. 환단고기의 주장

환단고기는 환국시대 이래 한민족의 역사 이야기를 담고 있어, 환국 – 배달국 – 조선 – 북부여 – 고구려로 이어지는 국가의 계승과 한민족의 뿌리를 알려주고 있다. 인간이 천지 광명을 직접 체험하여 살았던 창세 역사 시대를 한민족이 삼신일체의 하늘 + 땅 + 인간을 의미하며, 낳고 기르고 가르침의 정심과 천일 + 지일 + 태일의 삼을 중시한다는 삼신사상을 통하여 우리민족의 우주관과 역사관을 제시하고 있다. 특히 한민족을 광명족, 배달족, 박달족, 맥족으로 보아 조선, 부여, 삼한, 대한이라는 국호에 빛을 포함하고, 환(桓, 하늘의 광명), 단(檀, 땅의 광명), 한(韓, 인간의 광명)을 제시하고 있다. 신채호의 전후삼한고에서 천(天, 한반도의 마한 – 백제 계승), 지(地, 산동 요서의 변한 – 가야 계승), 태(太, 하얼빈의 진한 – 신라 계승)로 표현하고, 우리나라가 하늘에 제사를 지낸 제천행사는 하늘과 땅과 인간이 하나가 되는 의식이라고 하였다. 환단고기의 저자는 역사적 인물들로, 1) 안함로(579 - 640)는 수나라에 유학하고 신라 성덕여왕 고문으로 황룡사9층탑을 건의하였는데, 삼성기 상(환국, 배달, 조선, 북부여, 고구려 국통 제시)을 저술하였다. 2) 원동중(1330 -)은 고려말 원천석으로 이방원의 스승이었고, 삼성기 하를 저술하였다. 3) 소전거사는 공민왕 때 토굴에 숨겨있던 기록을 확인하여 이암, 범장, 이명에게 양주 천보산 태소암에서 역사를 정리하고 전수해 주었다. 4) 이암(1297 - 1364)의 형제 이교는 원동중의 스승이고, 이암의 손자 이원(우의정)은 세종의 스승이었는데 단군세기를 저술하였다. 5) 범세동 범장

(- 1395)은 원동중의 친구로 북부여기를 저술하였다. 6) 이맥(1455 - 1528)은 이암의 4세손으로 세종대 유배당했다 다시 역사 찬수관으로 임명되어 궁중 역사서와 선조들의 역사서를 참고로 택백일사 8권을 저술하고 숨겨 놓았다가 이후 고성 이씨 문중을 통해 역사를 이어주었다. 7) 해악 이기((1848 - 1929)는 삼성기, 단군세기, 북부여기, 태백일사를 감수하였다. 은초 계연수(1864 - 1920)는 1909년 평양에서 단학회를 조직하고, 5권을 한권으로 묶은 환단고기를 1911년 30권 인쇄하였다. 9) 이유립(1907 - 1986)은 1919년 13세에 환단고기를 암송해 전수하였고, 1948년 평북에서 초간본을 가지고 청주로 탈출하고, 1965년 대전 대흥동에서 커발한 잡지를 발간하면서 제자를 가르쳤고, 계연수가 경신년까지 기다렸다가 책을 출간하라 하여 1980년 3월 환단고기를 출간하였다.

3. 한국 고대사의 실재

환단고기는 지금의 파미르 고원에서 시작된 마고 시대부터 말하고 있다. 마고 시대는 BC 7만 – BC 7천년 동안 북극성과 북두칠성 신앙을 가지고, 수미산에서 여신 삼신할멈이 다스린 성곽국가였으며, 말기 이동하여 황하유역 황하 문명의 화하족과 요하유역 요하 문명의 동이족이 되었다고 한다. 이후 BC 7197년 환국시대의 12개국이 바이칼호 주변으로 이동하여 역사 시대가 시작된다. 이때 북으로 투르크족의 유럽 이동과 남으로 수메르족의 메소포타미아 이동, 동으로 이족의 몽골, 만주, 요하로 이동한다. 이에 대해 김정민은 카자흐스탄의 신화와 언어를 연구하면서 카자흐스탄의 역사와 환단고기가 일치함을 설명한다. 즉 고대 12개 환국의 존재와 탱글리 천신사상이 일치하는데, 하늘의 천신 탱글리가 여자 인간의 몸으로 태어나 나라를 다스리고 죽어 승천하였다는 신화가 동일하고, 탱글리는 단군, 퉁구스는 구이족을 말하는데 무속과 3수와 신간수 등 풍습과 언어가 일치한다는 것이다. 그 중에 하나인 수미국은 수메르 문명을 말하고 사르곤왕의 상투와 왕관의 나무줄기 3개의 유물은 동방의 전통 문화를 이어받은 것이라 하였다. 환단고기에는 BC 3897년 백두산 신시에 배달국을 세우는데, 중국 사서에 나오는 동이, 동호, 훈족, 선비, 청구라는 이름으로 전해지고, 특히 훈족의 후예인 흉노에 대하여 사기 흉노전에 나타나는 탱글(하늘)과 고도(아들)의 삼신, 3수 문화, 삼경정치(천자, 좌현, 우현), 일월과 용봉 숭배 사상은 단군의 전통을 이은 것이고, 중국의 황제 헌원과 탁록 대전투를 벌인 치우천황은 배달국 14대 왕이라고 말한다. 그리고 중국의 기원인 복희씨, 신농씨, 황제 헌원은 동이족으로 단군의 후예로 보고 있다. 이후 BC 2333년 단군이 조선을 세워 지금의 하얼빈 중심에 삼한의 총국이었던 진조선, 갈석산 주변의 숙신, 동호, 예맥이 세운 고조선인 번조선, 한반도의 마한인 말조선 등 삼한을 이루었다고 한다. 단군은 왕을 뜻하는 용어로 1대 단군왕검부터 47대 단군고열가까지 단군의 계보를 제시하고, 단군 1왕국은 송화강 아사달(하얼빈)에서 1048년을, 2왕국은 백악산 아사달(장춘)에서 860년을, 3왕국은 장당경 아사달(개원)에서 188년을 지냈다고 한다. 1대 단군왕검은 제정일치와 3수 원칙의 국가를 담당하고, 16대 단군위나는 영고탑을 세워 단군왕검을 모시고, 22대 단군색불루는 8조법을 완성하고, 35대 단군사벌은 일본 큐슈를 정벌하고, 44대 단군구물은 빈란을 평정하고 진조선을 대부여로 국호를 고치고, 47대 단군고열가는 산신이 되어 고조선을 해모수에게 넘겨 북부여로 계승되었다고 한다. 단군조선을 계승한 북부여에서 해모수의 차남인 고진이 고리국을 세웠고, 해(고)모수가 유화부인을 통해 고주몽을 낳아 고구려를 세웠고, 4대 고우루 때 한무제가 침입해 고두막한이 막아내며 왕위를 이었고, 이때 고(해)우루의 아들 해부루는 동부여를 세웠다. 동부여는 후에 고구려에게 망하고, 일부가 백제를 거쳐 일본으로 가서 야마토 정권을 세웠다고 한다.

4. 환단고기의 비판

그러나 우리나라 역사학계는 환단고기를 위서로 단정하고 재야 사학자들의 다음과 같은 주장에 대해 반박하고 있다. 1) 역사학계는 스승(이병도)의 말을 거역하지 못해 늘 같은 주장을 되풀이한다고 하여 이병도의 대동강 중심설이 일제의 학설을 답습한 것이라고 하는데, 이는 고려시대로부터 내려온 유구한 지론이라고 반박하였다. 2) 역사학계는 사대주의에 물들어 있다고 하여, 역사학자들이 어떤 나라를 섬기면서 그 나라의 비위에 맞춰서 학문을 연구한다는 말인데, 학자적 양심에서 가능할 수 없는 것으로 이는 스승이 없어진 상황에 그 영향을 일제의 사대주의로 연계한 주장이라고 반박하였다. 3) 우리나라의 역사가 세계에서 가장 오래된 기원을 갖고 있어야 하고 전 세계를 아우를 수 있는 거대한 영토를 지니고 있어야만 가치가 있다고 여겨, 역사학계가 자랑스러운 한민족의 역사를 은폐하고 자학사관을 펼치고 있다고 주장하는데, 이는 유아적 발상으로 역사학은 인간들의 과거를 연구하는 학문이지 영토와 시간에 따라 가치가 생겨나는 것이 아니라고 반박하였다. 이들의 주장을 비판하면 1) 출처가 불분명한 책을 증거로 내밀고 이를 자의적으로 사용하고 있고, 2) 환단고기는 고대로부터 내려왔는데 원본은 분실되었고 간신히 한권이 남았다는 식의 유래를 주장하고, 3) 고대의 조상들이 천하를 다스렸고 역사상 유례가 없는 강대국이었다고 자의적으로 해석하고, 4)

일본과 중국이 자국에 유리하게 역사를 왜곡 조작하는데 우리만 정직하게 하는 건 손해 보는 일이라고 하며 환단고기의 환상적인 고대사에 매몰되어 자신들은 신채호로부터 내려오는 민족사학의 후예이고 역사학계는 이병도에서 비롯된 식민사학의 계승자라고 주장하고, 5) 환단고기의 내용이 복음같은 존재가 되어 고대 역사에 대해 신앙적으로 접근해 비이성적인 판단을 하게 되었다고 비판하였다. 환단고기가 위서인 이유는 1) 계연수, 이유립 등이 말하는 책의 출처가 미흡하고 문서의 원본이 없고, 2) 산업, 문화, 인류, 평등 등 근현대적 용어를 사용하고 있고, 3) 고려와 조선시대 사서나 중국 사서에 환국, 배달국 등의 역사적 개념이 나타나지 않고, 4) 다른 사서(삼국사기, 삼국유사)의 내용과 일치하지 않고, 5) 조선 후기 실학자의 문장과 유사하거나 일제시대 한국통사의 일부를 가필한 흔적이 있어, 20세기 한민족의 우월한 역사를 강조하고 민족적 자긍심을 고취하기 위한 목적으로 만들어졌을 가능성이 높아 역사서라기보다 종교 경전으로 보아야 한다는 것이다.

5. 환단고기의 인식

최근 환단고기나 중국 문헌과 고고학의 연구 등을 통해 우리나라 고대사에 대한 자료가 많이 발견되어 한민족의 기원과 영역 등에 대해 가설을 세우는 재야사학의 주장이 확대되고 있다. 이는 최근 고고학의 발전을 바탕으로 한 유적 발굴과 DNA를 통한 유전자 정보의 확대로 과거 제한적 연구에 의한 고대사를 재해석하려는 노력으로 발전하여, 사실과 자료 부족으로 이를 거부하려는 강단사학의 주장에 반대하며 역사학적 논쟁이 깊어지게 되었다. 필자는 고대사의 진실을 밝히려하기 보다 그러한 자료를 통해 남겨진 우리 민족의 마음의 기록인 정신세계를 찾아보려고 하였다. 물론 역사적 사실까지 정확하게 알아 과거를 통해 우리를 바로 알면 좋겠지만 그렇지 못할지라도 새로운 연구물인 주변 사서와 고고학적 성과, 유전자 정보 등의 첨단 과학적 자료들과 연계해 우리의 정체성을 찾아보려는 새로운 시도라고 이해하면 될 것이다. 즉 우리 민족은 고대에서부터 하늘을 섬기고 태양을 숭배하는 생명력이 강한 민족이었으나 점차 남방 농경 민족의 강력한 국가인 중국에 의해 세력이 약화되었다는 전체적인 흐름이 환단고기의 기록들과 거의 일치한다고 한다면, 환단고기는 그동안 실종된 고대사의 가설 중에서 우리 민족의 정신세계를 찾고 확인하는 중요한 자료로 활용될 수 있을 것이다.

6. 환단고기가 말해주는 한국인의 정신

환단고기는 한국인의 정신세계에 대해 다음과 같이 말해주고 있다. 1) 삼성기 상편과 단군세기 기록에 보이는 홍익인간 정신이다. 환웅이 신시 배달국을 건국할 때, 널리 인간을 이롭게 한다는 홍익인간의 이념을 국가 통치 원리로 삼았고, 단군왕검이 조선을 건국하며 홍익인간을 국시로 선포하였다. 2) 삼성기 상편의 기록에 보이는 천손 신앙이다. 환인의 뜻을 받은 환웅이 하늘의 자손으로 태백산 신단수 아래로 내려와 배달국을 세웠고, 단군왕검도 환웅의 아들로 천손으로서 지상 세계를 다스렸다. 3) 태백일사의 기록에 보이는 삼신 사상이다. 우주의 근본 원리인 만물을 창조하고 존재하게 하는 조화, 인간에게 도덕과 지혜를 가르치는 교화, 세상을 다스리는 치화로 삼신을 제시하여, 환웅은 삼신의 뜻을 받들어 나라를 다스렸다. 4) 태백일사와 단군세기의 기록에 보이는 선도 사상이다. 선도는 인간과 신이 합일하는 수행 방법이고, 단군왕검도 도를 닦아 신선과 같은 존재가 되었다고 하여 선도는 한국 전통의 수련법(기공, 명상, 단학 등)이 되었다. 5) 삼성기 상편과 단군세기의 기록에 보이는 자연과의 조화 사상이다. 환웅이 천부인을 가져왔던 것은 하늘과 인간과 자연의 조화를 의미하며, 농경을 기반으로 풍수리지, 제천의식 등 자연을 신성시하였다. 이러한 정신세계는 한국인의 특징이 되어 이후 이어지는 우리나라 역사에서 꾸준히 계승되면서 각 나라와 시대마다 종교와 문화, 정치와 생활 속에 그대로 반영되었다.

7. 결론

 1980년대 등장한 환단고기로 인해 역사학계는 고대사 논쟁이 더욱 심화되었다. 일반 대중들은 이를 통해 찬란한 한국의 고대사에 대한 기대로 흥분을 감추지 못하였지만 역사학계는 일제시대 민족주의적 감정에 의해 집필된 위서로 단정 지었다. 필자는 환단고기가 주장하는 역사적 사실에 대한 내용보다 그 내용에 실려있는 한민족의 정신세계를 추적하였다. 그것이 진서이든 위서이든 환단고기의 기록 속에는 우리나라의 역사가 처음 시작하면서 발전해 오는 과정에서 형성된 민족정신이 깃들여 있기 때문이다. 환단고기는 고대 기록의 부재, 언어와 문체의 문제, 다른 사서와의 차이 등 사료적 신뢰성에 문제가 있어 일제시대 식민사관을 극복하기 위한 노력으로 나타난 민족주의 역사책으로 간주되고 있다. 그러나 역사학계도 단군 신화나 한민족의 독자적 기원을 연구하는 참고자료로 활용하기도 하고, 중국의 동북공정의 역사 왜곡에 대응한 한민족의 독자적 역사를 주장하는데 활용되기도 한다. 특히 최근 홍산문화와 동이문화에 대한 고고학적 연구와 유전자 연구 성과와 연계하여 역사적 사실을 증명하려고 하여 그 기대가 커지고 있다.

 환단고기에 나타난 우리 민족의 정신세계는 홍익인간 정신, 천손 신앙,

삼신 사상, 선도 사상, 자연 조화 사상으로 대표되는데, 이후 이것들이 우리나라 역사와 문화에 계승되어 한민족의 특징이 되었다. 널리 인간을 이롭게 한다는 홍익인간 정신은 한민족이 따뜻한 정으로 평화로운 삶을 영유하였음에서 알 수 있고, 하늘님을 믿는 천손 신앙은 우리나라 사람들이 천신신앙과 선민의식으로 깊은 영성과 종교심을 갖고 있음에서 확인되고, 삼신 사상은 한국인들이 3이란 숫자를 중시하고 이를 중도와 화합의 정신으로 발전시켰음에서 알 수 있다. 선도 사상은 지금도 한국인들이 신과 인간의 연합과 자연을 소중히 여기는 마음에서 확인되고, 자연 조화 사상은 우리나라 사람들이 모든 삶의 방식에서 자연에 순응하고 연합하려는 생각과 행동에서 알 수 있다.

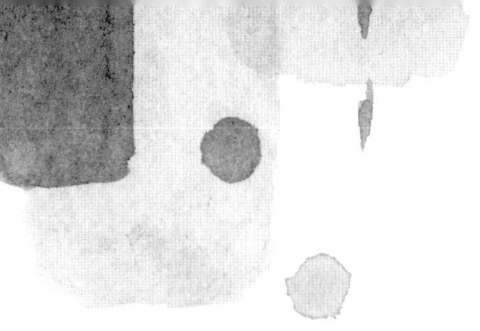

03
중국보다 앞선 한민족의 시원 문명, 홍산문화

　우리나라 최초 국가 고조선과 홍산문화와 서로 무슨 관계가 있을까? 최근 고고학과 과학의 발달은 과거 유적과 유물의 발굴과 해석에 커다란 변화를 가져왔다. 중국과 내몽골 적봉 지역의 사막 주변에서 대대적인 발굴이 이루어져 중국의 황하문명보나 2천년 앞선 홍산문화를 포함한 요하문명이 있었다는 사실이 드러났다. 이에 의하면 요하문명에서 중국 최초국가 상(은)나라와 우리나라 최초 국가인 고조선이 갈라져 나왔다고 하여, 중국이 주장해 온 화하족의 시원이 동이족이었다는 말이 된다. 이에 중국은 현재 중국 영토 내에 있는 고대 유적과 과거의 국가들도 모두 중국이라고 하는 동북공정을 발표해, 자신들의 시원을 재조정하고 주변 국가의 역사를 자국의 역사라고 주장하였다. 이에 우리나라는 홍산문화에서 출토된 유물을 분석하여 홍산문화가 고조선의 시원이 되고 동이족 문화, 고조선 문화인 것을 증명하여 한국의 고대사를 새로 쓰고 있다. 홍산문화의 발굴과 이를 받아들이는 중국과 우리나라의 역사인식을 소개하고 요하문명이 세계 4대문명지에서 이들보다 앞선 제5의 문명지로 인정받아야 하는 과제를 던져본다.

1. 홍산문화의 발굴

홍산문화는 1935년 홍산(내몽골자치구 동남부 적봉시)의 홍산후에서 일본 학자에 의해 처음 발견된 후, 1980년대 본격적으로 발굴되었는데, 서로 요서의 시라무렌하와 산간 지대(대릉하, 소릉하)를 중심(건평, 조양, 적봉)으로 북의 내몽골 초원, 동의 서안, 남의 발해만과 화북평원 북부를 포함한다. 중국은 1984년 10월, BC 3500년 경 요하 일대의 신석기 문화인 홍산문화 발굴과 함께 새로운 문명의 시작이라고 대대적으로 발표하였다. 이에 중국은 자기들의 시원인 황제족의 문명이라 하여 중국 문명의 기원을 동북아시아까지 확장한 중요한 단서로 삼으려 하였고, 우리나라는 곰과 연결해 대륙을 지배한 우리 민족의 위대한 과거로 이후 비파형 동검, 고인돌, 옥기의 청동기 문화와 함께 동이족의 기원이라 하여 갑론을박하고 있다.

홍산문화는 시기적으로 BC 4500 – BC 3000년경 있었던 신석기 시대 후기 문화로 주요 유적지는 초기부터 후기까지 나타난 우량하 유적이 홍산문화의 중심지로서 초기 주거지, 중기 제단과 신전, 후기 피라미드 무덤과 옥기 등이 발견되었다. 중기 단계의 흥륭와 유적은 집터와 토기 등 초기 농경사회의 특징을 나타내고, 후기 단계의 흑두구 유적에서는 의례와 제사 흔적이 발견되었고, 사방보 유적에서는 무덤과 집단 거주지가 발견되었다. 이것이 BC 2000 – BC 1500년 경의 청동기 문화인 하가점 하층문화로 이어지는데, 홍산문화 유적지에서 제사 유적과 옥기 중심의 종교적 의례와 피라미드 무덤, 성곽과 대규모 집단 거주지, 초기 청동기 유물과 무기가 발견되었다는 것이다. 중국은 홍산문화를 중심으로 발굴된 모든 문화를 통틀어 요하문명이라 하였다.

홍산문화의 대표적인 유적지는 요녕성 조양시 일대의 신석기 시대 후기의 우하량 유적이다. 시베리아보다 2천년 앞선 시기에 우하량 지역에서 북방 일대 신석기, 청동기 묘제를 대표한 적석총과 함께 석관묘가 발굴되었다. 우하량문화는 홍산문화의 가장 중심적인 성소였다. 커다란 여신상 17기가 발굴되고 동북아 최초의 신전이 발굴되었다. 이곳에서 발굴된 여신묘, 원형제단, 적석총의 삼위일체 구조는 몽골, 만주, 한반도에 연결된 문화의 시원으로 간주된다. 이 문화의 주요 특징은 옥수수와 콩, 기장을 재배한 신석기 농업 중심 정착 사회이고, 또 주변 지역에서 발굴된 용모양의 옥, 비파형 옥기, 옥반지 등 정교한 옥기 문화와 석조 피라미드 형태의 제단과 신전, 여신묘와 여신상을 포함한 종교적 의식의 제사 유적 등이다. 이곳의 태양 숭배 및 조상 숭배와 관련된 유물들은 그 전문성으로 보아, 당시 여신 신앙을 바탕으로 한 공동체가 형성되었고, 당시 직능에 따른 분업이 존재한 선진문화이고, 최고 권력자와 종교가 결합한 제정일치의 통치 조직을 갖춘 초기 국가 형태로 문명의 단계에 진입했음을 말해주고 있다. 이는 중국의 황하문명과 장강문명보다 2천년 앞선 문명으로서 요하문명의 발견은 세계 4대 문명지보다 앞선 새로운 문명지로서의 의미를 갖는 사건이었다.

2. 홍산문화와 우리와의 관계

홍산문화 중에 BC 5천년경 신석기 주거지 57기가 발굴된 사해 유적지에서는 용의 형태로 늘어놓은 용 돌무더기와 빗살무늬토기가 발굴되었다. 빗살무늬토기는 제작방법과 태토에서 우리나라 것과 유사하다. 빗살무늬는 북방 시베리아를 거쳐 만주와 한반도에 분포되어 있어 중국과는 전혀 관계가 없는 유물이다. 또 같은 시기의 유적지인 흥륭와 유적에서 신석기 주거지 150기가 발굴되었다. 이곳에서는 주로 옥이 많이 발굴되는데 우리나라 압록강 하류의 수암 지역에서 생산되는 옥과 같다고 한다. 옥의 형태에서도 우리나라 강원도 고성의 문암리 옥과 동일하다. 또 암각화도 많이 나타나는데, 우리나라 암각화가 분포된 경상북도 암각화와 유사하여, 원심형은 함안 도항리 암각화와, 방패형은 포항 칠포리 암각화와, 검파형은 울주 천전리 암각화와 동일하다. 홍산문화를 포함한 소하서, 흥륭와, 사해, 홍산, 소하연, 하가점 문화는 만리장성 위에 위치한 요하문명의 중심지이다. 홍산문화에서 발견된 성자산성 등 70여개 성들, 옥 장식을 한 무덤의 주인공들을 통해 추측할 수 있는 것은 산성을 관리할 만한 지배력이 있었고, 옥을 숭배한 제사장과 지배자가 있었고, 옥을 제작할 만한 전문적 장인 집단이 있었을 것인데, 이러한 기능 분화와 지도자가 있었던 것은 당시 국가 체제가 이루어졌음을 알 수 있고 기록상 당시 이 지역의 정치 세력인 고조선과 연결됨을 추측할 수 있게 된다. 홍산문화에서 발굴된 곰발 조형물과 곰뼈, 옥의 웅룡 모양을 통해 알 수 있는 곰 숭배사상, 옥도장과 옥검 등 옥 문화, 삼신문화와 연결된 우하량 3단 천원지방의 원형 제단, 용 돌무지와 봉형상 그릇의 용봉 문화, 이 지역의 비파형 동검의 분포, 적봉 삼좌점 산성에 적석으로 쌓은 제단, 중국의 토광묘와 다른 피라미드 적석총 무덤 문화, 각 성마다 고구려 성의 특성인 치성의 발견, 요서지역 고대인들의 두개골 60%가 고화북형이 아니라 고동북형이라 것, 기록상 연나라 장수 진개가 고조선 서방을 공격해 2천리를 취한 지역인 연산 지역에서 나타나는 적석총과 비파형 동검 등은 동이족의 문화, 고조선 문화를 증명하는 것들이다.

고대 인류가 자연재해와 홍수를 피해 고원지대인 파미르고원에 모이면서 이곳이 인류 문명의 시원이 되었고, 하늘을 섬기는 샤먼의 지도력 하에 공동체를 이루어 인구가 급증하게 되자 사방으로 이주해 남으로 인더스문명, 서로 메소포타미아문명, 동서로 황하문명, 북으로 바이칼호로 이동한 후 동으로 해가 뜨는 신성한 곳을 찾아 만주와 아메리카 대륙의 원주민으로 정착하게 되는데, 이때 몽고와 만주로 이주한 이들이 요하문명을 이룩한 한민족의 조상이 되었을 것이다. 이는 과거 기록인 환단고기에 나오는 환인이 세운 환국, 환웅이 세운 배달국, 단군이 세운 고조선과 대체로 일치하는 이주 과정이다. 이 과정에서 나타난 특징인 1) 샤먼의 세력에 의한 하늘의 영물인 새와 하늘의 태양신과 연결하는 신앙을 표현한 삼족오 숭배, 2) 나무에 천을 매달아 하늘을 향한 염원을 나무로 솟대를 세운 신목 신앙, 3) 모든 문제를 하늘과 연계해 기도하고 하늘과의 중재자인 샤먼의 역할을 강조하는 민간 전통의 무속 신앙, 4) 투르크, 흉노, 몽골, 만주, 한반도, 일본의 고대 언어에서 나타나는 모음 중심의 교착어이고 주어 목적어 서술어 순으로 자기와 대상의 관계를 중시하는 알타이어의 특성을 나타내는데, 이것들은 우리 민족의 뿌리인 고조선 문화와 일치하고 있다.

3. 요하문명에 대한 중국의 반응

1935년 홍산문화의 발견 이후 중국은 자신들의 문화적 특성과 다른 유물 유적의 발굴이 확대되자 유적지를 숨겨 오다가, 1984년 동북공정이라는 이름으로 새로운 문명으로 과감히 발표하였다. 삼황오제와 55개 소수민족의 역사를 중화의 역사로 편입하면서 요하문명을 중국의 또 다른 문명의 기원으로 주장한 것이다. 즉 여신묘의 곰의 발 조소 파편에서 보이는 곰 장식 유물은 사기에 황제가 세운 나라의 유웅씨와 연결되고, 중국의 시원 황제가 남방의 치우족, 염제족과 전쟁한 탁록인 하북성 장가구시에서 발굴된 채색토기는 남방과의 교류로 이루진 것으로, BC 3000년 메소포타미아문명과 대등한 중국 최초의 문명이라고 주장하였다. 중국은 이 문명은 중국 시원인 황제가 다스린 문명으로, 과거 전설과 신화적 인물인 황제를 역사로 끌어 들이는 증거가 되었고, 중화삼조당을 지어 중국 조상을 대표하는 황제와 염제 이외에 소수민족 조상으로 동이족이었던 치우를 모심으로 3조를 섬기게 되었다. 이는 중국이 요하문명의 발생지가 황제의 땅이라는 논리를 수립하고, 중국의 현 56개 민족이 하나가 되는 문화의 융합을 주장한 것으로, 동북아시아 전체 역사를 자국의 역사로 재편하려는 의도를 나타낸 것이다.

4. 결론

홍산문화의 발굴은 역사에서 '같은 문화, 다른 시각'의 전형적인 사례이다. 중국 국경인 만리장성을 넘어서 내몽고 적봉 지역을 중심으로 나타난 홍산문화의 용모양의 옥 조각, 제단, 돌무덤, 신전 등 문명 단계에 도달한 유적 발굴 결과에 대해, 중국은 중화의 기원인 전설 속의 황제가 이끈 문명으로 중국의 기원을 5천년으로 상향 조정하고 현 중국내 모든 역사는 중국의 것이라는 동북공정과 연계하여 주장하였고, 한국은 중국 문명이라기 보다 만주와 한반도에 걸친 다원적 문화이자 독자적 문화로 그 유적과 유물의 특성상 동이족, 고조선 문화로 해석하고 있다. 역사는 승자의 기록이라는 말이 있듯이 지금 강대국인 중국은 동북공정의 왜곡된 역사를 진리인 냥 승자의 입장에서 주장하고 있다. 즉 홍산문화 발굴로 중국은 자신들의 고대를 세운 화하족이 요하의 동이족이었다는 증거가 나오는 고고학적 위기를 극복하기 위해 자신들의 시원을 요하문명으로 올리고 신화 속에 있었던 황제와 염제, 신농씨 등을 역사로 인정하며, 이후에 형성된 황하문명의 상(은)나라가 이를 계승하였다고 주장하고 있다. 이는 중국 한족의 문화 다원론과 천하 화이관을 중심으로 하는 다민족국가론을 내세워 현재 중국 영토 내 한족과 55개 소수민족이 과거로부터 하나의 중국 역사였다고 주장하는 동북공정 프로젝트를 합리화하고 있는 것이다.

그러나 최근 주변 사서 분석, 인종의 유전자 연구, 고고학 연구에 의하면 중국 문명과 또 다른 문명임이 증명되고 있다. 발굴된 유적지에서 나타나는 유물인 여신묘와 여신상, 원형제단, 암각화, 피라미드식 적석총, 성곽의 구조, 빗살무늬토기, 용봉, 옥기, 비파형 동검 등은 그 유물이 만주와 한반도에 걸쳐 나오는 유물의 재료나 형태와 동일한 것이 많아 한민족의 기원으로 주장할 만한 것이다. 뿐만 아니라 중앙아시아로부터 이어진 천신 신앙의 문화, 삼족오와 솟대 등 신목의 숭배, 하늘의 중재자인 샤먼의 중시, 어순이 같은 알타이어 사용 등 공통적인 문화 형태를 지닌 것이 중국의 문화와 다른 고조선의 문화인 것을 증명하고 있다.

04
고대 동북아시아를 아우렀던 주인공, 동이족

　고대 중국 문헌에 나타난 동이족이 요하 지역에서 발굴된 홍산문화의 주인공이라는 증거가 있을까? 고대 동아시아 문화권을 동이 문화권이라고 한다. 동이는 중국 중심의 화이관에 따라 중국 주변의 동쪽 오랑캐를 지칭한 용어로 동쪽에 사는 활을 잘 쏘는 사람이라는 뜻으로 알려졌지만 원래 갑골문에서 보면 예의 바른 큰 사람을 뜻하는 한민족의 기원이 되는 종족이다. 초기에는 산동지역의 부족을 포괄적으로 이(夷)로 불려졌다가 점차 동이라하여 만주와 한반도에 거주한 집단을 가리키게 되었다. 동이의 기록을 추적해 보고, 과거 홍산문화의 유적과 고대 우리나라에 대한 문헌 속의 동이가 중국과 어떻게 다른지를 통해 한국인의 특징을 살펴보고자 한다.

1. 중국 사서에 이(夷)의 등장

이는 상(은)과 주나라 주변 사방의 이민족에 대한 통칭으로 사이(四夷), 제이(諸夷)라 부른데서 기인한다. 춘추시대까지 동이, 서이, 남이 등과 같이 주변의 이민족을 모두 이라고 부르다가(시경), 전국시대 이후 중국 중심의 화이관이 형성되고 주위 이민족에 대한 식별력이 늘어나면서 동이, 서융, 북적, 남만 등 방위에 따라 구분해 부르게 되었다.(예기) 이는 BC 1300년대 상나라 후기 갑골문에서부터 나타난 이와 시(尸)를 서로 바꾸어 썼는데, 이는 두 글자의 소리와 뜻이 같아 죽은 사람, 키 작은 사람, 꿇어 앉은 사람, 산동지역의 종족 집단을 가리키는 말로 쓰여졌다. 원래 이는 평화와 온유함을 뜻하면서 갑골문에서도 인(人)과 이(夷)가 동일하게 사용되었다. 뒤에 화살(失)에 줄(絲)이 붙어 조(弔)자와 비슷한 모양의 이(夷)자가 생겨나면서 구별되기 시작하여 설문해자에서 夷자를 大와 弓의 결합으로 보는 설이 생겼다. 그러나 그전까지 중국 고문헌에 나오는 이는 춘추전국시대 공자가 말하는 이적, 구이, 예이로 노나라와 제나라 주변인 산동성, 강소성 북부에 거주하던 종족이었고, 중국학계에서는 선진시기 산동지역과 관련된 역사적 개념으로 혹은 일부 중국의 시원과 함께 사용한 말이었다. 이후 진나라가 통일하고 1세기 반고의 한서에서부터 요동 동쪽의 주민집단을 동이로 서술하기 시작하였고, 후한 때부터 동이의 실체를 예, 맥, 예맥, 한이라고 파악하였다. 3세기 진수의 삼국지, 후한서와 위략에 동이전이 나타나면서 부여, 고구려, 예, 옥저, 읍루, 삼한, 왜인으로 인식하였다. 결과적으로 동이란 용어는 중국 중심의 화이관이 투영된 주관적, 포괄적인 개념으로 선진시대에는 산동의 동이로, 진한시대 이후에는 요동의 동이로 불리워졌고, 우리나라는 이를 모두 포함한 동이족으로 불렀다. 이로 1970년대 이후 국정 국사 교과서에 우리 민족의 기원을 산동지역의 동이족과 연결해 만주와 한반도로 이동하였다고 서술하였고, 1987년 국정 국사 교과서에는 동이족의 분포를 산동지역부터 한반도까지 연결해 하나의 범위로 표시하여 우리 민족이 산동의 동이족과 같은 계통일 뿐만 아니라 고조선의 범위가 동이족의 지역 내에 있는 것으로 표시하게 되었다. 이는 고대 사회가 오늘날처럼 국경선이 확정되거나 한 종족에 의한 지배가 아니었음을 나타내는 것이고, 특히 오랜 기간에 걸친 국가의 발전 과정에서 영역의 변화도 크다는 것을 감안한 조치이다.

2. 중국 기록의 동이족 문화

동이에 대하여 중국의 기록에 의하면 상서에는 '황하 동쪽에 거주한 집단으로, 농업과 수렵을 기반으로 활을 잘 쏘는 민족이고, 비교적 평화롭고 예의바른 민족이다', 주례에는 '사방의 이민족 중 동쪽의 민족이며, 개방적이고 문명화된 집단이다', 사기에는 '요순시대부터 중국과 교류한 민족으로, 주와 교류하며 문명을 발달시키고 예맥과 같은 부족이다', 후한서에는 '동이에 속한 민족으로 예, 부여, 고구려, 삼한이 있고, 동이의 위치는 만주, 한반도, 산동반도 일대이다', 삼국지에는 '부여, 고구려, 예, 맥, 삼한으로, 자연 숭배와 태양 숭배의 종교적 풍습을 갖고, 정직하고 예의바르고 도덕적인 민족이다' 등으로 기록되어 있다. 이를 통해 알 수 있는 동이족의 문화적 특징은 농업과 수렵을 중심으로 한 생활 방식을 가지고 청동기와 철기 문화를 발전시켰으며, 그 문화의 공통적 범위는 비파형 동검, 고인돌, 미송리식 토기의 유물들이다. 종교적으로는 샤머니즘을 바탕으로 태양 숭배, 하늘 숭배 등 자연 숭배적인 신앙 체계를 가졌다. 언어적으로도 고대 알타이어족에 속해 현대 한국어의 뿌리와 연결되며, 국가적으로도 우리나라 최초의 국가 고조선과 연결되어 그 후손들이 북에 부여와 고구려, 남에 삼한으로 그 정신과 문화를 계승하였다. 고고학과 DNA 분석으로도 동이족은 한민족의 기원에 깊은 관련이 있음이 밝혀졌다. 그러나 동이족은 단일 민족이 아니라 다양한 부족 연맹체로써 동북아시아 지역에 기반을 두고 한국, 만주, 일본 형성에 영향을 준 종족이었다.

3. 동이족과 주변 문화와의 관계

현재 중국내에 있는 이족, 라후족 등은 지금의 카자흐스탄 탱글리에서 유래한 강족의 후예로, 이족은 산동의 용산문명, 은나라의 갑골문자를 만든 중심 세력이었고, 문헌상 중국의 전설인 삼황오제의 태호 복희씨와 소호 김천씨, 중국의 시조 황제까지를 포함한다. 1899년 중국은 은허를 발굴하다가 일주일 만에 덮어버렸다. 이는 발굴된 두개골과 무덤 형태가 중국과 다르고, 궁궐의 방향이 중국식 남향이 아닌 이족의 고향인 동북향의 발해만을 향해 있었고, 특히 갑골문자의 한자 발음기호가 한국어였기 때문이라고 한다. 청말 임어당도 한자는 동이족이 만든 문자라고 말하여 중국의 원류가 동이족일 수도 있음을 밝혔다. 역사 속에서 동이는 시대와 상황, 활동 지역과 문화 성격이 시기에 따라 다르게 인식되고 이용되었다는 것을 알 수 있다. 동이는 고유명사로 특정한 종족 지칭이 아니라 한문화와 상대적인 문화 개념으로 중국 사서에 보면 은 건국시 이가 등장하고 주 건국이후 동이가 등장하면서 삼국지와 후한서에 등장하는 동이전에 와서 비로소 우리 민족이라고 칭하게 되었음을 알 수 있다. 그러나 중국은 한나라 이후 세상의 중심이라는 화이관을 갖고 요하의 요하문명(하가점 하층문화), 산동의 용산문명, 황하 중류의 앙소문명이 서로 다르긴 하지만 다지역 기원 문명론을 제시하여 그 지역을 모두 자신의 문화권으로 주장하고 있다. 과거 문화 분포는 폭이 넓었고 서로의 문화 교류가 미약하기에 비슷한 성향이라 할지라도 한 종족을 그 문화의 중심이라고 단정지을 때는 조심스럽다. 그러나 최근 문헌과 고고학과 유전학 등에 의해 서로 다른 문화적 특성이 밝혀진 상황에서 용산문화의 창시자인 구려와 그의 후손인 구이, 중국 최초의 국가인 상나라와 관련 깊은 동호, 예맥 등의 동이족이 사실 중원 문명의 창시자였으나 이들이 중국의 화하족인 주나라에 밀리면서 마치 외국인, 야만인으로 취급되어 불리워졌을 것이라고 해석할 수 있다.

4. 유적과 문헌을 통해 본 동이족의 이동(이기훈의 동이 한국사)

BC 6000년경 발해만 유역 흥륭와문화에서 발견된 빗살무늬토기는 이후 한반도로 이어지고, 이들 중 일부가 중국의 중원으로 이동해 BC 50세기부터 있었던 중국의 앙소문화를 정복하고 산동성의 BC 40세기부터 있었던 대문구문화를 계승해, BC 28세기 용산문화의 중심 하나라를 세우고, BC 23세기 청동기 하가점하층문화의 고조선을 형성하였다. 이들이 중국에서 말하는 동이로서 용산 문화로 이어져 하나라를 세운 세력이 구려족이고, 하가점하층문화를 형성한 세력이 구이족이다. 하나라의 시조 복희와 염제는 동이족의 문화인 북방계 순장과 점복용 뼈 등을 사용하였고, 이를 이은 상(은)나라도 흰옷과 고인돌을 사용하여 동이 문화권임을 알 수 있다. BC 16세기 서쪽에서 중국 화하족의 주나라가 중원으로 이주하면서 압박을 가해오자 BC 11세기 상(은)의 동이가 자신들의 옛 고향(고죽국)인 요서의 고조선으로 이동해 기자조선을 세웠고, 이때 단군조선은 요동의 장당경으로 이동하게 된다. 기자조선의 사람들은 은달력을 사용하고, 흰색을 좋아하며, 무릎을 꿇어 예의를 표(은허에 무릎 꿇은 인형 발굴)하고, 시조가 새의 알에서 태어나고, 순장과 음주 가무의 풍습 등 상(은)나라에서 부터 동이의 문화를 갖고 있었던 사람들이었다. 그래서 BC 10세기를 전후하여 요하 지방에는 상(은)에서 온 동이 맥족(돌널무덤 문화)과 이들에 밀려 요동 지방으로 이동한 동이 예족(고인돌 문화)이 상존하게 된다. 이들은 BC 7세기경 북방 유목민 흉노계 스키타이족(북방계 청동검, 세형동검)의 문화적 영향을 받고 BC 6세기 고조선이 연나라와의 전쟁에서 패하여 만주에 부여, 한반도 북부에 마한을 세우게 된다. 결국 BC 3세기 연나라 진개의 침입을 받아 기자조선은 한반도 마한으로 남하하고 이에 마한은 더 남쪽으로 이동하고, 또 일본 북구주에 청동기와 고인돌을 전파하였다. BC 206년 진나라가 멸망하자 연, 제, 조 나라의 백성들이 요동과 한반도로 이주하여 그중 위만이 평양의 기자조선 기준을 내쫓아 위만조선을 세위 막강한 힘을 발휘하다가 한에게 망하여 한군현이 설치되었고, 요동의 부여 예족은 한반도 남부로 이주하였다. 즉 당시 한반도 북부는 위만조선을 거쳐 한군현이 세워진 후 북부 예맥에 의해 부여, 고구려, 백제, 신라로 이어지고, 남부는 예족과 한족의 연합에 의해 삼한이 세워지게 되었다.

예맥은 만주와 한반도에 혼재해 살던 예족과 맥족을 통칭하는 족명이고, 예는 해와 해의 색인 흰 색을 뜻하며, 맥은 흰색 동물을 비하하는 말로 흰옷 입은 동이를 맥이라 불렀다. 부여와 고구려의 시조는 동명이고 고향은 고죽국으로 고리(구려, 구이)의 어원이 된다. 구이나 구려의 구는 태양 형상의 구부러진 고리를 의미하여 태양 고리를 찬 사람들을 뜻한다. 중국은 동이족을 태양이나 해라고 불러 해뜨는 곳의 큰 사람이라는 뜻이고, 중국어로 해를 이, 위, 후이, 워라 하여 부여는 해 혹은 해의 색인 흰색을 뜻한다. 이는 부여의 왕 해씨나, 부여를 계승한 백제의 왕족이 여씨라는 것과 상통한다. 백제도 백사람이 세운 나라가 아니라 밝은 해의 나라 박지에서 나온 것이고, 신라도 새롭게 떠오르는 태양과 태양을 맞는 새를 의미하는 사, 서에서 유래한다. 가야의 야는 중국어로 예로 읽는데 예는 해를 뜻하여 가야 역시 새롭게 떠오르는 태양의 나라를 의미한다. 조선도 동쪽의 햇빛이 밝은 곳으로 해석하고, 한도 태양이 떠오르는 환한 나라를 뜻하며, 왜도 예라는 말이고 일본도 태양의 근원을 말하여 이 모든 것이 태양을 숭배하는 풍습을 반영한 글자이다. 그리고 보면 고대 중국의 하, 상(은)나라와 한국과 일본이 동이 문화권에 속한다고 할 수 있는데, 동이문화를 자문화 중심적 역사 해석으로 편협한 우월주의를 내세우지 말고, 과거에서 현재까지 전 동아시아 사람들의 문화에 지대한 역할을 한 복합 문화로 받아들여야 한다.

5. 동이족 문화

동이 문화의 유물들은 주로 과거 고죽국이 있었던 산동, 발해만, 요서와 한반도에 분포되어 있다. 고죽국 사람들은 홍산문화에서 내려온 사람들로 상나라 사람들이 여기에서 남으로 내려가 중원을 장악했고, 상나라가 망하자 기자가 동천해 조선으로 갈 때 고죽국 사람들도 함께 이동했는데, 기원전 3세기 연나라가 침공하자 동으로 이주해 부여와 고구려의 지배세력이 되었다. 주요 유물로는 고배(예의 숭상), 복골(동물뼈 점침), 반달돌칼(기장과 쌀 농사)과 이후 비파형 동검, 미송리형토기, 고인돌 등이 있다. 이는 BC 8천년의 요하문명과 BC 5천년 앙소문명과 BC 4,300년의 산동에 동이 문화인 대문구문화와 연결된다. 이는 서요하 중심의 홍산문화의 유물들(여신상, 곰 턱뼈, 옥고, 온돌)과 연계되는데 바이칼호 동쪽 내몽고 지역에서 문명이 발달했으나 이지역이 점차 사막화 되면서 남으로 이동하게 된 것이다. 동이는 큰 활을 가진 사람이 아니라 예의 바른 큰 사람이라는 뜻이다. 이러한 동이 문화의 특징은 1) 무릎 꿇고 앉는 공손한 예절문화, 2) 고배 사용, 3) 머리뼈가 납작한 편두, 4) 최초로 악기를 발명해 비파를 처음 사용했다는 하나라 시조 복희씨는 동이족으로써 음악과 춤을 즐김, 5) 거북점과 동물 뼈를 사용해 점을 침, 6) 산동과 한반도에 분포된 고인돌 장례 풍습, 7) 동이와 흉노의 풍습으로 부여, 신라, 가야와 연계된 순장 풍습, 8) 알타이어계의 주어+목적어+서술어 순, 9) 오른쪽 옷깃을 왼쪽 옷깃 위로 올리는 좌임과 말타기 좋은 바지의 의복, 10) 북두칠성을 섬기고 상투머리를 함, 등의 공통적 특징을 가지고 있어, 우리나라 초기 고조선의 세력권이자 문화권임을 나타나고 있다.

6. 결론

원래 이(夷)는 평화와 온유함을 뜻하고 갑골문에서도 인(人)과 이(夷)가 동일하게 사용되었는데, 뒤에 화살(失)에 줄(絲)이 붙어 조(弔)자와 비슷한 모양의 이(夷)자가 생겨나면서 구별되기 시작하여 설문해자에서 夷자를 大와 弓의 결합으로 보는 설이 생겼다. 동이란 용어는 중국 중심의 화이관이 투영된 주관적, 포괄적인 개념으로 선진시대에는 산동의 동이로, 진한시대 이후에는 요동의 동이로 불리워졌고, 우리나라는 이를 모두 포함해 동이족으로 불렀다. 이에 1987년 우리나라 국정 국사 교과서에는 동이족의 분포를 산동지역부터 한반도까지 연결해 하나의 범위로 표시하여 우리 민족이 산동의 동이족과 같은 계통일 뿐만 아니라 고조선의 범위가 동이족의 지역 내에 있는 것으로 표시하게 되었다.

동이족의 당시 사회적 특징은 기장 중심의 농업을 한 청동기와 철기 문화이고, 공통적인 유물로 비파형 동검, 고인돌, 미송리식 토기가 나타난다. 종교적으로는 샤머니즘을 바탕으로 태양 숭배, 하늘 숭배 등 자연 숭배의 신앙 체계를 가졌고, 언어적으로도 고대 알타이어족에 속해 현대 한국어의 뿌리와 연결된다. 문화적으로도 중국과 달리 예절 문화, 고배 사용, 편두, 음악과 춤, 거북과 동물뼈 점, 고인돌과 순장 풍습, 옷 좌임, 북두칠성, 상투머리 등의 공통적 특징을 가지고 있어, 우리나라 초기 고조선의 문화권임을 나타내고 있다. 국가적으로도 우리나라 최초의 국가 고조선과 연결되어 그 후손들이 북에 부여와 고구려, 남에 삼한을 세워 그 정신과 문화를 계승하였다. 동이는 홍산문화를 이룩한 주인공으로 중심 세력은 요하 지역을 중심으로 문화를 이끌어 고조선을 세웠고, 일부는 중국 중원에 가서 중국 문명인 하,상(은)나라를 세웠는데 후에 중국 화하족인 주나라의 등장으로 동으로 이동하면서 요서의 기자조선, 요동의 단군조선, 한반도의 마한으로 이어졌다. 이후 중국 연나라와 한나라의 침입이후 고조선이 망하면서 요동에 부여, 고구려, 한반도 마한으로 계승되고, 한반도 북부에 위만조선, 한군현이 고구려에 복속되고, 한반도 남부에 삼한과 왜가 백제, 신라, 가야로 이어지게 되었다. 동이에서 계승된 국가들의 국호에는 동이 문화의 특징인 태양, 흰색 등을 포함한 이름을 짓고 있다.

05
한국 최초의 국가, 고조선의 실재

 단군이 한민족의 시조로서의 역사성을 갖고 있을까? 역사학계는 고조선의 상한 연도를 BC 10세기 진후로 보고 있다. 동북아에 청동기가 시작되었고, 비로소 중국 사서에도 등장하기 때문이라고 한다. 그러나 재야 사학은 민족주의에 입각해 삼국유사의 기록 그대로 BC 2333년에 세워졌고, 최근의 홍산문화를 중심으로 하는 고고학적 발굴과 환단고기와 주변 중국사서 분석을 통해 이를 증명하고 있다고 한다. 고조선에 대한 주요 이슈는 고조선의 시작과 강역이다. 이는 자료의 부족과 중국사서의 애매한 기록으로 인해 관점에 따라 다양한 해석을 했기 때문이다. 그러나 최근 의미있고 다양한 연구 성과가 나타나 새로운 관점에서 고조선을 보게 되어, 이를 소개하고 이를 통해 한국의 기원을 다시 생각해보고자 한다.

1. 고조선 논쟁

1974년 첫 국정 국사교과서가 간행되자 고대사 부분이 식민사관에 물들었다는 주장과 함께 국사찾기협의회를 통해 고대사 논쟁이 시작되었고, 1986년 민족사 바로잡기 국민회의로 확대되어 국회에서 국민적 역사 논쟁을 갖게 되었다. 그래서 이 시기 우리나라 상고사, 고조선에 대한 연구가 확대되면서 이병도계 주류사학에 비해 비주류사학자 윤내현, 북한 사학자 리지린의 고조선 연구 업적이 선을 보였고, 중국에서 요하 지역의 고고학적 발굴로 중국과 한국의 시원에 대한 연구가 활발해졌고, 또 재야사학은 환단고기를 내세우며 우리나라 고대사, 특히 고조선이 구체적인 역사를 가진 강대국임을 주장하고 민족적 신앙으로까지 발전하게 되었다. 이러한 상고사 연구의 학문적 고고학적 업적이 반영되어 주류사학에서는 국사 교과서에 고조선의 강역을 대동강 중심설에서 요동에서 평양으로 이동했다는 중심 이동설로 수정했고, 고대 중국 주변의 동이족의 영역을 확대한 지도를 제시하게 되었다. 또 주류사학계에서는 환단고기나 요하문명을 주장하는 재야사학을 유사역사학으로 반박하지만 국민들은 유구한 역사를 갖기 위한 노력으로 대중화에 힘쓰고 있다.

2. 고조선의 실존

고조선의 사실을 규명하는데 있어 일본학자들의 주장을 극복하려 하거나, 혹은 애국적 관점에서 허구적 논리로 대응하기보다 국내 문헌을 넘어 중국 문헌에 나타난 기록과 중국내 청동기 문화의 고고학적 업적을 통해 접근하려는 노력이 나타나고 있다. 고조선에 관해 우리나라에서 처음 나타난 삼국유사에서는 일연의 고조선조에서 인용한 인용문이 우리

측 기록인 고기보다 중국측 기록인 위서를 먼저 인용한 것은 고조선이 역사적 사실임을 인식한 것이다. 이는 그 위서의 기록보다도 당시 단군에 관한 사실이 중국에까지 알려질 정도로 전파되었다는 사실과 또 산동성에서 발견된 한나라시대 제작된 무씨사당 화상석이 단군기록과 90% 동일하다는 것을 통해 기록의 사실을 입증하였기 때문이다. 그러나 문제는 단군의 건국시기이다. 기존 연구에 따르면 기록대로 BC 2333년이라면 우리나라에서는 신석기시대에 해당되어 국가 형성 단계인 청동기시대가 아니기 때문이다. 그러나 곰 숭배를 기준으로 고조선을 고아시아족(웅녀)과 관련시켜 신석기시대 이후 알타이족(환웅)이 청동기를 들여옴으로 국가가 시작되었다고 추정한다면 신석기시대로부터 청동기시대로의 변화에 따라 종족의 변동이 있었다는 말로 타당한 연도가 될 수 있고, 요령지방의 청동기 유적인 하가점하층문화(풍하문화)가 BC 2000년에 해당됨으로 고조선의 건국 연대와 일치한다는 견해가 있어 역사성을 띠게 되었다. 혹은 우리나라 청동기를 BC 12세기로 보아 바로 기자조선이 시작되는 연대와 일치하여 기자조선 때 국가가 형성되었다는 의견도 있는데 기자에 대한 확실한 논증이 없는 상태에서 성급한 결론일 수도 있다. 고조선의 국가 형태도 삼국의 건국 초기의 형태(BC 1세기경)와 비슷하다고 한다면, 그보다 훨씬 오래 전에 건국한 고조선의 초기 형태는 혹자들이 주장하듯 방대한 영토를 차지한 국가일 수는 없을 것이다. 우리나라 청동기시대가 시작되어 국가가 건국되었다면 만주와 한반도에 걸쳐 그리 넓지는 않지만 수많은 국가들이 존재했을 것이고 고조선도 여러 국가들 중의 하나였을 것이다. 그렇다면 고조선은 현재 문헌상 알 수 있는 가장 오래된 초기 국가(성읍국가)였고, 그 후 주변의 여러 성읍국가들을 정복하거나 연합하면서 연맹왕국으로 발전하였을 것이다. 그 시기가 언제였는지는 밝히기 어렵지만 연의 전성기인 BC 4세기보다 이전의 어느 시기인 것만은 확실하다. 고조선의 사회발전 단계에 관하여는 빈약한 자료이지만 고조선의 왕호가 시대에 따라 단군왕검(하늘임금) - 한(한,칸) - 왕(중국식 왕호)으로 변천하였다. 단군은 제사장을 의미하고 왕검은 임금으로 해석될 때 단군왕검이 다스리던 아사달 사회는 신석기문화 전통을 강하게 지닌 초기 청동기사회의 신정국가로 성읍국가시대로 불러도 좋을 것이다. 한은 정치적 대군장을 의미하는데 중국인들은 이를 성으로 오인하여 한후, 한씨로 기록하고 있으나 시경의 한혁편에 의하면 연나라 주변에 예, 맥족을 다스리는 한후가 있었고, 이들은 중국 북부에서 대능하 유역으로 이동하여 정치적 통합을 이루어 적어도 BC 7세기 이전에 조선으로 이동한 것으로 보이는데 고고학적으로 비파형동검문화 분포와 일치하는 연맹왕국시대로 부를 수 있다. 위략에 의하면 BC 4세기경 조선후가 스스로 왕호를 칭하였다고 하는데 이는 철기문화의 수용을 바탕으로 한 고조선 왕국의 사회발전을 반영한 것으로 영역국가시대로 볼 수 있다. 이와 같이 고조선사는 성읍국가시대(단군조선) - 연맹왕국시대(한조선) - 영역국가시대(고조선)로 시대구분을 할 수 있다. 그러나 최근 홍산문화를 중심으로 한 요하문명의 발굴은 청동기 시대의 상한을 더 올리게 되었고, 몽골과 만주 일대의 동일한 문화권임을 증명하면서 고조선의 역사성이 조금씩 인정받고 있다.

3. 고조선의 강역

고조선의 위치 비정을 둘러싼 논쟁의 1차적인 원인은 기록의 부족과 중국 고문헌의 조선에 대한 모호한 기술 때문이다. 고조선에 대해 중국 문헌에 처음 등장한 시기는 선진시대 문헌인 관자에 '조선의 특산물이

호랑이 가죽과 짐승 모피로 만든 옷이고, 제나라(현 산동반도)에서 8천리 떨어져 있는 나라'라고 하였으나 사기 조선열전과 한서의 낙랑군 설치 기록을 모호하게 기술하여 고조선 강역에 대해 쟁점이 생겼던 것이다. 즉 수도 왕검성과 그 곁에 있던 열수와 요하, 국경인 패수의 위치에 대한 해석 차이로 대체로 대동강중심설, 요동중심설, 이동설로 구별된다.

대동강중심설은 지금까지 학계의 통설로 인정되었는데, 조선시대 사대주의에 입각한 견해이거나 식민사관에서 벗어나지 못한 의견처럼 적지 않은 비판을 받고 오해되는 경향이 있다. 그러나 삼국유사에서 일연은 고기의 기록을 인용하여 단군왕검의 도읍인 평양성을 현재의 평양으로 주석하여 고조선의 중심을 한반도 안으로 인식하였다. 또 조선시대에 들어와 단군이 역사적으로 실제한 인물로 재해석되었으나 조선전기 사서에서는 고조선의 중심지를 압록강 이남으로 비정하였고, 양난이후 상고사의 적극적 해석이 시도되어 부여, 고구려, 발해의 지리적 공간적 확대가 이루어졌으나 고조선 중심지만은 압록강 이남에 두었다. 17세기 중엽 정통론 체제에서도 안정복, 정약용, 한치윤도 고조선 이후에 영토를 확장하여 요서를 점령하고 연과 국경을 접했지만 그 중심지는 한반도 안으로 보았다. 이는 18세기 청의 만주원류고의 출현에 학자들이 민족주의적 발로에서 고조선의 중심지를 한반도에 비정한 것이라고 할 수 있다. 이러한 실학시대의 연구 성과를 토대로 체계화한 것이 이병도이다. 그는 한서 지리지를 토대로 아사달을 아직, 아침, 조선이라 해석하여 중국 전국시대 전후 중국 사서에 전하여지게 되었고, 한군현의 위치의 고증에 치중한 결과 평양을 백악과 아사달의 동일 처소의 다른 이름이고, 사기 조선열전의 패수를 청천강으로, 위략의 만번한을 박천강으로, 한서의 열수를 대동강으로, 고조선 후기 수도인 왕검성을 평양으로 보아 고조선의 강역을 평안남도지역으로 설정하였다. 또한 요동과 서북한 지역의 청동기문화인 지석묘와 석관묘, 미송리유형과 팽이형토기는 동일 계열의 묘제와 토기로 같은 계통의 주민 집단인 고조선 사람이 남긴 문화로 보았다.

그러나 1989년 이병도는 최태영과 함께 출간한 한국상고사입문에서 고조선은 지금의 난하상류 갈석 서쪽에서 한반도 청천강까지 이르는 대제국으로 여러 개의 연맹체적 부족의 제후국이라 하여 요동중심설을 내세웠다. 요동중심설을 처음 주장한 것은 응제시주의 저자 권람으로 낙랑을 압록강 북쪽의 유주로, 기자가 건국한 지역을 요동의 청주로 비정하였다. 이후 17세기 남인학자 홍여하의 동국통감제강에서 진번을 요양에, 험독을 요동에, 패수를 요하로 보았고, 신경준은 강역고에서 고조선의 서쪽 경계선을 요하 서부의 고죽국과 북경 북쪽의 상곡 동쪽으로 보고, 이익은 만주의 요동지역을 단군조선의 중심지로 보았다. 이는 북학파를 거쳐 1920년대 민족주의 사학자들에 의해 계승되었다. 신채호는 단군조선과 진, 번, 막 삼조선 분립시대 주무대를 요동과 만주로 비정하여 동이족의 중국내 활동을 부여족의 식민 활동으로 보았다. 또 만번한을 양평, 왕검성을 험독으로 해석해 요동을 해성으로, 패수를 해성 근처로, 낙랑군도 요동지역에 있는 것으로 보았다. 정인보는 고조선을 발조선, 진번조선, 예맥조선, 낙랑조선으로 파악하고 그 강역을 흑룡강까지로 이해하고 한사군에 대한 고증을 통하여 진번을 대능하 부근에, 현도는 우북평에, 낙랑은 요동 험독으로 고증하여, 단군조선과 부여를 역사의 주류에 놓는 체계를 세웠고, 동이족의 중국내 활동을 강조하여 고조선과 한사군의 위치가 한반도 밖에 있다고 하였다. 이후 1960년대 말부터 재야사학의 고기류(규원사화, 단군고기, 신단실기, 단기고사 등)를 통해 환인, 환웅, 단군 삼성의 실사화와 고조선 강역의 확대에 초점을 맞춘 연구에 열을 올려 문정창 등의 연구가 나오기도 하였다. 또 북한의 리지린의 고조선 연구는 사기 조선전의 합리적 해석을 통해 요동중심설을 정설화하였는데, 그는 요수를 난하로, 경계인 패수를 대능하로, 열수를 요하에 비정하고 왕검성을 개평으로 보았다. 또 갑골문자를 연구하다 요녕성 일대 청동기문화와 관련된 중국 문헌에 대한 이해를 확충시키며 고조선을 연구하게 된 윤내현은 고조선의 건국연대가 요녕의 청동기문화와 같고, 고조선의 강역이 서쪽으로 난하에서 남으로 청천강에 이르며, 종래 고조선의 후신으로 보았던 기자, 위만조선은 고조선과 관계없이 난하 근처에 있던 나라로 파악하고, 홍산문화의 하가점하층문화(풍하문화)를 고조선 문화의 기원으로 보았다.

중심이동설은 고조선의 초기 중심지는 요동에 있었는데 후기에 대동강유역으로 바뀌었다는 요동설과 대동강 중심설의 절충적 견해이다. 신채호의 「전후삼한고」, 김상기의 「한,예,맥이동고」 등이 그 선구적 업적이며, 고조선의 구체적인 역사와 관련하여 체계화하였다. 즉 종래 부정되던 기자조선을 동이족의 이동이라는 시각에서 재해석하여 기자족이 은주 교체기에 중국의 하북에서 대능하, 남만주를 거쳐 대동강 유역까지 이동하였다고 하였고, 요녕 청동기문화의 상한을 BC 12C로 보고 이것이 전설상의 기자조선의 개시연대와 일치한다는 점에 착안하여, 단군조선에 대치된 세력이 시베리아 청동기문화와 관련된 한, 예, 맥의 이동으로 파악하였다. 현재 국사 교과서에는 중심 이동설을 정설로 하여 서술되어 있고, 이는 과거 주류사학의 평양중심설을 극복하여 제시된 고조선 강역이 되었다. 최근 중국의 고고학적 연구 성과는 고조선의 상한과 역사성을 증명해주는 역할을 하고 있다.

4. 결론

고조선의 실존에 대해 이병도 중심의 주류 사학계에서는 자료의 부족과 조선시대까지의 전통적 해석을 인용해 단군을 신화로 보고 일반적인 역사 발전상 그 시작을 BC 10세기경으로 정하고, 그 강역도 수도 왕검성이 있던 열수와 패수의 위치를 청천강과 대동강으로 정하여 한사군의 위치도 평양 일대로 정하였다. 1980년대 들어서 민족사학자인 신채호 등의 연구를 재해석하고, 리지린, 윤내현 등에 의해 중국 사서를 폭넓게 연구한 결과물들이 쏟아지고, 특히 환단고기가 출간되어 단군의 실재가 역사화 내지 종교화되고, 중국에서 50년간의 고고학 발굴 결과로 요하문명의 실재가 발표되면서 그 중심지인 홍산문화가 고조선 문화권과 동일함을 증명하게 되어 단군과 고조선의 시원을 올려 잡고자 하는 운동이 벌어져 주류 사학과 재야 사학 간의 고조선 논쟁이 일게 되었다. 결과 요하문명을 동이족의 문화권으로 편입시키고, 고조선의 대동강 중심설이 요동에서 대동강으로 이동했다는 이동설로 정설이 바뀌게 되었다.

최근 이러한 연구 결과가 있기 전까지 고조선 연구도 나름 성과가 있었다. 산동에서 발견된 2세기경 제작된 무씨사당 화상석이 단군의 기록과 일치한다고 해석하고, 요하 지역에서의 청동기의 문화의 시작과 이후 비파형동검, 미송리식토기, 고인돌 등의 공통된 문화권이 이루어지고, 철기를 수용하면서 왕국으로 발전하였다는 국가 발전 단계가 제시되었다. 즉 단군조선은 신정일치의 성읍국가시대, 예, 맥, 한조선은 연맹왕국시대, 고조선은 영역국가시대로 시대구분을 하게 된 것이다. 그러나 최근 홍산문화의 발굴을 계기로 BC 40세기 신석기 문화를 시작으로 BC 25세기 초기 청동기 문화가 고조선 문화와 유사한 것으로 증명되면서 그 연도를 올려 잡게 되었다. 또 고조선의 강역에 있어서도 조선 사대주의 역사학의 영향으로 실학자들까지도 고조선 중심지를 압록강 이남, 대동강 중심으로 보았고, 일제 식민사학에서도 고조선은 중국 한과 일본 임나일본부의 식민지로 시작해 한반도 내 강역을 두었다고 주장하고, 이병도 중심의 주류 사학이 이를 수용하여 1980년대까지 대동강 중심설이 정설이었으나, 1989년 최태영과 이병도가 함께 출간한 한국상고사입문에서 고조선 중심을 요동으로 발표하고, 1920년대 민족주의 사학자들의 주장을 계승하고, 북한 사학자 리지린의 사기 조선전의 합리적 해석과 갑골문자를 공부하다 고조선사를 연구한 윤내현에 의해 요동 중심설이 확인되고, 홍산문명이 고조선 문화의 기원이라는 해석이 나오면서 고조선의 요동 중심설이 힘을 받게 되었다. 이에 주류 사학계는 대동강중심설에서 고조선이 요동에서 시작하여 점차 대동강으로 이동하였다는 이동설을 정설로 내세우게 되었다.

  한민족의 시원인 단군과 고조선이 신화가 아니라 역사적 실재임을 증명하는 것은 매우 중요하다. 1980년대 이전까지는 고조선의 실재에 대해 허구적 주장이었다는 것이 주를 이루었지만, 당시 폭넓은 문헌 연구와 고고학적 발굴 성과로 역사학계와 재야사학계의 고대사 논쟁을 거치면서 고조선의 실재가 조금씩 증명되기 시작했고, 우리의 시원인 고조선에서 부여, 고구려, 삼한으로 계승된 실제적인 역사의 흐름을 되찾게 되어 그나마 다행스럽다고 생각한다.

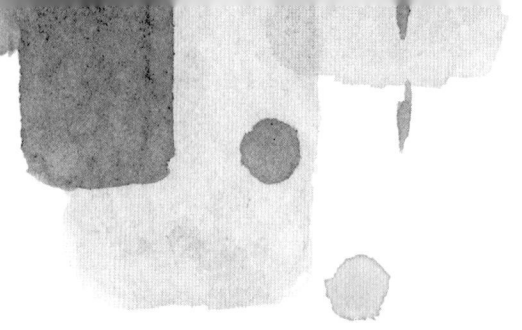

06
한국의 고대 국가 부여, 고구려, 삼한, 백제, 신라, 가야

고조선 이후 우리나라는 어떻게 계승되었을까? 그동안 고조선이 멸망하고 흩어진 사람들에 의해 고구려를 비롯해 삼국이 탄생했다고 전해져 왔다. 삼국을 세운 시조들에 대한 신화가 비슷하기도 하고, 시조 이름도 해모수, 금와, 동명, 구태 등 헷갈리기도 한다. 하늘의 아들이 내려와 나라를 세웠다는 공통된 설화로 같은 조상일 것이라는 추측을 할 수 있다. 그래서 고조선 이후 삼국이 아니라 열국 시대로써 고조선을 이은 부여의 역사를 추적하고, 고구려의 탄생과 가장 강력했던 광개토대왕의 기록을 살피고, 삼한에 대하여 신채호의 주장을 소개해 보고자 한다. 또 백제의 건국과 대륙 백제의 실제, 그리고 고대 일본 야마토 정권과의 관계를 살펴보고, 신라의 건국과 흉노족 김일제의 후손설에 대해 소개하고, 가야는 건국과 발전, 최근 발굴된 가야 고분군에 대하여 알아본다. 그래서 고대 삼국 문화의 특징을 비교함으로 고대 한민족의 역사와 문화를 계승한 한국인을 알아보고자 한다.

1. 부여

우리나라 최초의 국가인 고조선이 망하면서 이를 계승한 국가로 부여가 등장한다. 중국 측 기록인 후한 왕윤의 위략에 보면 부여의 시조는 동명으로 본시 고조선의 한 나라였던 북이의 탁리국(고리국, 색기국) 왕의 난생아로, 성장할 때 신비한 바가 많아 왕에게 용납되지 못해 기원전 3세기경 남으로 도망가 엄호수(송화강)를 건너 현 부여 땅에 와서 왕이 되었다고 한다. 이는 고구려 시조 동명왕의 전설과 비슷한 것으로 부여의 전설을 고구려가 그대로 이용한 것으로 보여진다. 위지 동이전 부여조에도 예맥족의 하나인 부여의 시조는 타처에서 망명해 온 것으로 쓰여 있다. 그 밖에 기록에 나타나는 해부루의 동천설화, 천제의 아들 해모수의 부여강림설화, 해모수와 하백녀와의 관계, 해부루의 서자 금와왕과 하백녀와의 관계 등은 고조선의 환웅 – 웅녀 – 단군의 관계 상황을 해모수(금와) – 하백녀 – 동명의 관계로 재소명하고 있다는 것을 알 수 있다. 사기, 위지, 후한서에 나타나는 부여는 기원이 오래되고 고구려보다 앞서서 부여왕실의 성씨인 해씨인 것은 시조 해부루와 고구려 초기 왕명이 해씨인 것에서 짐작할 수 있다. 또 진대 복생이 지은 상서대전에서 '해동제이 부여지속'이라 하여 한민족의 원류를 모두 부여에 속한다고 하였고, 사기 화식열전에도 예맥, 조선, 진번 등도 부여에서 나온 자들이라 하여 부여가 고조선의 뒤를 이은 민족의 시원이라 하였다.

환단고기에는 부여에 대한 계보를 더 구체적으로 제시하고 있다. 진한이 망하자 고리국의 해모수는 239년 웅심산에 북부여를 건국했다고 한다. 부여의 왕은 해모수 – 모수리 – 고해사 – 고우루 – 고두막 – 고무서로 이어지는데, 특히 고우루 때 한무제의 침입이 있어 이를 막아낸 장군 고두막이 왕에 오르자 고(해)우루의 아들 해부루는 동부여로 옮겨 왕이 되었다고 한다. 동부여는 해부루 – 금와 – 대소 – 갈사부여, 연나부부여로 이어지고 이들이 백제를 거쳐 일본으로 내려가 웅신천황이 되어 야마토 정권을 세웠다는 설을 제시하였다. 그런데 이후 중국은 북부여의 역사를 말살했고, 기록의 부족으로 고조선 멸망이후 삼국으로 이어지는 역사 기록에 공백이 생기게 되었던 것이다.

2. 고구려

삼국유사에는 주몽이 고구려를 세웠다고 기록하고 있다. 북부여왕 해부루가 동부여로 옮겨 살다 죽어 금와가 왕을 이었는데 금와가 사냥 중 해모수라는 남자를 만났다고 부모에게 쫓겨난 하백의 딸 유화를 만나 궁으로 데려다 방안에 가두었는데 햇빛이 따라와 비추어 임신하게 되고 다섯 되들이 만한 알을 낳자 이를 상스럽게 여겨 내다 버렸지만 실패하여 그 어미에게 주니 영특한 아이를 낳았고, 7세가 되자 백발백중의 활을 잘 쏘아 주몽(추모)이라 하였다. 주몽에게 왕의 말을 기르게 하였는데 금와왕의 아들들이 이를 경계하자 신하 오이, 마리, 협보를 데리고 엄수를 건너 졸본주에 이르러 도읍을 정하고 비류수가에 초가집을 지어 고씨성을 가지고 살면서 고구려라 하였으니 12세였다.(삼국사기에는 22세) 이후 비류수 상류 비류국 송양과 활쏘기를 해 이겨서 땅을 얻었고, 주몽이 망명한 후 동부여의 유리가 옥지, 구추, 도조와 함께 돌아와 왕위를 계승하였다. 이러한 고구려의 초기 기록에 의하면 환인(졸본) 지방에 있던 예맥족의 5부족 중 소노부(송양) 집단이 한의 현도군 세력을 퇴치하고, 이후 새로 북부여에서 갈라져 내려온 계루부(주몽) 집단과의 상쟁에서 계루부가 승리하며 5부족 연맹체를 통합하고 유리왕이 국내성으로 천도하고 1세기경 태조왕 대에 강력한 통제력을 가진 고대국가로 발전하였다.

374년 집권한 19대 광개토대왕에 대하여는 집안현의 광개토대왕비문에 기록이 잘 남아있다. 그는 적극적인 정복 활동을 통해 북방의 거란과 선비족, 동부여를 정복해 복속시키고, 서로 후연을 공격해 요동을 확보하여 성곽을 축조하고 군현제를 도입해 다스렸다. 남으로 백제를 한강 이남으로 내몰아 한강을 군사적 요충지로 활용하였고, 신라가 왜의 침략을 받았을 때 5만의 군사를 파견해 왜를 격퇴시켜 조공을 받아 고구려 중심의 외교 체제를 유지하였다. 이러한 업적은 20대 장수왕에 의해 계승되고 평양성으로 천도한 후 백제를 웅진으로 내몰고 고구려 최대의 영토와 전성기를 맞이하게 되었다.

그러나 최근 중국은 옛 고구려의 영토를 자신들의 영토로 표기하는 동북공정 프로젝트로 고구려의 강역과 문화를 중국 중심으로 재구성하고 있다. '중국 국경지역 역사와 현상에 관한 연구 공정'이라는 동북공정은 1980년대 요하 지방에서 홍산문화 등이 발굴되면서 중국 고대를 세운 화하족이 요하의 동이족이었다는 증거물이 나오는 고고학적 위기와 현재 중국 영토 내에 55개 소수민족을 다스리려는 의도에서 하나의 중국을 내세우기 위해 동북지역의 과거와 현재에 일어나는 일은 중국의 역사라는 주장이다. 이는 중국이 고대로부터 다민족 국가였으며 이러한 민족의 중심이 한족이라는 문화 디원론과 친하 화이관에 입각해 현 중국 영토 내에 있던 과거 국가들의 역사는 모두 중국 지방 정권의 역사였다고 하는 속지주의 및 통일적 다민족국가론의 왜곡된 주장에서 비롯된 것으로, 고구려를 중국의 역사로 편입시키고 있다. 이에 우리나라는 강하게 반발하고 2004년 고구려 연구재단(현 동북아역사재단)을 설립해 대응하고 있다.

3. 삼한

삼한에 대한 일반적 주장은 BC 3세기경 한반도 중남부의 진국의 연맹체가 있었는데 BC 2세기 위만이 고조선을 장악하자 고조선 유민이 남하하여 철기와 농경 문화를 전파하는 과정에서 삼한이 형성되었다고 한다. 이에 신채호는 전후삼한고에서 하얼빈 중심의 고조선 총왕인 진조선, 요동 중심의 기자에 의한 번조선, 압록강 이남의 막조선이 있었다는 전삼한론을 주장한다. 진조선은 점점 쇠약해져 진, 번으로 불려지다가 부여에 통합되거나 BC 300년 전후 일부가 경상도로 이동해 김알지와 석탈해의 전설로 기록된 사로국을 중심으로 진한을 세우고, 일부가 죽령과 조령을 넘어 구야국의 전설을 가진 김해를 중심으로 변한을 세웠고, 번조선은 위만에 의해 망하고 BC 200년 전후 기준이 해로로 남하해 익산 지방 금마에 기존 목지국 중심의 막조선 세력과 함께 마한을 세우게 되었다고 하였다. 이후 진조선을 계승한 부여에서 고구려와 백제가 분리해 나가고, 기존의 삼한에서 삼국이 형성되었다. 그래서 우리나라 고대의 주인공을 한족의 조선계와 예맥족의 부여계라고 할 수 있다.

3. 백제

백제 시조 전설에 대해서 삼국사기 기록에는 온조설, 비류설이 있다. 온조설은 온조를 수장으로 한 위례부족계통 전설이고, 비류설은 비류를 수장으로 한 미추홀부족계통의 전설이다. 부모에 대하여 온조설에서는 둘은 졸본부여왕의 서자인 주몽의 아들로 기록되어 있고, 비류설에서는 비류는 북부여왕 해부루의 서손인 우태와 졸본 연타발의 딸 소서노와의 소생으로 기록되어 있다. 즉 비류와 온조는 형제이고 아버지는 주몽, 어머니는 소서노인데 비류설에 의하면 형 비류의 아버지는 우태, 온조의 아버지는 주몽이었다는 것이다. 결국 동부여의 유리가 찾아오자 이를 경계해 비류와 온조가 남하하게 되는데, 삼국사기에는 비류는 해씨성을 가지고 인천의 미추홀에 자리를 잡고 온조는 한강 유역의 하북위례에 자리잡아 함께 온 십신이 보필했다고 하여 십제라 하였고, 후에 미추홀이 땅이 습하고 물이 안 좋아 살기 어려워 내려온 비류 세력과 합세하여 하남위례성으로 옮겨 부여씨성을 가지고 국호를 백제로 고치게 되었다. 이후 이곳에 이미 있었던 선주민 마한과의 분쟁에서 승리하면서 3세기경 고이왕때 고대국가로서의 기반을 확립하게 된다. 북방으로부터의 유이민에 의한 정착은 1) 한강 유역의 초기 계단식 저서총, 2) 백제 건국설화가 동명설화 및 주몽설화의 파생적 성격을 띠고 있는 것, 3) 백제본기의 비류집단과 온조집단은 처음 소규모 집단으로 시간적 선후를 가지고 이동한 것, 4) 온조계와 비류계가 초기 지배세력에 잘 분포해 고이왕대 16관제 중 중앙관직 5인 중 2명은 온조계, 3명은 비류계이고, 초기 7대까지 온조계에서 왕위를 계승하고, 8대 고이왕부터 비류계에서 왕위를 계승하고, 11대 비류왕부터 온조계가 왕위를 계승한 기록에서 잘 알 수 있다.

또 중국 사시인 진시, 송시, 양서, 자치통감, 남제서에 의하면 비류와 온조가 모친 소서노와 함께 유민을 거느리고 요서 지방으로 이동했다가 비류는 요서에 머물러 비류백제를 세우고, 온조는 남하해 온조백제를 세웠다는 설도 있다. 이에 의하면 백제는 중국 대륙과 마한 지역 두 곳에 있었다는 말이 되는데, 이는 후의 여러 역사서에서 나오는 대륙 백제에 대한 기록에서 알 수 있다. '미천왕이 낙랑을 점령할 때 백제 요서 진평군 난하 인근을 점령하였다', '385년 후연의 부여계 여암 세력과 연계해 요서를 공략하였다', '옛 대방땅(요서)에 백제가 있었다', '동진이 백제왕을 낙랑태수로 임명하였다', '백제가 대릉하 유역의 전연과 충돌하였다', '동성왕 12년 북위가 기병 수십만으로 백제를 공격했으나 동성왕이 이를 막아내었다', '고대 백제의 일식 위치가 요서 지방에서 나타난다' 등에 잘 나타나 있다.

백제와 고대 일본인 야마토 정권과 아스카 문화와의 관계를 보면, 직접적인 증거는 부족하지만 여러 기록과 상황을 분석해 볼 때, 고대 일본은 백제인에 의해 건설되고 경영되었다는 것을 알 수 있다. 우선 야마토는 중국, 신라보다 백제왕의 거취(왕위계승과 왕자)에 관심이 많았고, 백제왕의 죽음(특히 성왕)에 일본 천황이 슬픔에 빠졌으며, 백제 왕실은 중요한 일이나 야마토의 정사를 돕기 위해 왕자를 직접 파견하였고, 백제가 위기에 처했을 때 적극적으로 백제를 도왔다고 하였다. 즉 고구려 침입에 개로왕을 도왔고, 나당전쟁에 백강전투에 병력을 지원하였다는 기록이 나온다. 또 백제 주류성이 함락되자 '이제 백제의 이름이 끊겼으니 조상의 묘소에 갈 수 없구나'라고 애절한 가요를 불렀다고 한다. 특히 근초고왕(372년)이 왕세자 근구수왕을 통해 칠지도를 일본 후왕에게 특별히 하사하고, 백제 관인들이 오랜 기간 오경박사, 역박사, 의박사, 악인 등으로 파견되어 왜를 돕고, 백제 왕자가 파견되어 왜왕의 고문, 감독 역할을 한 것을 보면 왜가 백제의 속국이었고, 백제가 야마토의 지배세력으로 아스카 문화의 주류이었던 것을 증명해준다.

특히 고구려 장수왕의 침입에 백제 개로왕이 죽자 아들 문주왕이 웅진으로 천도하고, 고급 관료였던 목협만치가 왜에 와 창고를 운영하며 백제와의 교류를 장악한 소가씨가 되어 정권을 잡았고, 동생 곤지를 왜로 보내어 백제를 돕게 하였는데 이때 개로왕의 임신한 부인이 함께 왜로 보내져 섬에서 낳은 아기가 자라 백제 무령왕이 되었다. 성왕의 아들 위덕왕은 왜의 법륭사에 아버지를 위해 구세관음상을 하사하였고, 그의 아들 아좌태자(혹은 무왕의 아들)가 왜의 황자인 성덕태자의 스승이 되었는데 성덕태자는 소가씨와 함께 야마토에 불교를 받아들여 법륭사를 짓고 율령을 반포하기도 했다고 전해진다. 후에 아좌태자의 손주가 의자왕이 되고, 그의 사촌 제명공주는 제명천황이 되어 백제가 멸망할 때 그녀의 아들 중대형에 의해 백제에 지원군 2만7천명을 제공해 주었다고 한다. 이상의 삼국사기와 일본서기의 기록을 보면 서로의 편년 차이가 120년(삼국사기 백제 기록에 120년을 더하면 일본서기 기록과 거의 일치)이 되는데, 일본은 과거 백제의 역사를 자기들의 역사로 탈바꿈시키면서 혼돈을 주었지만 야마토 정권은 또 다른 백제 역사였음을 알 수 있다.

4. 신라

신라의 시작에 대하여 삼국사기와 삼국유사가 기록하고 있다. 조선의 유민이 6촌을 이루니 이를 진한 6부라 하는데, 고노촌장 소벌공이 양산 밑 숲 사이에서 말이 울어 가보니 큰 알이 있어 쪼갰더니 아이가 나와 13세가 되었을 때 유달리 숙성하여 임금으로 삼아 성을 박이라 하고 박혁거세라 부르고 국호를 서라벌(사로국)이라 하니 서기 57년이었다. 이때 용이 알영정에 나타나 여아를 탄생하여 알영이라 부르고 왕의 비로 삼았다. 최초의 군장을 뜻하는 박혁거세 거서간 이후 무당을 뜻하는 남해

차차웅, 연장자를 뜻하는 유리이사금을 거쳐, 용의 보호로 인도 북방에서 바다를 건너온 궤에서 나타난 인도 석가씨의 후손(혹은 까치가 궤를 열어 석씨라 함)이 알에서 출생해 탈해라 한 4대 석탈해 이후, 계림에서 황금 궤에서 태어난 시조 김알지의 6대손인 12대 미추가 이사금이 되었다. 이후 박씨와 석씨와 김씨가 이사금의 위를 계승하다 4세기 16대 내물이사금과 대수장을 뜻하는 19대 눌지마립간(마립간을 삼국유사는 내물왕 때부터, 삼국사기는 눌지왕 때부터 사용했다고 함) 이후 김씨 세습 왕권의 기틀이 마련되었다. 기록상에서 빛의 박씨족과 알의 김씨족 집단의 결합은 천신족의 남과 지신족의 여의 결합을 의미하는 설화구조로 나타나는데, 단군신화, 주몽신화와 동일한 신화문화권을 의미해 조금 늦은 시기 이주한 집단이 선주한 족속과 결합해 초기 국가를 형성하였고, 4세기 왕권이 김씨에 의해 세습되면서 중앙집권적 국가로 발전하였음을 알 수 있다.

4세기 김씨 왕권에 대하여는 1961년 사천왕사지에서 발견된 문무왕릉비에서 나타난 투후 김일제, 성한왕의 기록에서 김씨의 시조는 흉노의 왕족, 황제의 아들 소호금천씨의 후손이라는 주장이 새롭게 나타났다. 즉 한무제가 흉노를 정벌하자 휴저왕이 투항하고 그의 장남 김일제는 무제의 말을 돌보는 노예가 되었으나 무제 암살 시도를 막은 댓가로 고위 관직에 오르고, 휴저왕이 황금의 나라 금인이었기 때문에 김씨성을 하사받았다. 그후 김일제가 반란 세력을 평정하여 투후에 봉해졌고, 이후 김일제 자손들은 산동성을 중심(투후국)으로 신나라 왕망의 외가로 주요 관직에 올랐다. 서기 23년 왕망이 토벌되자 그 세력의 일파는 산동성, 강소성, 운남성 등의 산속으로 숨어들어갔고, 또 일파는 바다를 건너 김해로 와서 김수로왕이 되고, 경주로 가서 김알지가 되는데, 이는 흉노의 이름으로 문무왕은 그 시조를 새한왕, 성한왕이라 불렀으며 이때 사로국을 신라국으로 바꾸고 수도 서라벌을 금성으로 바꾸었다. 혹은 김알지는 김일제를 말하며 김일제 후손들이 산동성에 살고있어 한나라가 고조선을 멸하고 낙랑을 세울 때 관리로 파견해 이들을 투정후에 봉하였고, 후에 65년경 고구려에 의해 낙랑이 멸망하자 이들이 신라로 유입해 들어왔고 석씨의 뒤를 이어 김씨 세력이 되었다고 한다. 이는 그들의 무덤 형태인 적석목곽분과 금관(세계 13개 중 신라 5개, 가야 5개)과 황금 장식품, 흉노족의 구리 솥 동복 등의 부장품과 금령총에서 발굴된 흉노인의 모습인 기마인물형 토기가 4세기 이후 150년 사이에 등장하는 것이 증거가 되고 있다. 또한 삼국사기, 환단고기의 천문관측 중심지가 중국 대륙에서 나타나는데 이는 김일제가 건국한 투후국이었다는 것, 당나라 양직공도에 그려진 신라인의 모습이 흉노의 특징을 지니고 있다는 것, 후에 고구려 광개토왕이 신라를 도와 침입한 왜를 격퇴시켜 주었던 것 등이 역사적 증거가 될 수 있다.

5. 가야

가야에 대해서는 기록이 부족하나 삼국사기와 삼국유사, 가락국기에 기록이 남아있다. 가락의 9간 추장들이 귀지봉에서 귀지가를 부르며 춤추고 있을 때 하늘에서 홍색 보자기로 싸인 황금알 6개가 내려와 동자로 변하고 그 중 처음 나타난 것을 수로라 하였고 김수로왕이 서기 42년에 나라를 가야국(금관국)이라 하면서 6가야가 시작되었다. 9간은 수로의 배필 얻기를 간하니 서남쪽 바다에 붉은 돛을 단 배에서 인도 아유타국의 공주인 16세의 허씨성의 황옥이 가락국 수로의 배필이 되기 위해 바다를 건너왔다고 하여 왕후로 맞이하였다고 한다. 9간이 귀지봉에서 하늘서 내려온 왕을 맞았다는 것은 외부의 강한 세력이 선주민과의 결합을 통해 부족 국가의 탄생을 의미하며, 허왕후가 가져왔다는 파사석탑과 인도 남부 드라비다족이 쓰는 가야라는 말은 물고기를 뜻하는데 김수로왕릉에 물고기 문양이 있는 것은 인도에서의 도래를 말해주고 있다.

또 이들은 처음에 김해 가야국을 중심으로 13개 소국들(김해 구야국, 함안 안야국, 창원 미조사마국 등)이 합친 변한소국연맹인 전기가야연맹체를 이루어 철기 생산과 주변국과의 교역으로 발전하다가 4세기 말 광개토왕이 백제를 이기고 신라의 요청에 임나가야를 정복하면서 가야국을 대표하는 전기가야연맹이 소멸하였다. 이후 고령지방의 반파국을 중심으로 대가야국 13소국이 후기가야연맹체를 형성하여 발전했다가 6세기 백제의 남하정책과 신라의 공격, 내부 분열로 인해 562년 대가야가 신라의 급습으로 멸망하면서 가야연맹은 완전히 몰락하였다. 이때 가야의 일부는 신라에 귀순하여 김유신 선조들이 김해를 식읍으로 받아 진골 지위를 유지하였고, 우륵, 강수 등이 가야계 신라인으로 활약하였으며, 일부는 바다 건너 왜로 진출해 제철 기술을 전파하였다.

최근 가야 연구가 활발해지면서 가야가 단일 연맹체를 이루었던 것이 아니라 대가야권(고령과 합천), 금관가야권(김해와 부산), 아라가야권(함안과 마산), 소가야권(고성과 진주) 등 지역별로 연합한 지역연맹체였다는 새로운 설이 주장되는데, 이를 증명해주는 고분군이 발굴되었다. 2023년 세계문화유산에 등재된 가야 고분군을 보면, 대가야권인 고령에 지산동 고분군(반파국 왕릉)과 합천에 오전 고분군, 금관가야권인 김해의 대성동 고분군(가락국 수로왕릉과 수로왕비릉), 아라가야권인 함안에 말이산 고분군(안라국 왕릉)과 창녕에 교동과 송현동 고분군(비지국 왕릉), 소가야권인 고성에 송학동 고분군(고지국 왕릉)과 남원에 유곡리 고분군이 있다. 고분에서 발굴된 가야식 석관묘와 토기 등 부장품은 동일한 문화를 공유한 가야 연맹의 특징을 말해주고 있고, 특히 금관가야의 본거지인 김해라는 이름에서 제철 사업의 중심지인 것을 말해주고, 삼국지 위지 동이전에서도 가야의 전신인 변한인들이 철을 다루는 기술이 뛰어나 낙랑과 왜에 철을 수출하였다고 하고 철갑옷과 말에 씌운 마갑, 철조각을 이은 찰갑 등의 유물이 남아 가야가 철 산지였음을 알 수 있다.

6. 삼국 문화의 비교

고구려는 중국 북조의 영향을 받아 도교와 불교적 세계관을 갖고 고분벽화, 장군총, 광개토대왕릉비 능에서 웅장하고 강인한 모습을 보인다. 백제는 자신의 문화를 초기에는 검소하면서 누추하지 않고 화려하면서 사치스럽지 않다고 평가하였으나 이후 중국 남조의 영향을 받아 미륵사, 금동대향로, 백제 불상 등에서 불교적이면서 화려하고 세련된 모습을 보이며, 특히 일본의 아스카 문화에 큰 영향을 미쳤다. 신라는 초기에 투박하고 토속적이었으나 불교와 고구려, 백제의 영향을 받아 불국사, 석굴암, 첨성대, 황룡사9층목탑 등 불교 예술이 절정을 이루고, 후대 당과의 교류와 해상 무역을 통해 국제적인 문화 융합이 이루어졌다. 가야는 한반도 철기 문화의 중심지로 중국과 일본과의 해상 무역의 중계자 역할을 하면서 순장의 무덤 형태와 금제 부장품, 가야식 토기, 가야금 등의 독창적인 문화를 남기었다.

7. 결론

우리나라는 고대사에 대한 기록이 불태워져 자세한 역사를 알 수 없지만 주변 사서들을 종합하여 고조선 멸망 이후에 대한 역사를 정리해 보았다. 고조선은 초기에 하나의 나라로 발전하다가 총국인 요동의 진조선(단군조선)을 중심으로 요서의 번조선(기자조선), 한반도 북부의 막조선(마한)으로 나누어 다스리게 된다. BC 6세기에서 2세기 사이 중국 연나라와 한나라와의 대립 과정에서 진조선은 부여가 계승하고 부여에서 고구려가 나오고, 고구려에서 백제가 분파하였다. 번조선은 연의 침입으로 기자조선이후 위만에 의해 평양으로 이주하여 위만조선이 되고 일부가 목지국이나 사로국으로 내려갔고 이후 위만이 한에 멸망하면서 한사군이 설치되자 남으로 내려와 마한에 합류한다. 또 한반도 북부에 있던 막조선은 남으로 내려와 마한을 중심으로 삼한을 이루게 되는데 기자의 후손이 마한을 계승하여 한후가 되고 부여의 일파가 내려와 진한과 변한 등 부족연맹체를 이루게 되었고, 여기에서 신라와 가야가 출현하게 된다.

이를 자세히 설명하면, 고조선이 망하자 고리국의 해모수가 북부여를 건국하고, 이후 한무제가 침입하자 고(해)우루의 아들 해부루가 동부여로 옮겨 나라를 세웠다. 동부여의 2대 금와왕이 해모수를 만난 유화부인을 데려와 주몽을 낳게 되자 주몽이 이곳을 탈출해 고구려를 세웠고, 후에 동부여의 후손들이 백제를 거쳐 일본의 야마토 정권을 세웠다. 고구려는 주몽의 계루부 집단이 당시 졸본 지방에 있던 송양의 소노부와 결탁해 5부족 연맹체를 통합해 나라를 세웠다. 백제는 비류가 미추홀에 나라를 세웠다가 어려워지자 위례성의 온조와 합세해 백제를 세웠다. 그러나 일부 사서에서는 주몽의 아들 유리가 고구려 왕위를 계승하자 원래 있던 두 왕자가 어머니 소서노와 함께 요서로 이동해 온조는 남하해 한반도에 온조백제를 세우고 비류는 요서에 남아 비류백제를 세워 중국 대륙에 남아 있었다고 한다. 또 백제는 일찌감치 고대 일본 영토(북구주)에 진출해 고대 일본 야마토 정권 수립에 지대한 영향을 미쳤다. 신라는 박혁거세를 왕으로 세운 사로국의 전설과 이주민 석탈해와 김알지 등에 의해 박, 석, 김씨가 왕위를 계승하는데 김씨 왕위에 대하여 1961년 발견된 문무왕릉비에 신라의 시조를 투후 김일제, 성한왕이라는 기록하여 김씨는 흉노 휴저왕의 아들 김일제 후손이 중국 신나라가 멸망하면서 김해로 내려와 김수로왕이, 경주로 내려와 김알지왕이 되었다고 한다. 가야는 구지봉에서 6개의 알이 내려와 김수로왕에 의해 김해의 금관국이 시작되어 인도에서 온 허황옥과 연합하여 전기가야연맹체를 이루었다가 광대토대왕의 침입으로 약화되고, 다시 고령의 반파국을 중심으로 후기 가야연맹체로 발전하다가 백제와 신라의 침입으로 대가야가 멸망하면서 완전히 몰락하였다.

  이상의 한국 고대국가의 시작을 자세히 설명한 것은 한민족이 고조선을 계승하여 부여와 삼국으로 이어져 그 종족과 정신과 문화를 이어온 단일민족임을 증명하기 위함이다.

07
고대 일본 야마토 정권과 한민족과의 관계

고대 일본인 야마토 정권 형성에 백제인의 영향력은 어느 정도였을까? 고대 일본과 관계된 유적이나 유물, 그리고 현재 일본에 남아있는 지명 등을 보면 고대 일본 형성에 지대한 영향을 미친 백제와 삼국인의 모습을 볼 수 있다. 그러나 기록된 역사는 그렇지 않고 일본이 굳이 이를 반대하기에 고대 일본과의 관계를 보면 복잡한 것이 많다. 일본이 720년 일본서기를 쓰면서 과거 백제와의 관계를 숨기고 역사 왜곡을 한 것 때문이다. 그래도 일본의 양심있는 학자들은 일본 고대에 한반도의 영향력을 인정하지만 일본의 공식적인 입장은 그렇지 않다보니 일본 고대사에 대하여는 서로 불편한 관계를 가지고 있다. 우리나라 삼국 이전의 기록물을 통해 한반도의 영향력을 확인함으로 고대 일본과 우리나라와의 관계를 살펴보고자 한다.

1. 고대 일본과 한민족과의 관계

일본은 우리에게 가까우면서 먼 나라이다. 지리적으로 가깝지만 감정적으로 멀리 느껴진다. 일본은 근대 이전까지 역사적 역할이 아주 미약했지만 일찍감치 서구문화를 모방하여 독자적 문화를 만들고 조선과 만주, 중국에 대한 무력 침략으로 아시아 각국의 현대사에 커다란 영향을 끼쳤다. 특히 이 과정에서 만들어진 역사 왜곡은 반일 감정을 더 부추겨 객관적인 증거가 있어도 바른 역사를 찾기가 힘들어졌다. 우리나라는 고대 일본의 형성에 남아 있는 각종 기록과 고고학 자료, 일본의 풍습에서 가야와 삼국의 지대한 영향력을 말하지만 일본은 각종 자료를 왜곡하고 역으로 과거 일본이 삼국을 지배했다고 주장하고 있다.

일본의 신화는 하늘의 두 남매 이지나기, 이자나미 신이 일본 열도를 만든 후 땅의 신이 되어, 태양 여신 아마테라스 오미카미와 그 남동생 폭력신 스사노오 노미코토의 권력 투쟁에서 북구주에 정착한지 두 세대가 지난 BC 660년에 그 손자 카무야마토가 야마토 지방에 국가를 세워 태양신의 자손으로 자처하면서 일본의 1대 진무천황이 되었다고 한다. 일본의 고대는 승문시대(죠오몬, 신석기 – BC 3C), 미생시대(야요이, BC 3C – 3C), 고분시대(4C – 7C)로 구분한다. 죠오몬 시대인 BC 3000년 전후 북구주 중심의 빗살무늬토기의 출토는 한국 남해안과 일본 북구주를 중심으로 문화교류가 이루어졌음을 말해주고 있다. BC 3세기 죠오몬 문화에 이르러 나타난 무문토기문화에서 보이는 도작 농경 문화와 세형동검과 지석묘와 옹관묘의 초기 청동기 문화는 한반도의 영향을 말해준다. 이는 1세기경 한반도에서 이주한 세력들이 일본 중심부로 이동해 기존 주민을 정복하면서 대화왜(야마토)를 형성하고, 그 지배층들이 3세기 말, 4세기 초에 기내로 들어와 아스카의 응신능, 칠지도가 출토된 인덕능 등 전방후원형 고분군을 세우면서 고분 시대를 열었다. 야마토 정권에 대하여는 일본열도 내에서 독자적으로 발전하여 기내의 천황가 세력을 주축으로 이루어졌다고 일본 역사학계가 주장한다. 그러나 대륙 부여계의 기마민족이 한반도에서 내려와 기내 야마토 지역을 정복해 정권을 수립했다는 설과 함께 한반도의 고구려, 백제, 신라, 가야가 5세기에서 6세기사이 북구주에서 기내를 정복해 들어간 세력이 성장하여 정권을 세워 통일 국가를 형성했다는 설이 유력하다. 그래서 일본 고대 지배세력은 1) 북부여족이 고구려, 백제를 넘어 일본 남구주에 온 세력과 2) 북방의 만주, 선비, 흉노족이 신라와 가야를 거쳐 일본 북구주에 온 세력으로 나누어 볼 수 있다. 지금의 일본어는 고구려와 백제어 같은 부여어 계통이고, 한국어는 신라어에서 유래된 것으로 보인다. 또 고분 분포를 보면, 3,4세기 초기 고분은 장방형의 가야고분의 수혈식석실 구조에 가야식 토기, 가야식 금동관과 관모가 주류를 이루고, 5세기 중기 이후 고분은 백제전기의 횡혈식 석실과 부장품으로 가야적 성격을 띤 백제계통이 주류를 이루는데, 북구주 지방에서 시작해 기내에 압도적으로 많다는 것과 현재의 북구주의 문화로 한복 착용, 한국 음식, 한국식 한자와 한국식 지명, 한국식 국명이 있어 한반도의 문화를 엿볼 수 있다.

2. 초기 야마토 정권과 한민족과의 관계

3세기 수립되기 시작한 야마토 정권은 하늘에서 내려온 천신이 일본 국토에 내강하여 국신을 정복하고 지배했다는 신화를 통해 태양신을 숭배하는 천신족이 지배했다는 것을 알 수 있다. 천손이 강림한 구지후루에서 구지는 가락국기의 김수로왕이 강림한 구지와 동일하고, 후루는 내려온다는 뜻으로 일본서기에 천손의 하강 장소는 고대 한국에서 일본으로 오려면 반드시 경유하는 축자지방이 있었고, 천신이 강림할 때 한국을 바라보았고, 이를 길한 곳이라 탄성했으며, 지금도 구지후루와 신라 등 한국식 지명이 존재하고 있다. 이들은 정령숭배와 카미의 현현을 믿는 일본 신도 신앙을 만들고 군주 아래 국가협의회(대신, 대연)를 두어 지방을 다스렸다.

일본 인류학자 하니하라는 일본의 야요이 시대(BC 300년)부터 역사시대(700년)까지 천 년간 인구를 연구한 결과, 원주민과 이주민(도래인)과의 비율이 1:8.6으로 한반도를 경유한 아시아 대륙인의 이주가 있었음을 발표하였다. 그러나 당시의 왜곡 조작된 자료나 일본서기에 따르면 아시아 대륙인이 아니라 한국인이었음을 알 수 있다. 즉 일본서기에 초기 이주자 사례 67건 중 백제 24건, 신라 15건, 고구려 10건, 가야 2건 순으로 나타나고, 1차 대이동인 404년 응신15년 전후 근초고왕 이후 30년간 고구려와의 싸움으로 군력에 시달린 백제인들과 함께 120현인과 아직기, 왕인 등이 이주했다는 기록이 있고, 2차 이동인 409년 응신20년의 기록이 있다. 또한 3차 이동인 665년 – 669년, 천지4년-8년의 백제 멸망으로 약 3,100여 명이 이주한 기록에서 잘 나타나 있다. 즉 이주한 백제인이 각 분야의 지배층이 되었는데, 백제에 있을 때 가졌던 관직이 그대로 주어졌던 기록을 통해 확인할 수 있다.

3. 야마토 정권과 한민족과의 관계

552년 백제에 의해 정식으로 전래된 불교와 중국문물이 야마토 호족들에게 위협이 되어 오다가 587년 야마토 대호족으로 한반도 문물 수용을 주장한 숭불파 세력인 백제인 소가씨가 변혁을 반대한 국신파 세력인 백제인 모노노베에 승리하면서 야마토 수장 암살과 중국 문화를 적극적으로 수용하면서 성덕태자의 개혁까지 이루어냈다. 그러나 성덕태자가 622년 죽자 혼란에 빠져 646년 호족 연합 세력인 중대형과 후지와라가 536년부터 645년까지 야마토 정권의 실질적 천황 역할을 하며 불교 도입을 결정하고, 불사를 건립하고, 선세 징수, 역사서 편찬, 백제 왕자에게 국정을 보고해 온 소가씨를 무너뜨리며 다이카(大化) 개신을 선포하였다. 이들은 점차 수도를 기내로 옮겼고, 백제가 멸망하고 백제와 연합한 백강구 전투에서 패배한 후 663년 좌평, 달솔 등 관료 64명과 백제인 3,000여 명이 야마토로 건너와 신라 공략에 대비해 대자이후를 건설하고 식량을 비축하고 피난 차 또다시 수도를 옮기는 준비를 하면서 새로운 인재를 갖춘 정치질서를 형성하였다. 668년 텐지(天智)천황이 천황중심의 중앙집권 정치를 선포하고, 670년 국호를 왜에서 일본으로 바꾸고, 672년 진신(壬申)의 난으로 신라계 텐무(天武)천황이 백제계 텐지를 몰아내고, 나라로 천도해 새 관료제와 성문법을 바탕으로 헤이조(평성)시대, 즉 나라시대를 열게 되었다. 이때 고사기(712)와 일본서기(720)기가 편찬되었는데, 이는 성덕태자의 업적을 지우고자 한 기록이었고, 구체적 언급없이 한국이 야마토에 항복하고 예속되었다고 기록하는 등 기사 내용은 백제가 종주국인데 그 반대로 표현된 기사들이었다. 이로서 일본은 야마토에 관한 역사를 은폐 조작하여 백제보다 오랜 역사를 지니고 임나일본부 등을 주장하며 일본이 백제로부터 독립된 국가임을 자처하게 되었다. 그러나 야마토가 세운 천황제도의 혈연관계를 추적해 보면, 506년 26대 계체천황과 5대조인 313년의 응신천왕도 백제인이며, 527년 민달천왕은 백제마을에 궁궐을 지었고, 신찬성씨록에 민달천황의 자손 대원진인이 백제인이고, 628년 38대 사명천황은 백제천에 백제궁을 짓고 백제대빈에 안치했다는 기록이 있어 백제인과 관계있음을 알 수 있다. 또한 연구에 의하면 백제 21대 개로왕이 장수왕의 침략으로 살해된 후, 장남인 문주왕이 왕위에 올라 웅진으로 수도를 옮겼고, 차남인 곤지왕자는 일본의 백제왕부로 건너와 살다가, 후에 곤지왕자의 장남이 24대 동성왕이 되고, 차남이 25대 무령왕이 되고, 3남이 일본의 계체(게이타이)천황이 되어 그의 후손들이 천황을 잇게 되었다고 한다. 동성왕의 7대손이 의자왕이 되고, 동성왕의 6대손이 사명(죠메이)천황이 되니 의자왕과 사명천황은 숙부와 조카사이로 사명천황의 뒤를 이은 천지(텐지)천황은 백제가 망하자 661년 백제의 왕 부여풍을 호위하기 위해 170여척의 1만 군대를 파견하고, 662년 구원병으로 2만7,000명의 군사를 보내고, 663년 1만 군사를 더 파병하였으나 실패로 끝나면서 일본의 지배층은 '주상들의 무덤이 있는 그곳을 언제 다시 가볼 수 있으려가'하며 탄식하였다.

700년경 일본열도의 인구 8, 90%가 한민족이었고 야마토 지역의 8, 90%가 백제인으로, 백제인의 집단거주지 백제촌(구다라무라), 흐르는 강 백제천, 백제인의 유숙 객사 백제관, 백제인이 세운 사찰 백제대사, 천황이 사는 거처를 백제궁이라 하고, 556년 흠명천황 때 대화국, 왜국을 모두 야마토라 하여 백제의 대규모 이주민의 정착지인 야마토(아스카)에서 나라가 시작되었고, 왜에서 태어난 왕자가 백제왕 동성왕이 되었고, 왜에 파견된 왕자가 백제왕 풍장이었고, 백제왕자의 역할은 왜왕의 고문과 감독이었고, 파견된 백제인들은 오경박사, 역박사, 의박사 등 8종의 전문 지식기술자들로 국가 운영을 도왔고, 불교도 백제에 의해 시작되어 소아씨는 아스카에 법륭사를 지었다. 670년까지 야마토의 사람들은 생물학적, 정치적으로 백제인이 주류를 이루었으나 670년 이후 왜는 새로운 정책에 의해 일본을 선포하면서 이민족이 되었는데 일본서기는 이러한 사실들은 조작하여 기록하고 있다. 또한 고구려의 영향으로 신성한 곳이라는 고구려 말인 하코네, 경상도 말인 오이소 등을 지명으로 쓰고, 간토 지역의 고마루의 고려촌, 고마에키의 고려역, 고마바시의 고려교, 고마산, 고마신사 등이 남아있다.

4. 결론

2001년 일본 아키히코 천황은 자신의 생일에 기자회견을 통해 '저는 개인적으로 한반도와의 인연을 느끼고 있습니다. 속일본기를 보면 간무 천황(781-806)의 생모가 백제 무령왕의 후손이라고 기록되어 있습니다' 라고 했다. 천황의 모계가 백제 왕족과 연결된 것은 역사적인 사실이지만 일본 역사학계는 일본 왕실 전체가 백제의 후손이라는 주장을 경계한다. 지금도 일본 왕실과 귀족 사회에 백제 출신 도래인들에 의한 미야케 가문, 하타 가문, 가와치노 아나이 가문 등 많지만 일본은 고대 일본 형성에 한반도의 영향을 지웠거나 왜곡하여 일본 독자 문명을 주장하고 있다. 필자는 일본의 주장과 다르게 한반도, 특히 백제가 일본 고대 국가 형성에 미친 영향을 살펴보았다. 우선, 일본의 고대 신화를 보면 가야나 신라의 천신 강림과 동일한 내용으로, 태양신을 숭배하는 천신족이 하늘에서 내려와 북구주에 정착하면서 야마토 지방에 나라를 세웠다는 것이다. 둘째, 신석기 죠오몬 시대를 지나 BC 3세기에서 3세기 사이 야요이 시대에 한반도에서 이주민이 대거 이동해 와 당시 원주민과 이주민의 비율이 1:8.6을 이루고 그중 대부분이 백제인들로 이루어졌는데, 이는 백제의 3차례 대이동(404년, 409년, 663년)을 통해 4세기부터 6세기까지

고분 문화를 이루며 야마토 정권 형성에 결정적인 영향을 미쳤다. 셋째, 587년 야마토 대호족인 백제인 소가씨에 의한 문물 수용과 성덕태자의 개혁 정치가 진행되고 이후 백제 출신 귀족간의 다툼으로 이들이 추출되어 646년 다이카 개신으로 천황 중심 정치가 시작되었다. 넷째, 그러나 663년 백제가 망하여 대거 이동한 백제 관료들에 의해 670년 국호를 왜에서 일본으로 바꾸어 나라 시대를 열고, 720년 일본서기를 통해 과거 백제의 역사를 은폐, 조작해 일본 고유의 역사를 만들게 되었다. 그러나 일본서기를 120년 주기로 맞추어 보면 백제의 역사를 자기 역사로 바꾼 흔적을 확인할 수 있다.

그래서 고대 야마토 정권이 백제의 역사라는 것을 증명하는 증거를 제시해 본다. 1) 야마토 정권의 신화로 구지후루에서의 천신족의 강림은 구지봉의 김수로왕과 동일하다. 2) 지금의 일본어는 고구려와 백제어와 같은 부여어 계통이다. 3) 3,4세기 초기 고분은 장방형의 가야 고분식 수혈식 석실구조에 가야식 토기, 금동관과 관모가 나타나고, 5세기 이후에는 백제의 횡혈식 석실과 부장품이 나타난다. 5) 현 북구주의 문화로 한복, 한국 음식, 한국식 한자, 지명, 국명이 남아 있다. 6) 일본서기에 초기 이주자 사례로 백제 24건, 신라 15건, 고구려 10건, 가야 2건의 기록이 나타난다. 7) 각종 기록을 역추적 해보면 26대 계체천황과 5대조 응신천황이 백제인이고, 27대 민달천황과 38대 사명천황은 백제마을에 백제궁을 지었고. 계체천황은 곤지왕자의 3자이고, 사명천황과 의자왕은 동성왕의 후손으로 660년 백제가 망하자 백강구 전투에 2만7천의 왜규을 파병하였다는 사실을 확인하게 된다. 8) 700년경 일본 열도의 인구 중 8,90%가 백제인이었고, 지금도 백제촌, 백제천, 백제관, 백제대사, 백제궁 등의 지명이 남아있다.

08
남북국 시대 신라와 발해, 자주국가 고려

신라의 삼국 통일과 고려의 재통일은 무엇을 의미할까? 신라 때 삼국을 통일하여 한 집안이 됐다는 삼한일통 의식이 있었지만 고구려 유민이 발해를 세우며 서로 대립하는 남북국 시대를 맞이하게 된다. 그러나 약 250년 후에 고려는 발해가 멸망하자 발해 유민을 받아들이고, 곧바로 후삼국을 통일함으로 진정한 의미에서 민족적 통일을 이루게 되었다. 신라의 삼국 통일의 의의가 무엇이며, 발해를 이룬 종족들과 발해에 대한 인식이 어떻게 변화되었는지, 또 고려가 불교 국가와 자주 국가로서의 특성을 알아보고자 한다.

1. 통일신라

　삼국 중 고구려와 백제의 도움을 받으며 가장 늦게 발전했던 신라가 삼국을 통일할 수 있었던 원인은 무엇일까? 신라는 늦었지만 각종 제도가 완성되면서 중앙집권적 왕권이 강화되었다. 특히 법흥왕 이후 불교를 수용하여 귀족과 백성들로부터 왕권의 신성함을 인정받았고, 이후 진흥왕에 의한 정복 전쟁에서의 승리로 자신감에 차있었지만 고구려와 백제의 연합적 도전을 막아내야만 했다. 특히 642년 백제 의자왕에 의한 대야성 함락은 신라를 위기에 몰아넣어 김춘추는 연개소문을 만나 도움을 요청했으나 진흥왕때 차지한 고구려 영토의 반환을 요구받으며 거절당하였다. 그래서 당항성을 공략하는 백제를 막기 위해 당시 고구려를 노리고 있던 당과의 군사적 연합을 꾀하게 되었다. 이에 645년 당은 연개소문의 쿠데타를 구실로 고구려를 공격했지만 실패하고 신라도 647년 비담의 난을 계기로 김춘추가 무열왕에 오른 후 651년 본격적인 나당 연합의 외교가 이루어져 먼저 백제를 치고 고구려가 멸망하면 대동강 이북을 당의 소유로 할 것을 약속하였다.

　백제가 의자왕과 신하 간의 분열로 혼란해지자 660년 김유신과 소정방이 이끄는 20만의 나당연합군에 의해 사비성이 함락된 후 3년간 지속된 백제부흥운동마저 백강 전투와 주류성과 임존성에서 패배함으로 백제는 멸망하게 되었다. 이때 포로 1만 명이 당으로 이주해 백제 마을을 형성해 살았고, 귀족들 3천여 명은 바다 건너 왜로 진출해 새로운 나라를 세웠고, 백제에 남은 유민은 당의 웅진도독부의 통치를 받았다. 661년부터 당과 신라는 고구려를 공격했으나 매번 실패하다가 666년 연개소문 사후 일어난 권력투쟁에서 연정토가 당에 투항하면서 668년 나당

연합군이 평양성을 함락시키고, 5년간 지속된 고구려부흥운동이 진압되면서 고구려가 멸망하게 되었다. 이때 약 3만호는 당으로 강제 이주해 산서성을 중심으로 살았고, 일부는 신라로 합류해 안승을 왕으로 하는 금마저 보덕국에 살았고, 일부는 대조영을 따라 발해를 건국했고, 일부는 일본 열도로 건너가 살았고, 요동 지역에 남아있던 유민들은 안동도호부의 통치를 받았다.

670년 신라는 검모잠을 중심으로 하는 고구려부흥운동을 지원하면서 당을 물리치려는 나당전쟁이 시작되어 각 곳에서 전투가 벌어졌는데, 당은 674년 김인문을 신라왕으로 봉하고 유인궤를 계림도독부에 임명하는 등 본격적으로 한반도를 지배하려고 하자, 신라는 675년 연천의 매소성 전투에서 당군 20만을 격퇴하고, 676년 금강 기벌포에서 당 수군을 격파하면서 당이 대동강 이북으로 물러나 삼국 통일 과정을 마무리하게 되었다. 신라가 삼국을 통일했다는 삼한일통 의식은 신라가 고구려 유민을 보덕국으로 흡수한 것, 당이 태종 무열왕의 태종이 당태종과 같다고 바꿀 것을 요구했으나 일통삼한의 위업을 달성하였기에 거부한 것, 신라 전국을 9주로 나눌 때 고구려, 백제 지역에 각각 3주를 두었다는 것, 왕직속 중앙 군단인 9서당에 신라인 3. 고구려인 3, 백제인 2, 말갈인 1개를 편성한 것, 또 발해 대조영에게 대아찬(5등급)의 벼슬을 주어 신라에 귀속시키려 했다는 것 등에서 통일의 의지와 실천이 잘 나타난다.

그러나 고조선 이후 삼국은 북쪽의 예맥족과 남쪽의 한족의 후예로 문화와 언어와 풍습이 비슷했다는 민족의식 차원에서 본다면 하나의 통일일 수 있지만 이미 삼국이 형성된 지 700년이 지났기에 이들을 한 민족이라고 말하기에는 한계가 있다. 즉 고구려와 백제와 신라는 전혀 다른 각각의 국가들이었고 통일 전쟁 당시 각국은 스스로 살아남기 위해 나름의 노력을 하다가 외세를 이용한 신라의 우세한 능력으로 백제와 고구려를 정복했다는 사실이다. 물론 당이라는 외세를 물리치기 위해 서로 협력했지만 신라가 발해와 극단적인 대립으로 남북국으로 분열된 것과 소백산맥을 중심으로 백제와 신라 지역의 지역감정이 지금까지 남아 있는 것은 통일 신라가 아니라 후기 신라가 되어야 한다는 주장도 있다.

2. 발해

고구려가 망하자 대조영은 영주(조양)에서 송화강 유역의 속말말갈과 백두산 주변의 백산말갈과 함께 당에 항쟁했는데, 696년 거란의 이진충이 영주에서 반란을 일으킨 것을 계기로 대조영과 말갈추장 걸사비우가 함께 동모산에 성을 쌓고 진국을 세워 당에 대결하였다. 이후 점차 강성해지자 705년 당이 사신을 보내오고, 713년 대조영을 발해군왕으로 책봉하였으나 대조영은 고구려 국왕임을 자처하며 발해국이라 이름을 바꾸어 당과 국교를 맺으면서, 762년에는 발해국왕으로 인정받았다. 구당서 발해말갈전에 의하면 발해 건국의 주체를 고려별종, 고구려의 여종(대조영이 고구려계임을 말함)이라 하고 신당서 발해전에는 속말말갈(대조영의 출신지역을 말함)이라고 전한다. 말갈은 숙신, 읍루, 물길로 불리워진 한 종족을 말하는데, 수당대 말갈이 살던 지역이 하도 넓고 나라가 없었기 때문에 이들을 특정의 종족명이 아닌 넓은 지역의 이민족이라 통칭하여 부르는 범칭이었다. 발해 건국의 주체 세력인 속말말갈과 백산말갈은 고구려 시대에 고구려 변방의 피지배 세력으로 있던 고구려 국민의 일원이었다. 그리하여 발해 사회는 고구려 유민들에 의한 지배 세력과 하급 관리와 평민에 속하는 말갈의 피지배 세력으로 구성되었음을 알 수 있다. 발해 건국 당시에는 신라가 발해를 인정하는 등 외교적 관계가 있었으나 그 후 대체로 대립관계가 지속되어 신라는 발해를 말갈, 흉악한 도적, 추한 오랑캐라고 깔보아 불렀다. 그러나 양국 사이에 신라도라든지 신라 덕원에서 발해 길림 훈춘까지 39개 역과 상설 교통로가 있어 서로 교섭했을 가능성을 보게 된다.

1910년대 발해의 동경이 발굴되어 도성의 묘와 기와와 불상 등이 고구려 영향을 받은 것으로 보고되었고, 1971년 북한에서 발굴한 상경의 분묘군은 고구려 영향을 받은 석실 봉토묘이며, 상경 성벽은 고구려의 축조법에 따라 내부 돌과 외부 흙으로 쌓은 것으로 확인되고, 건물의 온돌은 고구려의 경우와 같다고 보고하였다. 1949년 발굴된 정혜공주 묘와 1980년 발견된 정효공주 묘는 고구려와 말갈 문화의 전통을 계승하면서 당문화의 영향을 받았음을 알 수 있다.

발해에 대한 인식으로 통일 신라는 공식 문서에서 발해는 고구려영내에 거주하던 속말말갈인에 의해 건국되었다고 기록하였고, 고려와 조선 초기와 실학자 이익과 안정복도 발해는 말갈인의 국가로 우리와 이질적인 존재라고 인식했으나, 1784년 유득공이 '발해고'에서 발해를 적극적으로 자국의 역사로 인정하기 시작하여, 백제, 고구려가 망하고 우리나라 남쪽에는 신라가 북쪽에는 발해가 존재해 이것을 남북국이라 하였다. 정약용은 발해는 고구려의 옛땅으로 우리나라 서북지방이라고 하였고, 한치윤은 발해를 신라와 동일한 세기라는 항목에서 서술하였다. 이들의 노력에 의해 오늘날 발해사를 '고구려인에 의해 건국되었다'라는 전제로 서술하게 되었다.

3. 고려

왕건에 의한 고려의 후삼국 통일은 삼국의 재통일이라고 할 수 있다. 궁예를 축출하고 918년 고려를 건국한 왕건은 935년 신라 경순왕의 항복으로 신라를 통합하였고, 후백제 견훤이 아들 신검의 반란으로 고려에 망명하고 936년 대양성 전투에서 고려가 승리해 후백제를 멸망시킴으로 30여 년간의 후삼국 분열을 통일하였다. 통일 후 기존 세력들과 화합하고, 훈요십조를 통해 지켜야 할 통치 원칙을 제시하고, 지방 호족과의 결혼 정책으로 정권의 안정을 도모하고, 민심을 얻기 위한 팔관회 개최로 백성들을 통합하고 불교 국가로서의 발전을 이루었다.

고려의 통치 핵심으로 훈요10조 제1조에 우리나라 대업은 여러 부처의 호위를 받아야 한다는 불교 정책은 왕실과 귀족이 사찰 건립과 행사를 후원하고 의천과 지눌같은 고승이 왕실과 연결되어, 그 권위를 더욱 강화시킴으로 단순한 종교적 기능을 넘어서 정치적 정당성과 사회 통합의 도구로 활용되었다. 이러한 불교는 지리도참설, 산신숭배, 용신신앙 등의 재래 토속 신앙과의 융합, 전 계층의 신앙화, 미륵 신앙의 유행 등으로 대중적 신앙으로 자리 잡게 되었고, 참선의 선종과 교리의 교종이 공존하는 가운데 통합 노력이 이루어졌다. 불교를 통한 사회의 안정적 발전과 더불어 경제와 무역의 중심지인 벽란도를 통한 송, 일본, 동남아, 아라비아와의 국제 해상 교류는 국제 문화뿐 아니라 상감청자의 제조 기술의 전파와 귀족들을 위한 동남아 향료와 보석 수입 등에도 큰 영향을 미치며 고려가 국제적이고 귀족적인 문화로 발전할 수 있게 해주었다.

고려가 송과의 문화 교류로 중국의 영향을 받기는 했지만 나름 자주적 국가였다. 당시 강대국이었던 거란의 침입을 외교와 힘으로 막아냈고, 원나라의 침입에 삼별초의 항쟁과 8만대장경 제작으로 나라를 지키려 했던 의지를 보이고, 이후 비록 원의 사위국인 부마국이나 다루가치를 통한 행정적 지배를 받기는 했지만 주변 나라들처럼 식민지화되지는 않았고, 오히려 몽고에 고려의 풍습을 전하였으며, 원의 세력이 약화될 때 공민왕을 중심으로 영토를 회복하고 고려를 재건하는 등 자주성을 보여주었다. 특히 사회적인 면에서 백성들이 자유하고 평등했으며 하늘에 제사를 지내며 춤추고 노래하는 높은 문화 의식을 갖고 있어 고려를 찾은 송 사신 서긍의 고려도경에서 고려에 대하여 '고려인은 남녀 혼욕을 이상히 여기지 않았으며, 글 모르는 것을 부끄럽게 여겨 민가에서 글 읽는 소리가 그치지 않고 스승을 모셔 경서를 배우고 장성해서는 벗과 함께 불사에서 공부하기를 즐기고, 음주가무를 즐기는 풍조를 갖고 있다'라고 기록하였다.

4. 결론

통일신라 250여년은 지금의 한국인 형성에 어떤 영향을 미쳤을까? 첫째, 태종 무열왕의 삼한일통 정신은 삼국을 통합하여 하나의 민족의식을 형성할 계기가 되었지만 그 의식이 백성들에까지 심겨지지 못하였고 지금까지 구삼국 지역 중심의 지역 감정을 남겨주었다. 둘째, 외교 면에서 약소국이 같았지만 통일을 이루어낸 합심의 지도력을 가지고 주변 강대국을 멸망시키고 당의 간섭을 이겨냄으로 자주성을 갖추었다. 셋째, 한국 전통 문화로서 화엄과 화쟁을 통한 화합과 통합의 정신문화와 석불,

불상, 회화 등 불교문화를 통한 한국 예술과 건축 원형의 유산을 남겨 주었다.

발해의 230여년은 지금 한국인 형성에 어떤 영향을 미쳤을까? 첫째, 발해는 우리의 영토를 한반도에 그친 것이 아니라 만주를 아우르며 고조선으로부터 지녀온 우리의 영토를 보존하고 확장하여 지금도 우리 민족의 영지이고 고향으로 여기게 되었다. 둘째, 고구려 정신과 문화를 계승하여 자주적이고 국제적인 문화를 형성하여 지금도 발해 지역에서 발굴되는 유적과 유물은 우리 문화의 전통을 확인시켜 주어 한국인의 정체성을 보여주고 있다. 셋째, 남북한으로 분단된 현실에서 당시 남북국 시대의 상황은 통일에 대한 염원과 역사적 모델이 되고 있다.

고려의 475년은 지금 한국인 형성에 어떤 영향을 미쳤을까? 첫째, 고려의 후삼국 재통일과 발해 유민의 수용은 민족적 통일 의식을 갖게 되고 이후 거란과 몽고와의 항쟁을 통해 비로소 민족의식이 등장하게 되었고, 고려에서 Korea라는 우리나라 이름을 알리게 되었다. 둘째, 외교 면에서 중국의 당이나 송나라의 문화를 수용하면서도 우리 것을 지켜 나갔고 특히 외세의 침략에 굴복하지 않고 끝까지 영토와 문화를 지킨 자주적 문화 국가를 유지했다. 셋째, 민심 통합을 위한 불교 국가로의 발전과 토속 신앙과의 융합으로 진정한 불교문화로서의 정신문화를 남겨주었다. 넷째, 8만대장경, 상감청자, 금속활자 등 고려의 수준 높은 예술품을 제작해 한국인의 세밀한 손재주와 장인 정신을 남겨주었다.

09
성리학의 나라, 조선

조선 500년의 역사가 남긴 유산은 무엇일까? 조선은 성리학을 통치 이념으로 발전하다가 망한 나라이다. 처음 나라를 세울 때 유교의 정치 이념으로 인의예지를 강조하고, 덕있는 왕과 왕을 바로 잡아주는 신하들의 협력으로 백성을 섬기며 다스리는 구조였다. 왕권이 강할 때는 민본 중심의 왕도정치가 잘 운영되었는데, 성리학을 바탕으로 한 관념론에 빠져 예법 중시와 소중화 의식으로 파당 정치가 심해져 내부가 붕괴되고 외세의 침략을 막아내지 못하였다. 현재와 가장 가까운 과거였던 조선 500년이 한국인 형성에 끼친 영향, 유교 이념으로 한 성리학의 발달 과정, 임진왜란과 병자호란으로 인한 쇠퇴 상황, 조선의 마지막 개혁 군주 정조의 업적, 서세동점에 대처한 세력 등을 살펴보고자 한다.

1. 조선의 건국

조선을 건국한 세력은 이성계, 이방원의 무인 세력과 정도전, 권근 등의 신진 사대부 세력이다. 이방원은 역성혁명을 일으키는데 협조하지 않은 신진 사대부 정몽주와 길재 등을 제거하고, 적극적인 정도전과 창업을 했지만 왕자의 난을 통해 왕권에 도전하는 신권주의자 정도전을 제거하며 조선 왕조의 기틀을 마련하였다.

조선을 창업한 신진사대부 정도전의 도성 한양 건설과 경복궁 창건은 성리학 이념을 잘 나타내주고 있다. 성리학의 기본 정신인 인의예지를 상징한 흥인지문, 돈의문, 숭례문, 숙지문의 4대문과 정궁인 경복궁은 '새로운 왕조가 큰 복을 누린다'는 뜻을 가졌다. 경복궁의 중심 건물인 근정전은 '부지런히 나라를 다스리라'는 의미이고, 처음 정문이었던 사정문은 '사방에서 어진이가 오간다'는 뜻이고, 나중에 붙인 광화문은 '왕의 큰 덕이 온 백성을 비춘다'는 뜻을 지녀 모두 유교의 정치 이념을 담고 있다. 특히 정도전은 왕권보다 신권을 강조하여 '국왕의 자질에는 어리석음도 있고 현명함도 있어 한결같지 않을 뿐 아니라 한 몸으로 백관과 만민을 다스리기가 어렵기 때문에 국왕은 사람들 중에 어짊과 불초함을 판단하여 재상을 등용하여 이들을 통해 일을 구분하고 처리하면 만물은 제자리를 얻게 되고 만민은 편안해질 것이라' 하여 왕권을 견제하였고, '백관은 서로 직책이 다르니 공평하게 하여 각기 제자리를 얻게 해야 하는데, 왕에 대하여 지혜와 힘으로 대응하는 것도 다투게 되어 옳지 않으니 오직 자신의 정성을 쌓아서 왕을 감동시켜야 하고 자신을 바르게 하여 왕을 바로잡아야 한다'고 하여 신권을 강조하였다. 그러나 정도전의 세자교육론(세자교육에 부적합한 자는 후계 구도에서 배제해야 함)과 재상정치론(왕을 견제하고 지배층의 기득권 유지함)이라는 신권 유지의 정책은 왕권을 강조하는 이방원에 의해 거절 당하고, 왕권 중심의 정치적 안정을 완성한 태종 이방원은 아들 세종에게 성군 정치를 할 수 있는 기틀을 마련해 주어 세종대로부터 성종대까지 성리학 이념의 기틀을 마련하면서 왕권 중심의 정치가 전개되었다. 그러나 성종 이후 지방의 사림들이 대거 중앙에 등용되면서 왕권과 신권의 줄다리기 속에서 신권 중심의 정치가 전개되어 처음에 동인과 서인으로 나누어졌다가 4색인 남인 북인, 노론 소론으로 분열되면서 정치적 혼란을 겪게 되었다.

2. 성리학의 국가

성리학은 당나라 말기 사회적으로 불교와 도교 폐단의 문제점을 인식한 유학자들이 유학을 재해석하면서 송대에 구체화한 것을 주희가 집대성하여 주자학이라고 부르면서 시작되었다. 특히 당시 정치적인 상황에서 송은 금에게 중원을 빼앗기고 사대하지만 정신적인 면에서 우위에 있으며 남송의 신진 세력인 중소지주의 이익을 대변해주는 정통론과 명분론에 집착하며 지지를 받았다. 조선 건국의 신진 사대부들이 성리학을 받아들인 중요한 이유는 주희의 불교 반대론(불교와 도교의 내세, 영혼, 환생 등 증명할 수 없는 것들을 귀신이나 초자연적인 것으로 부정함)을 수용하여, 고려의 불교 국가와 권문세족의 기득권을 부정하고 성리학을 과거 요순시절의 이상적 정치와 현실적 역성혁명의 근거로 삼았기 때문이다.

조선의 성리학은 우주의 원리인 이와 우주를 이루는 물질인 기라는 이기론에 대하여 주자는 이는 근원적이고 기는 만물의 다양한 요소로 산재해 있어 이가 기보다 중요하다는 이기이원론을 내세웠다. 이에 이황은 관념론적으로 이와 기가 분리된다는 이기이원론을, 이이는 유물론적으로 이와 기는 같다는 이기일원론을 주장하였다. 또 형이상학(理氣不分과 理先氣後)에 대하여 이황은 이선기후를 강조해 사단은 이가 발하고 기가 따른 것이고, 칠정은 기가 발하고 이가 올라탄 것이라는 이기호발설을, 이이는 이기불분을 강조해 기가 발하면 이는 탈 뿐이며, 이가 단독으로 발하는 일은 없다는 이승일도설을 주장하였다. 이러한 주장이 계기가 되어 그들의 제자들이 스승의 주장을 따르면서 이황계의 동인과 이이계의 서인으로 분열되고, 스승의 학설을 지키고 현실 정치에서 부딪치면서 남인, 북인, 노론, 소론으로 분파하여 목숨을 걸고 싸우게 되었다. 이는 후에 예법을 강조하며 상례 때 상복을 몇 년 입어야 하는지를 싸웠던 예송논쟁이나 성리학에 반대하는 자들을 사문난적으로 제거하는 상황이 벌어졌고, 조선의 사대국인 명이 이미 멸망했는데도 끝까지 의리를 지켜야 한다며 명황제 사당인 대보단과 만동묘를 지으며 소중화 의식을 지키려 하였다.

3. 외세의 침입

이러한 조선 지배자들의 성리학적 관념론 성향은 외세 침입을 받으면서 커다란 위기를 접하게 되었다. 임진왜란이 일어나면서 왜군에 의해 동래와 부산이 무너지고 조선군의 마지막 방어선인 탄금대가 뚫리면서 20일 만에 한양이 점령당하였으나 의주로 피난한 선조는 국가를 지키고 백성을 보호하기보다 자신의 안위를 걱정하는데만 집착하였고, 신하들조차 말로만 싸웠다. 그래서 선조는 왕권의 안위를 위해 아들 광해군에게 분조로 싸우게 하고, 잘 싸우고 있는 이순신을 모함해 삭탈관직 시키고, 도원수 권율을 파직했으며, 전라도 의병장 김덕령을 살해하고, 경상도 의병 영웅 곽재우를 귀양 보냈다. 조선은 현실을 무시한 성리학 이념에 빠진 관념론자들이 지배하는 나라로 위기 때에도 실력과 실용을 경시하였고, 당파 간에 명분의 싸움에 목숨을 걸었고, 성리학의 도덕과 윤리를 말하면서 사리사욕을 챙겼다. 그러나 위기를 극복한 사람들은 현실을 직시한 사람들이었다. 이순신은 준비된 실력으로 싸워 백전백승을 이루었고, 류성룡은 백성들을 아우르며 실용적 개혁과 군량미 조달로 전쟁을 뒷받침하였고 전쟁 후 반성을 위한 징비록을 남겼다. 곳곳에서 일어난 의병장은 힘없는 정부군을 대신해 내 마을을 지켰다. 결국 전쟁이 끝나면서 이순신은 마지막 해전에서 전사하고, 같은 날 류성룡은 파직 당했다. 냉대 받은 의병장들은 초야에 묻혔다. 그러나 선조는 피난 행렬을 수행한 신하 120명에게 논공행상을 나누어 주었고, 조정은 또 다시 관념파로 불릴 만한 성리학 원리주의자들이 장악하면서 30년 뒤 병자호란의 참화를 되풀이하게 된다.

병자호란 당시 인조 주변의 공신들 중 명나라에 대한 명분에 오랑캐 나라 청을 무시한 척화파가 95%였고, 강대해진 청을 인정하고 현실을 주시한 주화파는 5%였다. 결국 남한산성 40일간의 항쟁 끝에 대다수의 척화파를 물리치고 항복을 이끈 이는 현실주의자 주화파 최명길이었다. 최명길은 공부에 천재여서 일찍감치 과거에 급제했고, 인조반정의 1등 공신이 되었으나 병조좌랑이었을 때 숙직을 잘못했다고 하여 가평으로 유배되어 주역을 백번 넘게 읽고 양명학을 공부하면서 그의 생각과 행동이 바뀌었다고 한다. 즉 시대감각을 갖추게 되었고, 미래를 예측하게 되었고, 특히 당시 짐승처럼 여겼던 오랑캐를 인정하는 등 철저한 현실주의

자가 되었다. 남한산성의 저항 끝에 항복문서를 쓰고 있을 때 김상헌이 이를 찢자 대감같이 찢는 사람도 필요하고 나처럼 조각을 붙여야 하는 사람도 있어야 한다는 말을 남겼다. 또 최명길은 이후에 전쟁 포로가 조선에 돌아올 수 있는 속환 금액(몸값)을 제한시키고, 심양서 돌아오는 길목마다 여관을 짓도록 하는 대책을 세우고, 또 환향녀를 이혼시켜야 한다는 정책에 반대하며 약한 자를 공감하는 정책을 세워 나갔다.

4. 정조의 개혁

양난 후 숙종은 서인과 남인 등의 당파를 이용해 강력한 왕권을 유지하다가 장희빈의 몰락으로 남인이 제거되면서 서인이 노론과 소론으로 대립하게 되었고, 소인 지지의 경종이 일찍 죽고 노론 지지의 영인군이 영조에 올라서면서 노론이 정치를 주도하게 되었다. 이후 개혁 군주 정조의 역할을 기대했지만 그의 갑작스런 숙음으로 순조를 장인 김조순에게 맡기면서 노론에 의한 일당독재 세도정치로 결말을 짓게 되었다.

정조는 어린 시절 아버지의 죽음을 봐야했고, 음험하고 차별적인 할아버지 교육 밑에 모략적이고 파벌적인 외할아버지의 경계와 조카를 죽이려한 고모의 행동에서 아무도 믿지 않는 외로움을 경험했다. 집권하자마자 자신을 사도세자의 아들이라 선언하면서 아버지 죽음에 관여한 사람들을 처단했고, 정순왕후가 보낸 자객들에 의해 세 번씩이나 죽을 뻔 했고, 노론이 판치는 궁궐에서 신하들 상호 관계를 역이용해 절대권을 행사하느라 많은 스트레스를 받았다. 그는 자신이 꿈꿔왔던 새로운 나라를 준비하다가 하루 2시간 취침 습관의 과로와 함께 종기를 스스로 치료하려 하였으나 마지막을 지켜본 자신의 정적인 정순왕후가 내민 인삼탕을 먹고 독살같은 죽음을 당하였다. 정조는 비록 봉건체제 내에서의 개혁이지만 당시 노론 득세에 다수의 백성을 끼고 우리나라에서 처음으로 인권을 통한 시민 정치를 시도하였다는데 큰 의의를 가진다. 정조의 개혁 정치는 첫째, 노론 권력 핵심의 외척을 약화시켜 남인에게 우호적인 소론 중심 정권을 수립하고, 채제공을 중심으로 남인을 보호 육성하면서 붕당을 자신의 의지대로 움직이는 절대왕권을 행사하려 하였다. 1804년 순조에게 왕위를 물려줘 상왕이 되어, 개혁의 구심점으로 정치에 영향력을 끼치고, 사도세자를 왕으로 추숭하려던 갑자년 구상을 계획하여 수원을 실학 도시로 건설하고 남인인 이가환과 정약용을 재상에 등용할 준비를 하였다. 둘째, 그 개혁 내용은 1) 피지배층인 백성들과의 접촉을 강화하고, 잔반 및 평민의 사회적 성장을 지원하여 명문가 자제의 초계문신 등용, 유식 양반의 농업과 상업 종사 조치, 서얼과 잔반의 규장각 검서관 직책 부여, 서얼허통절목 반포로 서얼의 정치 진출 기회 제공, 천민의 양인 전환과 공노비해방 준비, 감옥 청결 및 죄인 인권 존중, 화성 축조의 임금 지불 정책 등 시민 정책을 추진하고, 2) 정치와 학문의 지도자인 왕과 신료 사이의 관계 개선을 추진하고, 조선 중화의식을 재확인하여 정학 부양에 노력하면서 북학 및 서학 등 외래 학풍을 수용하였으며, 3) 비판 세력까지 적재적소에 배치하는 등 포용력을 발휘해 신료들의 폭넓은 지지 확보로 개혁적 시책을 추진하였다. 셋째, 정조의 탕평책은 신료들의 당색과 의리 고수를 인정하면서 탕평을 추진하였는데, 그 예로서 남인을 보호하는 천주교 정책으로 정학(성리학)이 바로 서면 사학(천주교)은 자연적으로 없어질 것이라 하였고, 노론이 남인을 공격하자 노론이 북학에 지나친 부화로 사용하던 바르지 못한 문풍을 견책하며 문체반정으로 징계하고자 하였다. 결국 이들의 반성을 받아 용서를 베푸는 형식으로 갈등을 봉합하는 왕권의 포용력과 조정 능력을 보였다. 넷째, 화성 신도시 건설로 수원에 성곽과 행궁 건설, 국제무역시장 설치, 수리시설과 국영시범농장 설치, 신흥 사회세력 참여 유도, 수공업 공방 설치, 조세 감면과 특별 과거 시험 등을 시행하여 개혁의 실체를 보여주었다.

5. 조선말 친중파, 친일파, 민족파, 친미파

조선 말기 조선은 유교 전통을 고수하고 소중화의 명에 대한 사대주의와 예의와 제사를 강조하며, 외세의 진출에 쇄국을 선언하고 외세와 싸워 나라를 지키는 것이 바른 정치라고 생각한 사대부들에 의해 1860년대 중국을 의지하며 중국식의 동도서기를 주장하는 친중파인 위정척사파가 형성되었다. 이들은 조선이 농업과 조세 제도가 파탄하고, 매관매직과 재정 고갈 등으로 무능해진 상태에 각종 상소와 의병으로 외세를 막으려 했지만 시대 착오적인 몸부림에 그치고 말았다. 이후 어떤 누구도 조선 회복의 의지를 가진 자가 없었고, 조선의 지도자들은 조선과 다른 새로운 나라를 꿈꾸게 되었다. 이 시기 조선 침략의 실세는 일본이었다. 이미 외국 문물을 수용하여 메이지 유신을 성공한 일본은 정한론을 내세우며 자신들이 근대화를 통해 수용한 문물과 제도를 조선에 적용시키며 침략의 기회를 엿보고 청국을 물리치며 조선에 간섭해 오기 시작하였다. 이때 일본의 근대화를 모델 삼아 조선을 변화시키려는 친일파인 문명개화파가 1880년대 형성되어 근대 문물을 수용하고 갑신정변을 일으켜 급진 개화를 시도했으나 실패하고, 일본의 간섭과 침략으로 타율적인 개화를 맞이하게 되었다. 또한 신채호, 박은식, 김구 등이 유학의 재건을 위한 대동유학을 역설하여 민족파인 민족주의학파를 형성하였다. 당시 약육강식의 서구적 폭력에 대항해 조국 독립운동의 방도를 모색하여 백성이 잘 살고 평등과 자유정신을 이어가며 자유 민주주의 국가 건설을 위해 문화 국가가 되는 것을 주장하여 후에 대한민국 헌법 제정에 영향을 미치기도 하였다. 그러나 당시 조선의 어려움을 이해하고 백성들의 의식을 깨워준 세력은 미국의 선교사들이었고 이들에 의해 친미파인 기독교파가 형성되었다. 이들은 학교와 병원을 세워 미국식 교육과 신식 문물을 소개하여 지도자를 양성하고 개신교 신앙을 전파하여 조선의 실제적인 근대화와 의식 개혁을 담당하였다. 미국 선교사들에 의해 어의가 백정을 치료하고, 고아들에게 영어를 가르치고, 양반과 백정이 함께 예배드리는 경험을 통해 개신교의 만민 평등주의를 보며 여성 해방과 민주주의를 경험하였다. 이들은 미국식 개신교를 배우면서 인간의 자유를 알고 자유 민주주의와 풍요로운 세상을 만들어 가며 조선의 독립을 위한 투쟁에 앞장서게 되었다. 이는 당시 독립운동의 지도자들이 대부분 기독교인이었던 것과 조선의 지도자들이 미국과 가깝게 지내려고 노력했던 것을 통해 알 수 있다.

6. 결론

조선 500년의 역사가 지금 한국인 형성에 어떤 영향을 끼쳤을까? 조선시대는 지금으로부터 가까운 과거라 그 시대의 사상과 생활 습관은 지금까지 우리네 생각과 태도에서 잘 남아있다. 첫째, 성리학의 영향이다. 지도자들의 하늘이 백성이라는 뜻의 민본정치 사상, 양반과 상놈으로 나뉘어진 신분상 권위와 질서의식, 남성중심의 가부장적 종법 제도에 의한 가족중심 주의, 전 국민이 지켜야 했던 관혼상제를 통한 예의범절과 의리와 절개, 그리고 국가 중심의 애국심과 충효 사상 등이다. 지금 근대화되면서 많이 사라졌다고 하지만 아직도 우리 사회에 전통의식이자 문화로 남아있다.

　둘째, 조선의 우수한 전통 문화 유산을 남겨주었다. 지금도 세계문화유산에 창덕궁, 종묘, 수원 화성, 서원이 등재되어 있고, 세계기록유산으로 조선왕조실록, 승정원일기, 훈민정음 해례본, 조선왕조의궤, 동의보감, 일성록, 난중일기, 조선통신사 기록물, 조선시대 금속활자, 조선시대 편액 등이 등록되어 있다. 또 세계인류무형문화유산으로 종묘제례, 김장문화, 한식문화, 궁중문화, 향교전통, 시가문화, 판소리, 탈춤, 한복, 사물놀이 등이 등재되어 있다. 지금 우리의 전통 문화의 대부분이 조선시대 형성되어 계승된 것들이다.

　셋째, 조선의 역사에서 우리에게 남겨준 교훈이다. 성리학으로 인한 소중화의식의 명분론과 관념주의는 임진왜란과 병자호란의 위기를 불러왔고, 정치적으로 4색당파의 소모전과 노론의 일당독재로 인해 백성들을 굶주림에 빠뜨려 민란을 일으켰고, 서세동점의 외세 침입에 대처할 힘을 잃고 일본의 식민지로 전락하게 되었다. 즉 성리학의 이상주의라는 명분에 빠져 현실을 돌아보지 못한 지도자들에 의해 나라가 망한 것이다. 그나마 왜란과 호란의 위기를 막은 사람들은 현실주의자였고, 조선말 외세 침입에 새 국가를 꿈꾼 사람들은 외국 문물과 문화를 돌아보며 국제 정세를 알게 된 개혁주의자들이었다. 특히 조선의 근대화와 의식 개혁에 실제적 영향을 미친 미국의 선교사들이 기독교 지도자를 양성하고 평등 사상과 민주주의와 자본주의의 경제 체제를 전해 주었고, 이를 배운 우리나라의 지도자들에 의해 앞으로 조선이 나아갈 새로운 국가 체제의 꿈을 꾸게 하였던 것이다.

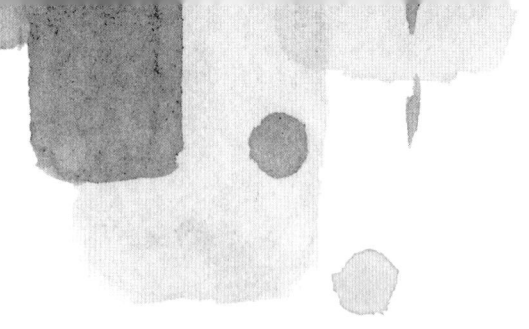

10
해방전후 혼란 속에 세워진 자유민주주의국가, 대한민국

　해방과 함께 대다수의 국민들이 사회주의 국가를 희망하고 있을 때 어떻게 자유민주주의 국가가 수립되었을까? 1945년 전후 국민들이 바라던 국가 체제는 사회주의 국가였다. 독립운동 당시 소련으로부터 많은 원조를 받고 토지가 없던 백성들에게 무상으로 토지를 주어 평등한 사회를 만들어 주겠다는 막연한 기대에 희망을 가졌던 것이다. 그러나 미,소 군정 하에 신탁통치 선언에 외세를 반대했지만 이념 대립과 수많은 정당 활동에 지도자들이 암살당하고, 정치적 혼란 속에 결국 UN의 결정에 따라 자유선거를 통해 제헌 국회가 성립되고 자유민주주의 국가 체제를 선언한 헌법이 제정되면서 대한민국 정부가 출범하였다. 대한민국 임시정부로부터 해방 후 건국 준비위원회의 활동, 미군정하의 정치적 혼란, 제헌 국회 수립까지의 과정을 살펴보고자 한다.

1. 대한민국 임시정부

1919년 3월 1일 한반도 내에서의 독립 만세 운동은 당시 국내외에서 활동하던 독립운동 지도자들이 하나로 뭉치는 계기가 되었다. 일제 당시 지도자들은 각 곳에서 정부를 세워 독립운동을 하고 있었고, 윌슨의 민족자결주의 발표에 힘입어 국제 사회에서 조선 독립의 정당성을 알리기 위해 나라를 대표하는 정부의 필요성을 느끼며 통합 운동을 하게 되었다. 당시 7개의 단체 중에 중국 상해 대한민국 정부, 러시아 블라디보스톡의 노령 대한국민의회, 서울의 한성정부가 대표적이었고, 이들 대표들이 4월에 상해에 모여 정부의 형태와 헌법을 제정하여 4월 11일 대한민국 임시정부를 출범시켰다. 당시 독립운동 지도자들은 멸망한 조선을 다시 세우려는 뜻은 전혀 없었다. 1910년 조선이 멸망하고 난 후에 독립운동 지도자들은 일제의 지배하에 독립하고자 하는 자주적인 근대화를 향한 열망을 가지고, 세계의 여러 정부 형태와 제도를 듣고 배우며 경험했던 것을 바탕으로 당시 미국식의 정치 형태를 수용하게 되었다. 이는 1885년 이후 조선에 들어와 선교활동을 하던 미국 선교사들이 교회와 학교와 병원을 세워 자유와 민주주의를 가르치며 헌신적인 모습에서 감동을 받았을 것이다. 이는 당시 독립운동 지도자들 대부분이 기독교인이었음을 통해 알 수 있다. 그래서 임시 정부의 정부 형태는 민주공화제로서, 입법, 사법, 행정의 삼권분립을 원칙으로 하며, 대통령 중심제로 정하여 외교에 능한 이승만을 대통령으로 세웠다. 이는 당시로서 아시아 최초의 민주 공화제 국가와 헌법을 선포한 것으로 3.1운동의 주체였던 국민들을 믿고 국민이 주인인 나라를 세울 수 있었던 것이다.

이후 이승만의 독단적 외교 활동에 내부 갈등이 발생해 1925년 탄핵

하고, 김구, 이동녕 등 국무령 중심의 내각 책임제로 변경했다가 1940년 충칭으로 이동하면서 김구, 김규식의 주석, 부주석제로 바꾸었다. 임시정부는 조세를 제대로 걷을 수 없어 교민들의 성금과 몇몇 단체들의 후원에 의존하다 보니 항상 자금이 부족했고, 내부적으로도 사회주의와 민족주의의 이념 대립, 무장투쟁과 외교독립의 독립운동 노선 갈등, 대통령제와 내각제의 권력 구조 갈등 등 내부 갈등이 심했다. 더욱이 일제의 지속적인 감시와 탄압뿐 아니라 국제 사회에서도 임시정부를 인정하지 않는 한계로 실질적으로 독립운동의 지도력이 약해질 수밖에 없었다. 그러나 김구 개인의 의열단을 통한 이봉창, 윤봉길 의사의 의거 활동이 계기가 되어 중국 국민당 정부의 지원을 받으면서 후에 광복군을 창설하고 2차 대전 연합군들과 함께 작전을 수행하는 등 일제 치하에서 정부로서의 역할을 다하였다. 그래서 1948년 대한민국 정부가 수립될 때 3.1운동의 정신과 대한민국 임시정부의 전통을 이어 받을 수 있었다.

2. 건국준비위원회

일본은 8월 11일 항복할 것을 준비하며 항복 이후 무정부 상태를 예상해 자기들을 보호할 세력으로 학생과 노동자 중심의 좌파 여운형에게 보호를 부탁하였다. 여운형은 독립운동을 하면서 일본의 패망을 예견해 조선건국동맹을 조직했고 해방 직후 이를 건국준비위원회로 개편해 전국 145개 지부에서 건준 치안대가 중심이 되어 치안, 행정, 시위 등을 관리하게 되었다. 그래서 8월 15일, 16일 정치범을 석방하면서 서울이 먼저 해방을 맞았고, 8월 17일에야 전국이 해방의 기쁨을 나누게 되었다. 여운형은 한민당 송진우와의 협작을 원했으나 거절당하고 테러로 입원하게 되어 부위원장 안재홍이 한민당을 끌어 드리려다 실패하면서, 결국 건준은 좌파가 장악했고 미군정의 입국을 앞두고 이승만, 김구, 조만식, 박헌영 등 실세들을 앞세워 조선인민공화국을 선언하기도 했다. 9월 9일 하지가 이끄는 미군정이 들어서면서 인공을 공산주의자로 몰아 붙여 미국이 이를 해체시켰고, 이후 친일파 세력들이 미군정에 모여 들기 시작하였다. 이는 당시 친일파 이묘목이 통역을 담당하고, 한국에서 태어난 윌리암스 해군 소령이 고문을 맡으면서 한민당과 미국계 기독교 세력의 의견을 우선시하면서 미군정하에 중책자들은 주로 우파 한민당 총무들, 김성수, 송진우, 조병옥 등 자본 지주층의 친일파이거나 독립운동가 세력들로 채워지게 되었다. 해방 직후 한국은 미소의 대립, 남북의 분열, 좌우 이념의 분열 상황으로서 우파의 이승만, 김구, 안재홍, 중도파의 김규식(우파), 여운형(좌파), 좌파의 박헌영, 김일성 등의 세력으로 분열되어 있었다. 그런 중에도 현실적 이상주의자들은 남북 통일을 추진하고자 하였다.

3. 미군정 시대

미군정은 38선은 일본군 무장 해제선 정도로 이해하고, 카이로 선언의 한국 독립을 지켜주기 위해 국제적으로 미소공동위원회와 신탁통치를 준비하였는데, 미국 지도부들의 무관심과 루즈벨트의 사망에 따른 트루먼의 무결정 상태에서 하지는 총독부에서 일하던 직원들을 그대로 유지하고, 친일파에 대한 단죄와 청산을 미루며, 당시 여론 조사 결과 여운형 33% 지지, 이승만 24%, 김구 18%를 바탕으로 여운형을 중심으로 한 통일 정부 수립에 노력하였으나 한국의 좌우세력 모두에게 배척을 당하였다. 특히 12월 신탁통치 발표에 찬탁(박헌영, 여운형)과 반탁(김규식, 김구, 이승만)으로 분열되면서 미소공동위원회 개최도 실패하고, 북한에서 소련이 내세운 김일성에 의한 체제 정비와 사회주의식 토지 개혁이 단행되자, 미군정은 남북한 임시 정부 구성에 불안감을 느끼면서 좌우합작에 의한 정부 수립을 위해 여운형, 김규식의 좌우 합작 운동을 적극 지지하였다. 그러나 친일파를 청산하고 토지를 몰수해 무상 분배를 주장한 좌파의 박헌영과 친일파를 활용하고 토지를 유상 매입해 유상으로 분배할 것을 주장한 우파의 이승만도 이를 반대하였다. 이승만은 북한이 토지 개혁을 단행하고 미소공동위원회가 실패로 끝나자 남한 단독 정부 수립을 위해 정읍 선언을 하면서 정세는 더욱 불안하게 되었고, 미군정의 하지와 이승만과의 사이는 더욱 멀어지게 되어, 하지는 이승만을 퇴출시켰고, 이승만은 미국으로 가서 관료들에게 하지를 공산주의자로 모함하기도 하였다.

그러다 1947년 3월 세계 각 곳에서의 공산화가 진행되는 위기에 트루먼 독트린이 발표되어 냉전이 시작되자, 미군정은 좌우합작을 불인정하고 이승만의 반공 세력(북한에서 추방당한 지주 세력, 기독교 세력, 친일파 세력)을 지지하며 남북한 문제를 UN으로 넘기게 되었다. 이에 좌우 합작 세력들은 김일성과의 면담을 추진하였고, 이 과정에서 1947년 7월 여운형이, 12월에 장덕수가 암살당하였다. UN에서는 1947년 12월 총회에서 남북한 총선거 실시를 명령하였으나 북한은 불리함을 느껴 인구 조사를 거부하였고, 1948년 2월 UN 소총회에서 선거 가능한 지역에서의 총선거 실시를 명령하였다. 결국 남북통일을 바라던 지도자들은 1948년 4월 김규식의 편지에 김일성이 답장하면서 김일성, 김두봉, 김규식, 김구가 함께하는 남북 협상단 모임이 이루어져 임시정부 통일정부 수립을 위한 협의를 시도했으나 김일성의 국가 건국에 이용당하는데 그치고 말았다. 그래서 1948년 최초의 민주적 보통 선거인 5.10 총선거에서 협상파 세력과 사회주의 세력이 불참(제주 4.3사건의 선거 불참 운동)한 가운데 이승만 독촉파와 한민당, 그리고 무소속 소장파들이 국회의원에 많이 당선하게 되었다.

4. 제헌 국회 수립

우리나라 제헌 국회 수립은 이승만의 정치적 승리였다. 이승만은 미국에서 평생을 살면서 자유 민주주의와 자본주의를 경험하고 세계 대전을 통한 국제 정세의 흐름을 읽으며 정치적 능력을 발휘하였다. 해방된 한국에 입국하여 정치적 고수답게 지방을 다니며 자신을 알리는 강연을 주도하였고, 공산주의와 대립되는 냉전 시대를 예견하여 반공을 주장하는 철저한 반공주의자가 되었다. 당시 국민 대다수인 75%이상이 사회주의 국가를 원하고 있었고, 미군정은 좌우합작 세력을 중심으로 임시정부를 세우려고 하던 상황에서 이승만은 미군정이 지지하는 임시정부의 역할이 미약하고, 북한의 토지개혁과 공산화 추진을 보며, 한국에서 미국과 소련이 철수할 것을 예측해 남한 단독 정부 수립을 위한 정읍 선언을 단행하였다. 이에 이승만의 부각에 반대하는 각 세력들은 이승만을 모략하게 되었다. 이승만은 임시 정부 때 건방지게 대통령 단어를 사용하였고, 하와이 국민 성금을 도용하였고, 미국에서의 6억 지원금을 자신이 타왔다고 하는 가짜 뉴스를 퍼트리고, 친일파를 보호하고, 국회의원 동대문 갑에 단독 출마할 때 상대 최능진 후보 등록을 방해했고, 권모술수가 능하고 어디든지 가서 분열을 책동하는 자라고 비난하였다. 이승만에 대한 부정적인 평가를 볼 때, 인정할 부분도 있지만 일제시대 독립운동과 해방 후 정치적 상황에서 일제 독립운동의 대부분은 투쟁 노선이나 이승만은 외교와 교육 노선이고, 해방 후 정치는 남북통일 정부 노선이었으나 이승만은 반공주의 노선을 주장함으로 서로 노선이 다른 것에 대한 비판이었다. 또한 당시 대립하고 있으면서 사회주의 국가를 이루지 못한 세력들에 의한 모략이었다. 해방 후 통일정부를 수립하지 못하고 당시 민족 지도자들의 분열이 아쉽기는 하지만 북한의 공산주의 정권 수립에 남한만이라도 자유민주주의 국가가 수립된 것은 천만 다행이다.

자유민주주의 국가 체제를 갖춘 제헌국회 반민특위에서 친일파를 청산하지 못한 것은 두고두고 아쉬운 부분이다. 그 결과 지금까지 사회 불평등과 불만, 부정과 부패의 고리, 이념 논쟁과 대일 외교상 정권의 정체성에도 흠집이 되었다. 그러나 초기 헌법 제정에 있어 자유민주주의를 바탕으로 하는 자본주의에 계획 경제 정책과 국가 주도성을 강조함으로 경제 발전의 틀을 마련한 것은 지금 우리나라가 이렇게 발전할 수 있는 기초가 되었다. 특히 1950년 5월 토지의 유상 매입, 유상 분배로 단행된 토지 개혁 단행은 자작농을 육성하여 전쟁 중에도 토지를 지키고 부자를 꿈꾸며 자식 교육에 올인함으로 민주화와 경제 발전을 가능하게 하였다.

5. 결론

해방 전후사에서 가장 큰 이슈는 자신이 어느 편에 서느냐였다. 해방 전에는 친일이냐 독립군이냐, 해방 후에는 공산이냐 민주냐이다. 일제시대 사람들의 국적도 일본인인지 조선인인지 논란이 된다. 일제의 지배에 민족말살 정책으로 이름도 바꾸고 일본어를 썼으니 일본인 같지만 그들이 차별로 조선인으로 대했으니 조선인일 것이다. 특히 해방과 함께 친일파에 대한 정리를 하지 못해 지금까지도 논란이 되고 있어, 2005년에서야 친일반민족행위자에 대한 정의를 내리게 되었다. 일제시대 국가 권력에 적극 협력한 자, 독립운동을 탄압한 자, 일본의 전쟁 수행을 적극적으로 도운 자, 일본 제국주의를 찬양하고 선전한 자로 정하였지만, 강압 속에 일제에 협력할 수 밖에 없는 경우가 많아 추가적으로 자발적으로 적극 협조하고 일본으로부터 경제적 이익을 얻고 조선인 노동자를 착취하고 전쟁 지원을 위해 종교 활동을 한 경우를 친일파로 간주해 2009년 705명의 친일파 명단을 발표하게 되었다. 또 해방 후 6.25전쟁까지 공산주의와 민주주의의 대결 속에 어느 한편에 서야만 했고 이로 인해 많은 사람들이 희생당하였다.

당시 우리나라는 미소의 대립, 남북의 분열, 좌우 이념의 분열 상황(우파의 이승만, 김구, 안재홍, 중도파의 김규식(우파), 여운형(좌파), 좌파의 박헌영, 김일성)이었고, 현실적 이상주의자들에 의해 남북통일을 추진하려고 하였지만 결국 남북이 분단되고 4.3사건, 여수반란사건, 남로당과 빨치산, 6.25전쟁으로 수많은 사람들이 이유도 모르고 학살당하거나 죽어야만 했다. 해방 당시 대부분의 국민들이 사회주의 국가를 선호하였고, 북한의 발 빠른 공산주의화와 남한에서의 공산주의자들의 반대에도 불구하고 자유 민주 선거로 제헌국회가 출범하여 3.1운동과 임시정부의 정신을 이어받아 자유민주주의공화국인 대한민국이 출범(1948년 9월 1일 대한민국정부 관보 1호에 발행연도를 대한민국 30년이라고 표기함)하게 된 것은 기적 같은 일이었다. 이렇게 시작된 대한민국의 선포는 이후 민주회와 경제발전을 이루며 선진국으로 발전할 수 있는 바탕이 되었던 것이다.

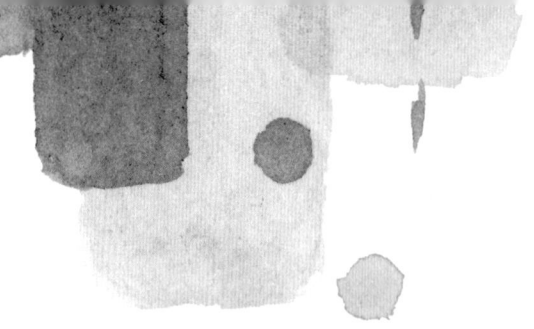

11
민본정치로부터 법치 민주주의까지의 민주화 운동

　우리나라의 민주화가 빠르게 이루어진 이유는 무엇일까? 고조선 때부터 홍익인간의 정신으로 사람을 중히 여겼던 사상은 조선시대 지도층들은 왕도정치의 이념으로 민본정치를 내세워 백성을 위한 통치를 실천하려 했다. 결국 백성들이 억압 받게 되자 백성이 주인인 나라를 세우기 위해 동학농민운동을 일으켰고, 일제의 압제 하에서는 3.1만세운동을 전개하였다. 해방 후에도 독재정권에 맞선 4.19혁명과 5.18민주화운동으로 저항하였으며 결정적으로 6.10민주화투쟁으로 우리나라에 민주주의 국가를 완성하게 되었다. 각 시기마다 일어난 민주화 운동에 대하여 자세히 알아보고자 한다.

1. 조선의 민본 정치와 최초 민주화 운동

　조선시대 국치는 유학에서 제시하는 왕도정치, 민본정치이다. 이는 백성이 나라의 근본이라는 이념 하에 국가의 지도자인 왕과 이를 돕는 관료들이 백성을 위해 정치해야 한다는 통치 이념이었다. 그러나 왕권과 신권의 대립 속에 조선의 지배자는 민본정치를 명분으로만 내세웠지 실제로는 자신들의 권위와 안위를 위해 정치했다. 혹시 왕권이 강할 때는 백성을 위한 조치가 내려질 때도 있었지만 대부분 관료들이 자기 당을 중심으로 정권을 유지하고 이를 통해 사리사욕을 채워 나갔다. 사실 조선의 당파는 좋은 의미에서 양당 간에 의견을 조율해 바른 정치를 하는 현대의 여야 간의 민주 정치같았지만 실제에서는 목숨을 걸고 당론을 지키기 위해 당파 싸움에 매몰되어 민본을 무시하고 백성들을 고통에 빠지게 하여 결국 백성들을 60%가 넘게 노비와 소작농으로 전락시켰다. 조선의 정치는 겉으로는 민본, 민주정치 같았지만 실제로는 백성을 돌보지 않는 당쟁과 독재정치였던 것이다.

　우리나라에서 진정한 민주화의 첫 시도는 동학 운동이라고 할 수 있다. 양반과 관료들의 수탈과 외세의 침략으로 어려움을 겪은 농민들이 인내천이라는 민심을 바탕으로 전 국민의 30% 이상이 참여한 농민 운동이었다. 즉 백성들이 중심이 된 민주화 운동을 전개한 것이다. 그러나 동학도 간에는 접이라는 조직을 통하여 평등사상과 민주주의를 실천하였으나 조직의 사상적 근거와 원칙이 부족하고 지나친 종교적 성격으로 인한 무모한 도전에 관군과 일본군의 무력에 의해 실패하고 말았다. 그러나 우리나라 민주화 운동의 절정은 3.1운동이라고 할 수 있다. 일제의 국권 침탈과 나라 잃은 국민들의 억울함과 독립이라는 새로운 희망이 국제 정세와 어우러져 33인의 민족 대표가 도화선이 되어 남녀노소를 막론하고 전 국민이 독립 만세 운동에 참여하였다. 물론 일제의 탄압으로 실패한 듯했지만 실제로 3.1운동을 계기로 국내외 지도자들이 하나가 되는 대한민국 임시정부를 수립하게 되었고, 특별히 민주공화정이라는 국치의 방향을 정하게 되어 이후 우리나라 정치가 3.1운동의 정신을 이어받게 되었다. 즉 해방이후 대한민국 정부가 수립되고 정부의 헌법을 제정할 때 3.1운동 정신과 정통성을 이어받게 되어 우리나라는 자유 민주주의 국가로 출발하게 되었던 것이다. 3.1운동은 일제의 탄압 기간이기는 했지만 전 국민이 하나가 되어 독재자로부터의 해방을 요구하고 비폭력적이고 민주적인 행동 질서 속에서 이루어낸 우리나라 최고의 민주화 운동이었다.

2. 해방 후 민주화 운동

독립을 맞이한 우리나라는 일본군 해체를 이유로 남북이 미소 군정 하에 또 다시 외세의 지배를 받게 되었다. 북한은 김일성을 앞세운 소련에 의해 공산화의 길을 걷게 되었고, 남한은 미군정이 여운형 중심의 중도파 세력에 정권을 이양하려했으나 군소 정당의 난립과 지도자의 암살 등 이념과 민족주의 대립의 혼란 속에서 결국 이승만을 중심으로 하는 자유민주주의 국가 수립이 이루어졌다. 결국 좌우 이념의 대립은 6.25전쟁으로 동족 간에 피를 흘렸지만 휴전에 의해 또 다시 분단하게 되었다. 이후 이승만 정부의 장기 독재를 위한 각종 억압과 부정부패는 부정 선거라는 이름 하에 젊은 학생들이 일으킨 4.19혁명으로 막을 내리게 되었다. 4.19혁명의 주역은 해방 후 한글을 배우며 전쟁 중에도 학업을 이어간 학생들이었다. 배움을 통해 학습된 진정한 정의와 민주주의가 무엇인지를 터득한 최초의 민주시민들이었다. 3.1운동은 억압 속에 전 국민이 함께한 민주화 운동이었다면 4.19혁명은 진정한 민주 시민들이 일으킨 최초의 민주화 운동이라고 할 수 있다. 그러나 학생들은 민주주의를 수호할 만한 힘이 부족하였다. 또 다시 부패한 정치인들에 의해 나라는 혼란에 빠졌고 이 기회를 군사정권인 박정희의 5.16군사쿠데타로 잠시 민주화를 잠재웠다. 군사정권은 당시 우리나라 국민이 당면한 가장 큰 과제인 가난을 해결하기 위해 전념을 다해 경제 발전에 크게 기여하여 최빈국에서 세계 선진국으로 도약할 수 있는 발판을 마련했지만 그 시기 정부에 자유와 민주를 빼앗긴 채 유신체제와 18년간의 군사 독재 속에 억압을 받았다. 국민들은 부마항쟁 등으로 독재에 대항하는 민주화 운동을 전개했지만 10.26사태와 12.12군사쿠데타로 또 다른 군사 독재에 빠지게 되었다. 결국 1980년 5월 16일 광주에서 군사 정권에 대한 민주화 운동이 전개되었고, 비상계엄 하에 광주라는 한 지역에 계엄군이 투입되어 큰 아픔을 남기고 진압되었다. 그러나 1987년 민주화 열풍은 학생을 비롯해 시민들이 참여한 6월 10일 항쟁으로 6.29선언을 받아내어 진정한 민주 시민에 의한 성공한 민주화 운동으로 남게 되었다. 그래서 대통령 5년 단임의 헌법을 제정하고 안정된 민주주의의 경제발전과 민주화에 성공한 나라로 세계적 주목을 받게 되었다.

3. 국민이 하나가 되는 저력

최근에 우리나라 국민들은 정부가 정의롭지 않을 때 선거로 심판하거나 광화문에 모여 질서있는 시위를 통해 민주주의를 표출하게 되었다. 물론 1987년 6월 항쟁의 민주화 운동 이후 민주화 세력 중 하나인 종북 좌파 세력이 침투하면서 사회 각계각층(교육계, 노동계, 언론계, 법조계, 정치계 등)에 진출해 각종 시위를 주도하기는 하지만 국가에 위기가 생길 때면 시민들이 앞장서는 저력을 발휘하게 되었다. 2016년 박근혜 정부의 국정 농단 사건에 전 국민이 나서 시위하며 탄핵에 이르게 했고, 2024년 윤석열 정부의 비상계엄과 다수당 민주당의 무분별한 탄핵 소추를 시민들이 막아내기도 하였다.

우리나라는 과거로부터 위기가 있을 때면 국민이 하나가 되는 저력을 발휘하였다. 고구려 때 수와 당의 침입에 성을 중심으로 싸워 이겨냈던 안시성 싸움이나 살수 대첩, 신라가 당나라의 침입이 있을 때 고구려, 백제 유민과 함께 물리친 매소성 전투와 기벌포 전투, 고려 거란 침입에 전 국민이 하나가 된 초조대장경 조판과 귀주 대첩, 몽고 침입에 끝까지 저항한 삼별초 항쟁과 한마음으로 나라를 구하려는 염원에 만들어 낸 8만대장경, 조선 임진왜란 때 쇠락한 관군을 대신한 백성 중심의 의병 활동과 권율과 이순신 장군의 행주대첩과 한산도 대첩, 일제의 주권 침탈에 저항한 국채보상운동, 3.1운동, 광주학생운동, 물산장려운동, 6.25 남침에 낙동강 전선을 지킨 학도의용군, 1996년 IMF 경제 위기에 전 국민의 금모으기 운동 등 하나된 국민의 힘을 보여주었다. 이러한 우리 국민의 저력에는 고대로부터 우리 민족의 혈통에 흐르는 하나의 기질이 있었다. 고조선을 세운 홍익인간 정신, 한마음으로 하늘에 제사를 지내며 단결한 천신 사상, 농촌 사회에서 함께 농사를 지으며 형성된 협동의 대동 정신, 외국에서 수용된 각종 종교들을 하나로 묶어왔던 무속 신앙과 깊은 종교심, 조선 500년간의 유교 사회에서 정착된 가족 중심의 유교 정신, 특히 위기 때마다 등장한 백성이 하늘이고, 백성을 두려워하라는 민본 사상과 인내천 사상, 백성들이 주체가 된 책임의식과 참여의식이 바로 한민족의 저력이다. 이러한 저력은 서양에서 소개된 법치적 민주주의를 우리 식으로 정착할 수 있도록 이끈 원동력이었다.

4. 결론

　우리나라 조선 시대의 민본 정치는 유교 이념에 입각해 백성이 나라의 근본이라는 사상에서 민주주의의 개념을 갖았지만 왕권과 신권의 대립 속에 지나친 당파와 유교적 권위주의 속에 그 의미가 퇴색되어 지배층의 독재로 변질되었다. 해방 후에는 공산주의와 대립하며 자유민주주의국가를 선포하였지만 이후 40여년간 권력 독재(이승만 정권), 개발 독재(박정희 정권), 군사 독재(전두환 정권)로 이어지게 되었다. 지난 우리나라 교육열에서도 제시했듯이 해방 후 40년 간은 모든 제도 속에 파시즘적 요소를 가지고 반공과 발전을 명분으로 국민을 통제한 시기였다. 이러한 파시즘은 이승만의 조선 왕조 시대 권위 의식, 박정희의 강력한 국가 건설을 위한 개발 의지, 전두환의 군사 문화에 의한 조직의 영향이라고 하겠다. 그러나 조선시대 동학운동과 일제시대 3.1운동 등의 저항 정신을 계승한 국민들은 산업화 과정에서 부당한 권력에 맞서 정의감을 앞세우고 개인보다 집단적 연대의 힘을 중시하고 희생을 감수하는 용기와 빠른 변화를 위한 개혁 의지로 민주화 운동을 전개하였고, 그 결과 세계는 한국을 경제적 성공과 민주주의 발전을 이룬 대표적인 국가이고 글로벌 리더로 성장하였다고 평가하고 있다. 그러나 급속한 성장 과정에서 나타난 정치적 갈등과 사회 양극화, 개인적 파시즘의 문제를 지적받고 있다. 민주화 과정에서 보여준 위기 때마다 국민들이 일어나 나라를 지키고 다시 세울 수 있었던 한국인의 저력은 우리 민족 뿌리에 흐르고 있는 홍익인간의 정신, 고대 제천 행사의 천신 사상, 농경의 대동 정신, 무속의 통합적 종교심, 가족 중심의 유교 정신, 국민들의 주인정신과 참여의식이 있었기 때문이었다.

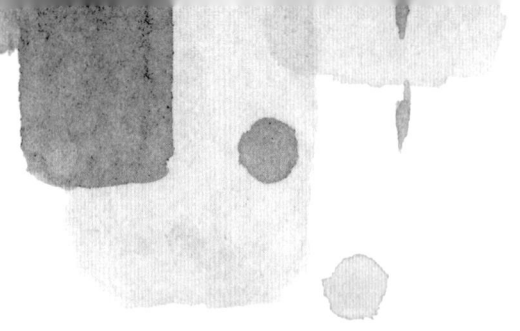

12
광명과 빛을 담은 나라 이름의 변천

　우리나라 국호가 대한민국이 된 근거는 무엇일까? 우리나라처럼 유구한 역사를 지닌 나라도 흔치 않다. 특히 고대 몽골과 만주 일대의 중심 세력으로 있었다가 강대국 중국에 밀려 한반도로 축소되었지만 주변국의 수차례 침입에도 망하지 않고 역사를 이어왔다는 것은 우리나라의 저력을 말해주고 있다. 또한 최근에 주변국인 중국이나 일본의 역사 왜곡에 대항하고 그들보다 더 오래되고 찬란한 역사를 갖고 있었고, 중국과 일본은 우리나라의 아류국이었다는 증거를 찾으려 시도하는 사람들도 많아졌다. 고대사에 그들의 주장 일부를 소개하면서 고대로부터 우리나라 국호 변천을 통하여 한민족의 역사와 그 의미를 살펴보고자 한다.

1. 환국 시대(환단고기 기록)

1) 환국(BC7198 - BC3898) : 하늘의 환인이 이끌던 창세 역사 시대로 3,300년을 다스렸다. 파미르 고원, 바이칼호 주변을 중심으로 유라시아 대륙의 동방 천산을 중심으로 7대 환인천제들이 수밀이국(수메르)을 비롯한 12개국이 천지, 천자사상을 가지고 다스렸다. 환은 하늘의 밝은 광명을 뜻하며, 이후 우리나라의 이름이었던 조선, 부여, 삼한, 신라, 대한 등에 광명이 들어가 있고, 흉노족인 훈족과 고대 중국이 말하는 선비, 호환, 훈족, 동호, 청구 등은 언어와 풍습뿐 아니라 정치 제도(3수 문화)가 비슷해, 환국의 후예들이라고 한다. 그러나 환국은 실존했던 국가가 아니다.

2) 배달국(BC3898 - BC2333) : 환인의 서자 환웅이 하늘서 3천의 무리를 이끌고 방울, 칼, 거울의 전부인을 가지고 풍백, 우사, 운사의 신들을 거느리고, 태백산(백두산)에 내려와 세상을 교화시키기 위해 홍익인간의 정신으로 신시를 건국하였다. 나라 이름을 배달겨레(밝달겨레, 태양의 민족)라 하고 1,565년을 다스렸다. 1대 환웅 천황인 거발한 환웅(배달천황)은 홍산문화의 주인공이고, 14대 자오지 환웅(치우천황)의 청구국은 양자강 하류 앙소문화와 산동성의 후기 대문구문화 시대를 이끌었던 동이족이었다.

3) 단군조선(BC2333 - BC238) : 단군왕검이 송화강 아사달에 도읍을 정하고 나라를 열어 조선이라 불렀다. 단군은 왕을 뜻하는 고유명사로 1대 단군왕검에서 47대 단군고열가까지 2,096년을 다스렸다. 단군왕검은 제정일치(제사장 단군, 군장 왕검)를 뜻하며, 3수 원칙으로 국가를 다

스려 팔조법 제정, 오행치수법을 중국 우왕에게 가르쳐 하나라를 세우는 데 도와주었다. 송화강 아사달(현 하얼빈)에서 시작한 1왕국은 1,048년을, 백악산 아사달(현 장춘)로 옮긴 2왕국은 860년을, 장당경(현 선양) 아사달로 옮긴 3왕국은 대부여로 국호를 바꾸고(BC424) 188년을 지내다, 단군고열가가 산신이 되어 해모수에 의해 북부여로 계승되었다.

2. 고조선 시대

1) **고조선(BC2333 - BC194)** : 삼국유사 단군신화 기록에 따르면, 단군왕검이 BC2333년에 조선을 열어 1천 년간 재위하다가 산신이 되었다고 하였다. 조선이란 동쪽의 해뜨는 곳, 신선한 아침의 나라라는 뜻으로 이성계의 조선에 대비해 옛 조선을 고조선이라 하였다. 첫 도읍 아사달(현 조양)에 이어 장당경(현 선양)으로 옮기고 마지막 왕검성(현 요동, 혹은 평양)에 도읍을 정하였다. 단군의 존재에 대해 신화로 보는 견해도 있으나, 원시 신화적 기록 속에 역사적 실존에 의미를 부여하여, 우리 민족의 뿌리, 시조, 국가의 시작이라는 상징성을 가지고 있고, 최근 고고학적 발굴로 실존적 가치를 인정하게 되었다.

2) **기자조선(BC1046 - BC194)** : 중국에 상나라 왕족 기자가 조선으로 가서 조선후로 봉해졌다는 상서대전의 기록을 시작으로 사기를 비롯한 중국 사서에 기술되어, 위만에 의해 멸망한 조선왕 기준이 마지막 기자조선의 왕이었고, 한반도 남부로 내려가 진국을 세워 한왕(청주 한씨)이라 칭했다. 기자조선은 고려와 조선시대 중국에 사대하는 유학자들에 의해 기자가 조선을 교화하였다는 논리를 당연하게 받아들였고, 일제시대 식민사관에 입각해 고대 조선이 식민지로 시작되었다는 논리와 함께 주장되었으나, 지금까지 발굴된 사료나 유물로 보아 그 실체는 부정되고

있다.

3) 위만조선(BC194 - BC108) : 사기 조선전에 연왕 노관이 한나라를 배신하고 흉노로 망명했을 때, 부하 위만이 상투를 틀고 오랑캐 옷을 입고 기자조선 준왕에게 요청해 요동 태수로부터 국경 수비대장을 맡았다가 반란을 일으켜 준왕을 내쫓았다는 기록이 나온다. 이후 위만 조선이 진국과의 교섭으로 한나라에 반대하자 한무제가 침입해 위만의 손자 우거왕이 내분으로 살해되면서 멸망하고, 이 지역에 한사군이 설치되었다. 이때 조선 유민들은 한반도 남부로 이동해 가야(침미다례)와 신라(사로국의 6촌) 건국에 영향을 미쳤다.

4) 신채호의 전삼한 : 신채호는 단군조선을 고조선의 시초이고 민족의 시원으로 보고, 기자조선을 중국 중심 역사관이 만든 허구이고 역사 왜곡이라 주장하고, 위만조선은 단군조선의 전통을 잃어버리고 한의 침입으로 멸망하였다고 했다. 대신 민족주의적 관점에서 전삼한을 제시하였다. 즉 단군조선은 숙신, 예맥, 조선족이라 불리며 삼국으로 나누어 통치하였는데, 총국인 하얼빈 중심의 진조선(신조선, 진한)과 산동과 요동지역의 번조선(불조선, 변한), 한반도 평양 지역의 막조선(말조선, 마한)이 있었고, 위만이 멸망시킨 조선은 번조선이라고 하였다. 결국 전삼한이 멸망하고 한반도로 내려와 진한, 변한, 마한을 세워 삼한으로 이어지게 되었다.

3. 고대 국가 시대

1) 부여(BC425 - BC238) : 부여는 고조선 말기 송화강 유역의 평야를 의미하는 벌, 불, 부리에서 부여 이름이 생겨났다는 설과 부여를 세운

예족에서 해와 태양의 의미로 불려졌다는 설도 있다. 마지막 단군고열가가 산신이 되어 고조선이 멸망하자 만주 북쪽 송화강 유역을 중심으로 해모수가 북부여(BC239 - BC58)를 창건하였는데, 혹은 시조 동명왕(천신 해모수의 아들)이 북쪽 탁리국에서 이주해 부여를 세웠다는 설도 있다. 이때 해모수의 차남 고진이 고리국을 세우고, 해(고)모수가 유화부인을 통해 고주몽을 낳았고, 주몽이 동부여에서 도망해 졸본부여(BC108 - BC58) 연타발의 딸 소서노와 결혼해 사위가 되어 왕위에 올라 고구려를 세웠다. 북부여는 고우루 때 한무제가 침입해 고두막이 왕이 되고, 고(해)우루의 아들 해부루가 동부여(BC86 - 22)로 옮겨 나라를 세우고 금와, 대소로 이어져, 대소의 아우가 갈사부여(22 - 68)를 세우고, 연나부부여(22 - 286)로 갈라졌는데, 연나부부여가 백제를 거쳐 일본으로 내려가 응신왕이 되어 야마토 정권을 세웠다고 한다. 부여의 왕들이 해씨, 고씨, 부여씨로써 고구려의 고씨, 백제의 해씨, 부여씨, 여씨로 불려짐은 고구려와 백제가 부여에서 갈려져 나왔음을 의미한다.

 2) **고구려(BC37 - 668)** : 고구려는 중국인이 현도군을 설치하며 예맥의 토속적 칭호인 고구려현을 채용하여 불렀다는 기록에서 시작되었다. 실제는 환인 지역의 토착 세력들이 현도군을 내쫓고 졸본 부락(계루부)에서 주몽이 일어나 소노부를 대신해 세력을 잡아 고구려라하여 이에 한이 고구려왕이라 불러 주었고, 수, 당대에는 고려, 고리라 약칭하기도 하였는데, 일반적으로 가우리라 불렀다. 삼국사기에 계루집단은 북부여에서 갈라져 나왔다고 하였고, 삼국지 위지동이전에도 고구려를 부여의 별종이라 하여, 부여에서 내려온 계루집단이 기존 집단들과 융합하며 송양집단에서 주몽집단으로 교체하는 과정에서 고구려가 건국되었음을 알

수 있다. 고는 수위를 의미하는 솔, 수리이고, 구려는 고을, 나라를 의미하여, 우리 말로 솔골, 수릿골이라 하고, 한자로 고구려라 칭하였다고도 하고, 구려는 태양 모양의 고리를 뜻하여 태양을 의미하기도 한다.

3) 백제(BC18 - 660) : 백제는 고구려에서 남하한 온조가 한북위례성에서 나라를 세울 때 10명의 부하들과 함께하였다고 하여 십제라 하였고, 후에 미추홀의 비류 세력과 합쳐지면서 초기에 비류계가 주도권을 잡았지만 비류가 죽자 온조계가 연맹장이 되어 초고왕 때 하남위례성으로 옮겨 백제로 개칭하게 되었다고 한다. 처음에는 마한 목지국 아래 54국 중 하나였다. 백제는 많은 사람들이 건너왔다는 뜻으로 다양한 이주민이 모여 하나의 국가를 이루었다는 의미를 지녀 부여에서 이주한 부여씨 세력이 마한 지역의 한씨 선주민들과 융합하면서 발전했다고 하지만 박지라는 밝은 땅이라는 말에서 백제가 되었다는 설도 있다.

4) 신라(BC57 - 935) : 사로국은 진한 12국 중 하나로, 고조선의 유민들에 의한 사로 6촌장들이 알에서 태어난 박혁거세를 왕으로 추대하면서 세운 나라이다. 서벌, 사로, 사라, 신라 등의 국호는 같은 이름을 다른 한자로 표현한 것뿐이다. 사, 신은 새로움을 의미하고, 벌, 로, 라는 땅과 벌판을 의미하여, 해 뜨는 동쪽의 나라라는 뜻이다. 4세기 중엽 내물왕 때 국서에 신라라는 이름을 주로 사용되었고, 신라, 계림, 사라 등을 혼용해 썼다가 지증왕 때 칭호를 왕이라 바꾸면서 국호도 신라로 공식화하였다.

5) 가야(BC42 - 562) : 삼국유사에 가락국 9간의 추장들이 구지봉에

서 구지가를 부르며 춤을 추자 하늘에서 알 6개가 내려와 가장 먼저 깨어난 이를 수로왕으로 삼고, 나머지에서 태어난 아이들이 5개 가야 소국의 왕이 되었다고 기록하고 있다. 가야는 낙동강 하류인 변한 지역에서 12부족 연맹체가 통합된 나라를 통틀어 이르는 말로, 금관가야 금관국, 대가야 탁순국, 소가야 고자국, 아라가야 안라국, 성산가야 벽진국, 고령가야 반파국 등 6가야 연맹체로로 이루어졌다. 구야, 가야, 가락, 가라, 임나가라(금관가야의 별칭)라고도 하였다. 가야는 인도 힌두교 성지(물고기 숭배, 수로왕릉의 쌍어문양)인 가야에서 유래했다는 설, 산스크리트어에 개간한 들판을 가라라는 설, 가는 빛 야는 예로 태양을 의미하여 빛나고 풍요로운 땅이라는 설, 가라〉가야〉겨레로 음운 변천되어 겨레의 옛말이라는 설도 있다.

4. 독립국가 시대

1) **발해(698 - 926)** : 고구려가 멸망하고 고구려 부흥운동으로 고구려 장군 대조영이 고구려 유민과 말갈족을 이끌고 동모산에서 진국을 건국했다. 발해는 당과 외교 관계를 맺는 과정에서 당이 지칭한 발해군왕이라는 호칭에서 유래했는데, 발해가 세운 나라의 바닷가를 한나라 때부터 발해라 했고, 이와 접한 지역을 발해군이라고 하였기 때문이다. 또 발해는 일본과의 외교문서에는 고려라 하여 고구려를 계승한 국가임을 자처하였다.

2) **고려(918 - 1392)** : 고려는 고구려에서 유래한 국호로, 고려를 창건한 왕건의 고구려 영광과 위엄을 계승하고자한 의지가 반영된 국호이다. 글자 그대로 해석하면 높을 고, 고울 려자로 높고 아름답고 찬란하다

는 뜻이지만, 옛 고구려를 고려라 불렀기에 이를 그대로 계승한 것이다. 신라 말 혼란한 틈에 900년 견훤이 전라도 지역에 후백제를 건국하고, 901년 궁예가 경기도 지역에 후고구려를 건국해 삼국으로 분열되었으나, 918년 왕건이 궁예를 몰아내고 송악에 고려를 건국하여, 935년 신라 경순왕의 귀순과 936년 후백제 견훤의 망명을 받아 들이면서 후삼국을 재통일하게 되었다. 후에 벽란도를 통한 국제 무역이 발달하면서 고려라는 이름이 서방에 알려져 지금 우리나라 이름이 Korea가 되었다.

3) **조선(1392 - 1897)** : 조선은 고려말 원의 세력이 약해지면서 홍건적과 왜구의 침입이 잦은 가운데 이성계가 여진족을 토벌하고 왜구를 격퇴하면서, 1388년 위화도회군을 계기로 실권을 장악해 고려의 마지막 왕인 공양왕에게 선양의 형식으로 1392년 왕위에 오르게 되었고, 처음에 민심의 동요를 막기 위해 국호를 고려라 하고 도읍을 개경에 두었으나, 왕조의 쇄신을 위해 1393년 새로운 국호로 고조선을 계승한다는 뜻에서 조선으로 정하고, 1394년 한양으로 천도하였다. 이성계는 왕조의 이름을 정하기 위해 유학자들로부터 고조선에서 유래해 나라의 기원이며 고대로부터 중국에 잘 알려진 이름인 조선과 평화와 안정을 뜻하며 새 왕조의 이상을 담은 이름인 화령을 추천받아, 명의 승인을 요청했는데 중국은 자신들에게 익숙한 조선으로 정해주었다고 한다. 이로써 새 왕조를 건국한 이성계는 친명 사대정책과 조공-책봉 관계를 통해 국제적 안정성을 확보하고, 명을 본보기로 성리학 중심의 유교적 통치 이념을 채택해 외교적 정당성과 조선의 정체성을 확립해 나갔다.

4) **대한제국(1897 - 1910)** : 조선 말 외세의 침략에 대응하기 위해

1897년 고종은 칭제건원하여 황제를 선포하고 국호를 대한제국으로 변경하였다. 그랬다고 그전 조선과 단절시킨 것이 아니라 조선과 대한제국을 동일한 국체로 인식하였다. 고종실록에 보면 고종이 '우리나라는 곧 삼한의 땅인데 국초에 천명을 받고 한 나라로 통합되었다. 지금 국호를 대한이라고 정한다고 해서 안될 것이 없다. 또한 매번 각 나라의 문자를 보면 조선이라고 하지 않고 한이라 하였다. 이는 아마 미리 징표를 보이고 오늘이 있기를 기다린 것이니 세상에 공표하지 않아도 세상이 모두 다 대한이라는 칭호를 알고 있을 것이다'라고 했고, 이에 대신들이 모두 찬성하여 '국호가 정해졌으니 원구단에 행할 고유제의 제문과 반조문에 모두 대한으로 쓰도록 하라'라고 명하였다. 대한은 삼한을 일컫는 다른 말이다. 중국은 고조선의 군주를 한왕이라고 불렀고, 고조선의 준왕이 위만에게 왕위를 뺏긴 후 마한을 세워 한왕을 자처했고, 이때를 전후로 고조선과 부여의 유민들이 내려와 한반도 중남부에 마한, 진한, 변한을 세워 삼한이 되었다. 또 통일신라와 고려가 통일할 때 스스로 삼한일통이라 하여 한은 이미 한민족의 별칭이었다. 한일합병조약으로 나라를 빼앗은 일본은 대한제국에 대한 격하 작업을 통해 대한 및 한국이라는 용어를 금지하고, 전 국호인 조선으로 통칭하도록 칙령을 내려 일제시대 우리나라는 다시 조선이 되었다.

5) 대한민국(1948 -) : 3.1운동 직후 상해에서 임시정부 수립을 위한 회의 때 신석우가 '대한으로 망했으니 대한으로 흥하자'라고 국명을 제안했고, 공화제를 뜻한 공화국의 의미로 백성의 나라인 민국을 덧붙여 대한민국이란 국호가 탄생했다. 1948년 헌법기초위원회에서 국호를 정하기 위해 표결할 때, 대한민국 17표, 고려공화국 7표, 조선공화국 2표,

한국 1표로 대한민국이 결정되었다. 그래서 헌법 표제 및 제1조에 공식 국호는 대한민국이며 약칭으로 대한 혹은 한국으로 정해졌다. 한이란 순수한 우리말로 밝다, 무궁하다, 크다, 넓다는 뜻이고, 옛날에는 한을 칸이라 해 왕이란 뜻을 가지기도 하였다.

5. 결론

아시아 최초로 노벨상을 수상한 인도의 타고르는 1920년 한국을 가리켜 '일찍이 아시아의 황금시기에 빛나던 등불의 하나인 코리아, 그 등불 다시 한번 켜지는 날에 너는 동방의 밝은 등불이 되리라'라고 하여 한국 문화의 우수성과 강인하고 유연한 민족성을 밝은 빛으로 표현하였다. 25시의 작가 게오르규는 1974년 '내일의 빛이 당신네 나라인 한국에서 비쳐온다 해도 놀랄 것이 없는 것은 당신네들은 수없는 고난을 당해온 민족이며 그 고통을 번번이 이겨낸 민족이기 때문이다'라고 하여 세계의 모든 난제를 한국이 풀 것이고 한국은 아시아의 보석이라고 하였다.

5천년 역사의 우리나라의 국호는 밝은 빛의 나라라는 뜻을 가지며 변천해 왔다. 우리나라 고대의 찬란한 역사에 대하여 환단고기의 기록은 환국, 배달국, 조선 등의 국호를 사용하는데 그 국호에는 하늘과 광명의 뜻을 가지고 있어, 이후 우리나라 국호를 말하는 단어로 많이 활용되었다. 삼국사기와 삼국유사 기록에 따른 고조선은 아침, 태양, 밝음의 뜻을 가지고 우리 민족의 뿌리이고 시조로서의 상징성을 가지고 우리나라 고대 국가인 부여, 고구려, 백제, 신라, 가야로 이어지게 된다. 부여의 부는 넓은 벌판을 여는 예로서 태양을 의미하는 이름으로 고구려와 백제의 기원이 된다. 고구려는 구려, 수릿골, 고리, 가우리라 불리워졌고, 백제는 많은 사람들이 모여 세운 나라 혹은 박지라 하여 밝은 땅에 세운 나라라는 뜻을 지니고 있다. 신라는 사로국에서 시작해 새로운 벌판 동쪽 태양의 나라를 의미하고, 가야는 가락국에서 시작해 산스크리트어의 벌판이라는 뜻과 빛나고 풍요로운 땅이란 뜻을 지니고 있다. 고려는 고구려를 계승한 국가로서 Korea의 이름으로 알려졌고, 조선은 중국에 사대적 의미로 옛 중국이 익히 알고 있던 조선이란 이름을 계승했으나 역시 고요한 아침의 나라를 뜻한다. 대한제국은 과거 고조선과 부여 유민에 의해 세워진 삼한의 이름을 계승한 것으로 한은 하늘과 태양, 크고 위대함을 의미하며, 이를 이은 대한민국은 밝고 크고 무궁하다는 뜻을 가지고 백성이 주인인 나라 자유민주주의 국가를 의미한다.

Ⅳ. 기독교 관점으로 본 한국인
(대한민국의 근대화를 이룬 기독교)

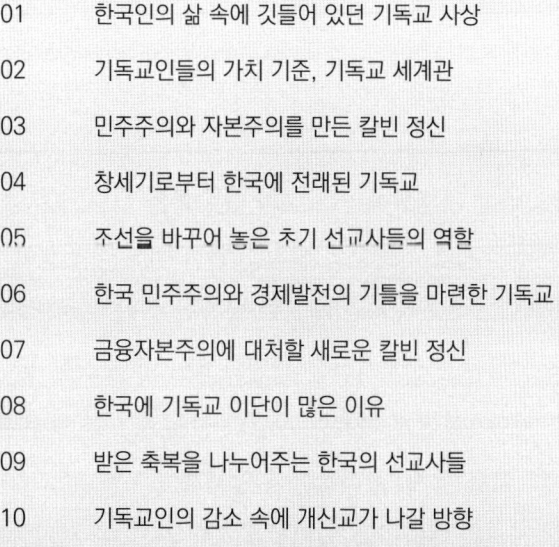

01	한국인의 삶 속에 깃들어 있던 기독교 사상
02	기독교인들의 가치 기준, 기독교 세계관
03	민주주의와 자본주의를 만든 칼빈 정신
04	창세기로부터 한국에 전래된 기독교
05	조선을 바꾸어 놓은 초기 선교사들의 역할
06	한국 민주주의와 경제발전의 기틀을 마련한 기독교
07	금융자본주의에 대처할 새로운 칼빈 정신
08	한국에 기독교 이단이 많은 이유
09	받은 축복을 나누어주는 한국의 선교사들
10	기독교인의 감소 속에 개신교가 나갈 방향

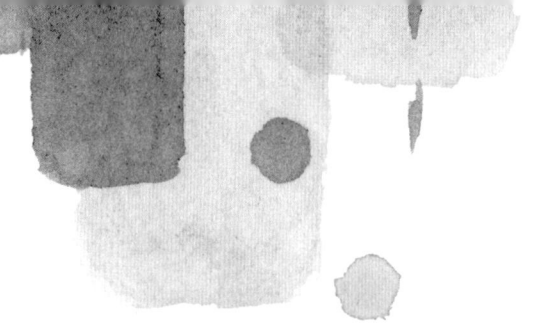

01
한국인의 삶 속에 깃들여 있던 기독교 사상

　우리나라 근대화에 기독교의 영향력은 어느 정도일까? 한국인을 찾고자 하는 주제로 기독교의 관점을 정한 이유는 조선이 망하고 우리나라가 근대화되는 과정에서 기독교의 영향력이 컸기 때문이다. 1880년대 초기 미국의 개신교 선교사들은 병원과 학교와 교회를 통하여 일반 백성들과 정치 지도자들에게 자유와 평등과 삶의 풍요를 알려주었다. 선교사를 만나 기독교를 알게 된 사람들은 일제시대 독립운동의 지도자들이 되었고, 그들이 상해 대한민국 임시정부에서 자유 민주공화제의 미국식 정치제도를 도입하여 해방 후 정식 대한민국이 수립될 때까지 이어졌다. 또한 이후 반공을 국시로 경제발전을 이루고자 할 때 기독교인들이 앞장서서 산업화와 민주화를 이끌어 갔다. 이렇게 조선인들을 변화시킨 기독교의 중심 사상이 무엇인지를 알아보고자 한다.

1. 하나님의 사랑과 인간의 죄악

하나님이 천지를 창조하고, 하나님의 형상대로 인간을 창조하고 인간에게 다른 모든 창조물을 지배하고 땅을 정복하고 생육하고 번성하라고 위탁한다. 이는 세상의 모든 창조물 중 하나님을 닮은 인간이 하나님을 대신해 이 땅을 다스리라는 창조의 원리였다. 그래서 인간은 창조물들의 이름을 지어주고 아름다운 동산을 지키게 되었다. 하나님은 인간에 대한 무한한 믿음과 사랑을 가지고 모든 것을 위임해 다스리게 하면서 창조의 모든 과정을 기뻐하고 좋아하였다. 물론 후에 인간이 죄를 짓고 죄악된 세상을 살 때도 그들을 구원하기 위해 독생자까지 이 땅에 보내고 죽게 한 것을 보면 그 사랑을 능히 알 수 있다. 또 창조 때부터 인간으로 하여금 이런 저런 일들을 하라고 제시해 주고 명령하고 이끌었던 것을 보면 인간에게 하나님을 경외하고 섬기라는 계획을 가지고 있었던 것을 알 수 있다. 에덴에서의 생활, 선악과에 대한 규칙, 에덴 추방 후 해야 할 일, 대홍수의 준비, 한 민족인 아브라함의 선택, 애굽에서의 생활, 광야로의 인도, 가나안 땅으로의 정착, 제사와 위생의 규례, 이스라엘 왕의 선택, 예수님의 보내심과 십자가 죽음 등 작게는 인간 삶의 구체적인 규례부터 크게는 인간 구원의 커다란 계획을 보게 된다. 인간은 하나님 안에 있을 때 사랑을 받고 그 계획 안에서 삶의 인도를 받는 존재였다. 이러한 창조의 원리인 하나님의 사랑과 우리에 대한 계획은 지금도 그대로 유효하며 이 원리를 깨닫고 행하는 자들을 그리스도인이라 부르며 하나님의 축복의 통로 역할을 하게 된다.

그런데 인간들은 이러한 축복을 걷어 차고 죄를 지어 하나님으로부터 떠나게 되었다. 최초에 아주 작은 선택, 선악과를 먹지 말라는 명령을 어긴 죄, 아무 것도 아닌 것같았지만 하나님의 명령을 거부한 것, 스스로 교만하여 하나님이 되고자한 것, 죄의 근원 사탄을 따른 것 등으로 인해 모든 인간은 태어날 때부터 죄를 짓고 태어나 이를 해결하지 않으면 인간 본능인 죄의 노예가 될 수 밖에 없었던 것이다. 그래서 구약에서는 죄를 지을 때마다 죄의 용서를 위해 피흘림의 희생 제사를 드리게 했는데 신약에서 독생자 예수를 보내고 십자가에 단번에 피흘려 죽으심으로 예수를 믿으면 죄 용서를 받게 하였던 것이다. 모든 인간은 죄를 범하였으매 하나님의 영광에 이르지 못하였으니 인간의 삶에서 죄의 문제를 해결하는 것이 가장 큰 숙제인 것이다. 이 문제에 대해 초대 교회에서는 죄의 회개와 상호 희생을 통한 공동체 생활로 이겨냈는데 중세시대 카톨릭의 권력이 강해지면서 죄인인 교황의 욕망으로 모든 사람들을 죄악과 고통 속에 살게 하였다. 이때 종교개혁을 일으킨 루터와 칼빈은 초대 교회로 돌아가 믿음을 회복하고자, 인간은 죄인이기에 아무 것도 할 수 없는데 하나님의 은혜로 살아야 하는 청지기 삶을 가르치게 되었다. 이에 세상이 풍요롭게 바뀌게 되었는데, 마르크스는 이러한 인간의 죄성을 인정하지 않고 인간의 욕심과 타락을 투쟁과 혁명으로 없애면 평등한 사회가 될 수 있다고 공산주의를 선언했지만 결국 공산주의는 일당 독재의 길로 빠졌고 붕괴될 수 밖에 없었다. 또한 지금의 성경에 어긋난 행동인 동성애나 우상숭배 등은 타락한 죄인의 욕심과 탐심을 소수 개인의 인권이기에 존중해주어야 한다고 합리화하고 있는데, 인간이 죄인이라는 것을 인정하지 않는데서 시작된 어리석은 행동이다.

2. 청지기 삶

그래서 칼빈은 죄인인 인간이 어떻게 살아야 할 것을 제시한 것이 청지기 삶이다. 청지기 삶이란 하나님의 창조의 원리이다. 하나님이 세상을 창조하고 자기를 닮은 인간에게 맡기고 위임하여 다스리게 하였다. 즉 내게 주어진 시간, 건강, 재물, 재능 등 모든 것은 하나님 것으로서 내가 이 땅에 살며 잠깐 맡은 것이라 살아 있는 동안 잘 관리하여 서로의 유익을 위해 살다가 죽을 때 다 놓고 가야하고, 매 순간 하나님의 영광을 위해 사용해야 한다는 삶의 원리인 것이다. 이것은 죄인인 인간이 죄를 해결하고 인간이 이 땅에서 살며 살아가야할 이유와 삶의 방법을 알려준 성경적 논리이다. 인류 역사상 오랫동안 이러한 원리를 알지 못하고 행동했을 때, 고대로부터 중세시대까지 힘있는 권력자들의 세습적 지위, 지배자와 피지배자의 신분적 차별, 자유자와 노예(농노, 노비)의 구분 등 1%밖에 안 되는 지배자 이외의 99%의 사람들은 인간답지 못하게 처절한 삶을 살아왔다. 그러나 종교개혁 이후 칼빈의 청지기 삶을 깨닫고 행동한 기독교인들이었던 위그노, 고이센, 청교도, 장로파들이 중심이 되어 삶을 바꾸고 사회를 변화시키고 모두가 잘 살 수 있는 환경을 만들어 오늘날의 경제 발전과 풍요로운 삶을 공유하게 되었다. 사실 지금도 잘 사는 사람과 못 사는 사람의 양극화가 심하긴 하지만 어떤 경우라도 청지기 삶을 실천하는 사람은 자신도 잘 살지만 주변 사람들에게 선한 영향력을 끼치며 사회를 변화시키고 있다는 사실이다. 봉건제 사회였던 조선이 망하고 일제의 지배 속에 억압받으며 살았던 우리나라가 해방이후 자유 민주주의와 자본주의 사회가 정착되고 열심히 살면서 한강의 기적을 이루어내고 세계 최고의 신교사를 파송하는 선진국으로 인정받은 것도 그 중심에 청지기 삶을 실천한 기독교인들의 노력이 있었기 때문이다.

3. 기독교와 한국인

우리나라는 고대로부터 하늘에서 내려온 신의 아들이 나라를 세우고 다스렸으며 하늘에 제사를 지내 하늘을 섬기고 살아온 것에 감사를 드려왔다. 이런 과정에서 무당이라는 중개자가 하늘과 인간을 연결해주고 지금 살고 있는 인간들의 길흉화복을 이끌어준다는 믿음을 가지고 있었다. 그래서 기독교가 수용될 때 하늘의 하나님을 쉽게 믿을 수 있었고, 또 예수님이 하나님과 인간을 연결시키며 우리를 구원하고 복된 삶을 이끌어준다는 것을 쉽게 믿을 수 있었다. 그래서 옛날부터 믿어 온 하늘님을 하나 밖에 없는 유일신이며 하늘의 주재로서의 하나님이라고 부르게 되었다. 조선 500년 동안 성리학을 바탕으로 한 유교의 정착은 죽은 조상에 대한 제사를 중시하기는 했지만 현실의 삶에서 나라에 충성하고 부모에게 효도하는 기본적인 예의범절은 기독교에서 하나님의 나라에 충성하고 나를 낳아주신 부모에게 효도하라는 가르침과 일치하며 현실에서의 예의범절이 잘 이어지게 되었다. 단지 우상 숭배를 거부하는 교리에 죽은 조상에 대한 제사를 부인하는 것이 순교의 이유가 되었다. 일제시대 일본에 대한 독립 운동과 근대적 의식에 기독교의 영향력으로는 독립 운동가들 대부분이 기독교 신앙을 바탕으로 활동하였고, 대부분의 국민들 중 근대적 의식을 갖춘 사람들이 기독교인들이었다는 것이다. 이는 해방과 함께 이승만 정부에서 제시하는 자유 민주주의, 자본주의, 교육개혁, 미국식 정치제도, 기독교 선진 문화, 기독교 관료 중심 정치 등 기독교적 사고와 공산주의를 반대하는 반공의식이 기독교인들과 일치하여 나라 발전에 크게 기여할 수 있었다. 그러나 해방과 함께 도입된 학교 교육에서의 진화론은 기독교적 자유 민주주의와 자본주의의 본질을 붕괴시켜 생존 경쟁과 약육 강식의 의식이 확대되고 경쟁 사회로 치달아 잘 사는 사람들의 탐심과 욕망이 극대화되고 못 사는 사람들이 억압받고 무시 당하는 양극화 사회로 이끌게 되었다. 특히 독립 운동 단계에서 억압받던 국민들과 독립 운동가들에게 다가 온 공산주의가 독립의 희망이 되고 평등이라는 이상적 사회 건설이 기대가 되어 북한은 공산주의 국가가 되었고, 남한에서도 사회주의를 주장하는 사람들에 의한 이념 논쟁, 진영 논리에 의한 정치적 분열이 심해지게 되었다. 기독교가 올바로 서있을 때는 사회가 안정되고 발전할 수 있지만 기독교가 약해지고 역할을 못하게 될 때는 개인의 타락과 사회 혼란이 가중되는 것을 보아 왔다.

4. 결론

우리가 기독교를 알아야 하는 이유는 우리나라 근대화에 기독교가 절대적인 영향을 미쳤기 때문이다. 기독교 사상의 기본은 경전인 성경과 이를 삶에서 잘 적응하도록 가르친 종교개혁자 칼빈의 사상에서 알 수 있다. 기독교는 이 세상과 인간을 창조한 하나님과 죄인인 인간과의 관계를 중심으로 말해준다. 인간은 하나님의 최고 피조물로 세상을 다스리라는 위임 명령을 받고 하나님의 축복의 통로가 되어야 했지만 죄를 지음으로 하나님으로부터 떠나게 되었고 욕망과 탐욕과 거짓 등의 죄악으로 자신뿐 아니라 남들에게 고통을 주고 말았다. 구약에서는 죄를 지을 때마다 제물을 바쳐 피흘림의 제사로 댓가를 치루게 하였지만 하나님은 독생자 예수를 제물로 드려 단번에 죄를 해결해주었다. 구세주 예수님을 믿는 것은 죄 용서를 받고 구원을 받는 방법이다. 그래서 하나님의 창조의 원리를 되찾아 하나님이 맡겨 주신 일을 행할 수 있는 청지기의 삶으로 인간이 이 땅에서 살아가야할 이유와 삶의 방법을 알려주었다. 그러나 중세 카톨릭은 교황을 통해 잘못된 성경을 가르치며 사람들을 죄악과 고통 속에 살게 하였다. 이에 종교개혁을 일으킨 루터와 칼빈은 성경의 본질로 돌아가 인간은 죄인이기에 아무 것도 할 수 없는데 하나님의 은혜로 청지기 삶을 실천하는 크리스천들을 통해 세상의 빛이 되어 세상을 변화시키며 사람들의 삶을 풍요롭게 해주었다.

그런 청교도적 기독교가 미국을 통하여 조선에 전래되었고, 기독교 사상을 알려준 초기 선교사들의 희생과 노력으로 조선 백성들의 의식과 생활이 바뀌면서 나라의 독립과 근대화에 지대한 영향을 미치게 되었다. 이는 1948년 대한민국 정부가 공산주의를 반대하며 자유민주주의, 자본주의, 교육개혁, 토지개혁, 미국식 정치제도, 기독교 선진 문화, 기독교 관료 중심 정치 등의 시스템을 갖추고 출발하게 되는 계기가 되었고, 이후 한국의 근대화와 산업화를 이끄는 힘이 되었다.

02
기독교인들의 가치 기준, 기독교 세계관

　기독교적으로 생각하고 살아간다는 것은 무엇일까? 가치관이란 내가 세상을 살면서 자신의 존재와 행동에 관해 바라보는 자기 나름의 기준이고 견해이다. 그래서 가치관은 내가 가치있다고 생각하는 것, 내가 소중히 여기는 것이 무엇인지에 대해 답하는 것이다. 그런 의미에서 기독교적 가치관은 내가 가치있고 소중히 여기는 것이 기독교적 세계관이라는 뜻이다. 기독교 세계관으로 세상을 본다는 뜻이 무엇이며, 이에 따른 신앙관, 경제관, 정치관은 어떤 것인지를 살펴보고자 한다.

1. 기독교 세계관

　기독교 세계관이란 기독교적 관점에서 세계를 인식하는 체계이며 세상을 살지만 하나님의 나라에서 살아가듯이 생활할 것을 결정하는 관점이다. 기독교 세계관에는 나는 누구이며 주변을 어떻게 보아야 하는지에 대하여 다음과 같이 말해준다. 나는 하나님의 창조물이다(원인론). 내 삶의 목적은 하나님을 영화롭게 하는 것이다(목적론). 이런 상황에서 예수님은 어떻게 했을까를 묻는 것이다(판단론). 그리고 성경 안에서 자신과 상황의 진실을 찾는 것이다(인식론). 그래서 기독교 세계관의 중요한 주제를 구체적으로 말하라고 한다면 다음과 같이 제시할 수 있다. 우주는 하나님께서 창조하셨고 하나님에 의해 유지 보존된다(우주론). 인간은 하나님의 형상대로 지음 받은 존재로 하나님과의 교제를 통해 피조 세계를 다스리는 하나님의 청지기이다(인간론). 하나님은 성부, 성자, 성령의 삼위일체 하나님으로 예수 그리스도의 인격 안에 자신을 계시하시고 성령을 통해 일하신다(신론). 우주 만물의 보이는 것과 보이지 않는 것은 하나님의 창조 원리와 질서 안에서 존재하고 유지 보존되고 있다(존재론). 종교는 하나님의 주도적인 부르심에 구체적으로 응답하는 것이고, 하나님의 명령에 복종하는 삶이다(종교론). 만물은 하나님의 창조 법칙이 작용되는 바, 인간은 과학을 통해 이를 발견하여 하나님의 실존을 깨닫고 인류 평화와 복지를 위해 활용해야 한다(과학론). 국가는 하나님의 주권 하에 있고, 국가의 통치권은 하나님으로부터 주어졌기 때문에 국가는 하나님을 경외하고 그 명령을 준행하여야 한다(국가론). 인간은 피조물을 가꾸고 다스리라는 하나님의 문화 명령에 따라 자연과 문화를 지키고 보존해야 할 의무를 가진다(문화론). 이렇게 성경을 바탕으로 세계를 인식한 기독교 세계관은 바울, 어거스틴, 칼빈을 거치면서 철학적이고 신학적으로 잘 다듬어 기독교인들의 행실을 가르쳐 왔다.

2. 신앙관

인간은 하나님을 알게 되면 성스럽게 살기를 바라지만 세속화된 세상에서 죄를 지으며 살 수 밖에 없다. 보통의 사람들은 세속적인 삶을 그대로 사는데 조금 나은 사람은 신앙을 가진 상태에서 죄를 짓고 산다. 그러나 진정한 크리스천은 삶과 신앙이 분리되지 않고 일치된 삶을 산다. 성경에서는 하나님이 세상을 선하게 창조하시고 세상을 인간에게 맡기셨는데, 인간이 죄를 짓고 제대로 하지 못하자 예수 그리스도를 보내어 그를 믿어 성령의 능력을 받아 하나님이 맡기신 일을 하도록 했다고 한다. 이에 대해 어거스틴은 '당신은 우리를 당신을 향해서 살도록 창조하셨으므로 우리 마음이 당신 안에서 안식할 때까지는 편안하지 않습니다'라고 고백하였다. 또 루터는 우리가 죄인이기에 아무 것도 할 수 없는데 하나님의 전적인 은혜로 살게 되었다고 하여, 오직 믿음, 오직 성경, 오직 예수, 오직 은혜, 오직 영광이라는 종교개혁 5대 솔라를 제시하였고, 칼빈은 인간의 목적은 하나님을 영화롭게 하며 그를 즐거워하는 거라고 하였다. 이에 대하여 아브라함 카이퍼는 '우리 인간 삶의 모든 영역에서 만유의 주재이신 그리스도께서 '나의 것이다'라고 외치지 않은 영역은 한 치도 없다'고 하여 우리는 자신이 있는 그 영역에서 하나님의 영광을 위해 만유의 주재이신 그리스도께서 주권을 행사하시도록 그분의 통치를 받으며 빛과 소금의 역할을 해야 한다고 하였다. 그래서 크리스천의 정체성은 '하나님이 원래 계획하셨던 창조 목적대로 회복하여, 내가 있는 곳을 대리 통치하도록 위임받았기에 내가 하나님의 은혜로운 통치의 도구가 되고 내가 있는 곳에서 빛과 소금의 역할을 하는 것'이라고 할 수 있다.

3. 경제관

　유럽의 중세사회와 우리나라 조선시대의 전통적 경제 방식은 돈과 부는 부도덕한 것이고, 노동은 죄로 인한 벌이라 노비들이나 하는 것으로 먹고 살만큼만 적당히 일하거나 일하지 않으려 하였다. 그러나 칼빈이 알려준 근대 자본주의에서는 노동자와 기업가들이 일을 소명으로 여기고 체계적으로 일하며 직업과 노동에 헌신하여 이윤을 추구하지만 금욕적인 삶으로 부를 누리지 않고, 부의 소유와 탐닉이 아닌 하나님 나라 건설에 기여함으로 자신의 가치를 증명하였다. 즉 구원받은 자는 성령의 역사로 하나님이 함께하여 변화되어 최선을 다해 하나님의 영광을 위해 살았던 것이다. 이는 구원 문제에 있어서 행위 중심의 숙명론이 아니라 하나님의 절대 주권을 인정하는 칼빈의 예정론에서 시작되었다. 즉 청교도들은 세상 속에서 먹고 살기 위해 즉흥적이고 무계획적으로 노동하는 것이 아니라 자신에게 주어진 직업에 소명 의식을 가지고 하나님의 명령에 따라 하나님의 영광을 위해 체계적이고 합리적으로 일하게 된다는 것이다. 우리가 말하는 장인정신과 프로정신은 칼빈주의의 소명의식에서 나온 것으로 크리스천은 어떤 직업을 가졌냐는 것보다 자기가 소명으로 받은 직업을 프로답게 하지 못하는 것을 부끄러워해야 한다는 것이다. 이후 개인이 존중받고 국가가 발전하면서 아담 스미스는 국부론에서 자본주의는 자유로운 시장 경제 체제로서 시장은 이기적인 개인이 자아실현을 위해 자유롭게 경쟁하는 곳이고, 공동체 사회는 정의와 자혜의 덕으로 사회 질서를 유지하는 곳이고, 국가는 법을 통해 시장이 실패할 때 개입하여 정의를 회복시키는 역할을 하는 곳이라고 설명하였다. 그래서 자본주의의 기본 속성을 생산 수단의 사적 소유, 시장에 의한 경제활동의 조정, 개별경제 주체의 자기 이익 추구의 극대화와 자율적 의사 결정이라고 정의하게 되었다.

4. 정치관

종교개혁으로 인간은 본질적 자유를 현실적으로 제도화하기 시작하였다. 종교의 자유 보장은 선교의 터전이 되었고, 선교하려니 여행과 표현의 자유가 보장되고, 교회를 세우려니 법인 설립과 출판, 집회의 자유인 기본권이 보장되었다. 즉 그전까지 개인에게 자유가 없었는데 종교개혁을 계기로 하나님의 은혜로 인간에게 자유가 주어졌다는 것을 알게 되었고, 이는 더 발전하여 기본권으로서의 자유권이 헌법에 탑재되었고, 진정한 자유의 행사는 하나님을 인정하고 하나님이 주신 양심과 도덕에서 가능하다는 것을 제시하였다. 그래서 토크빌은 자유의 바른 행사를 청교도들이 건국한 미국의 공화정 시스템에서 발견하였고, '자유는 도덕성없이 세워질 수 없고 도덕성은 신앙없이 세워질 수 없다'라고 하였다.

자유를 인정하는 민주주의의 모델로 두 가지가 있다, 첫째는 민중이 직접 지배한다는 직접(참여) 민주주의로 다수에 의한 지배를 뜻하며, 루소의 사상을 거쳐 프랑스 혁명과 마르크스의 공산주의에서 실천되었다. 둘째는 진정한 의미의 민주주의인 자유(대의) 민주주의로서 미국의 매디슨이 완성한 헌법적 통제를 통해 다수의 횡포와 독재를 견제하는 헌정적 민주주의이다. 민중이 직접 지배하면 모세 때처럼 백성들이 아론을 통해 금송아지를 만들고, 민심이 천심이라는 조선의 민본 정치처럼 이상과 현실의 모순이 되고, 아테네 민회처럼 음모에 선동된 대중들에 의한 우민 정치로 망하고, 현 중남미에서 포퓰리즘처럼 국가와 정치를 파괴하는 결과를 초래한다. 그래서 민주 정치는 인간의 본성을 추구하며 다수가 결정하는 것이 아니라 그것을 억제하고 컨트롤하면서 조화시켜 나가는 것으로, 권력을 서로 감시하게 하는 견제와 균형의 공화제 시스템에 의해서 만 운영될 수 있다. 미국의 매디슨은 사법부를 독립시키고 입법부를 견제할 삼권분립제도를 포함하는 공화주의적 헌정주의를 만들어 개인의 자유를 헌법적 권리로 보장하고 다수 지배의 위험성을 법으로 견제하였다. 이를 실천한 미국의 공화당 레이건 대통령은 '나의 대통령직은 하나님이 위임해 하나님을 섬기기 위한 도구로 사용되었다'고 믿어 최선을 다한 결과, 소련의 붕괴, 동구권 독재자 붕괴와 정치수용소 해체로 많은 사람들에게 자유를 얻게 하였다.

민주주의의 보수 정신이란 1) 도덕을 바탕으로 한 입법의 초월적 질서를 인정하고, 2) 획일적 평등주의인 사회주의적 평등을 거부하며, 3) 계급없는 사회가 아니라 권위의 인정과 합법적 권력을 행사하는 질서와 계급의 필요를 인정하고, 4) 자유와 재산 소유의 밀접성을 인정하며, 5) 추상적 궤변론자보다 법률과 규범을 따라야 하고, 6) 모든 변화가 유익한 개혁이 아닐 수 있다는 것을 인정하고, 7) 안전과 도덕적 가치를 위협하는 세력의 자유를 인정하지 않는 것이다. 우리나라를 자유 민주주의 국가 체제로 세운 이승만 대통령은 청년시절에 일찍감치 세상을 바꾼 역사가 루터의 종교개혁인 것을 알았고, 미국으로 유학하여 미국식 공화제 정부의 가치를 이해하고 이를 실현하기 위해 점진적으로 실천해야 하는 것을 알았다. 그래서 대통령이 되어서 공화국 출발을 위해 교회를 세웠고, 그 교회 안에서 개혁신앙을 바탕으로 도덕적 삶을 훈련하게 하여 종교개혁의 청교도 윤리와 정신을 국가에 반영시켰다. 이러한 자유 민주주의와 자본주의에 반대하여 공산주의가 등장하였으나 현실에서 실패하여 붕괴되었다. 그러나 지금의 신사회주의는 또 다른 방법으로 자본주의를 무너뜨리기 위해 자본주의 체제를 지탱해주는 교회를 없애려고 가정과 국가를 무너뜨리려하고 있다. 그래서 성경적 세계관과 정면으로 대치하여 이성애주의를 남성중심의 가부장제라 비판하고, 동성애도 인정해야 한다고 소수의 인권을 위해 투쟁한다면서 동성애의 확산과 동성혼의 합법화를 혁명의 수단으로 사용하고 있다.

5. 결론

기독교 세계관이란 나의 존재와 삶의 목적에 대하여 다음과 같이 정의한다. 나는 하나님의 창조물이다(원인론). 내 삶의 목적은 하나님을 영화롭게 하는 것이다(목적론). 이런 상황에서 예수님은 어떻게 했을까를 묻는 것이다(판단론). 그리고 성경 안에서 자신과 상황의 진실을 찾는 것이다(인식론). 그래서 세상 만유에 하나님이 계시고 우리는 그의 도구가 되어 세상의 빛과 소금의 역할을 하며 살아야 하는 신앙관을 가르친다. 또 이를 바탕으로 경제적인 욕망과 사치보다 자신의 직업에 소명의식을 가지고 최선을 다하되 근검절약으로 부를 축적하여 이웃과 함께 풍요를 나누는 경제관을 말해준다. 그리고 정치적으로 도덕성을 바탕으로 한 자유와 평등을 구현하되 법률과 규정에 따라 행동해야 하는 자유 민주주의의 정치관을 가르쳐준다.

그래서 기독교 세계관에 의하면, 사람은 하나님이 주신 사명을 찾아 청지기의 마음으로 살면서, 개인의 자유를 누리는 자유 민주주의 체제와 개인의 사유를 인정받는 자본주의의 시장 경제 체제 하에서 하나님의 영광과 이웃의 유익을 위해 살아야 한다는 것을 말해주고 있다.

03
민주주의와 자본주의를 만든 칼빈정신

　그러면 자유 민주주의와 자본주의 발전의 기본 정신은 무엇일까? 그것은 칼빈 정신, 청교도 정신, 프로테스탄티즘의 윤리이다. 인류는 오랫동안 몇 사람의 지배자들만 자유롭고 풍요로왔지 대다수 국민들은 노예처럼 죽지 못해 살아왔다. 그러나 1517년 종교개혁을 계기로 하나님의 창조원리를 새로 해석하여 삶에 적용하면서 사람들은 개인의 자유와 경제적 풍요를 누리게 되었다. 그것을 담당한 사람들이 칼빈 정신으로 무장된 청교도들이었고, 그들의 개혁주의 신앙은 네덜란드, 영국, 미국 등을 통해 자유 민주주의와 자본주의의 기틀을 마련해 지금에 이르게 되었다. 세상을 바꾼 칼빈 정신과 이를 바탕으로 발전한 자유 민주주의와 자본주의, 그리고 이의 반대 급부로 생겨난 진화론과 공산주의를 알아보고자 한다.

1. 칼빈주의(개혁주의) 신앙

　인류는 고대로부터 근대까지 지배자만 잘 살고 대부분의 국민들은 노예처럼 살아왔다. 고대 그리스로마시대의 노예제 사회, 중세 농노 사회, 우리나라 조선시대의 노비제 사회 등이 이를 증명한다. 그러나 1517년 루터의 종교개혁과 함께 개신교의 시작은 세상을 바꾸어 사람들이 잘 살기 시작하였다. 여기에는 종교적, 사상적, 경제적, 사회적 변화와 함께 하나님 안에서 죄인인 인간이 하나님이 알려준 삶을 실천하면서 변화하기 시작하였고, 이를 신앙적으로 체계화시키고 실천한 사람이 칼빈이다.

　칼빈(짱꼬뱅 – 짱칼뱅 – 존칼빈)은 조용하고 내향적 성격에 돈 벌기를 바라는 아버지의 요구에 신학과 법학을 공부하다가 개인적으로 인문학과 언어를 배우면서 개혁주의 신앙의 영향을 받게 되었다. 그래서 23세에 회심하고, 24세에 파리대학장 연설문 초안을 써주면서 요주의 인물이 되어 도망 다니다, 26세 제네바 의회에 파엘의 초청으로 프랑스 국경의 1만2천의 공화국인 제네바시 개혁을 주도했다. 그러나 2년 만에 의회에서 추방당해 개혁파 피난처인 스트라스부르크에서 강의하며 지내게 되었다. 30세에 제네바에 재초청된 후 약 23년간 감독으로 지내면서, 54세 사망하기 전까지 신정 정치와 강력한 개혁을 단행하였다. 프랑스어 설교, 교회 조례 제정, 목사, 교사, 장로, 집사 제도 마련, 목사12, 장로12의 감독회 치리 제도 등 교회 개혁을 단행하고, 금욕, 근검 절약, 사치 금지, 술도박 금지, 사형 57건, 추방 76건 등의 생활 개혁을 실천하고, 48세 때 개혁 신앙 교육 학교로 아카데미를 건립하여 한해 600명씩 종교 개혁의 지도자를 양성하였다. 칼빈은 당시 루터와 쯔빙글리 개혁을 체계적으로 정리하였고, 교회의 영적 각성 운동과 국가와 정치의 도덕적 윤리적 생활을 실천하므로 개인과 국가의 변화에 커다란 영향을 끼쳤다. 당시 종교적인 박해를 받던 개신교의 위그노, 고이센, 장로파, 청교도에 영향을 주고, 특히 청교도들에 의한 미국 개신교 국가 탄생에 지대한 영향을 미쳤다. 칼빈은 막스 베버가 말하듯 오늘날의 자유 민주주의와 자본주의 탄생에 기초를 마련해주었다.

칼빈의 사상은 인간은 전적으로 부패한 죄인이기에 아무 것도 할 수 없지만 하나님의 은혜 아래서 지속적으로 덕있는 행실을 실천하면 죄인인 인간이 하나님이 바라는 변화된 삶을 살며, 하나님이 맡긴 일을 정직하게 하는 청지기가 되어 하나님을 영화롭게 하는 삶을 살게 된다는 믿음에서 출발한다. 즉 인간이 축적한 돈은 내 것이 아니라 하나님의 것이기 때문에, 자신을 하나님의 능력을 담은 그릇이나 능력을 행하는 도구로 인식하여, 하나님이 맡겨주신 돈을 사치하지 않고 잘 관리하여 선한 영향력을 끼치는데 사용하므로 모두가 잘 살게 된다는 것이다.

2. 자유 민주주의와 자본주의

이러한 칼빈의 생각은 하나님 앞에서 책임질 줄 아는 개인을 중요시 여기며 자유 민주주의를 만들었다. 자연은 만인의 투쟁 상태로 서로 믿을 수 없어 사회계약론이 대두되었고, 로크의 기본법인 개인의 생명, 재산, 자유를 보장하는 자연법사상으로 발전하였다. 이를 바탕으로 미국에서 개인의 신체 자유, 종교 자유, 국교를 부인하는 법을 통해 자유 민주주의 국가가 만들어지게 되었다. 즉 절대권을 갖은 왕정에서 헌법을 기준으로 한 의회 민주주의가 생겨났다. 대중이 정치에 참여하면 다수결에 의해 우민화되거나 혁명이 일어나 일당 독재가 되기 쉬운 참여 민주주의보다 더 성숙한 대의 민주주의를 채택한 것이다. 곧 법치 안에서 자유를 위임하므로 삼권분립과 사법부의 독립을 통해 무식한 대중과 강력한 권력을 견제하는 공화제 시스템이 만들어진 것이다. 공화정치는 자유를 지키기 위한 체크 앤 밸런스 시스템으로 군주정의 대통령제, 귀족정의 상원제, 민주정의 하원제를 결합해 미국 민주주의에서 완성되었다. 민주주의의 최고 시스템은 법을 통하여 하나님이 주신 개인의 자유를 보장하는 것과 입헌주의 하에 권력을 분립하는 것이다. 칼빈주의가 정치에 적용된 것은 정치 판단의 기준은 하나님 말씀이며, 기독교인은 보장된 자유를 바탕으로 주변을 변화시키는 세상의 빛과 소금 역할을 해야 한다는 정신이었다. 그래서 지금도 민주주의가 다른 정치 체제에 비하여 유지되는 이유는 자율성에 의한 윤리적 우월성과 권력 남용을 방어할 수 있는 최상의 정치 체제로 선호되기 때문이다.

또한 루터의 종교개혁 이후 칼빈에 의해 체계화된 사상은 자본주의를 탄생시켰다. 즉 하나님의 절대 주권 하에 인간의 구원은 하나님에 의해 예정되어 있어 자신이 구원받았는지 못 받았는지 모르지만, 인간이 하나님의 영광을 위해 살면 알 수 있다고 하였다. 즉 자본주의의 정신은 삶에서 하나님의 영광을 위해 성실하고 열심히 살면 돈을 벌고 부자가 되어 이렇게 모은 부를 이웃에게 나누어주어 서로가 잘사는 선순환이 이루어진다는 것이다. 이는 위그노가 네델란드로 망명해 최초로 남의 강요 없이 자빌직으로 노동하며 강한 나라를 만든 것이나 미국의 청교도가 기독교 국가를 만들어 세계 최강의 나라로 발전한 것이 좋은 사례이다. 그래서 기독교인은 세상의 빛이 되어 축적된 자본을 계속 선한 곳에 투자하며 가는 곳마다 세상을 풍요롭게 바꾸어 나갔다.

3. 진화론과 공산주의의 등장

19세기 유럽에서 기독교의 개혁신앙에 반대하면서 신 중심 사회에서 인간의 이성과 과학을 중시하며 하나님의 창조를 거부하고 인류의 진화를 주장하는 새로운 논리인 진화론과 자본가들의 착취에 반대해 노동자 혁명을 주장하는 공산주의가 등장하였다. 사상적인 면에서 진화론은 1859년 찰스 다윈이 '종의 기원'(자연선택에 의한 종의 기원, 생존 경쟁에 있어서 유리한 종족의 보존에 대하여)을 발표하면서 시작되었다. 모든 생물은 공통의 조상을 가지며 오랜 기간을 걸쳐 진화되었다는 주장이다. 진화론은 당시 과학 혁명 이후 하나님의 창조와 역사 주관을 거부하고 싶어 했던 유럽인들에게 좋은 돌파구가 되어 이를 무조건 인정하려는 움직임이 확산되었고, 이후 하나의 불완전한 이론으로 시작된 것이 점차 진실이 되어 가면서 과학적인 증거를 통해 눈으로 볼 수 있는 것만이 진리라는 과학주의로 발전하였다. 진화론의 기본은 지구의 연도가 46억년쯤 되었고, 모든 생명체는 돌연변이 등의 우연한 결과 더 좋은 방향으로 진화하고 자연의 법칙을 양육강식, 적자생존, 생존경쟁, 용불용설 등으로 설명하였다. 그러나 진화론은 연구할수록 문제가 드러나는데, 이는 다윈이 처음 제시한 중간형태 화석이 없다는 점, 생명의 기관이 복잡하다는 점, 자연에서 발견된 생물은 완벽하다는 점, 동일 종류를 벗어나면 생식되지 못한다는 점 등을 극복하지 못하였다. 특히 장기간의 점진적 변이인 소진화는 이루어지지만 이것이 변하는 돌연변이나 대진화는 이루어지지 않으며, 진화론의 중요한 근거인 12층의 지질세표는 어떤 곳에서도 그대로 발견된 곳이 없다는 것이다. 또한 유인원이라는 인류의 조상들도 당시 발견된 일부 두개골 뼈로 완전한 두개골로 조작한 것으로 드러나기도 하였다. 그러나 진화론의 확대는 세상을 완전히 바꾸어 놓았다. 과학으로 증명되지 않는 것을 부정하는 과학주의가 사상을 지배하게 되었고, 당시 유럽이 종교에서 벗어나 이성 중심의 사고방식이 확대되어 계몽주의 사고방식이 발전하면서 물질만능주의, 개인주의, 공리주의가 출현하였고, 특히 생존경쟁과 약육강식의 논리로 군국주의에 의한 전쟁과 히틀러의 인종 우월주의, 유물론과 투쟁론 중심의 공산주의가 등장하였다.

경제적인 면에서 당시 부자들이 축적한 부를 나누어가며 주변이 함께 잘 살면 좋은데 부자와 자본가들은 욕심을 내어 자기만 잘살고 농민과 노동자들은 비참한 삶을 살 수 밖에 없는 현실이 되고 말았다. 이에 마르크스와 앵겔스는 1848년 공산당 선언과 1868년 자본론을 발표하여 새로운 사회인 공산주의를 제시하였다. 마르크스는 '왜 가난한 사람은 항상 가난할까?, 자본주의의 모순은 뭘까?'를 연구하면서, 사유 재산제도가 있는 한 자본가는 돈을 벌기 위해 노동자를 착취할 수 밖에 없다는 결론을 내렸다. 그래서 공산주의 혁명으로 노동자가 없어지면 자본가도 없어지고, 사유 재산제가 없어지면 모두가 평등한 세상이 될 것이라고 생각했다. 그래서 당시 농민이 앵클로우저 운동으로 도시 노동자가 되었지만 자본가의 사유화로 노동자가 착취를 당하기에 프로레타리아 투쟁으로 사회주의 국가를 건설해야 한다는 논리를 펴게 된 것이다. 마르크스 이론의 근거는 역사는 절대 정신의 정반합과 끊임없는 모순과 극복을 통해 발전하는 순환적 과정이라는 헤겔의 변증법과 신은 인간이 만들어낸 산물이고 인간은 물질적 조건 속에서 본질을 실현한다는 포이에르 바하의 유물론이다. 절대 정신 대신 생산력을, 인간의 이성 대신 물질을 적용하여 노동자 농민의 투쟁과 국가의 간섭을 통해 평등 사회를 건설하자는 논리이다. 그래서 첫 단계로 공상적 사회주의를 실천하고, 이후 과학적 사회주의 단계에 프로레타리아 혁명을 성공시켜 능력만큼 노동하고 생산하여 평등한 분배를 이루는 사회가 되면, 이후 최종 단계인 지상낙원인 공산주의 사회가 된다는 사회주의 발전 단계를 제시하였다. 그러나 레닌이 러시아에서 공산화 혁명을 일으켜 집단체제와 국유화 중심의 공산주의를 적용했지만 독재의 필요를 역설한 스탈린에 의해 일당 독재 체제로 전락하고 말았다.

4. 신사회주의(신좌파)의 등장

1960 - 70년대 서구에서 마르크스주의적 좌파의 계급투쟁과 노동운동 중심의 전통 좌파와 차별되는 새로운 형태의 좌파 사상인 신사회주의 운동이 젊은 지식인과 대학생, 시민운동가들을 중심으로 광범위한 사회 문제(인권, 환경, 젠더, 반전 운동 등)에 집중해 경제적 변화뿐 아니라 문화적, 도덕적 가치의 변화에 관심을 갖기 시작하였다. 독일의 프랑크푸르트 학파 출신의 허버트 마르쿠제가 이론적 토대를 제공하고, 체 게바라가 라틴아메리카 혁명의 상징적 인물이 되었다. 이들은 1968년 5월 프랑스의 5월혁명(68운동), 독일의 SDS(독일사회주의학생연맹), 미국의 반전운동(SDS)의 학생 운동 세력으로 시작하여, 노동자, 사회운동가, 민권운동가, 반전운동가 등과 함께 기존의 공산주의와 차별화된 반자본주의, 반권위주의, 반제국주의를 내세운 신좌파를 형성하였다. 신사회주의 운동은 기존 자본주의와 관료주의적 사회주의를 비판하고 민주적 사회주의와 자율성을 강조하고, 전통적 가치관과 권위주의적 교육과 가족제도를 비판하여 인권운동, 성해방, 여성운동, 환경운동, 성소수자운동을 주장하고, 미국을 중심으로 베트남 전쟁 반대 운동 등 반전 반제국주의

운동을 전개하면서 사회주의적 민주주의를 모색하였다. 이들은 현대 사회에 큰 영향을 미쳤다. 우선 사회적으로 기존 체제에서의 약자인 흑인, 여성, 동성애자들을 대변해 인종차별주의, 페미니즘, 성소수자 운동에 앞장서고, 산업화로 인한 환경 파괴를 비판하며 녹색 환경 운동을 발전시켰고, 기존 체제와 제국주의의 침략에 반대해 베트남 전쟁, 이라크 전쟁, 팔레스타인 문제 등에 신좌파적 반전 운동을 전개하였다. 정치적으로 진보적 정책인 복지 확대, 노동권 강화, 환경 보호 등을 주장하는 사회민주주의 정당인 진보당으로서 프랑스 사회당, 독일 녹색당, 미국 민주당내 진보 정당, 한국의 진보당과 녹색당 등이 생겨났고, 경제적 계급 투장보다 문화적 이념 투쟁을 중시해 교육과 언론, 예술을 장악하기 시작하였다. 문화적으로도 기존 권위주의적 교육을 비판하고 자유로운 학문 연구를 촉진해 비판이론, 탈식민주의, 젠더학 등에 영향을 미치고 대중문화에서도 록음악, 히피문화, 독립영화 등 반체제적이고 자유주의적 메시지를 강조하고 있다. 이들은 21세기 좌파 포퓰리즘이나 반체제 운동을 주도하며 현대 사회의 중요한 세력으로 떠오르고 있다.

5. 칼빈정신의 회복

하나님의 은혜에 감사하여 믿음으로 살아야 한다는 영적 생활에 대한 논리는 성경의 하박국 선지자, 바울 사도를 거쳐 4세기 어거스틴과 16세기 칼빈에 의해 정리되고 체계화되었다. 결국 칼빈에 의해 현대 자유 민주주의와 자본주의가 탄생하고 인간의 인권과 자유가 보장되고 윤택하고 풍요롭게 살 수 있는 계기가 되었다. 그러나 정치, 경제 체계가 본질을 잃고 변질되면서 정치, 경제의 양극화가 심해졌다. 그런 면에서 1900년대 막스 베버가 제시한 프로테스탄티즘의 윤리를 다시 확인할 필요가 있다. 막스 베버는 자본주의가 시작되고 발전한 이유를 기독교 윤리를 갖은 사람들의 금욕주의에서 출발했다고 보았다. 인류는 어떤 단계에서도 권력과 억압이 있어왔고, 지상 낙원인 공산주의가 되어도 인간의 이기심과 욕망 때문에 착취와 억압은 계속 될 것이지만 칼빈 정신을 갖은 기독교인들에 의해 진정한 자본주의를 이어 갈 수 있다고 하였다. 자본주의 본질 및 정신은 자본가와 노동자가 벌어들인 돈이 아니라 노동의 가치에 있기 때문이다. 즉 1) 노동 자체는 가치로운 것이고, 2) 정직하게 돈 버는 게 목표이고, 3) 시간 허비를 경멸하고 계획적인 생활을 해야 하고, 4) 일하기 위해 쾌락과 즐거움을 포기하고 쓸데없는 휴식과 게으름을 물리쳐야 하고, 5) 돈을 모으기 위해 절약 생활을 해야 한다는 것이다. 그래서 진정한 자본주의 정신이 있는 나라들은 발전하였고, 돈만 추구하는 천민자본주의는 천시되었다. 내가 살고 있는 현장에서 성실하고 정직하게 최선을 다하는 삶, 나를 통해 하나님이 일하신다는 생각으로 근검절약하며 선을 베푸는 삶, 내게 주어진 모든 것은 내 것이 아니라 하나님의 것으로 이를 위탁해 잘 관리해야 한다는 청지기의 삶, 그리고 하나님의 창조 당시 생육하고 번성하라는 문화 명령과 예수님이 승천하시며 부탁하신 가서 제자를 삼으라는 지상 명령을 수행하려는 삶이 자유 민주주의와 자본주의 시대에 살아가는 기독교인들의 윤리이고 정신인 것이다.

6. 결론

칼빈의 사상은 인간은 전적으로 부패한 죄인이기에 아무 것도 할 수 없지만 하나님의 은혜 아래서 지속적으로 덕있는 행실을 실천하면 죄인인 인간이 하나님이 바라는 청지기로 하나님을 영화롭게 하는 삶을 살 수 있다는 것이다. 이로 인해 하나님이 주신 개인의 자유를 알게 되었고 자유를 지키기 위해 입헌주의 하에 권력을 분립하는 민주공화정의 자유 민주주의 정치체제를 만들어 세상을 변화시키게 되었다. 또한 경제적으로도 하나님의 영광이 목적이라는 말씀대로 살고 성실하고 열심히 일하면 부자가 되고, 이를 이웃과 나누며 서로가 잘사는 선순환을 이루는 자본주의를 발전시켰다. 그러나 이러한 영적인 움직임에 반발하여 등장한 진화론은 하나님을 부인하고 과학을 중시하며 이성 중심의 사고방식이 확대되어 물질만능주의, 개인주의, 공리주의와 약육강식의 논리에 의한 인종 우월주의의 학살, 유물론과 투쟁론 중심의 공산주의를 낳게 하였다.

공산주의는 세상 모든 것의 원인을 물질에 두어 노동자 농민의 투쟁과 국가의 간섭을 통해 평등 사회를 건설하자고 하여 원시 공동체의 공상적 사회주의를 거쳐 프로레타리아 혁명을 통한 과학적 사회주의 단계의 평등 사회가 이루어지면 최종 단계인 지상낙원인 공산주의 사회가 된다는 발전론을 제시하였지만 결국 현실에서는 일당 독재로 전락하고 말았다. 그러나 1968년 이후 전통적 공산주의와 차별화하며 나타난 신사회주의 운동은 기존의 자유주의와 자본주의 체제를 비판하며 그동안 약자로 억압받았던 영역을 새롭게 두각시켜 인권을 주장하며 하나님을 부인하고 기독교 사상에 반대하는 세력으로 등장하여 현대 사회에 커다란 영향력을 끼치고 있다.

이제 우리는 인간의 욕심과 탐욕으로 인한 죄악된 사회에서 대립과 갈등 상황을 극복하기 위해 하나님을 인정하고 용서와 사랑을 실천하여 세상의 빛과 소금의 역할을 해야 한다는 전통 칼빈 정신을 되찾아 할 것이다.

04

창세기로부터 한국에 전래된 기독교

성경의 창세기 말씀이 인류의 역사와 어떻게 연결될까? 하나님이 천지와 인간을 창조하고 인간의 죄악으로 대홍수 심판을 내렸다는 이야기가 사실이라면 우리가 배운 오랜 역사 중 어떤 시대에 해당될까? 성경은 영적 말씀이기에 역사와는 상관없이 영으로 봐야한다는 주장도 있지만, 인간이 창조되고 발전해 왔다면 성경 말씀의 기록도 역사성을 갖는 것은 당연하다. 최근 창조과학회가 그 작업을 하고 있고, 이에 따르면 인류의 역사는 6천년 정도라고 한다. 46억년 된 지구 연도와 3백만 년 전의 최초의 인류를 말하는 역사와 비교하면 말도 안 되는 주장이지만 그 증거를 찾아 역사와 연결시켜 보고자 한다. 또 예수 승천 이후에 형성된 기독교가 동양과 우리나라에 어떻게 전파되었고, 특히 천주교와 개신교가 우리나라에 어떻게 들어왔는지를 알아보고자 한다.

1. 성경 창세기 기록의 역사성

성경의 창세기는 지구와 인류의 시작을 말해주고 있다. 6일간의 창조와 7일째 안식한 이야기, 아담과 하와가 선악과를 먹고 죄를 지어 에덴에서 쫓겨난 이야기, 최초의 살인자 가인과 죄악으로 물든 세상 이야기, 노아가 방주를 짓고 대홍수 중에 가족 8명과 동물들을 살려낸 이야기 등, 신화같은 이야기이지만 성경 말씀을 그대로 믿고 역사성을 부여해 연도를 따져보자면, 지구의 나이와 인류는 6천년쯤 되었다. 유인원을 시작으로 300만년쯤 되었다는 인류 역사에 비하여 성경의 역사를 비교해보면, 성경에서 최초의 인간 아담이 수많은 동물들의 이름을 지을 정도로 지혜로 왔다면 처음에는 구석기 도구를 사용했겠지만 곧바로 농경과 목축을 할 수 있었을 것이다. 에덴에서 쫓겨 날 때 땀을 흘려 땅을 갈아야 먹고 살 수 있다고 하였으니 이미 이때부터 농업이 시작된 것을 알 수 있다. 또한 가인의 아들 에녹은 성읍을 쌓았고(장4:17), 6대손 야발은 가축을 치는 자의 조상이 되었고, 7대손(아담 이후 약 4-500여년) 두발가인은 구리와 쇠로 여러 가지 기구를 만드는 자라고 기록하고 있다. 이는 최초 인간이 4-500여년간의 석기시대를 거쳐 BC 3,500년경 청동기를 사용하였다는 것을 말해주고 있다. 또한 BC 2,500년 전후 갑작스런 대홍수로 인류가 심판을 받아 인간들이 죽고, 지구의 대변동이 있었다고 말해준다. 즉 대홍수 이후 대양 온도가 높은 가운데 화산 폭발 등으로 대기 내 에어로졸 분출로 태양빛이 반사되면서 대기 온도가 낮아져 폭설이 생겨 전 지구의 30%이상에 두께 1km의 빙하가 생겨났고, 이때 성경의 바벨탑 사건으로 인구가 흩어지게 되었다. 이후 시간이 흘러 에어로졸이 적게 분사되어 햇빛에 얼음이 녹기 시작하면서 빙하가 쓸고 간 U자곡, 뾰족한 산봉우리 등이 생기고, 해수면이 120m까지 잠기면서 현 대륙의 형태가 완성되고, 인류가 격리되어 각 지형의 환경에 맞는 종족들이 생겨나기 시작하였다. 성경에서 말하는 인류의 연대는 아담으로부터 노아의 홍수까지 1,656년, 대홍수 이후 현재까지 약 4,300년을 말하고 있다. 대홍수 이후 노아의 가족 8명(창10:32)이 이동하여 첫째 아들 셈은 아시아의 조상이 되고, 둘째 함(가나안)은 아프리카의 조상이 되고, 셋째 야벳은 유럽인의 조상이 된다. 셈의 후손이 동쪽으로 이동하면서 중앙아시아를 거쳐 중국과 몽골과 만주 지역까지 이동하였다는 증거는 이곳 종족들이 하늘에 제사를 지내는 천신 사상을 가지고 있다는 것과 BC 2500년경부터 동이족에 의해 만들어진 한자 속에 하나님을 알고 홍수를 겪었던 흔적을 말해주고 있다. 예를들면, 船(큰배 선)은 舟(배 주)와 八(8)과 口(식구)가 합쳐져 8명의 사람이 탄 큰 배를 뜻하고, 示(볼 시)는 一(하늘)과 一(땅)에 小(세 사람)이 합쳐진 하나님을 뜻하고, 工는 하늘과 사람과 땅이 이어진 천지인, 爪는 하늘과 세 사람인 삼위일체를 뜻하여 신과 관련된 글자가 祈禱(기도), 福(복), 禍(화), 神(에덴동산을 펼칠 신), 禪(하늘에 제사드릴 선), 祖(할아비 조), 社(토지신 사), 祀(제사 사)에 들어있고, 禮(예절 예)와 犧(희생 희)에는 牛(소 우)와 羊(양)에 秀(빼어날 수)와 戈(창 과)가 합쳐져 제일 좋은 소와 양을 창으로 벤다는 뜻으로 당시 제물은 발굽이 갈라지고 되새김하는 양과 소로 드렸던 것을 반영한 것이다. 義(옳을 의)는 羊(하나님의 어린양 예수)과 我(나 아)가 합쳐져 예수님이 나를 위해 희생하셨다는 뜻이 된다.

2. 초기 기독교의 전래

대홍수 이후 노아의 후손들이 각 지역으로 이동하는 과정에서 하나님에 대한 숭배와 믿음의 행위인 천신 사상, 삼위일체 사상, 제물, 제사 등이 전파되고 각 곳에서 정착해 오랜 시간이 지나면서 조금씩 변하기는 했지만 그 본질이 살아 남아 각 종족의 종교와 문화에 남아 있게 되었다. 예를 들어 동양의 대표적인 종교인 불교는 BC 5세기 경 인도에서 브라만교에 대한 반발로 고타마 싯탈타의 구도와 해탈을 통한 깨달음으로 출발하여 석가모니의 가르침인 팔정도(見,思,語,業,命,進,念,定)를 따르고, 브라만의 윤회 사상을 받아들이고, 번뇌를 해결하기 위한 수행을 강조하며 시작되었다. 그러다가 BC 2세기 경 알렉산더의 헬레니즘 전파에 의해 부처의 불상을 조각한 간다라 미술이 유행하고, 1세기 경 예수님의 제자 도마와 바돌로매에 의해 인도에 기독교가 전파되면서 부처가 신격화되고 예배 형식이 시작되어, 만민 평등을 위해 중생들에게 구원을 가르치는 대승불교가 생겨났고, 이것이 중국을 통해 우리나라에까지 전래되었다. 이때 부처가 신격화 되면서 생겨난 보신불(깨달은 부처이자 그 자체의 몸, 수행으로 해탈에 이른 부처 석가모니불), 화신불(중생 구제를 위해 출현한 부처, 깨달음과 구원의 부처 아미타불), 법신불(진리를 인격화한 진리의 부처, 빛의 부처 비로자나불)이 성부, 성자, 성령의 기독교 삼위일체 교리가 가미된 것으로 보인다.

그후 431년 로마 카톨릭의 에베소 공의회에서 예수의 인성을 강조해 이단으로 몰린 네스토리우스교가 인도를 거쳐 중국으로 전파되면서 경교, 파사교, 대진교(로마교)로 불려져 7세기경 당나라에서 국교가 되었고, 이때 세워진 하나님, 예수, 구원 등이 기록된 경교비가 17세기에 발견되어 당시 중국에 기독교 중심의 사상 체계가 있었음을 알 수 있다. 7세기 통일신라에서 발전한 법화경은 중생의 구원불인 아미타불(무량수)이 강조되어 정토종에서 말하는 나무아미타불관세음보살의 염불을 통해 극락정토에 이르게 된다는 가르침이나 어려운 삶에서 새로운 세계를 바라는 미륵불이 유행한 것은 기독교의 교리인 구원과 천국과 재림 예수를 대신 표현한 것이라 하겠다. 기독교에 관련된 통일신라의 유물은 석굴암 무인상의 외국인 모습, 11면관음보살상의 천사 모습, 석제 십자가, 마리아상 등이 있다. 또 당시 정토종을 완성하여 죄를 회개하고 파계승으로 구원을 설파한 원효대사의 조화와 화합을 강조한 화쟁사상이나 평등, 효 사상은 기독교 사상과도 상통한다. 또한 기독교적 불교가 백제와 신라를 통해 일본으로 전파되었을 때 소아씨와 함께 친당·친신라 정책을 쓰다 645년 백제 도래인 중대형에 의해 살해 당한 성덕태자의 출생 이야기는 마치 성경의 예수 탄생 이야기와 거의 같다. 금색 승복을 입은 승려가 구세보살로 사람이 되어야 해서 왕후의 배를 빌리고자 한다하니, 왕후는 자신은 부족하지만 세상 구원을 위해 필요하다면 들어오라 하여 입안으로 들어가 임신이 되었는데, 만삭 때 궁궐을 시찰하다 갑자기 산통을 느껴 마굿간에서 아기를 낳았다는 이야기이다. 성덕태자는 일본에 불교를 발전시키고 백제사, 관음보살상(마리아상)을 남겼다.

3. 천주교의 전래

천주교가 일본에는 1549년 예수회 프란시스 자비에르에 의해 전파되었고, 청나라는 1582년 예수회 마테오리치에 의해 시작하였다가 1601년 황제 허락 하에 천문 과학 기술을 받아들이면서 본격적으로 전파되었다. 이때 조선은 한문 서학서를 통해 서양 과학 기술과 함께 천주교가 전해지게 되었는데, 성호 이익은 천주교의 천주와 유교의 상제는 같은 존재로 천주교가 유교를 보완해 줄 수 있다는 보유론 입장에서 천주교를 긍정적으로 받아들였고, 그 영향으로 그의 제자인 이벽, 권철신, 정약종,

이기양 등이 1779년 마재의 주어사와 천진암에서 강독회를 갖게 되었다. 이때 이벽은 청나라 사신으로 동행하는 이승훈에게 청에 가서 세례 받을 것과 천주교 교리서, 십자가, 성화 등을 가져오게 하여, 1784년 최창현, 김범우를 전도하고, 1786년 권철신, 권일신, 이승훈, 최창현, 이존창 등 10여명이 신부가 되어 사제 역할을 수행하였다. 이것이 교리에 맞지 않는다고 판단한 북경 주교회가 1794년 주문모 신부를 파송했고, 그는 강완숙 집에 은신하며 1801년까지 1만 명의 신도로 팽창시키는데 크게 기여하였다. 우리나라 천주교 전파의 특징은 첫째, 선교사 입국 활동 없이 지식인들이 스스로 탐구하여 천주 신앙에 접근하였고, 둘째, 학문적 검토를 통해 보유론적 천주 신앙의 깨우침을 얻어 미사를 드렸고, 셋째, 신앙과 함께 신문화 수용을 지닌 양반 지식인들의 자율적 구도활동으로 신앙공동체를 이루고, 넷째, 공인된 성직자와 미사 제례 없이 자체적으로 신앙생활을 시작했다는 것이다. 이런 천주교 수용은 세상에 유례가 없는 것으로 당시 역사적 상황도 있었지만 오래전 하나님을 알아왔던 우리 민족의 종교성에 기인한다고 하겠다.

우리나라 천주교 역사에서 정약용 일가의 역할은 빼 놓을 수가 없다. 아버지 정재원은 남씨 소생 약현과 해남윤씨 소생 약전, 약종, 약용과 김씨 소생 약황을 두었는데, 약현의 처남이 이벽이고, 약현의 사위가 황사영이며, 약황의 매형은 채제공의 서자 채홍근이고, 진산사건의 주인공 윤지충은 이들의 외육촌이다. 정약용의 형인 약진은 이익의 제자 권철신에게 사사 받았고, 약용은 이익의 증손 이가환과의 사귐으로 이익의 학문을 배웠고, 천주교를 가르쳐 준 사람은 이벽이었다. 이벽은 고조부 이경상이 소현세자를 모시고 가지고 온 아담 샬의 천주교 서적을 보면서 천주교 사상과 유교의 충효가 서로 일치함을 보고 천주교를 신앙으로 받아들였다. 남인들은 사문난적 윤휴의 비극을 기억하여 문중 차원에서 천주교를 반대하여, 이벽의 아버지 이부만은 종친회의 질책으로 목매달아 죽고자 하였으나 이벽은 신앙을 버리지 않고 금식하다 죽었다. 정약종은 우리나라 최초 한글로 쓴 천주교 교리서인 '주교요지'를 간행하여 상편에 천주의 존재 증명, 불교와 미신 비판, 천주교 천당 지옥설 설명, 하편에 천지창조, 예수의 탄생과 수난, 부활과 승천, 재림과 심판 등을 설명하였다. 정약용은 서학을 천문, 수학 등 서양 과학기술의 일종으로 여겨, 천주교라는 교리를 갖춘 종교가 아니라 유학의 한 별파로 받아들였다고 하지만 천주교를 믿고 요한이라는 영세명을 얻었다는 설도 있다. 천주교의 확산은 박해로 이어지게 되는데, 이는 신 앞에 평등하다는 유교 질서 파괴 문제, 조상 숭배와 제사 문제 등 교리 문제라기 보다도 노론 벽파의 남인 박해, 풍양조씨의 안동김씨 박해, 대원군의 외세 불신, 황사영 백서의 국가 배역 문제 등 주로 정치적 문제가 직접적인 원인이었다. 더욱이 당시 수많은 순교자들이 있어 카톨릭 교황이 해미 국제 순교 성지를 인정한 것은 세계에 유례없는 신앙심의 표현이었다.

4. 개신교의 전래

우리나라 개신교도 선교사들이 이 땅에 들어와 전파하기 전에 중국과 일본에서 예수를 믿은 중인과 양반에 의해 성경이 번역되고, 나라 안에 교회가 세워졌다는 사실이다. 즉 중국에서 인삼 장사를 하던 서상륜 형제가 만주에서 로즈 목사를 만나 성경을 번역하면서 국내로 들어와 1883년(혹은 84년) 자기 고향인 황해도 소래에 최초의 교회 소래교회를 세웠다. 또 1882년 수신사로 일본 유학에 참여한 이수정이 농업 교육을 받으면서 일본의 쓰다 목사를 통해 세례를 받고 성경을 번역하였다가 미국 교회에 우리나라에도 선교사를 보내달라는 편지를 보내어 이를 본 미국 북장로회와 감리교회에서 언더우드 목사와 아펜젤러 목사를 한국에 파송하였다. 1885년 2월 일본에 도착한 두 선교사는 이수정을 통해 조선의 정보와 한국어 성경을 받고 4월에 한국에 입국하였다. 우리나라 개신교 전래의 특징은 교회가 세워지기 전에 성경이 먼저 전달되었다는 것이다. 대동강에서 순교 당한 영국의 토마스 목사의 쪽지 복음 전달을 비롯해 선교사들이 오기 전에 누가, 요한, 마가복음이 번역되어, 최초의 개신교 선교사인 언더우드, 아펜젤러 선교사도 한국에 들어와 성서 번역에 온 힘을 기울였다. 네비우스 정책에 의한 강력한 자립성과 성경 연구의 선교 정책은 경신학당, 배재학당, 이화학당과 각 교회의 성경 공부를 통해 널리 퍼지게 되었다. 그 결과 1907년 선교사들의 회개를 계기로 시작된 평양대부흥회는 평양을 제2의 예루살렘이 되어 기독교인들의 질적, 양적 성장이 이루어졌다. 일제시대 기독교는 3.1운동, 학교 운동, 신사참배 거부 등으로 독립운동을 주도하였고, 기독교 순교자 중 신사참배에 대항하여 끝까지 믿음을 지킨 주기철 목사와 6.25전쟁때 공산주의에 반대한 손양원 목사의 순교는 교회 부흥의 터전이 되었다. 이처럼 선교사 없이 하나님을 믿고 미사와 예배를 드렸던 것이나 세계 유례없이 신앙을 지키기 위해 순교 당했던 수많은 순교자들의 모습에서 고대로부터 우리 민족의 저류에 흘러온 하나님을 믿었던 선민사상과 강한 종교심을 엿볼 수 있다.

5. 결론

우리는 학교에서 진화론 중심의 역사를 배워 지구의 역사가 46억년 되었고, 인류는 우연한 상황에서 생겨나 오랜 진화를 통해 발전했다고 배웠다. 이로 인해 성경의 가르침과 역사가 서로 맞지 않아 믿음은 창조론이지만 역사는 진화론을 따르는 혼돈을 겪게 된다. 성경의 창조 이야기는 인류의 역사를 6천년 정도로 보고 있다. 필자는 46억년의 역사를 6천년의 역사로 설명하고 그 증거를 제시하였다. 하나님은 처음부터 인간과 동물과 식물을 현재의 완전한 모습으로 창조하였다, 처음 아담은 구석기 생활을 하였을 것인데, 죄를 짓고 에덴에서 쫓겨날 때 땀 흘려 일하라는 말씀에서 농경의 시작을 알 수 있다. 그 후손 에녹이 성읍을 짓고 야발이 가축을 친 후, 500년 후인 BC 3500년경 두발가인이 구리와 쇠로 기구를 만들어 청동기가 시작되었다. BC 2500년경 노아의 대홍수로 지구가 큰 수난을 겪은 대변혁과 빙하시대를 맞이하게 된다. 커다란 빙하가 조금씩 녹으면서 현 지형이 드러나 사람들의 이동과 격리 등으로 각 지역마다 하나님에 대한 신앙을 계승하면서 새로운 나라들이 생겨나 조금씩 다른 종교심으로 표현되었다. 그 중 하나의 증거는 만주까지 이주해 정착한 동이족이 성경 이야기를 담은 한자를 만든 것이다.

 BC 5세기경 인도에서 시작된 불교는 1세기경 예수의 제자 도마와 바돌로매의 전도에 의해 구원을 찾고 예식을 갖춘 대승불교를 만들었고 이것이 중국과 우리나라로 전파되었다. 5세기경 로마교회에서 이단으로 몰린 네스토리우스파 기독교가 경교라는 이름으로 당에 전파되어 대진교로 국교가 되었고, 이때 우리나라에도 전파된 증거로 십자가와 마리아 상, 원효의 정토종과 화쟁사상 등이 있다. 또 백제와 신라에서 일본에 전파한 불교 사상에 성덕태자의 출생이 예수의 탄생과 비슷한 전설로 전해지고 있다.

 이후 18세기 우리나라에 수용된 천주교는 신부들이 조선에 오기 전에 이벽 등을 통한 남인계 사대부들이 교리를 받아 들여 믿음으로 미사를 드렸고, 대표적인 집안이 정약용 일가로 이들이 우리나라 초기 천주교를 완성하였다. 19세기 전파된 개신교도 선교사들이 들어오기 전 만주와 일본에서 성경이 번역되었고, 서상륜형제에 의해 소래교회가 세워져 1년 후에 미국 선교사들이 들어오게 되었다. 기독교 전파에 있어 선교사가 오기 전, 인도해줄 사람도 없는데 미사를 드리고 교회를 건립하였다는 것은 한민족이 과거로부터 기독교 사상과 깊은 관계를 맺은 영적, 종교적인 민족임을 말해주고 있는 것이다.

05
조선을 바꾸어 놓은 초기 선교사들의 역할

　조선인을 깨우고 새로운 나라를 꿈꾸게 한 초기 기독교 선교사들이 한 일은 무엇일까? 우리나라 근대화에 기독교가 끼친 영향은 대단히 컸다. 백성의 삶이 바뀌고 나라가 바뀌었다. 그런 힘이 어디서 나왔을까? 조선 말 하나님의 사랑으로 복음을 전하기 위해 위험을 무릅쓰고 조선에 왔던 미국 선교사들이 조선의 무지 몽매한 백성들과 고아와 여성과 백정들에게 다가가 겸손함으로 희생하는 삶의 모습을 보이고, 또 한글을 통해 복음과 새로운 지식을 가르치며, 기독교와 미국의 선진 문물을 전하였다. 이에 많은 사람들이 기독교로 개종하고 지식인이 되어 나라의 지도자로써 새로운 나라를 만들어가게 되었다. 초기 선교사들이 했던 일들을 살펴보고자 한다.

1. 초기 선교사들의 활동

우리나라 공식적인 최초의 선교사는 미국인 의사 알렌이다. 그는 1883년 중국에 파송되어 1년간 지내면서 주변 선교사들과 잘 맞지 않아 조선으로 옮길 것을 선교국에 알려 1884년 9월에 먼저 조선에 입국하고 10월에 가족들이 들어오게 되었다. 그런데 12월 조선에서 갑신정변이 일어나 알렌이 칼에 찔린 고종의 처남인 민영익의 상처를 수술로 응급 처리하며, 당시 위험한 상황에 외국인들 모두가 한양을 떠나 피신하는 분위기에서 알렌은 이런 일로 이곳에 왔다며 하나님이 인도해 주실 것을 기도하며 끝까지 치료에 최선을 다하여 살려내었다. 이에 민영익과 고종에게 선물을 받고 신뢰를 얻어 고종에게 병원 설립을 요청하여 우리나라 최초의 근대병원인 광혜원을 85년 4월 9일 열게 되었다. 이때 미국의 언더우드와 아펜젤러 목사가 선교사로 입국해 알렌의 광혜원 설립에 함께 참여하였고, 5월에 스크랜턴 선교사 부부가 의료 활농에 농잠하게 되었다. 알렌의 광혜원(제중원) 설립은 선교사들이 조선에 합법적으로 입국할 수 있는 초기 선교 활동의 센터가 되었고, 이후 에비슨과 스코필드 등의 세브란스 병원 설립으로 이어지면서 아픈 조선인들을 치료하며 기독교를 전하는 통로가 되었다. 선교사들은 우리나라에 새문안장로교회, 정동제일감리교회 등 교회를 세웠고, 성경과 찬송가를 한국어로 번역해 복음 전파와 사회 개혁에 힘을 썼는데, 특히 학교를 세워 영어와 신학과 서양 학문 등의 근대 교육을 도입해 가르쳤다. 언더우드의 경신학교, 아펜젤러의 배재학당, 스크랜턴의 이화학당이 대표적이다. 또 베어드(숭실학당), 켐벨(배화학당), 터너(성공회, YMCA), 에비슨(세브란스 병원), 헤론(제중원), 셔우드 홀(장애인 교육), 무어(백정 전도), 헐버트(외교 활동), 베델(대한매일신보 발행) 등 많은 선교사들이 활동하였고, 이들은 자기

나라보다 한국을 더 사랑한다며 우리나라 양화진 선교사 묘역에 잠들었다.

2. 초기 선교사들의 역할

우리나라에 개신교를 알려준 초기 선교사들은 칼빈의 청교도 신앙을 고수한 개혁주의 신앙가였다. 당시 일본은 우리보다 먼저 개신교가 들어갔지만 미국의 자유주의 신학을 받아들여 신뢰를 바탕으로 하는 일본인들에게 변질된 복음이 전파되면서 신뢰를 잃어 개신교가 뿌리를 내리지 못했다. 그런데 우리나라는 다행이 개혁주의 신앙이 자리를 잡아 칼빈주의의 자유, 평등과 청지기 정신이 삶에 적용되는 청교도 사상이 뿌리를 내리며 조선인 삶에 변화를 가져다주었다. 즉 유일신 하나님을 쉽게 믿고 받아들이게 되었고, 백정이 예배에 참석하는 등 신분 해방에 앞장섰고, 어의가 평민을 치료하며 평등이 자연스럽게 전해졌고, 고아들을 학교에 불러 영어를 가르쳐 인재로 키웠고, 조용히 지내던 조선 여성들의 부지런함과 능력을 인정하면서 가정에서의 주도적 역할을 세워 주었고, 이름이 없던 여성에게 세례를 주며 이름을 부여(박마리, 김활란, 김헬렌)했고, 새문안교회에서 평신도 중 장로를 투표하며 처음으로 민주주의를 가르치기도 하였다. 칼빈주의의 근검절약과 성실을 강조하는 미국식, 장로교회식 문화를 가르치면서 사유 재산과 자유를 통한 축복을 배우게 하여 백성들의 생활이 윤택하고 부유해지게 하였다. 이처럼 조선시대 봉건적 가부장적 사회에서 권위주의에 순종하며 억압받던 백성들은 선교사들의 가르침과 모범적인 생활을 통해서 의식을 깨우쳐 사회 개혁과 발전에 참여하며 사회 변화를 이끌었고, 일제의 억압에서 재림 신앙을 받아들여 강한 믿음을 바탕으로 신사 참배를 반대하며 순교까지 각오하는 등 독립운동에 앞장서게 되었다.

3. 한글의 재창조

초기 선교사들에 의한 선교와 사회 개혁 활동에 결정적 영향을 미친 것은 당시 우리나라 사람들이 제대로 쓰지 않고 있던 한글의 활용이었다. 한글은 1443년 세종이 백성을 사랑하는 마음에 유교의 예의와 규례, 농업 기술의 보급을 위해 창제해 보급된 문자인데 오랫동안 언문이라 하여 양반층 여성들 사이에 쓰이는 정도에 그치고 별로 사용되지 못하였다. 당시 일반 백성들은 한글도 한자도 쓰지 못하는 문맹자들이었다. 그런데 1880년대부터 선교사들이 선교를 위해 성경을 번역하면서 한글의 우수성을 알고 연구하여 가르치게 되면서 재창조되었다. 1882년 만주에서 로스와 매켄타이어 선교사가 조선인 백홍준과 서상륜과 함께 누가복음과 요한복음을 번역하고, 1884년 일본에서 리무스와 이수정이 마가복음을 번역한 이래, 1900년 언더우드와 아펜젤러가 신구약 성경 번역을 완성하여 최초 한글 성경 단행본을 내놓았다. 또 헐버트는 한글의 띄어쓰기를 처음 적용한 선교사이다. 선교사들은 한글을 조선 백성들의 선교를 위한 최고의 문자로 인식하여 적극적으로 배우고 가르쳤는데, 학교 교육과 교회 활동에서 한글을 사용함으로 조선인들이 쉽게 문자를 배워 글을 쓰고 생활습관을 고치는 등 자유를 바탕으로 하는 새로운 사유 체계와 기독교 사상을 심어주었다. 이로서 하나님이 조선말로 말씀하기 시작하여 복음 전파에 획기적인 변화를 가져왔고, 조선인들이 봉건적 삶에서 벗어난 새로운 삶과 문화를 만들어 가게 되었다. 이러한 변화에 조선 정부에서도 1894년 갑오개혁을 통해 '모든 공문은 한글로 쓰되 한문을 부기하거나 혼용할 수 있다'라는 법령을 제정하였으나 그 후 10년간 제대로 쓰여지지 않았지만 1896년 순수 한글본 독립신문이 발간되고, 1897년 주시경의 국어문법이 발표되고, 1907년 국문연구소를 설립해 지석영, 주시경 등 당대 한글학자들에 의해 한글 연구와 문법 확립 등이 이루어졌다. 1910년 일제에 나라를 빼앗기게 되자 독립운동 차원에서 1926년 조선어연구회에서 가갸날이라는 한글날을 만들고, 우리말 사전을 편찬하는 등 한글 사용이 자리를 잡아가기 시작하였으나 해방 이후까지 한자를 함께 쓰는 국한문혼용을 써오다가 1968년에서야 한글전용이 이루어졌다.

4. 기독교로 변화된 조선

당시 선교사가 본 조선인들에 대한 보고서이다. 조선인은 하루살이 인생을 살며 게으르고 술주정뱅이와 거짓과 사기가 일반적이었다. 지배자들은 매관매직과 뇌물과 착취를 일삼고, 양반들은 중국 고전을 암기하고 편협함과 이기주의에 빠진 교육을 받고 있었다. 여성은 남성의 노예로 이름도 없고 첩들과 함께 생활하며 개인의 삶이 없었다. 당시 조선의 백성들은 면역 대상자인 양반 30%, 노비 30% 정도에 소작농이 25%가 넘고 자작농 15%로 약간의 재산이 있으면 관리와 도둑이 걷어가니 여유자산을 만들지 않고 일할 이유 없이 자포자기의 삶을 살며 노비되는 것이 낫겠다고 하며 평민들도 할 일도 없이 도박과 도둑과 마약에 빠져 삶의 목적도 없고 기강도 없이 살아가며 이것이 잘못되었다고 가르치는 사람도 없었다. 선교사들이 이들(노비, 백정, 여성, 고아)에게 다가가 삶의 이유와 할 일을 가르쳐 예수를 믿고 일하게 하였으며, 신분제로 파괴된 일상의 삶에 변화를 일으켰다. 예수를 믿은 양반 가운데 성경 말씀대로 살기 위해 노비를 해방시키고 빚을 탕감시켜 주고 자신의 재산을 드리는 등 지도자들이 먼저 변하였다. 또 백성들은 선교사들이 콜레라 환자를 밤새 돌보고, 죽으면 통곡하는 모습에서 타국에 와서 헌신하는 것에 감동을 받으며 기독교가 무언가 궁금해 믿음으로 개종하는 사람들이 늘었다. 특히 선교사들은 세례를 받기 전에 다음과 같은 약속을 받아내어 기독교인들의 변화를 유도하였다고 한다. 조상신께 제사하지 말 것, 주일은 안식일로 쉴 것, 부모님께 효도할 것, 일부일처로 첩과 음란하지 말 것, 가족에게 복음을 전할 것, 한글을 가르쳐 교리를 알게 할 것, 정직하게 일하고 가족을 부양할 것, 일하지 않으면 먹지 말 것, 술과 마약을 하지 말고 악한 짓을 하지 말 것, 도박, 사기, 분쟁, 싸움, 살인하지 말 것 등이다. 그래서 기독교인이 되면 개인 구원과 삶의 변화와 함께 민족과 국가의 변화를 위해 나서게 되어 많은 지도자들이 기독교 신앙을 갖게 되었다. 이는 갑신정변을 일으킨 서광범, 서재필, 윤치호 등과 안창호는 미국으로 유학을 가서 기독교 신앙을 바탕으로 조선에 돌아와 지도자가 되었고, 또 3.1운동을 지도한 민족 대표 33인 중 16인이 기독교인이었고, 독립만세운동을 전개한 유관순도 기독교인이었다. 배재학당에서 교육을 받고 개종한 이승만은 후에 자유 민주주의 국가를 건국한 초대 대통령이 되었고, 고아였던 김규식이 언더우드의 도움으로 경신학교에 다니며 9개 국어에 능통해 파리강화회의에 파견되는 등 후에 임시정부 부주석이 되기도 하였다. 대한민국임시정부의 주석인 김구도 감옥에서 기독교를 접하여 감리교 선교사에게 세례를 받고 기독교 윤리를 바탕으로 독립운동을 전개하였고, 해방 직후 좌우합작의 지도력을 인징받은 여운형도 기독교 가정에서 성장해 감리교회에서 세례를 받고 YMCA를 통한 청년 운동에 적극적이었다. 특히 신사참배반대로 순교 당한 주기철 목사나 6.25때 공산주의를 반대하며 순교 당한 손양원 목사 등은 대표적인 기독교 지도자들이었다. 이렇게 준비된 사람들을 하나님께서는 때에 맞게 사용함으로 우리나라를 축복으로 인도하셨다.

5. 결론

우리나라 최초의 미국 선교사 알렌에 의해 최초 근대병원 광혜원이 생기고, 이때 언더우드와 아펜젤러, 스크랜턴 선교사들이 합세하여 병원과 학교와 교회를 세우면서 환자들을 정성껏 치료하고, 고아와 여성들에게 영어를 가르치고, 성경과 찬송가를 번역하여 복음을 전하였다. 초기 선교사들은 칼빈주의의 보수 개혁신앙에 입각해 근검절약과 성실한 미국식, 장로교회식 문화를 가르치고, 성경대로 살아가면서 사유 재산과 자유를 통한 축복의 모범을 보이며 조선의 백성들로 하여금 기독교를 믿게 하였다. 특히 선교사들은 조선에서 사용되는 한글의 우수성을 알고 연구하여 성경을 번역하고 학교에서 가르치면서 한글을 보급하여 비로소 하나님이 조선말로 말씀하시어 백성들의 삶에 획기적인 변화를 가져다 주었다.

당시 조선인들은 하루살이 인생, 게으름쟁이, 술주정뱅이, 도박과 도둑과 마약에 빠진 목적없는 삶, 권위주의와 신분제로 인한 노비와 여성의 억압, 비위생적 생활과 비참한 삶에 익숙해 있었다. 선교사들은 이들에게 다가가 세례를 베풀며, 제사하지 말 것, 정직하게 일할 것, 가족을 부양할 것, 술과 마약을 하지 말 것 등을 약속받으며 일상의 삶에 변화를 유도하였다. 기독교 신앙으로 조금씩 변화하기 시작한 백성들은 미국식, 기독교식 문화에 익숙해지면서 자유와 평등을 깨닫고, 열심히 일하여 풍요로운 삶을 경험하면서 각 곳에서 지도자가 되어 새로운 나라를 꿈꾸며 새 시대를 준비하게 되었다.

06
한국 민주주의와 경제발전의 기틀을 마련한 기독교

　우리나라가 근대화하는데 이승만과 박정희 대통령의 업적을 어떻게 평가할 것인가? 해방과 함께 북한은 공산화되었고, 남한도 사회주의 국가를 희망하는 사람들이 많았는데 제헌 국회는 반공을 국시로 하는 미국식 자유 민주주의 국가를 선택하였다. 이는 당시 정치적 혼란 가운데 생겨난 시대적 산물이기는 하지만 이승만 대통령 역할이 컸다. 일제시대를 거쳐 6.25전쟁 등으로 최극빈의 가난과 굶주림의 나라를 한강의 기적으로 경제 발전을 이루고, 지금 선진국의 대열까지 올려놓은 결과는 국민들의 피땀흘린 결과이기는 하지만 박정희 대통령의 리더십의 역할이 컸다. 물론 두 대통령의 업적으로 나라의 기틀을 마련했지만 그 성과 이면에 독재로 인한 아픔이 있었던 것은 잊지 말아야 할 것이다. 이러한 과를 좌파세력들이 부각시켜 그 업적을 지우려고 하지만 우리나라 근대화에 두 대통령의 공과를 기독교 관점에서 알아보고, 이때 기독교는 어떤 역할을 했는지 살펴보고자 한다.

1. 자유 민주주의 국가 수립

　해방 이후 우리나라가 자유 민주주의 국가가 되는데 결정적인 역할을 한 사람이 있다면 이승만 대통령일 것이다. 이승만은 어려서 배재학당에서 아펜젤러 선교사에게 영어와 세계정세를 배우면서 기독교로 개종하고 종교개혁으로 인한 기독교식 변화와 미국의 자유 민주주의 국가의 모델이 나라를 잃은 국가가 나아갈 방향이라는 것을 깨닫고 독립협회 활동을 통해 실천하고자 고종 퇴위 운동을 벌이다 사형 선고를 받고 한성 감옥에 갇히게 되었다. 감옥에서 선교사들의 도움으로 많은 책을 읽고 성경을 번역하고 감옥 안에 있던 40여명을 전도하고, 영어 사전을 집필하며 영어를 잘하게 되어 고종의 밀사로 미국에 파견하기 위해 5년 7개월 만에 출소하고 미국으로 유학을 가게 되었다. 미국의 워싱턴대, 하버드대, 프린스턴대에서 공부하여 박사학위를 받아 외교활동 중심으로 독립운동을 하고 있을 때, 임시정부는 그를 초대 대통령으로 세워주었지만 임시정부와 맞지 않아 이를 떠나 하와이에서 구미위원회 중심의 외교 독립론을 주장하며 독립운동을 전개하였다. 태평양전쟁 5개월 전 출간한 일본의 침략에 대한 책을 펴내며 국제 정세의 변화를 예견하는 외교력을 인정받아 루즈벨트 대통령과의 편지 교류로 한반도의 독립을 약속받기도 하였다.

　해방 후 국내의 혼란한 정세, 특히 국민들의 사회주의 지향적 여론과 미군정의 좌우 합작 정부 준비, 북에서 소련이 조만식 선생을 납치하고 김일성을 통한 토지 개혁으로 공산주의를 선언하고 있을 때, 반공을 주장하며 정읍 발언을 통해 단독 정부 수립을 선언하였다. 이로 미군정의 미움을 사고, 당시 남북 합작을 이루려던 정치가들의 비난을 받았으나,

47년 1월 그리스 내전 결과 그리스가 공산화되는 것을 본 미국이 투르먼 독트린을 발표해 반공 세력을 지지하면서 그 진가를 인정받아 UN에 의해 한반도내 남북한 총선거와 선거 가능한 지역에서의 투표를 이끌어 내었다. 결국 1948년 5월 10일 총선거를 통해 제헌 국회의원이 되고 대한민국 정부의 초대 대통령이 되었다.

이승만 대통령은 국가의 방향성을 정하지 못할 때 미국식 민주 공화제를 도입하여 자유 민주주의 국가를 선포하고, 이를 경험한 사람이 없을 때 자신의 오랜 경험을 바탕으로 미국의 정치적 동료들의 협력과 자유 민주주의와 자본주의의 분명한 방향성과 기독교 신앙으로 헌법을 제정하고 정치 시스템을 만들어 필요한 인재를 등용하여 나라의 기틀을 만들어 갔다. 제헌국회 개헌식 때 목사였던 이윤영 의원에게 감사 기도를 드리게 하고, 대한민국 정부 수립 후 UN 총회에서 소련의 방해에 각료들에게 기도를 선포해 48:6으로 한반도 유일의 독립국가의 신생국임을 승인 받게 되었다. 공산주의자들에 의한 정부 정책 방해와 사회 혼란으로 일어난 제주 4.3사건과 여순반란 사건 이후 국가보안법으로 군대내 공산당을 제거하여 이후 6.25전쟁을 대비해 공산당으로부터 나라를 지키고, 특별히 조봉암 장관을 통해 토지의 유상 매입과 유상 분배(매년 30%씩 5년간 납부)의 토지개혁을 단행해 토지가 없던 농민들에게 개인의 농토를 주어 전쟁 중에도 자신의 농토를 지키기 위해 싸움으로 전쟁을 이기는데 기여하였다. 6.25전쟁에서도 미국에게 기독교와 반공 국가인 대한민국 보호의 필요성을 내세워 빠른 UN군의 참전을 이끌어 냈고, 1/5,000 확률의 인천상륙작전을 성공시켜 반전을 이루었고, 전쟁이 끝날 때도 휴전을 반대하며 반공포로 3만명을 석방시키며 휴전의 조건으로 한미상호방

위조약 체결과 군사 경제적 지원을 약속 받아 이후 국가의 안정과 발전에 기여하였다. 특히 독립운동 때부터 주장해왔던 인재 양성을 위한 교육 개혁으로 국민학교 의무 교육, 미국 유학생 2만명 파송 등 초기 문맹률 80%에서 4%로 줄이는 성과를 이루어 냈다. 물론 자신이 키웠던 대학생들에 의한 4.19민주혁명으로 쫓겨나기는 했지만 초기 국가 형태를 바로 세워 나가는데 기여하였다. 이승만은 성경의 갈라디아서 5장 1절 말씀인 자유를 주셨으니 다시는 종의 멍에를 매지 말라며 자유의 소중함을 역설하였고, 당시 세계 최대국 미국에 비굴하지 않고 미국을 한국식으로 움직이게 하는 시대적 역할을 이루어냈다.

물론 이승만에 대하여 기질 상 주변 사람들과의 다툼과 독선과 파벌주의가 강하고, 독립자금 횡령과 정치적 욕심에 권모술수와 모략에 능하며, 대통령이 되어 반공자를 우대하며 친일파를 보호하고 양민을 학살했으며, 장기 집권을 위해 부정 선거를 했다는 비난을 받기도 한다. 그러나 이는 독립운동 당시 투쟁보다 외교와 교육을 주장하는 노선 차이로 말미암은 비난이며, 해방 후 이념 대립과 전쟁의 혼란 중 누가 그 자리에 있어도 또 다른 비난을 받을 수 있었을 것이고, 특히 정권을 잡지 못하고 이승만을 부정하는 좌파세력들이 약점을 부각시켜 실권을 조장하려는 전략이라고 여겨진다. 그러나 이승만 정권의 반공 국시는 자유 민주주의를 지키는 보루가 되었다고 할 수 있다. 이에 미국의 CIA는 '이승만은 자국과 민족을 위한 진정한 애국자, 반공주의자이며, 미국이 다루기 힘든 자, 성가신 사람, 북진 통일할 사람으로 미국에 끌려 다니지 않고 나라의 미래와 현실을 직시한 정치인이다'라고 평가하고 있다.

2. 경제 발전의 기틀

우리나라가 지금의 선진국 대열에 오를 수 있도록 경제적 기틀을 마련한 사람으로 박정희 대통령을 첫 번째로 꼽을 수 있다. 그는 날 때부터 7남매 막내로 엄마의 유산 노력에도 살아남고, 대통령이 되어 북한의 암살 등 수많은 생존 투쟁에서 살아남아 자신의 사명을 다하고 62세에 부하의 손에 죽음을 맞이하였다. 이러한 그의 18년 정권동안 이루어낸 업적은 지금까지 전 분야에 유산으로 남아있다. 그의 5.16쿠데타의 명분은 우리나라를 굶주림과 가난에서 탈출시키겠다는 의지였다. 그는 집권 기간 동안 개인적으로 부를 축적할 수 있었지만 근검절약의 모습으로 육영수 여사의 꿰맨 속옷, 화장실 물의 빨간 벽돌 두 개, 사망할 때 적은 재산 등 검소한 생활을 남기었다. 당시 국가의 경제 발전에 온힘을 기우려 지도자로서 종자돈을 마련하는데 힘쓰고, 국민들에게 공돈을 주는 게 아니라 스스로 일어설 수 있는 기회를 만들어 수고, 특히 당시는 어려워도 미래를 내다보는 혜안을 가지고 경제 발전을 이루어냈다. 군사 정권이 세워진 후 바로 경제개발 5개년 계획을 추진하였다. 이는 본인이 일본 육사를 졸업하고 만주 군관학교에 있으면서 아베의 외할아버지 기시 노부스케의 발전 전략인 일본식 근대화를 모방하여 국가 중심 민족통합의 길을 열려고 하였던 것이다. 60년대 주변의 모든 후진국들은 자국 내 산업을 개발해 스스로 먹고 살려고 했을 때, 중화학공업 및 수출 주도산업을 선택해 전 국민이 하나가 되어 국내에서 내다 팔 수 있는 것들인 쥐 200마리가 드는 쥐틸 코트 생산, 가발 수출 등으로 돈을 벌여 들였다. 결국 1968년 10억불 달성 후, 1977년 100억불 수출을 이루어 내면서 국민적 자신감을 갖게 했고 한강의 기적을 이루어냈다. 이를 위해 대통령은 한 달에 한번씩 수출 역군들과 직접 소통하고 경제 장관에게 믿고 맡기었다고 한다. 특히 70년대 농촌 개발을 위해 새마을 운동을 전개하였는데 처음 관주도로 실패한 후 대통령이 마을과 직접 소통하면서 마을마다 시멘트 330포대와 철근을 나누어 주며 알아서 처리하도록 해 마을마다 각자의 필요에 의해 마을길을 닦거나 수로를 만들어 잘하는 마을 1/3에게 계속 지원해 주면서 마을 환경 개선 후 소득 증대를 이루게 하였다. 국토 개발을 위해 모두가 반대하는 고속도로를 개통하였고, 직접 나무를 심어 산림녹화를 이루어냈다. 박정희는 자신을 강한 지도자의 강한 국가를 내세우며 이집트 근대화의 나세르, 독일 통일의 비스마르크, 터키 근대화의 케말파샤, 일본 메이지유신의 히로히토 천황을 모델로 삼았다는 말이 전해지고 있다.

박정희에 대한 평가의 키워드는 수출 주도, 중화학 공업의 경제 성장과 고속도로, 산림녹화, 새마을 운동의 국토 개발이었다. 물론 급속한 발전에 따른 부작용도 없지 않아 세운상가 주민 광주 이전 폭동, 대연각 화재, 와우 아파트 붕괴, 인권 탄압, 121사태와 도끼 만행 사건의 안보 위기 등이 있었다. 그러나 박정희는 보통 사람보다 3, 4수 앞을 내다보는 통찰력을 가졌다. 즉 고속도로 건설에 반대하며 도로에 누워 그 돈이 있으면 가난한 농민들에게 나누어 주라던 야당 김대중 당수에게 50년 뒤를 내다보라며 밀어붙였다. 당시 고속도로는 도로 역할, 농촌 도시 간 시간 단축, 농산물과 생산물 이동 통로, 새마을 운동 확산, 전 산업 발달의 초석이 되었다. 또 수출 주도 중화학 산업 발전을 위해 필요한 자본을 얻기 위해 전 국민의 반대에도 한일 협정, 월남 파병, 독일 광부 및 간호사 파견 등을 추진하였다. 결국 수출 목표를 달성하고 경공업에서 중공업으로 탈바꿈하면서 함께하는 위대한 인물들을 만들어 내었다. 정주영의 고속도로, 중동 진출, 조선 산업 성과, 박태준의 포항제철 사설화, 이병철의 삼성 종합 상사, 수출무역 담당 등 지금의 현대와 포철과 삼성을 키워냈다. 특히 이러한 과정에서 경제 관료들의 자율성을 보장해주고, 기업들이 공격적으로 투자하도록 국가 주도의 금융 지원을 아끼지 않았고, 수출 주도의 중화학 공업 정책을 끝까지 밀어 붙이고, 때마다 차별적 보상 정책으로 포퓰리즘과 무임승차를 배제해 경쟁원리 하에 경제 발전을 이루어냈다. 지금도 그때의 슬로건이 기억난다. "잘 살아 보세", "100억불 수출 목표", "민족중흥의 역사적 사명", "임자 해봤어"등이다. 이로 인해 국민소득이 두 배가 되는 시기를 한국은 11년(1966년에서 1977년)만에 이루었는데, 일본은 34년(1885년에서 1919년), 미국은 47년(1839년에서 1886년), 영국은 58년(1780년에서 1838년)이 걸렸다. 한강의 기적을 이룬 것이다.

박정희는 일본육사 출신의 친일파, 형과 함께 공산주의에 가담한 빨갱이, 특히 유신헌법 단행으로 시민의 자유를 억압한 독재자의 부정적 평가를 받고 있다. 그러나 친일파 논란은 당시 사람들에게 군인의 길은 사회 변혁을 위한 독립운동과 도전정신이었고, 빨갱이 논란은 자신의 인생 모델 친형의 길을 함께하기는 했지만 자신이 내세운 반공 국시 자체는 공산주의자가 될 수 없는 것으로 증명되었다. 유신 헌법도 위헌이기는 하지만 당시 닉슨독트린에 의한 미군 철수에 따른 자주국방의 필요성과 북한 김일성의 체제 징비와 남침 의지에 대한 정치 안정과 체제를 위한 조치였고, 꾸준히 전개되었던 경제 발전의 터전이 될 수 있었다. 국가의 진정한 대통령으로서의 리더십은 마음 착한 사람이 아니라 소신을 갖고 추진하는 사람이고, 위로의 감독이 아니라 매섭지만 메달 따게 하는 감독이며, 빚 져오는 아버지가 아니라 돈 벌어 자립시키는 아버지이고, 막연한 비전과 구호를 외치는 점잖은 리더가 아니라 구체적 행동을 실천해 성과를 내는 리더라고 한다면, 박정희 대통령이 바로 그런 리더였다.

3. 한국 근대화와 기독교의 역할

1880년대 선교사 입국 전 성경이 한글로 번역되고 교회가 생기면서 해외에서 기독교 신앙을 갖은 믿음의 선각자에 의해 기독교가 수용되었다. 당시 우리나라에는 청교도 정신을 바탕으로 한 복음주의 영성의 선교사들이 성경 번역과 교회와 학교와 병원을 통해 선교하는 가운데, 1907년 선교사의 회개를 계기로 평양 대부흥회의 성령 운동과 네비우스 선교사의 자립 정책으로 순수한 신앙이 심어지고 교인수가 증가하면서 토착 교회를 중심으로 발전하게 되었다. 그래서 당시 일제에 대항하는 기독교 신앙을 갖은 지도자들에 의해 독립 운동이 전개되었고, 어렵게 살던 백성들이 기독교 신앙으로 삶의 변화가 일어나 성실하고 열심히 살게 되었다. 특히 1930-40년대 길선주 목사와 기도원의 성령 집회와 성령 체험으로 오순절 계통의 영성 운동이 일어났고, 함석헌, 이용도가 불교와 유교와 기독교를 혼합한 한국적 기독교를 형성하였고, 박태선의 전도관과 문선명의 통일교 등 기독교 이단이 나타나기도 하였다. 기독교 이단의 뿌리는 1901년 강증산의 신비체험으로 시작된 증산교로서, 많은 이단 교주들이 그의 사상을 이어받아 이단 교파를 만들었고, 민족종교로서의 증산교 신도가 600만 명이 넘는 상황에 해방과 함께 이들의 대부분이 교회로 이동하면서 많은 교회가 다른 복음을 가르치는 위기가 있기도 하였다. 1950년대 6.25전쟁을 겪으며 기독교 신앙의 힘으로 나라를 지키고, 미국의 기독교 후원을 받으며 힘들고 어려웠던 국민들의 생활에 새로운 힘과 희망이 되었다. 1960년대 한국의 경제 발전은 공산주의가 싫어 월남한 기독교인들이 박정희 정부의 반공정신과 함께 미국 교회의 지원을 받으면서 국가 정책에 맞추어 산업화에 참여함으로 이루어졌다. 또 농민들이 도시 노동자로 진출하면서 기독교의 민중 신학과 함께 사회 참여를 강조하며 노동자를 보호해주고, 가난을 탈출하려는 노력에 조용기, 최자실 목사의 축복과 은혜를 강조하는 순복음 교회가 부흥하게 되었다. 1970년대 기독교 인구의 갑작스런 증가의 계기가 된 것은 73년 빌리그래함 집회, 74년 엑스포74, 77년 민족복음화대회, 80년 세계복음화대회 등 맘모스 전도 집회였고, 이때 대학생들이 신앙의 리더로 세워지고 세계에 선교사 파송의 사명을 담당하며 영적인 부흥을 이루어냈다. 1980년대 정치적 압박과 경제적 부흥에 기독교도 함께 부흥하면서 기독교의 사회 참여와 역할이 강화되었고, 이를 바탕으로 1990년대 대학생 선교단체 중심의 영성 운동과 성경공부와 제자화 훈련이 널리 퍼지며 예배와 전도 중심의 교회 역할이 찬양, 묵상, 제자화 교육, 구제 중심의 교회로 성장하면서 개신교 인구가 전체의 25%인 천만명이 넘도록 급성장하고 사회, 경제, 정치 리더들이 크리스천화되기도 하였다. 2000년대 들어서서 교회의 개인 구원과 교회 중심 신앙에서 벗어나 사회에 대한 책임을 강조하고 어려운 자들과 함께하여 사회 변화에 참여하는 등 사회와 국가 변화에 영향력을 끼쳤으나 점차 교회의 사유화, 교회의 대형화, 교회의 이기주의화로 사회의 지탄을 받으며 반기독교 운동이 확산되기도 하였다.

4. 결론

필자가 이승만과 박정희 대통령에 대해 공을 중심으로 한국 발전의 기틀을 마련했다는 말에 이견을 제시할 수도 있을 것이다. 우리나라 역사에서 두 대통령이 친일파, 독재자 등 적폐로 몰리게 된 것은 2000년대 시작된 뉴라이트 운동에 대한 반발 때문이었다. 뉴라이트는 1990년대 공산주의가 붕괴되면서 급진 좌파 세력 중 일부가 보수로 전향하면서 과거 전통보수의 반공 이념의 틀을 넘어 자유주의와 산업화의 역할을 강조하며 식민지 근대화론(일본이 근대화에 기여함)과 시장 자본주의(박정희의 산업화 미화)를 주장한 것이다. 이에 좌파 세력은 이를 적폐로 몰아갔고, 1990년대부터 준비된 민중사학을 통해 역사교과서를 편찬해 2002년 한국 근현대사 교과서와 국사 검인정 교과서에 반영되어 대한민국 정부가 생겨난 것부터가 잘못됐고 사회주의 국가가 되지 못한 것이 아쉬웠다는 식으로 가르치게 되었다.

필자는 이러한 좌우대립의 역사 논쟁을 떠나서 우리나라 근대화와 산업화에 하나님이 개입하여 지금의 선진국으로 발돋음 칠 수 있는 터전을 마련해 준 지도자의 역할을 소개하고자 한 것이다. 이승만 대통령은 냉전 체제하에 국가의 방향성을 정하지 못하고 이를 경험한 사람이 없을 때, 미국식 민주 공화제를 선포하고, 자신의 경험을 바탕으로 미국의 정치적 동료들과 협력하여 자유 민주주의와 자본주의의 기틀을 만들어 주었다. 박정희 대통령은 자신과 국민들이 겪는 가난을 극복하고자 경제개발 5개년 계획을 추진하며 근검절약하며 산업화에 힘을 기우려 한강의 기적을 이루어냈다. 이들은 대한민국이 오늘날의 선진국으로 발전할 수 있도록 준비된 리더들이었고, 하나님의 선물이었고, 이는 한민족에 대한 축복이었다.

07
금융 자본주의에 대처할 새로운 칼빈정신

　금융 중심 시대에 재정 관리는 어떻게 해야 할 것인가? 자본주의는 제조업 중심의 산업 자본주의 시대를 맞아 최대의 경제 발전을 이루었다. 그러나 기업의 성장과 투자가 금융 시장을 중심으로 움직이는 금융 자본주의 시대를 맞이하면서 기업의 투기적 거래, 개인의 부채 확대로 인해 경제 위기의 위험성이 커지게 되었다. 자본주의의 표면적 목표인 부의 축적과 풍요로운 삶을 위해 수단과 방법을 가리지 않는 결과, 사람들은 도덕성을 바탕으로 하나님을 영화롭게 하는 자본주의의 본질을 잃어버리고 치열한 경쟁 속에 미래에 불안감과 돈의 노예로 전락해 버린 것이다. 금융 자본주의 시대를 맞아 칼빈주의를 어떻게 적용할 것인가를 살펴보고자 한다.

1. 금융 자본주의

　16세기 종교 개혁과 함께 청교도들이 하나님의 영광을 위해 근검절약으로 열심히 살아가며 선순환을 이루어낸 초기 자본주의는 당시 르네상스와 지리상 대발견 등을 통해 각 국가 간 중상주의 정책에 따라, 동인도 회사나 상인 자본가를 중심으로 국제 무역과 식민지 개척을 통해 부를 축적했던 상업 자본주의였다. 이때 초기 은행이 설립되고 신용 제도가 도입되기 시작하였다. 이후 산업혁명으로 대량 생산 체제가 확립되고 공장제 산업이 시작되어, 산업 자본가들이 기계화와 기술 혁신으로 제조업과 산업 생산에 획기적인 변화와 발전을 이루어 자본주의가 최고로 발전했던 산업 자본주의를 맞게 되었다. 이때 대규모 투자의 필요에 따라 금융 시장과 은행 체계가 발전하게 되었고, 이를 바탕으로 대기업과 독점 기업이 등장하여 제국주의와 식민지 확장의 경쟁 속에 금융 자본과 산업 자본이 결합하면서 금융 독점 기업이 성장하게 되었다. 20세기 들어서 금융이 경제 전반을 지배하며 실물 경제보다 금융 활동이 부의 주요 원천이 되어, 주식, 채권, 파생 상품 거래가 증가하면서 금융 상품을 중심으로 하는 글로벌 금융 시장이 확대되는 금융 자본주의 시대가 열렸다. 이로 인해 1929년 대공항, 2008년 글로벌 금융 위기와 부의 불평등이 심화되고, 최근에는 디지털 기술과 정보를 바탕으로 하는 플랫폼 경제와 빅테크 기업 주도의 데이터와 인공 지능, 암호 화폐와 디지털 화폐가 확산되면서 자본주의는 더 복잡해지게 되었다.

　금융 자본주의는 투자 자본의 효율적 분배와 활용을 통해 경제 성장을 촉진시키고 소득을 확대시켰지만, 실물 경제와의 괴리로 금융 위기의 위험성과 사회적 불평등이 심화되고, 특히 단기적 이익을 위한 투기성 거래로 금융 시장이 불안정해지고 버블 형성에 따른 연쇄적 금융 위기를 초래하게 되었다. 이러한 과정에서 금융이 개인의 영혼을 지배하게 되어 근면 성실의 전통 칼빈정신이 파괴되고, 개개인이 공동체 연대에서 떨어져 나가 소외가 심해지고, 현재만의 몰입으로 인해 삶이 불합리해지고, 과거 현재 미래가 얽혀 개인의 삶이 붕괴되고, 계속적인 대출로 인해 부채 사슬의 노예가 되고, 잘못된 자본주의의 훈육으로 왜곡된 생활을 하게 되었다. 21세기 돈의 가치를 중심으로 하는 금융 자본주의로 말미암아 칼빈이 제시한 기독교적 경제관을 새로운 각도에서 재해석해야 하는 시대가 되었다.

2. 금융 자본주의의 대처

성경은 돈을 사랑함이 일만 악의 뿌리라고 가르치고 있지만 요새는 사람들이 부자가 되기 위해 투자와 투기에 널을 올려 그리스천들도 돈의 지배를 받는 자신의 욕망을 말씀으로 포장하여 부는 하나님의 축복이라고 합리화하고 있다. 금융 자본주의 하에서 하나님의 영광이나 인간의 도덕성을 무시하고 돈 버는 것에만 가치를 두다보니, 수많은 사람들이 자신의 욕망을 채우기 위해 무리수를 두게 되고 이로 인한 위험성이 퍼지며 파산에 이르게 되었다. 그 대표적인 것이 2008년 금융 위기이다. 2000년대 낮은 금리로 돈을 빌려 투자하거나 주택을 구입해 부동산 가격이 급등하며 돈을 번듯했지만, 저금리 정책이 끝나자 부동산 거품이 터지면서 금융 위기가 찾아와 많은 사람들이 파산하고 죽음에 이르기까지 하였다. 이때 블록체인 전문가들은 이를 대비하기 위해 정부의 통제를 벗어난 금융 거래인 가상화폐를 개발하여 끊임없는 욕망을 채워가고 있다. 이처럼 금융 자본주의는 금융의 논리가 기업과 개인과 정부를 지배하는 이데올로기로서 돈의 욕망을 부추기며 겉으로는 인간의 기본적인 도리를 지키는 척하며 실제로는 서로의 묵인 하에 무한 경쟁 속에 욕망을 쫓는다. 그래서 금융 시장의 불안정성에 개인은 미래의 불확실성에 심리적으로 불안해한다. 또한 금융 시스템은 개인과 국가를 부채로 묶어 종속시켜 돈의 노예가 되고 있다. 금융 자본주의 하에서 크리스천은 투기가 아닌 노후 대비 재테크나 연금펀드 등에 가입해 슬기로운 금융 생활을 하는 지혜를 얻어야 한다. 크리스천은 아무리 세상이 빠른 속도로 변해도 진실된 땀의 가치와 노동의 의미를 믿고 실천해야 한다. 왜냐하면 자본주의의 근본은 인간의 도덕성에 기인하기 때문이다. 하나님의 영광을 위해 일하겠다던 초기 자본주의의 청교도적 신앙관이 돈이 지배하는 가치에 매몰되는 욕망 때문에 무너지고, 돈의 노예가 되고 인간의 도덕성까지 무너진다면 끝없는 죄악과 타락에 빠져들게 될 것이다. 이제 돈 때문에 얽힌 개인 시간의 불연속성을 회복하고, 돈의 노예에서 탈출해 새로운 자유인이 되고, 미래의 소망을 갖은 새로운 자아상을 세워 내가 손해보고 남들의 유익을 위해 살겠다는 새로운 칼빈정신을 확립해야 할 것이다. 이제 성과와 경쟁을 요구하는 시스템에서 모든 것이 하나님의 은혜라는 칼빈주의의 본질을 되찾고, 미래를 담보로 현재를 소비하기보다 현재의 순간에 하나님과의 관계 속에 충실하게 살며, 개인주의적 경쟁보다 공동체적 나눔으로 경제적 약자를 돌아보고 협력하는 공유 경제, 공정 무역, 윤리적 투자와 같은 모델을 만들어야 할 것이다.

3. 크리스천의 재물관

돈이 많으면 선택의 폭이 넓다고 하여 더 많은 돈을 소유하고자 하는 사람들이 많다. 이는 성서적으로 볼 때 더 가지려는 욕심과 하나님과 같이 되려는 교만을 의미한다. 그래서 사람들은 자신의 재정으로 돈을 빌려주어 다른 사람의 자유를 사기도 하고, 재정 때문에 남에게 돈을 빌림으로 자신의 자유를 팔기도 한다. 이것이 부채이다. 성경에서는 하나님의 말씀을 잘 순종하면 복을 받아 꾸어주지만 그렇지 않으면 꾸어야 하는 삶을 경고하고 있다. 맘몬에 사로잡혀 하나님을 무시하면 더 큰 포로가 되어 자유를 잃고 고생하게 된다. 부채는 미래를 담보로 오늘을 소비하는 것이다. 즉 미래의 자유를 팔아 현재의 욕망을 채우는 것이다. 성경에서는 부채를 피하라 하고, 형제의 자유를 담보로 돈을 빌려주지 말라고 한다. 기부와 헌금은 내가 사용할 수 있는 자유를 사랑하는 자를 위해 기꺼이 포기하고 양도하여 그에게 주어진 속박을 풀어주는 것이다. '가난한 자를 불쌍히 여기는 것은 여호와께 꾸어 드리는 것이니 그의 선행을 그에게 갚아 주시리라'(잠19:17). 이는 물질의 성공뿐 아니라 천국의 보상을 의미한다.

반면에 잘못된 저축은 현재를 담보로 미래를 자기 마음대로 정하고 계획하여 현재의 자유를 팔아 미래의 욕심을 채우는 것이다. 성경은 부채에 대한 경고만큼 잘못된 저축에 대해서도 경고한다. 어리석은 부자 말씀은 인생의 미래와 권한은 하나님께 있는데 나의 미래를 내 마음대로 할 수 있다는 교만을 경계한 말씀이다. 저축에 대해 경고하는 것은 사람이 돈의 유혹을 받아 믿음에서 떠나 자기의 영혼을 해치기 때문이다. 저축이 욕심에 미혹된다면 오히려 저축된 재정에 속박되고 현재의 자유를 잃어버리게 되기 때문이다. 우리는 저축을 가족과 친족을 돌보기 위해 할 수 있다. 단지 미래가 불안해 하나님께 의존하지 않으려는 동기로 저축하는 것과 저축이 우상이 되는 것은 잘못된 생각이다. 성경은 타인을 위해 저축할 것과 어려운 형제에게 꾸어주는 일을 권장한다. 타인을 위한 저축은 하늘 계좌에 저축하는 것이다. 이것이 칼빈이 말한 자본주의의 본질이다.

4. 크리스천의 재테크

과거 크리스천들은 부자가 된다는 것에 대한 거부감과 재물을 불의한 것으로 인식하고 있었다. 이는 주님의 뜻대로 돈을 버는 것과 주님의 뜻대로 돈을 사용하는 것을 가르쳐주지 않았기 때문이다. 이제 성도들은 재물의 많고 적음보다 재물을 얻게 되는 과정에서 재물을 향한 마음의 동기가 어디에 있고, 재물에 대한 성경적인 기준을 가지고 하나님 말씀대로 살고자 하는 마음자세가 중요함을 인식해야 한다. 성경은 재물이 꼭 필요한 도구이고 유용한 수단이라고 말한다. 단지 하나님을 떠나서는 돈에 대해 깨끗한 삶을 살 수 없다는 것과 자신에게 맡겨진 재물을 잘 관리하는 것이 하나님이 우리에게 주신 복을 누리는 삶이라는 것을 알려준다. 인간의 욕심과 죄악이 재물을 신격화하여 우상화시켜 재물에 종속된 삶을 경고한다.

크리스천의 재테크는 첫째, 하나님의 영광을 위해 돈을 벌어야 한다는 것이다. 그러기 위해 청지기의 삶을 살아야 한다. 즉 내 인생에 주인이 있고, 주인이 맡기신 일이 있고, 주인의 결실하실 때가 있다는 것을 아는 삶이다. 둘째, 많은 돈을 버는 것보다 하나님께서 기뻐하시고 원하시는 것이 무엇인지 분별하는 것이다. 그래서 하나님께서 보실 때 합당한 방법으로 돈을 벌고, 돈을 벌수록 하나님의 영광이 드러나야 하며, 하나님의 창조 질서에는 빨리, 많이, 쉽게는 없다는 것과 내가 관리할 수 있는 범위를 넘어선 것은 재앙이라는 것을 인식해야 한다. 셋째, 돈 버는 과정에서 살아계신 하나님을 경험해야 한다. 즉 자신에게 주신 능력을 개발하여 주님의 뜻대로 살아야한다. 그래서 그리스도인은 돈을 많이 버는 것보다 돈을 잘 쓰는 것이 재택크이다. 즉 그리스도인은 모든 지출에서 검소하여 과소비, 사치, 체면유지 등은 하나님이 기뻐하지 않는다는 것을 알고, 이웃을 위해 사용하여 다른 사람의 덕이 되고 하나님 나라에 도움이 되어야 한다. 또한 빚지지 말고 저축함으로 계획된 소비를 하는 것이 재택크이다.

5. 결론

요새 많은 사람들은 매일 주식의 동향을 살피고 비트코인의 가치를 평가하며 밤을 새우기도 한다. 지금 당장 돈이 없어도 은행 대출을 통해 생활하고 논 벌 생각을 한다. 나라의 경세를 석정하고 세계 곳곳에서 일어나는 전쟁과 재난과 위기를 걱정하며 관심을 갖는다. 이는 모든 것이 금융과 관련되어 내 재산과 얽혀있기 때문이다. 금융 자본주의의 등장으로 금융이 개인의 영혼을 지배하면서 근면 성실의 전통인 칼빈정신이 파괴되고, 공동체 연대에서 떨어져 나가 개인의 소외감이 깊어지며, 미래를 담보로 한 현재의 소비와 몰입으로 인해 쾌락과 불안감에 빠지고, 과거 현재 미래가 얽힘으로 인해 개인 삶이 붕괴되며, 계속적인 대출로 인한 부채로 돈의 노예가 되어가고 있다. 이에 크리스천들은 내가 손해보고 남들의 유익을 위해 살겠다는 새로운 칼빈정신을 확립하여야 한다. 성과와 경쟁을 요구하는 금융 시스템에서 모든 것이 하나님의 은혜라는 칼빈주의의 본질을 되찾고, 미래를 담보로 한 현재의 소비와 쾌락보다 현재의 순간에 하나님과의 관계를 유지하며, 개인주의적 경쟁보다 공동체적

나눔으로 경제적 약자를 돌아보고 협력하는 공유 경제, 공정 무역, 윤리적 투자를 만들어야 한다.

그래서 크리스천들은 첫째, 청지기 삶으로 하나님의 영광을 위해 돈을 벌어야 한다. 둘째, 많은 돈을 벌거나 빨리 쉽게 돈을 벌기보다 하나님께서 기뻐하시고 원하시는 것이 무엇인지 분별하며 정직하고 성실하게 돈을 벌어 사용하여야 한다. 셋째, 돈 버는 과정에서 살아계신 하나님을 경험하고 자신에게 주신 능력을 개발하여 주님의 뜻대로 살아야한다. 결국 크리스천은 돈을 많이 버는 것보다 돈을 잘 쓰는 사람이 되어야 한다. 즉 그리스도인은 모든 지출에서 검소해야 하고, 이웃의 유익을 위해 사용하여 다른 사람의 덕이 되고 하나님 나라에 도움이 되어야 한다.

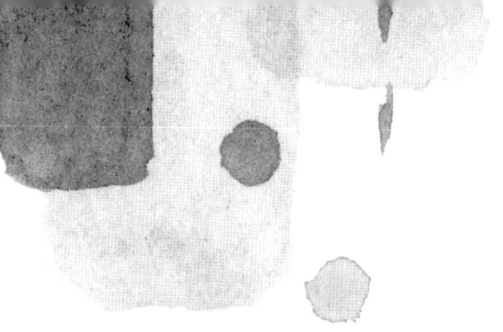

08
한국에 기독교 이단이 많은 이유

한국의 기독교에 왜 이단이 많을까? 한국인들은 과거로부터 종교심이 깊었다. 하늘에 제사를 지내던 고대의 풍습과 이를 주관한 제사장인 무당이 지금까지 이어져 내려와 깊은 영성을 가지고 있었다. 그런데 1880년대 선교사들에 의해 기독교가 전파될 때 하늘님을 믿어 왔던 습성에 쉽게 기독교를 받아들였고, 또 일제의 압박과 가난과 고통 속에 더 나은 내일을 기대하며 믿음에 빠지게 되고, 특히 무당과 같은 신비체험을 기독교적 영성체험으로 받아들여 믿음이 깊어졌다. 우리나라 기독교 이단은 1901년 강증산이 신비체험을 하고난 후 민족적 종교의식과 후천개벽의 믿음을 성경과 연결하여 조선을 제2의 이스라엘이라 칭하며 선민사상을 강조한 증산교로부터 시작해, 이후 많은 이단 교주들이 증산교 사상을 바탕으로 기독교 이단을 만들게 되었다. 우리나라에 기독교 이단이 많은 이유를 살펴보고 그래서 생긴 이단에는 어떤 것들이 있는지 알아보고자 한다.

1. 이단의 특징

　이단이란 말 그대로 끝이 다르다는 뜻이다. 처음에 기독교를 잘 믿었다가 나중에 다른 교리를 주장하게 되기에 이단은 정통 진리와 반대되는 것이 아니라 정통 진리의 일부를 전부인 것처럼 확대 해석하거나 전부라고 주장한다. 우리나라 이단의 특징(이단을 분별하는 기준)은 무엇인가? 첫째, 정통 교회가 채택한 신앙 고백인 사도 신경을 거부한다. 사도 신경은 초대교회이후 사도들에 의해 삼위일체이신 성부 하나님, 성자 예수님, 성령 하나님에 대한 신앙 고백이다. 이를 거부한다는 것은 정통 교리인 삼위일체를 인정하지 않는다는 뜻이다. 둘째, 정통 교회는 예수 그리스도의 십자가 구속의 도리를 믿은데 반해 이단은 이를 거부한다. 인간의 죄를 해결하는 유일한 방법은 나의 죄를 대신해 돌아가신 예수님의 십자가를 믿는 것이다. 그런데 이단은 예수님의 십자가를 저주와 실패의 상징으로 본다. 셋째, 정통 교회는 신구약성경 66권을 정경으로 받아들이는데 이단은 신구약성경의 권위보다 그들의 다른 복음인 원리강론, 신세계번역성경, 몰몬경 등에 권위를 부여하고 하나님의 특별계시의 계속성을 주장한다. 넷째, 이단은 기성 교회 교인들을 대상으로 전도하고 미혹한다. 믿음이 약한 교인들에게 더 깊은 성경 공부를 미끼로 이단으로 이끈다. 여호와증인의 교인 가정 방문과 구원파의 구원의 확신 강조가 그것이다. 다섯째, 이단은 자신들의 지도자를 반드시 숭배의 대상으로 삼거나 신격화한다. 그래서 스스로를 참부모, 재림예수, 하나님의 어린 양, 선지자, 새 하나님, 하나님의 부인 등으로 부른다. 여섯째, 이단은 자신들이 체험한 불건전한 신비 체험을 마치 진리인 양 자신들만이 하나님과 직접 교통하고 계시를 받는다고 주장한다. 일곱째, 이단은 세계의 종말이 곧 다가왔다고 말하면서 세상 멸망을 카운트다운 함으로 사람들로 하여금 절박한 위기의식에 빠지도록 한다. 그래서 마지막 때 자기들만을 통해 구원을 받아 환란에서 살아남을 수 있다고 주장한다. 여덟째, 가급적 외부와 단절시켜 폐쇄 지향적으로 비밀을 강조한다. 그래서 교주들이 비윤리적이고 부도덕적인 행동을 마다하지 않는다.

2. 이단 생성의 이유

우리나라에 기독교 이단이 많은 이유는 무엇일까? 첫째, 정통 종교 집단이 종교심이 강한 신도들의 각종 영적 요구를 채워주지 못하고, 사회적으로 어려운 분위기와 결합해 이단이 발생한다. 둘째, 믿음이 좋은 목회자가 병을 고치거나 신비한 체험을 통해 능력을 행하면서 자신만이 성경의 예언된 말씀을 성취할 수 있다며 교주가 된다. 셋째, 기성 교회의 무자격자 목회자들의 신학과 신앙 활동 부재로 인한 무사 안일주의에 목회자와 성도들의 사회적 부패와 타락을 비판하며 이를 극복한다는 명분으로 이단이 생겼다. 넷째, 기성 교회가 율법주의와 보수주의에 빠져 성도들의 감정, 심리, 사회적 욕구를 충족시켜 주지 못하기 때문에 이단이 이를 대신할 자로 등장한다.

우리나라 기독교 이단의 뿌리는 강증산의 증산교이다. 1901년 신비 체험을 한 강증산은 자신의 행동을 예수처럼 가장하고 1909년 죽자 제자들이 그를 옥황상제(하나님)로 숭배하며 기복 신앙, 민족 신앙, 종말론 신앙을 가르쳤다. 이후 대부분의 이단들이 증산교의 교리와 기독교 신앙을 접목해 사람들을 유혹하게 되었다. 특히 1930년대 기독교 이단이 많이 생겨나게 된 이유도 당시 억압받고 고달픈 삶에 암담한 현실을 탈피하고 극복하기 위해 찾은 교회에서 뜨거운 신앙심으로 신비 체험을 하고, 피안의 세계에서 안주하기를 바라는 움직임이 기독교 이름의 신비주의 운동과 함께 우리 민족과 개인을 구원하겠다고 주장하는 교주들이 등장하였기 때문이다. 이들은 신비 체험을 강조하여 광란적인 예배와 밤낮으로 울면서 기도하며 성령 체험, 병고침, 특별 은사 체험을 이끌며 많은 성도들을 유혹하였다. 결국 자신이 교주가 되고 성경을 다르게 해석하면서 이단의 세계에 들어서게 되었다. 이 시기 대표적인 이단으로 이용도의 예수교회, 황국주의 피가름교리, 문선명의 원리강론, 박태선의 전도관 등이 있다. 또 1970년대 산업화와 함께 경제적인 부흥이 일어나며 사회적 경제적 양극화가 점차 심화되기 시작할 때 밑바닥 삶을 사는 사람들의 현실 도피적 신앙심으로 종말론과 함께 이단에 빠지게 되었고, 엘리트들은 개인적 구원과 영적 체험을 강조하며 보다 더 특별한 믿음을 찾고 자기들 중심의 교리를 만들어가며 이단 집단을 형성해 경제적 부를 쌓아갔다. 이 시기 대표적인 이단으로 1940, 50년대 시작한 이단들과 그 후계자들에 의해 기도원과 부흥회를 이끈 유명 강사들이 있다. 특히 1992년 이장림 목사의 다미선교회 시한부 종말론의 거짓 휴거사건은 사회적 혼란을 일으킨 대표적인 예이다. 최근에는 기성 교회의 자기 중심적 성장에 따른 부패와 성도들의 교회 부정과 탈 교회화, 코로나19 등 사회적 위기에 개인의 영적 공백과 치유를 기대하는 현상을 이용해 합리적인 답변과 새로운 시도로 이단이 등장하였다. 한번 이단에 빠지면 상식과 지성이 마비되어 중독성을 가지고 맹신하게 된다.

3. 우리나라의 기독교 이단

현재 한국 기독교계에서 이단으로 규정한 우리나라 기독교 이단의 대표적인 단체는 다음과 같다. 먼저 우리나라에서 자생적으로 발생한 이단들로는 **세계평화통일가정연합(통일교**, 1954년 문선명이 제2의 아담, 메시아, 참부모로 인류 구원 역할을 강조하고, 원리강론의 경전을 사용하고, 결혼은 인간의 영적 성장과 타락을 복구하는 중요한 의식으로 국제 집단 결혼식을 강조한다. 한국의 선명회, 일화음료, 통일중앙일보, 선문대학, 미국 워싱턴 타임즈와 호텔 경영 등 정치 경제활동으로 교세를 확장하고 있다), **하나님의 교회 세계복음선교협회(하나님의 교회**, 1964년 안상홍이 재림 예수, 안상홍 사후 장길자를 어머니 하나님으로 주장하며 토요일 안식일과 유월절 준수를 강조하고, 환경, 재난, 헌혈 등 봉사활동으로 사회 기여를 홍보하고, 1997년 세계복음선교협회로 변경한 후 175개국에 교회를 설립해 300만 신자로 추정된다), **베뢰아 아카데미(서울성락교회**, 1969년 김기동의 귀신론을 바탕으로 모든 질병과 고통은 귀신의 역사로 신유 사역을 중시하고, 베리칩이 짐승의 표라 하여 종말 준비를 주장했으나 김기동의 재정 비리, 성적 비행, 은퇴 후 내부 갈등 등으로 교세가 축소하고 있다. 또 같은 시기 그의 영향을 받은 **평강제일교회** 박윤식의 구속사 시리즈에 자신은 하나님의 특별히 선택받은 종으로 종말론과 신유 사역을 강조하였다), **기독교복음선교회(JMS**, 1980년대 정명석이 재림 예수, 하나님의 대리자로 등장하여, 성경을 개인적 경험과 연결시켜 비유적으로 해석하며, 국내, 일본, 대만, 미국, 유럽 등지의 청년층을 중심으로 한 문화 활동으로 확장해 신도 수 5만 명으로 추정된다, 정명석은 성범죄 혐의로 징역형을 받고 수감 중이다), **만민중앙교회**(1982년 이재록을 신격화하고 병고침, 귀신 **축출** 등 이적을 강조하며, 현재 10만명 신도로 추정하고, 성경을 이재록 교리에 맞게 문자적으로 해석한다. 이재록이 여신도 성적 학대 혐의로 징역형을 받고 수감 중이다), **신천지 예수교 증거장막성전(신천지**, 1984년 이만희가 스스로 보혜사, 재림 예수라 하며, 성경을 비유적으로 해석하고 요한계시록의 144,000명이 충족되면 새하늘과 새땅(신천지)이 이루어진다고 가르친다. 현재 30만 명의 신도로 추정되며 12지파 조직 체계를 갖추고, 추수꾼 전도 방식의 위장 전도와 해외 HWPL(하늘문화세계평화광복) 단체 등을 통해 봉사, 평화, 환경 활동으로 해외로 확장하고 있다), **구원파**(1986년 박옥수의 기쁜소식 선교회, 유병언의 기독교복음침례회, 이요한의 생명의말씀선교회 계열로 한 번의 구원과 확신으로 모든 죄가 사라지며 회개의 반복을 부정한다. 국제 교류 활동인 사회봉사와 교육활동으로 교세를 확장하고 있다) 등이 있다. 외국에서 수입한 이단으로는 **여호와의 증인**(1870년 미국 찰스 테이즈 러셀이 설립하고, 삼위일체 교리를 부정하고 왕국회관을 중심으로 파수꾼 잡지로 전도한다. 1910년대 국내 활동을 시작함), **몰몬교(예수 그리스도 후기 성도 교회**, 1830년 미국 조셉 스미스가 설립하였고, 몰몬경을 경전으로 안식일인 토요일 예배를 중시한다. 1950년대 국내 활동을 시작함), **크리스천 사이언스**(1879년 미국 메리 베이커 에디가 설립하였고, 신비주의와 신유 체험 중심의 교리를 강조한다) 등이 있다.

4. 이단의 영향

이단에 빠지게 되면 교주의 통제와 맹신으로 개인의 자유 의지가 상실되고 가족과 친구로부터 고립되어 정체성 혼란과 우울증 등 정신적 문제를 겪게 된다. 특히 헌금과 기부와 봉사를 강요받아 재산을 잃어 경제적으로 파탄하게 된다. 가정적으로는 가족보다 이단 단체를 우선시하여 가족들과 심각한 갈등을 빚고 결혼을 거부하거나 가정을 포기하면서 가정 해체가 발생한다. 교회는 이단에 의해 신도들이 포섭당하고 교회 내부에 갈등을 유발하고 이단의 잘못된 활동에 교회 전체가 부정적으로 대우받으며 기독교 전체에 대한 신뢰가 떨어지게 된다. 사회적으로도 특정 종교집단에 대한 사회적 불안이 커지고 종교적 다원주의의 갈등이 심화되어 사회적 통합을 저해하고 특히 이단에 의한 금전적 사기와 불법 활동인 집단 자살, 강요, 감금, 폭행, 성폭행 등으로 법적 문제가 야기되며, 특히 학교나 직장 등에서 이단의 규범 요구에 따른 행동으로 공동체 파괴가 일어난다. 또 이단이 전 세계에 퍼져 나가 해외 이민자 공동체나 선교지에서 이단으로 인한 한국 교회와 현지인 간에 갈등이 발생하게 된다. 그러나 우리나라 정통 교회는 초기 선교사들의 신앙관을 유지하고 성경의 문자적 진리를 개인과 교회와 사회생활에 적용하는 복음주의적 신앙과 개혁주의 신앙을 지켜왔기 때문에 이단을 판별하고 복음을 잘 지키고 있다. 이제 영적이고 사회적으로 이단에 의한 부정적 영향을 줄이기 위해 그 실체를 알리고 예방 교육을 시행하여 교회와 국가가 적극적으로 지원함으로 이단을 막아야 할 것이다.

5. 결론

이단이란 말 그대로 끝이 다르다는 말로 처음은 기독교인데 끝은 다른 종교가 된다. 우리나라 이단의 특징은 정통 교회의 신앙 고백인 사도 신경을 거부하고, 예수 그리스도의 십자가를 저주와 실패의 상징으로 보고, 정통 교회가 믿는 신구약성경 66권보다 자신들이 만든 다른 복음을 가르치고, 자신들의 지도자를 신격화하고, 불건전한 신비 체험을 강조하고, 종말이 가까워 져 자신들만이 구원의 길이라 주장하며, 외부와 단절된 폐쇄 지향적으로 비윤리, 부도덕적 행동을 한다. 우리나라에서 이단이 많이 생기게 된 이유는 종교심이 강한 신도들의 영적 요구를 채워주지 못하고 있을 때 믿음 좋은 목회자가 병을 고치거나 신비한 체험을 통해 스스로 교주가 되어 무사 안일에 빠진 교회의 타락을 비판하면서 교회의 대리자로 이단이 등장하였다. 우리나라 기독교 이단의 뿌리는 강증산의 증산교이다. 증산교의 민족신앙, 기복신앙, 종말론신앙이 기독교 신앙과 결합해 퍼져 나갔고, 특히 1930년대 억압받고 고달픈 삶에 암담한 현실을 탈피하고자 했던 백성들에게 뜨거운 신비 체험과 천국을 준비하는 신비주의 운동이 확산되면서 우리 민족과 개인을 구원하겠다고 주장하는 교주들이 많이 등장하였다. 이후 1970년대 산업화에 따른 경제적 양극화와 엘리트 중심의 개인 구원은 자기들 중심의 교리에 따른 이단 집단들이 생겨났다.

이러한 우리나라 이단으로는 세계평화통일가정연합(통일교 문선명, 1954년), 하나님의 교회 세계복음선교협회(하나님의 교회 안상홍, 1964년), 베뢰아 아카데미(서울성락교회 김기동, 평강제일교회 박윤식, 1969년), 기독교복음선교회(JMS 정명석, 1980년), 만민중앙교회(이재록, 1982년), 신천지 예수교 증거장막성전(신천지 이만희, 1984년), 구원파(기쁜소식선교회 박옥수, 기독교복음침례회, 생명의말씀선교회 이요한, 1986년), 외국에서 수입된 이단으로 여호와의 증인(왕국회관, 1910년부터 국내활동), 몰몬교(예수그리스도 후기성도교회, 1950년대부터 국내활동), 크리스천 사이언스 등이 있다. 이단에 빠지면 개인적으로 교주에 대한 맹신으로 개인의 자유가 상실되고 가족과 친구와 고립되고 헌금 강요로 경제적으로 파탄한다. 또 이단의 성행은 사회적으로 기독교에 대한 신뢰가 떨어지고 종교적 법적 갈등 등의 사회문제가 심화된다.

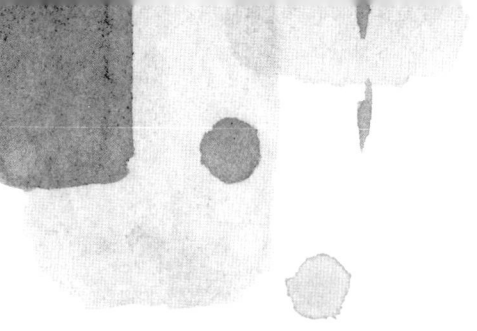

09
받은 축복을 나누어주는 한국의 선교사들

해외에 가면 외국인들이 왜 한국 사람들을 좋아할까? 외국에 나가면 한국 사람들에 대한 인기가 대단하다. 물론 K팝, K드라마 등으로 한국에 대한 관심도 높지만 그곳에서 헌신하고 봉사해 온 선교사들의 선한 영향력 때문이다. 이들은 우리민족이 하나님께 받은 축복이 많아 이를 또 다른 나라 사람들에게 나누어 주기 위해 떠난 하나님의 일꾼들이다. 1980, 90년대 한국의 교회가 크게 부흥하면서 많은 사람들이 하나님의 부르심에 응답하며 저개발국가에 선교사로 나가서 교회와 학교와 병원을 세워 그 지역을 위해 봉사하고 축복의 통로가 되었다. 벌써 30년이 넘는 선교 활동에 이제는 나이가 7, 80세가 넘었는데도 그곳에서 일하는 선교사들이 많다. 뒤를 이을 선교사가 없기 때문이기도 하지만 그곳에서 뼈를 묻고 싶어 하는 사랑의 마음이다. 현재 우리나라의 선교 현황을 살펴보고, 특히 캄보디아에서 침뜸 사역으로 1년간 선교사로 봉사하고 온 경험을 나누고자 한다.

1. 선교의 개념

선교란 하나님이 세상을 구원하기 위해 보내신 사명에 따라 복음을 전파하고 사람들을 그리스도께로 인도하여 하나님의 나라를 확장하는 활동이다. 이는 예수님의 지상명령인 '가서 제자를 삼으라'는 말씀과 하나님이 아브라함을 부르실 때 하셨던 '너로 말미암아 모든 족속이 복을 받을 것'이라는 말씀에 기인한다. 선교의 핵심은 예수 그리스도의 죽음과 부활을 통한 구원의 소식을 전하고, 예수님을 따르는 사람들의 삶의 모범을 통한 복음의 증인으로 희생적인 헌신을 실천하는 것이다. 그래서 각 곳에 교회를 세우거나, 학교(교육), 병원(의료), 구호, 사회개발을 통해 하나님의 사랑을 실천하고, 예술, 스포츠, 비즈니스 등을 통해 다양한 문화를 가르치며 복음을 전하게 된다. 세계적으로도 영국의 리빙스톤이 아프리카 선교사로 나갔던 것을 본받아 슈바이처 박사가 아프리카의 성자로 의료 선교 활동을 했던 것이나, 우리나라에도 중국 개신교 선교사였던 토마스 목사가 대동강 제너럴 샤먼호 사건 때 성경을 전해주고 순교당하였던 사건, 알렌 선교사의 의료 활동과 언더우드, 아펜젤러 선교사들에 의한 초기 기독교 복음 전파가 좋은 사례이다. 초창기 우리나라에 온 선교사들이 성경 번역과 기독교 인재 양성으로 우리나라의 사상 체계를 변화시키고, 나라 발전에 크나큰 영향을 미쳐, 자유 민주주의와 자본주의를 정착시키는데 크게 기여하였다. 그래서 나도 은퇴 전에 침뜸술을 배워 캄보디아에 1년간 의료 봉사 활동을 하며 의료 시설이 부족한 현지인들의 아픔과 고통을 치료해주고 청소년들에게 악기를 가르치면서 복음과 새로운 문화를 전하는 역할을 하였다.

2. 우리나라 선교 현황

우리나라는 선교사 숫자가 가장 많은 미국(13만 명)의 뒤를 이어 약 2만 4천여 명의 선교사가 174개국에 파송되었는데, 이는 전체 인구 비율로 따지면 세계 1위이다. 특히 저개발국가에 교회와 학교, 의료와 농업 개발 등을 통하여 선교 활동을 하고 있다. 그래서 외국에 나가면 그 나라 사람들은 우리나라가 기독교 국가인 줄 알고, 또 한국인들의 선한 행실에 한국인을 무척 존경하고 좋아한다. 이러한 해외 선교에 대하여 우리나라에는 많은 선교 단체가 설립되어 선교사들의 현지 적응과 생활을 지원하며 각종 정보 교환을 통해 선교 활동을 잘할 수 있도록 돕고 있다. 또 개 교회 중심으로 선교사를 파송하거나 선교사들을 후원함으로 해외에서 활동하는 선교사들을 돕고 있다. 개 교회에서는 성도들에게 선교의 마인드를 심고 동참하기를 바라면서 매년 단기 선교팀을 구성하여 함께 선교 현장을 방문하는 경우도 있다. 최근에는 선교사들이 직접 해외 현지로 나가지 않고 우리나라에 노동, 유학, 주재원 등의 이유로 들어와 있는 외국인들을 접촉해 복음을 전하고 복지를 지원하고 각종 후원을 통해 기독교인으로 삼아 본인의 나라로 돌아가서 기독교인으로 영향력을 끼칠 수 있도록 국내외국인 선교에 집중하는 경우도 있다. 또 선교가 꼭 해외로 나가 활동하는 것만이 아니라 자신이 현재 있는 곳에서 삶을 통해 선교사적인 마인드로 살아가며 강퍅해진 현실에 희생하고 헌신하기를 기대하는 요구도 있다. 즉 해체되는 가정을 지키는 가정선교사, 자녀들에게 목표보다 목적을 가르치는 부모선교사, 학교에서 본을 보이고 전도하는 학원선교사, 몸을 담고 있는 직장에서 희생하고 전도하는 일터선교사, 파송되거나 일하는 선교사를 재정적으로 돕는 물질선교사, 선교사로 활동하는 사람들을 위해 기도하는 기도선교사, 자신의 재능을 주님께 바쳐 주변에 영향을 미치는 문화선교사 등이 그것이다.

3. 캄보이아 1년 선교 경험

은퇴 전에 제2의 삶을 어떻게 살 것인가를 생각하며 어릴 때 슈바이처 자서전을 읽고 이웃 섬김과 봉사를 꿈꾸던 것을 기억하여 작게나마 봉사를 준비하게 되었다. 교사로 있을 때는 학교 학생들이나 교회 성도들과 보육원, 양로원, 노인정 등 봉사활동을 하면서 봉사를 위한 도구들(마술, 악기 공연, 미용, 붕어빵)을 개발해 실천해 왔었는데, 은퇴를 앞두고 실제적인 봉사를 위해 구당 김남수선생님의 침뜸을 1년 6개월간 배워 자격을 취득하고 가까운 지인들에게 임상하며 준비해 오다가 간호조무사 자격을 취득해 의료의 기본기를 배워 의료 봉사의 기술을 갖추게 되었다. 그래서 아내와 함께 우리 교회의 파송 선교지인 캄보디아 시하누크빌의 쁜르스탄수어 교회에 1년간 침뜸 봉사와 청소년 악기 교육 사역을 하는 자비량 단기 선교사로 파송을 받게 되었다. 파송을 받으며 미국의 자선가 오프라 윔플리의 "남보다 더 가진 것은 축복이 아니라 사명이고, 남보다 더 아픈 것을 고통이 아니라 사명이며, 남보다 더 꿈꾸는 것은 망상이 아니라 사명이라"라는 말을 인용해 '내게만 보이는 것은 부담이 아니라 사명이다'라는 말씀으로 적용하여, 은퇴하기 전까지 건강한 삶으로 인도하신 하나님의 축복에 시간과 재능과 건강과 재물의 십일조를 선교를 위해 쓰기 위해 감간 동안이지만 온전히 드리는 선교사, 봉사자가 되기로 결단하였다.

마침 10년 전부터 침 사역을 해오시던 장로님 부부를 만나 함께 동역하면서 교회뿐 아니라 캄보디아 여러 곳(웨렌, 벙몰렛, 앙술월, 프놈펜,

꺼꽁, 프래이빙, 깜뽕숲 등)을 다니며 천여 명 이상의 환자들을 돌보게 되었다. 또한 그곳 신학교를 운영하는 선교사의 요청으로 학생들에게 침뜸술을 가르치고 신학교에서 개척한 시골 교회로 의료 봉사를 다니며 학생들도 침을 통해 환자들을 돌보는 역사를 이루었다. 목회자로 선교를 갔다면 언어와 소통을 위해 몇 년을 준비해야만 했지만 은퇴자로 침을 통한 의료 선교를 하다 보니 즉석에서 효과를 보아 환자들의 아픔을 치료하고 그리스도의 사랑과 복음을 전하며 선교지에서의 필요를 채움으로 선교사로써의 보람과 은혜를 경험하게 되었다. 잠깐의 선교 활동이었지만 선교는 하나님이 하신다는 믿음을 갖게 되었고, 이제 우리를 푸른 풀밭과 잔잔한 물가로 인도해 달라는 어린아이 믿음을 넘어 주의 이름을 위해 의의 길과 사명의 길로 이끌어 달라는 성숙한 믿음을 고백하게 되었다. 그래서 캄보디아에서 임상한 침뜸 치유 경험을 살려 교회에서 침뜸술을 가르치고 의료 봉사를 원하는 사람들과 함께 동남아(필리핀, 캄보디아, 인도네시아, 미얀마, 라오스, 태국 등) 순회 침뜸 의료 봉사를 실천하고자 준비하고 있다.

그곳 선교사들은 보통이 10년, 20년을 현지에서 사역하신 분들이다. 일찌감치 선교의 뜻을 품고 준비하고 왔거나 국내 목회 활동을 하다 선교의 필요를 느껴 현지에 오신 선교사들도 계시지만, 사업 실패, 건강 악화, 자녀 위기 등에 선교사로의 부르심에 서원하여 오신 경우도 있고, 중국에서 20년 이상 선교하다 추방되어 이곳으로 오신 분들도 있다. 하나님은 자신의 기쁘신 뜻을 위하여 믿음의 사람들을 강권적으로 이끄신다. 이들은 주로 교회를 개척하여 예배와 양육에 힘쓰고, 신학교를 세워 목회자를 양성하거나, 혹은 학교를 세워 유치원부터 초중고 과정을 운영하고, 어려운 학생들을 기숙시키며 학교에 보내거나, 센터에 방과후 활동으로 영어나 한국어, 중국어를 가르치기도 한다. 보육원을 운영하거나 목욕 버스를 운행하며 길거리 아이들을 돌보기도 한다. 혹은 선교사 자녀들에게 악기나 미술을 가르치는 경우도 있다. 또 목회자가 아닌 평신도로 오신 선교사들이나 은퇴하고 제2의 삶을 하나님께 드리기 위해 오신 시니어 선교사들도 꽤 많다. 이들은 자신의 재능과 은사를 통해 선교 활동을 하는 분들이다. 농장을 차려 일자리를 제공하고 친환경 농산물을 유통하거나 나처럼 침뜸으로 의료 봉사를 하거나 기독교 대학에서 무료로 자기 전공을 가르치는 봉사 교수 역할을 하고 있다.

4. 결론

우리나라의 선교사 숫자는 약 2만 4천여 명으로 13만 명의 미국의 뒤를 잇고 있지만 전체 인구 비율로 따지면 세계 1위로 많은 선교사들을 해외에 파송하고 있다. 특히 이들은 저개발국가에 교회와 학교, 의료와 농업 개발 등을 통하여 선교 활동을 한다. 그래서 외국에 나가면 그 나라 사람들은 우리나라가 기독교 국가인 줄 알고, 또 한국인들의 선한 행실에 한국인을 무척 존경하고 좋아한다. 선교란 하나님의 명령인 이웃 사랑과 복음 전파라는 복음의 본질을 실천하는 활동이다. 선교사란 이런 사명을 받아 외국 현지에서 헌신하는 사람이다. 과거 영국과 미국 등의 개신교 선교사들에 의해 아프리카와 아시아가 변화되었고, 특히 암울했던 조선에 새로운 빛이 전파되어 새로운 나라 대한민국을 탄생시키고 한국을 근대화하고 선진국으로 도약시키는데 크게 기여하였다. 그래서 우리네 선교사들이 그때 받은 사랑의 빚을 지금 갚아야겠다고 나서게 되었다.

선교사들은 한국의 교회나 지인들에게 후원을 받아 저개발국가에 가서 교회나 학교를 세워 복음을 전하고 인재를 키우고 현지인들의 생활을 지원하며 삶을 돕고 있다. 특히 의료 전문인들은 병원을 세우거나 의료차를 운영하고, 혹은 침뜸술을 통하여 열악한 의료 상황에 환자들에게 도움을 주고 있다. 나도 은퇴를 앞두고 침뜸술을 배우고 의료 자격을 준비하여 캄보디아 시하누크빌에 1년간 의료 봉사를 하며 천여 명의 환자들을 돌보고 돌아왔다. 지금은 그때 임상 경험을 통해 병을 고친 침뜸술을 교회 성도들에게 가르쳐 장차 단기 동남아 침뜸 의료 봉사를 준비하고 있다. 은퇴 후 제2의 삶을 나의 재능과 은사와 재정을 통해 남들을 위해 봉사하고 병을 치료하는 즐거움은 칼빈이 우리에게 가르쳐 준 청지기 삶을 실천하여 하나님을 영화롭게하고 이웃을 섬기는 인생의 목적을 실천하는 믿음이고 보람이라는 생각이 든다.

10
기독교인의 감소 속에 개신교가 나갈 방향

한국 근대화에 크게 기여한 개신교가 점점 감소하고 반기독교 분위기가 나타나는 이유는 무엇일까? 최근 개신교는 인구 감소와 자녀들의 신앙 교육의 부재로 교인수가 줄고 있다. 뿐만 아니라 교회의 대형화에 따른 위화감, 목회자들의 교회 세습에 따른 욕망, 목회자들의 비리와 자격 미달에 따른 불신, 몇몇 교회의 정치적 개입, 기독교 이단에 의한 전체 기독교 비난, 교회의 보수 개혁신학과 자유신학의 대립, 경제적 어려움으로 인한 작은 교회의 타격 등 다양한 이유로 개신교에 반대하는 분위기가 형성되고 있다. 오늘날 우리나라 종교 분포와 호감도에 따른 개신교의 현황을 살피고, 이를 극복하기 위해 해야 할 일이 무엇인지 찾아보고자 한다.

1. 현 종교 분포도 현황

2024년 한국리서치의 여론 조사에서 한국인의 종교 분포 결과, 개신교 20%, 불교 17%, 천주교 11%, 기타 종교 2%, 무교 51%로 나타났다. 이는 2018년 종교별 인구 비율 조사와 거의 변화 없이 유지된 상태이다. 연령대별로도 젊은층(18-29세)의 69%가 무교로 나타났다. 지역별로도 수도권, 전라, 강원, 제주 지역에 개신교 신자 비율을 높고, 경북, 부산, 경남 지역은 불교 신자의 비율이 높게 나타났다.

개신교가 높이 나타난 이유는 1) 19세기 후반 서양 선교사들의 교회, 학교, 병원을 중심으로 섬김과 복지의 기회를 제공하여 기독교를 긍정적으로 받아들이는 토대가 있었고, 2) 일제시대 3.1운동과 독립운동 등 민족의식을 고취시켜 어려웠던 시절 나라 발전에 기여하였고, 3) 6.25전쟁 이후 가난과 어려움 속에서 미국의 지원과 기독교인들의 열심으로 정치, 문화, 경제 발전을 이루었고, 4) 대한민국 초창기부터 기독교계 학교에서 배출된 엘리트 집단이 교회를 통해 문화와 교육 활동을 전개하여 사회적 영향력을 끼쳤고, 5) 개신교의 적극적이고 다양한 전도 활동, 구제 활동, 문화 활동과 교회 중심 네트워크를 통해 사람들이 교회에 모여 들었고, 6) 개신교가 도시화와 산업화 과정에서 개인주의와 자유, 평등이라는 현대적 가치관과 조화를 이루며, 교회의 강한 공동체 의식과 정서적 지지가 있었기 때문이다.

2. 현 종교 호감도 현황

그러나 종교 인식조사에서 종교에 대한 호감도를 조사한 결과, 불교

53점, 천주교 51점, 개신교 33점, 원불교 29점, 이슬람교 14점으로 나타났다. 연령대별로도 40대 이상에서 천주교가 높게 나타나고, 전 연령대에서 불교에 대한 호감도가 높았다.

불교의 호감도가 높은 이유는 1) 불교의 중도, 조화를 바탕으로 하는 폭넓은 수용과 종교적 강요가 적은 온화한 이미지, 2) 한국 전통 문화로서 사찰, 불교 미술, 전통 명절 등 한국의 역사와 문화 전반에 뿌리 깊게 자리 잡은 친숙함, 3) 선행으로 극락에 간다는 믿음으로 선한 일을 많이 하는 분위기, 4) 불교의 관용적 태도와 갈등 상황에서의 중립, 조용한 종교적 실천으로 현대인들의 간섭받기 싫어하는 정서에 호응하기 때문이다. 천주교의 호감도가 높은 이유는 1) 천주교의 사회 정의와 인권 보호 등 우리나라 민주화 운동의 역사적 배경의 긍정적 이미지, 2) 천주교 지도자와 성직자의 엄격한 윤리 기준과 상대적으로 부패와 스캔들이 적은 높은 신뢰도, 3) 천주교의 술, 담배, 제사 허용 등의 자유로운 신앙 생활 인정, 4) 천주교의 미사, 성당, 성가 등 의식과 예술적 요소에서 느끼는 경건하고 친근한 이미지 등 때문이다. 작은 교세인 원불교가 4위인 이유는 1) 원불교가 모든 종교의 본질을 존중하고 종교간 화합과 상생을 강조하는 포용적 태도와 호감, 2) 원불교의 실생활 실천 교리로 형식과 의식을 타파한 실용주의와 현실주의, 3) 정치적, 사회적으로 개입하지 않고 강압적 선교가 없는 사회적 갈등에서의 중립적 이미지, 4) 한국에서 창립된 민족 종교로서 한국인의 정서와 문화에 친숙하고 복지 활동, 교육 사업, 봉사 활동에 기여한 긍정성 때문이다.

3. 반기독교 현황

개신교가 분포도는 1위인데 호감도가 3위로 낮은 이유는 1) 일부 개신교 교회의 재정 비리, 지도자들의 윤리적 문제, 교회 내 분쟁 으로 인한 부정적 이미지, 2) 코로나19의 방역 지침을 어기고 대규모 예배와 집회 강행으로 일부 교회가 사회적 비난을 받는 등 부정적 영향, 3) 일부 개신교 집단(이단)의 강압적이고 배타적인 전도 방식으로 타종교 신자나 무교인들에게 불쾌감을 주는 행동, 4) 특정 개신교 단체나 지도자들이 정치적 이슈에 개입해 지나친 입장 발표와 지지로 종교의 중립성을 무시한 행동에 따른 국민적 반감, 5) 개신교를 이끌어 갈 목회자 양성을 위한 신학교의 난립과 자격 미달의 목회자 배출로 성도들의 목사에 대한 신뢰 감소, 6) 특히 젊은 세대들의 공정성과 세속화에 시대에 뒤떨어진 사회적 메시지를 주장하기 때문이다.

그래서 지금은 반기독교 운동이 전개되고 있는 상황이다. 이는 교회 지도자들의 권력 남용, 성범죄, 대형교회의 세습 문제, 재정 비리 등의 부도덕성, 기독교의 공익적 책임보다 자기 교회 확대와 이익 우선주의를 내세우는 교회의 이기적 형태 때문에 반감이 증폭된 것이다. 특히 최근에 다양과 공정을 강조하는 젊은 세대들이 종교적 배타성에 대한 가치관의 충돌, 한국 사회의 다양성과 개인의 자유 존중으로 인한 사회적 다원주의화, 대형 교회의 세력 확장으로 인한 교회의 양극화 등 인터넷을 통한 기독교 비판 콘텐츠의 확산, SNS를 통한 기독교 문제점 조명 글과 영상의 공유 등 온라인 및 대중문화의 변화로 반기독교 정서가 확산되고 있다.

4. 개신교의 나갈 방향

한국 개신교가 여러 종교 가운데 가장 많이 믿고 있지만 여러 변화에 따른 반 사회적 반응과 특히 청소년 층 이하의 세대에서 신자들이 감소하고 있는 상황에 사회적 신뢰를 회복하고 긍정적인 영향력을 확대하기 위해 자성의 노력이 필요하다. 1) 신앙의 본질을 회복해야 한다. 교회가 물질적 성공과 외형적 확장에 집중하다 보니 기독교의 본질인 예수님의 구원과 사랑과 섬김의 가르침의 영향력이 약해졌으니, 성도들에게 영적으로 감동을 주고 무교인들에게 긍정적 인식을 주는 계기를 만들어야 한다. 2) 교회의 회개와 투명성으로 신뢰를 회복해야 한다. 초기 선교사들의 회개로 평양대부흥가 시작된 것처럼, 교회의 지도자들이 자기 교만과 욕심을 회개하여 교회 재정의 투명성을 확보하고 세습 문제에 자유롭고, 특히 내부 비판을 허용하여 스스로 개선하려는 노력이 있어야 한다. 3) 교회 자체의 발전보다 선교와 전도와 구제 등 사회적 책임과 공공성 회복에 노력해야 한다. 가난한 이웃과 소외된 계층을 돌보고 사회적 약자에게 실질적 도움을 제공해야 한다. 또 공공의 이익을 위해 사회적 규범을 준수하고 위기 상황에 모범적인 태도를 보여야 한다. 4) 다음세대를 잘 양육해야 한다. 기성세대의 습관적 신앙 활동에 빠지지 말고 현대 문물과 문화에 매몰되어 신앙에서 멀어져 가는 자녀들에게 진정한 복음과 삶에서의 신앙적 모범으로 다음세대들이 믿음을 지키고 신앙 활동을 잘 할 수 있도록 도와야 한다. 5) 교회 지도자들의 권위주의와 기득권을 내려놓아야 한다. 목사, 장로, 권사, 믿음이 좋은 성도, 돈 많은 성도들이 초대교회처럼 봉사하고 희생하고 헌신해야 한다. 교회가 늙어가는 것은 지도자들이 늙어서 그렇고, 교회가 말이 많은 것은 지도자들이 희생하지 않아서 그렇고, 교회가 지탄받는 것은 지도자들이 내려놓지 못해서 그렇다. 세상은 누군가의 봉사와 희생으로 변화한다. 예수님도 십자가의 희생이 있었기에 성도들에게 믿음의 본이 되셨다. 6) 시대적 사명을 담당해야 한다. 과거 나라의 경제 발전과 민주화의 시대적 사명을 담당한 것처럼 오늘날의 사회문제인 개인 소외, 양극화, 공동체 붕괴, 각종 갈등

등을 사랑과 용서로 포용할 수 있는 모범과 방안을 제시하여야 한다.

5. 결론

우리나라 종교 중에 개신교도가 높이 나타난 이유는 개신교 선교사들이 헌신적인 활동을 했고, 어려웠던 시절 교회가 문화와 교육과 구제 활동을 전개되어 나라 발전에 기여하였으며, 현대적 가치관인 자유, 평등, 축복을 심어주고, 기독교 공동체 의식과 정서적 지지가 있었기 때문이다. 그러나 개신교의 비호감도도 높게 나타난다. 이유는 일부 개신교 교회의 재정 비리, 지도자들의 윤리적 문제, 교회 내 분쟁, 지나친 정치적 개입 등 사회적으로 비난받고 타종교 신자나 무교인들에게 불쾌감을 주고, 신학교의 난립과 자격 미달의 목회자 배출로 성도들이 목사에 대한 신뢰감이 떨어지고, 교회 지도자들의 권위주의와 지나친 기득권 행사 때문이다.

이에 개신교가 사회적 신뢰를 회복하고 긍정적인 영향력을 확대하기 위해 교회의 외형적 확장과 발전보다 자체 내 회개로 신앙의 본질과 신뢰를 회복하고, 선교와 전도와 구제 등 사회적 책임과 공공성 회복에 노력해야 하고, 교회 지도자들이 봉사와 희생의 본을 보여주어야 한다. 기독교는 각 시기마다 시대적 사명을 담당해왔다. 개화기에는 미국 선교사들에 의해 조선인의 계몽과 꿈을 심어주었다. 일제시대에는 독립운동과 나라의 방향을 잡아주었다. 해방 후에는 자유민주주의와 자본주의 국가를 탄생시켰다. 6.25전쟁 후 산업화 시대에는 경제발전과 민주화를 이끌었다. 1990년대 이후에는 세계선교와 북한지원에 힘을 썼다. 이후 시대적 사명에 소홀하여 신뢰를 잃게 되었는데, 이제 이 시대가 요청하는 사회문제인 개인 소외, 양극화, 공동체 붕괴, 각종 갈등 등을 사랑과 용서로 포용함으로 시대적 사명을 담당해야 한다.

참고문헌

1. 한국인

구본진, 어린아이 한국인, 김영사, 2015
김태형, 트라우마 한국사회, 서해문집, 2013
남상효, 박성배, 한국이 온다, 가나북스, 2017
박상하, 한국탄생의 뿌리, 경영자료사, 2015
이규태, 한국인의 의식구조 상하, 신원문화사, 1983
이만열, 한국인만 몰랐던 더 큰 대한민국, 레드우드, 2017
이성훈, 한국인의 아픔과 힘, 성인덕, 2020
이어령, 한국인 이야기 1,2,3,4, 파람북, 2020
장클로드 드크레센조(이소영역), 경이로운 한국인, 메디치미디어, 2023
정우진, 한국인 어디로 가는가, 책과 나무, 2018
최정운, 한국인의 발견, 미지북스, 2019
최준식, 다시, 한국인, 현암사, 2016
함규진, 108가지 결정(한국인 운명을 바꾼 선택), 페이퍼로드, 2008
함재봉, 한국사람 만들기 1,2,3, 아산서원, 2020
홍대선, 한국인의 탄생, 메디치미디어, 2023

2. 한국의 문화

강문식, 종묘와 사직, 책과 함께, 2011
김동진, 파란눈의 한국혼 헐버트, 참좋은친구, 2010
김희태, 문화재로 만나는 백제의 흔적, 휴앤스토리, 2019
문명대 외, 한국의 미, 최고의 예술품을 찾아서, 돌배개, 2007
문화재청, 수난의 문화재, 눌와, 2007
문화재청사람들, 문화 유산 이야기, 눌와, 2007
문화재청, 문화재 사랑, 국가 유산 사랑, 2008-2024
배한철, 국보, 명장면을 담다, 매일경제사, 2020
신정일, 한국의 사찰 답사기, 푸른영토, 2020
유홍준, 나의 문화유산 답사기(서울편), 창비, 2017
이광표, 살아있는 역사 문화재 1,2, 사파리, 2009
이이화, 처음 만나는 우리 문화, 김영사. 1999

정경조, 정수현, 살맛 나는 한국인의 문화, 삼인, 2016
주강현, 우리 문화의 수수께끼 1,2, 서해문집, 2018
최준식, 한국 문화 교과서, 소나무, 2011
최준식, 한국 문화 오리엔테이션, 소나무, 2014
최태성, 역사의 쓸모, 프런트페이지, 2024

3. 한국의 역사

강무학, 단군조선의 실재, 환웅출판사, 2003
김정민, 단군의 나라 카자흐스탄, 글로벌콘텐츠, 2023
김정민, 동이족의 어원, 유투브, (사)우리역사바로알기, 2023
김정학, 단군신화의 새로운 해석(단군신화논집), 새문사, 1989
노중국, 삼국문화가 일본에 끼친 영향, 국사편찬위원회, 2003
노태돈, 국가의 성립과 발전, 한국사연구입문, 2002
노태돈, 한국사특강, 서울대출판부, 2009
리지린, 고조선 연구, 열사람, 2001
박종인, 대한민국 징비록, 와이즈맵, 2022
서동인, 흉노인 김씨의 나라 가야, 주류성, 2011
세키 유지(이종환역), 일본의 뿌리는 한국, 관정교육재단, 2007
신병주, 조선 산책, 매경출판, 2018
신병주, 조선과 만나는 법, 현암사, 2014
신성호, 일본 역사 속 백제왕손, 고래실, 2008
신채호, 청소년을 위한 조선상고사, 도서출판 북북서, 2010
안경전, 환단고기 북 콘서트, 유투브, STB상생방송
오순제, 고조선 역사, 유투브, (사)우리역사바로알기
유 엠 부찐(이항재,이병두역), 고조선, 소나무, 2003
윤내현, 한국고대사신론, 일지사, 1999
윤명철, 동이 이야기, 유투브, (사)우리역사바로알기, 2020
이경규, 강상규, 알면 다르게 보이는 일본 문화, 지식의 날개, 2023
이기훈, 동이 한국사, 책미래, 2021
이덕일, 이덕일의 한국통사, 다산초당, 2019

이문영, 한국고대사와 사이비역사학, 역사비평사, 2013
이병도, 최태영, 한국상고사입문, 고려원, 1989
이홍직, 한국 고대사의 연구, 신구문화사, 2000
임규석, 한국 상고사 인식, 연세대학교교육대학원, 1991
임상선, 발해사의 이해, 신서원, 2003
임승국역주해, 한단고기, 정신세계사, 1986
임영모, 임영모의 한국사 다시보기, 눈솔시나브로, 2025
조인성, 규원사화와 환단고기, 한국사시민강좌2집, 1988
천관우, 고조선사, 삼한사 연구, 일조각, 2004
최남선, 단군 및 기연구, 단군신화론집, 새문사, 1988
최재석, 백제의 대화왜와 일본화 과정, 일지사, 2005
한국고대사학회편, 우리 시대의 한국 고대사, 주류성, 2021
한국시민강좌2집, 고조선 연구, 일조각, 1991
한규철, 발해의 대외관계사, 신서원, 2003

4. 한국인의 의식

김동욱, 독사, 역사인문학을 위한 시선 훈련, 글항아리, 2010
김상태, 한국인의 마음 속엔 우리가 있다. 온더페이지, 2023
김용운, 일본인과 한국인의 의식구조, 한길사, 1990
김영두, 퇴계, 율곡 누가 진정한 정치가인가, 위즈덤하우스, 2011
김종성, 한국사 인물 통찰, 역사의 아침, 2010
김형광, 조선인물전, 시아출판사, 2023
노혜경, 영조 그리고 정조, 뜨인돌출판사, 2020
박광용, 한국인의 역사인식, 한국사특강, 서울대학교출판부, 1997
박영규, 정조와 채제공, 그리고 정약용, 김영사, 2019
박현모, 정조 평전, 민음사, 2018
백승종, 세종의 선택, 사우, 2018
서중석, 이승만과 제1공화국, 역사비평사, 2007
신병호, 한국사를 읽는 12가지 코드, 다산초당, 2019
심용환, 역사 전쟁, 생각정원, 2018
야기 디케이(박걸순역), 한국사의계보(민족의식,영토의식), 소와당, 2014
유봉학, 개혁과 갈등의 시대(정조와 19C), 신구문화사, 2009

유성운, 사림, 조선의 586, 이다미디어, 2021
이기백, 민족문화론, 일조각, 1982
이기백, 민족과 역사, 일조각, 1990
이덕일, 정약용의 형제들1,2, 다산초당, 2012
이인경, 역사 in 시사, 북하우스, 2009
이주한, 한국사가 죽어야 나라가 산다, 위즈덤하우스, 2016
한국사론6, 한국의 역사인식(이기동, 김동규, 정구복, 이원순, 차용목, 황원구, 이만열), 국사편찬위원회, 1983
한영우, 우리 역사와의 대화, 을유문화사, 2003
황상민, 한국인의 심리 코드, 추수밭, 2011
허태균, 어쩌다 한국인(대한민국 사춘기 심리학), 중앙북스, 2015

5. 사상과 종교

금장태, 유교와 한국사상, 한국학술정보(주), 2014
김경일, 공자가 죽어야 나라가 산다. 바다출판사, 2023
김성환, 평신도를 위한 칼빈주의 해설, 정음출판사, 2002
나종석, 대동 민주 유학과 21세기 실학, 도서출판b, 2017
박영관, 이단종파 비판, 예수교문서선교회, 1994
사이토 다기시(홍성민역), 세계사를 움직이는 5가지 힘, 뜨인돌, 2024
아더 홈즈(이승구역), 기독교 세계관, 솔로몬, 2017
유동식, 한국 무교의 역사와 구조, 연세대학교출판부, 1978
이정훈, 이정훈의 성경적 세계관, PLI스터디클럽, 2019
이주희, 생존의 조건, 엠아이디, 2017
임규석, 나를 통해 일하시는 하나님, 하이지저스, 2023
임규석, 크리스천 부모의 특별한 자녀 교육, 하이지저스, 2023
정옥자, 한국의 리더십 선비를 만나다, 문이당, 2012
조지훈, 한국사상사의 기저, 덤구덩, 2001
최병헌, 불교사상과 신앙, 한국사시민강좌, 일조각, 2005
탁명환, 기독교이단연구, 한국종교문제연구소, 2004
한국창조과학회편, 진화는 과학적 사실인가, 생명의 말씀사, 2012
한국창조과학회편, 창조는 과학적 사실인가, 생명의 말씀사, 2012
호사카 유지, 조선 선비와 일본 사무라이, 김영사, 2011

문화·사상·역사·기독교

관점으로 본
한 국 인

초판 1쇄 2025년 5월 28일 발행

지은이 임규석

펴낸이 김용환

디자인 김지은, 김유린

발행처 ㈜ 작가의탄생

출판등록 제 2024-000077호

임프린트 인생산책

주소 18371 경기도 화성시 병점노을5로 20 골든스퀘어2 1407호

대표전화 1522-3864

전자우편 we@zaktan.com

홈페이지 www.zaktan.com

ISBN 979-11-394-2155-2(03910)

* 인생산책은 ㈜작가의탄생의 단행본 출판 임프린트입니다. 이 책 내용의 전부 또는 일부를 이용하려면 반드시 저작권자와 ㈜작가의탄생의 서면동의를 받아야 합니다.

* 잘못된 책은 바꿔드립니다.

* 책값은 뒤표지에 있습니다.